AF891269

Die Auswirkungen der EGMR-Judikatur auf das kirchliche Individualarbeitsrecht in der Bundesrepublik Deutschland

Schriften zum Staatskirchenrecht

Herausgegeben von
Axel Frhr. von Campenhausen,
Christoph Link und Jörg Winter

Band 61

PL ACADEMIC RESEARCH

Andreas Schneedorf

Die Auswirkungen der EGMR-Judikatur auf das kirchliche Individualarbeitsrecht in der Bundesrepublik Deutschland

PL ACADEMIC RESEARCH

Bibliografische Information der Deutschen Nationalbibliothek
Die Deutsche Nationalbibliothek verzeichnet diese Publikation in der Deutschen Nationalbibliografie; detaillierte bibliografische Daten sind im Internet über http://dnb.d-nb.de abrufbar.

Zugl.: Hannover, Univ., Diss., 2013

Gedruckt auf alterungsbeständigem, säurefreiem Papier.

D 89
ISSN 1437-3149
ISBN 978-3-631-65053-0 (Print)
E-ISBN 978-3-653-04110-1 (E-Book)
DOI 10.3726/978-3-653-04110-1

© Peter Lang GmbH
Internationaler Verlag der Wissenschaften
Frankfurt am Main 2014
Alle Rechte vorbehalten.
PL Academic Research ist ein Imprint der Peter Lang GmbH.

Peter Lang – Frankfurt am Main · Bern · Bruxelles · New York · Oxford · Warszawa · Wien

Das Werk einschließlich aller seiner Teile ist urheberrechtlich geschützt. Jede Verwertung außerhalb der engen Grenzen des Urheberrechtsgesetzes ist ohne Zustimmung des Verlages unzulässig und strafbar. Das gilt insbesondere für Vervielfältigungen, Übersetzungen, Mikroverfilmungen und die Einspeicherung und Verarbeitung in elektronischen Systemen.

Dieses Buch erscheint in einer Herausgeberreihe bei PL Academic Research und wurde vor Erscheinen peer reviewed.

www.peterlang.com

Vorwort

„Der Erfolg hat viele Väter..." lautet der Anfang eines oft zitierten Sprichwortes. Dass Sie, sehr geehrte(r) Leser(in), dieses Buch in den Händen halten, zeigt, dass mein Promotionsvorhaben erfolgreich abgeschlossen wurde. Daran haben viele Menschen Anteil, denen ich für ihre Unterstützung danke!

An erster Stelle danke ich meiner Doktormutter, Frau Prof. Dr. Ulrike Wendeling-Schröder, für die Betreuung der Arbeit und die schnelle Erstellung des Erstgutachtens. Für die ebenso rasche Zweitbegutachtung danke ich Herrn Prof. Dr. Volker Epping. Darüber hinaus danke ich Herrn Prof. Dr. Axel Frhr. von Campenhausen, Herrn Prof. Dr. Christoph Link und Herrn Prof. Dr. Jörg Winter für die Aufnahme dieses Werkes in die Reihe „Schriften zum Staatskirchenrecht".

Daniel Sandvoß, Oliver Voigt und Jens Henneberg haben mich während des Schreibprozesses mit regelmäßigen Diskussionen, Anregungen und - nicht zu vergessen - freundschaftlich-kollegialem Austausch sehr unterstützt. Dafür meinen Dank an dieser Stelle.

Geschrieben wurde diese Arbeit mit dem Textsatzsystem LaTeX. Dieses ist jedoch nicht ohne weiteres einsetzbar, sondern erfordert eine, mitunter sehr aufwändige, manuelle Anpassung an formelle Vorgaben. Da ich selbst nicht über die dafür erforderlichen Programmierkenntnisse verfüge, hat Martin Grefe diese Tätigkeiten für mich verrichtet (und damit den ein oder anderen Tag zugebracht). Ohne diese Hilfe wäre LaTeX für mich nicht nutzbar gewesen. Danke, Martin!

Barbara Burghardt danke ich für das schnelle Korrekturlesen des Manuskriptes.

Größter Dank gilt meiner Familie, insbesondere meiner Frau Kathrin Schneedorf und meinen Eltern Helga und Hans-Jürgen Klocke sowie meiner Großmutter Ingeborg Wache. Ohne deren Geduld, Rückhalt und (auch finanzielle) Unterstützung wäre dieses Projekt nicht realisierbar gewesen.

Andreas Schneedorf, im Oktober 2013

Inhaltsverzeichnis

Literaturverzeichnis

Adomeit, Klaus / Mohr, Jochen: Allgemeines Gleichbehandlungsgesetz (AGG) - Kommentar zum AGG und zu den anderen Diskriminierungsverboten, 2. Auflage, Stuttgart / München / Hannover / Berlin / Weimar / Dresden 2011.

Anschütz, Gerhard: Die Verfassung des Deutschen Reichs vom 11. August 1919 - Ein Kommentar für Wissenschaft und Praxis - Vierte Bearbeitung, 14. Auflage, Berlin 1933 (zit.: Anschütz, Die Verfassung des Deutschen Reichs).

Anschütz, Gerhard: Die Verfassungs-Urkunde für den Preußischen Staat. Vom 31. Januar 1850. Ein Kommentar für Wissenschaft und Praxis. Erster Band. Einleitung. Die Titel Vom Staatsgebiete und Von den Rechten der Preußen. Berlin 1912 (zit.: Anschütz, Die Verfassungs-Urkunde für den Preußischen Staat, Bd. I).

Ascheid, Reiner / Preis, Ulrich / Schmidt, Ingrid (Hrsg.)**:** Kündigungsrecht - Großkommentar zum gesamten Recht der Beendigung von Arbeitsverhältnissen, 4. Auflage, München 2012 (zit.: Bearbeiter, in: Ascheid / Preis / Schmidt, Kündigungsrecht).

Bauer, Jobst-Hubertus: Ein Stück aus dem Tollhaus: Altersbefristung und der EuGH, in: NZA 2005, S. 800 - 803.

Bauer, Jobst-Hubertus / Arnold, Christian: Auf „Junk" folgt „Mangold" - Europarecht verdrängt deutsches Arbeitsrecht, in: NJW 2006, S. 6 - 12.

Bauer, Jobst-Hubertus / Arnold, Christian: Verbot der Altersdiskriminierung - Die Bartsch-Entscheidung des EuGH und ihre Folgen, in: NJW 2008, S. 3377 - 3383.

Bauer, Jobst-Hubertus / Göpfert, Burkard / Krieger, Steffen: Allgemeines Gleichbehandlungsgesetz - Kommentar, 3. Auflage, München 2011.

Bayreuther, Frank: Altersgrenzen, Altersgruppenbildung und der Ausschluss rentennaher Arbeitnehmer aus Sozialplänen - Konsequenzen der Urteile des EuGH in Sachen Rosenbladt, Andersen, Georgiev und Kleist, in: NJW 2011, S. 19 - 23.

Beck, Volker: Die verfassungsrechtliche Begründung der Eingetragenen Lebenspartnerschaft, in: NJW 2001, S. 1894 - 1901.

Belling, Detlev W.: Umsetzung der Antidiskriminierungsrichtlinie im Hinblick auf das kirchliche Arbeitsrecht, in: NZA 2004, S. 885 - 889.

Benda, Ernst / Maihofer, Werner / Vogel, Hans-Jochen (Hrsg.): Handbuch des Verfassungsrechts der Bundesrepublik Deutschland, 2. Auflage, Berlin / New York 1994 (zit.: BEARBEITER, in: BENDA / MAIHOFER / VOGEL, HdbVerfR).

Berchtenbreiter, Angelika: Kündigungsschutzprobleme im kirchlichen Arbeitsverhältnis - Zur Festlegung kirchenspezifischer Loyalitätspflichten und ihrer staatsgerichtlichen Kontrolle (Diss. iur.), Heidelberg 1984.

Bergmann, Jan: Stichwort „Solange-Beschlüsse des BVerfG", in: Handlexikon der Europäischen Union, herausgegeben von Jan Bergmann, 4. Auflage, Baden-Baden 2012.

Bernhardt, Rudolf: Die Europäische Menschenrechtskonvention und die deutsche Rechtsordnung - Eine Einführung, in: EuGRZ 1996, S. 339 - 341.

Bettermann, Karl August / Nipperdey, Hans Carl / Scheuner, Ulrich (Hrsg.): Die Grundrechte - Handbuch der Theorie und Praxis der Grundrechte, Vierter Band / 1. Halbband, 2. Auflage, Berlin 1972 (zit.:

BEARBEITER, in: BETTERMANN / NIPPERDEY / SCHEUNER, Die Grundrechte - Vierter Band / 1. Halbband).

Bieback, Karl-Jürgen: Anmerkung zu EuGH, Urteil v. 01.04.2008, Rs. C-267/06 (Maruko), in: ZESAR 2008, S. 296 - 300.

Bleckmann, Albert: Verfassungsrang der Europäischen Menschenrechtskonvention? in: EuGRZ 1994, S. 149 - 155.

Böckel, Martin: „Düsseldorfer Chefarzt-Fall" - Zum Urteil des Bundesarbeitsgerichts vom 8.9.2011 - Az. 2 AZR 543/10, in: KuR 2012, S. 126 - 127.

Braun, Johann: Restitutionsklage wegen Verletzung der Europäischen Menschenrechtskonvention, in: NJW 2007, S. 1620 - 1622.

Breuer, Marten: Urteilsfolgen bei strukturellen Problemen - Das erste „Piloturteil" des EGMR - Anmerkung zum Fall Broniowski gegen Polen, EuGRZ 2004, 472, in: EuGRZ 2004, S. 445 - 451.

Breuer, Marten: Zur Anordnung konkreter Abhilfemaßnahmen durch den EGMR - Der Gerichtshof betritt neue Wege im Fall Asanidse gegen Georgien, EuGRZ 2004, 268, in: EuGRZ 2004, S. 257 - 263.

Bruns, Manfred: Die Maruko-Entscheidung im Spannungsfeld zwischen europäischer und nationaler Auslegung, in: NJW 2008, S. 1929 - 1931.

Buchner, Herbert: Tendenzförderung als arbeitsvertragliche Pflicht - Zur Bindung des Arbeitnehmers an die Unternehmenszielsetzung, in: ZfA 1979, S. 335 - 356.

Budde, Petra: Kirchenaustritt als Kündigungsgrund? - Diskriminierung durch kirchliche Arbeitgeber vor dem Hintergrund der Antidiskriminierungsrichtlinie 2000/78/EG, in: AuR 2005, S. 353 - 359.

Busch, Sebastian: Anmerkung zu ArbG Hamburg, Urteil v. 04.12.2007, Az.: 20 Ca 105/07, in: AiB 2008, S. 298 - 299.

Caflisch, Lucius: Rechtsfolgen von Normenkontrolle - Die Rechtsprechung des EGMR: Die Technik der Pilot-Fälle, in: EuGRZ 2006, S. 521 - 523.

Callies, Christian / Ruffert, Matthias (Hrsg.)**:** EUV/AEUV - Das Verfassungsrecht der Europäischen Union mit Europäischer Grundrechtecharta - Kommentar, 4. Auflage, München 2011 (zit.: BEARBEITER, in: CALLIES / RUFFERT, EUV/AEUV-Kommentar).

Campenhausen, Axel v.: Die Verantwortung der Kirche und des Staates für die Regelung von Arbeitsverhältnissen im kirchlichen Bereich, in: Essener Gespräche 18 (1984), S. 9 - 41.

Campenhausen, Axel v. / Wall, Heinrich de: Staatskirchenrecht - Eine systematische Darstellung des Religionsverfassungsrechts in Deutschland und Europa - Ein Studienbuch, 4. Auflage, München 2006.

Classen, Claus Dieter: Religionsrecht, Tübingen 2006.

Cremer, Wolfram: Der programmierte Verfassungskonflikt: Zur Bindung der Mitgliedstaaten an die Charta der Grundrechte der Europäischen Union nach dem Konventsentwurf für eine Europäische Verfassung, in: NVwZ 2003, S. 1452 - 1457.

Czerner, Frank: Inter partes- versus erga omnes-Wirkung der EGMR-Judikate in den Konventionsstaaten gemäß Art. 46 EMRK - Eine Problemanalyse auch aus strafverfahrensrechtlicher Perspektive, in: Archiv des Völkerrechts 46 (2008), S. 345 - 367.

Däubler, Wolfgang / Bertzbach, Martin (Hrsg.)**:** Allgemeines Gleichbehandlungsgesetz - Handkommentar, 2. Auflage, Baden-Baden 2008 (zit.: BEARBEITER, in DÄUBLER / BERTZBACH, AGG Handkommentar).

Däubler, Wolfgang / Kittner, Michael / Klebe, Thomas / Wedde, Peter (Hrsg.)**:** BetrVG - Betriebsverfassungsgesetz mit Wahlordnung und EBR-Gesetz, 13. Auflage, Frankfurt am Main 2012 (zit.: BEARBEITER, in: DÄUBLER / KITTNER / KLEBE / WEDDE, BetrVG).

Däubler, Wolfgang: Das kirchliche Arbeitsrecht und die Grundrechte der Arbeitnehmer, in: RdA 2003, S. 204 - 209.

Däubler, Wolfgang / Hjort, Jens Peter / Schubert, Michael / Wolmerath, Martin (Hrsg.)**:** Arbeitsrecht: Individualarbeitsrecht mit kollektivrechtlichen Bezügen - Handkommentar, 2. Auflage, Baden-Baden 2010 (zit.: BEARBEITER, in DÄUBLER / HJORT / SCHUBERT / WOLMERATH, HK-ArbR).

Deinert, Olaf: Arbeitnehmerschutz vor Diskriminierung in kirchlichen Einrichtungen, in: EuZA 2009, S. 332 - 342.

Denninger, Erhard / Hoffmann-Riem, Wolfgang / Schneider, Hans-Peter / Stein, Ekkehard (Hrsg.)**:** Kommentar zum Grundgesetz für die Bundesrepublik Deutschland, 3. Auflage, Neuwied / Kriftel 2001, Loseblatt, Stand: 2. Aufbaulieferung August 2002 (zit.: BEARBEITER, in: DENNINGER / HOFFMANN-RIEM / SCHNEIDER / STEIN, Alt.-Komm. GG).

di Fabio, Udo: Nationales Arbeitsrecht im Spannungsfeld von Grundgesetz und Grundrechtecharta, in: RdA 2012, S. 262 - 266.

Dörr, Oliver: Der europäisierte Rechtsschutzauftrag deutscher Gerichte - Artikel 19 Absatz 4 GG unter dem Einfluß des europäischen Unionsrechts, Tübingen 2003.

Dreier, Horst (Hrsg.)**:** Grundgesetz Kommentar, Band III, Artikel 83 - 146, 2. Auflage, Tübingen 2008 (zit.: BEARBEITER, in: DREIER, GG-Kommentar, Bd. III).

Dütz, Wilhelm: Das Bundesverfassungsgericht zur Kündigung kirchlicher Arbeitsverhältnisse, in: NZA Beilage Nr. 1/1986 zu Heft 3/1986, S. 11 - 15.

Dütz, Wilhelm: Kirchliche Festlegung arbeitsvertraglicher Kündigungsgründe? in: NJW 1990, 2025 - 2031.

Dütz, Wilhelm: Neue Grundlagen im Arbeitsrecht der katholischen Kirche, in: NJW 1994, S. 1369 - 1375.

Ebers, Godehard Josef: Staat und Kirche im neuen Deutschland, München 1930.

Emmert, Angela / Wirtz, Caroline: Anmerkung zu EGMR, Urteile v. 23.09.2010, Az.: 425/03 (Obst) und Az.: 1620/03 (Schüth), in: ArbRAktuell 2010, S. 551.

Erichsen, Hans-Uwe: Bundesverfassungsgericht und Gemeinschaftsgewalt, in: VerwArch 66 (1975), S. 177 - 187.

Erkens, Franz-Reiner: Herrschersakrilität im Mittelalter - Von den Anfängen bis zum Investiturstreit, Stuttgart 2006.

Esser, Robert: Die Umsetzung der Urteile des Europäischen Gerichtshofs für Menschenrechte im nationalen Recht - ein Beispiel für die Dissonanz völkerrechtlicher Verpflichtungen und verfassungsrechtlicher Vorgaben? in: StV 2005, S. 348 - 355.

Fahrig, Stephan / Stenslik, Bastian-Peter: Die Rechtsprechung des EGMR zum kirchlichen Arbeitsrecht, in: EuZA 2012, S. 184 - 204.

Fey, Detlev: Anmerkung zu BAG, Urteil v. 08.09.2011 - 2 AZR 543/10, in: ZMV 2011, S. 274.

Fey, Detlev: Richtlinie über Anforderungen der beruflichen Mitarbeit in der Evangelischen Kirche in Deutschland und ihrer Diakonie, in: AuR 2005, S. 349 - 352.

Fischer, Erwin: Volkskirche ade! - Trennung von Kirche und Staat - Die Gefährdung [!] Religions- und Weltanschauungsfreiheit in der Bundesrepublik Deutschland, 4. Auflage, Berlin / Aschaffenburg 1993.

Fischermeier, Ernst: Europäisches Antidiskriminierungsrecht versus kirchliche Loyalitätsanforderungen? in: Festschrift für Reinhard Richardi zum 70. Geburtstag, München 2007, S. 875 - 889.

Frowein, Jochen Abr.: Der europäische Menschenrechtsschutz als Beginn einer europäischen Verfassungsrechtsprechung, in: JuS 1986, S. 845 - 851.

Frowein, Jochen Abr. / Peukert, Wolfgang: Europäische MenschenRechtsKonvention - EMRK-Kommentar, 3. Auflage, Kehl 2009 (zit.: BEARBEITER, in FROWEIN / PEUKERT, EMRK-Kommentar).

Garlicki, Lech / Westerdiek, Claudia: Rechtsfolgen von Normenkontrollen - Die Rechtsprechung des EGMR - das klassische Umfeld, in: EuGRZ 2006, S. 517 - 520.

Geck, Barbara / Schimmel, Roland: Grenzen der Kündigung kirchlicher Arbeitsverhältnisse - Glaubwürdigkeit der Verkündung kontra Menschenwürde des Arbeitnehmers? in: AuR 1995, S. 177 - 184.

Geiger, Willi: Die Rechtsprechung des Bundesverfassungsgerichts zum kirchlichen Selbstbestimmungsrecht, in: ZevKR 26 (1981), S. 156 - 174.

Giegerich, Thomas: Die Verfassungsbeschwerde an der Schnittstelle von deutschem, internationalem und supranationalem Recht, in: Allgemeinheit der Grundrechte und Vielfalt der Gesellschaft - 34. Tagung der Wissenschaftlichen Mitarbeiterinnen und Mitarbeiter der Fachrichtung „öffentliches Recht“, Wien 1994, herausgegeben von Christoph Grabenwarter, Stefan Hammer, Alexander Pelzl, Eva Schulev-Steindl, Ewald Wiederin, S. 101 - 128.

Golsong, Heribert: Kommentar und Kritik - Zu Bundesverfassungsgericht „Solange“-Beschluß vom 29.5.1974, in: EuGRZ 1974, S. 17 - 18.

Grabenwarter, Christoph: Auf dem Weg in die Grundrechtsgemeinschaft? in: EuGRZ 2004, S. 563 - 570.

Grabenwarter, Christoph: Grundrechtsvielfalt und Grundrechtskonflikte im europäischen Mehrebenensystem - Wirkungen von EGMR-Urteilen und der Beurteilungsspielraum der Mitgliedsstaaten, in: EuGRZ 2011, S. 229 - 232.

Grabenwarter, Christoph: Kirchliches Arbeitsrecht und Menschenrechtskonvention, in: Festschrift für Renate Jaeger, Kehl am Rhein 2011, S. 639 - 652.

Grabenwarter, Christoph / Pabel, Katharina: Das kirchliche Arbeitsrecht vor dem Europäischen Gerichtshof für Menschenrechte, in: KuR 2011, S. 55 - 70.

Grabenwarter, Christoph / Pabel, Katharina: Europäische Menschenrechtskonvention - Ein Studienbuch, 5. Auflage, München / Basel / Wien 2012.

Grabitz, Eberhard (Begr.) / **Hilf, Meinhard / Nettesheim, Martin** (Hrsg.): Das Recht der Europäischen Union (Loseblatt), Band I: EUV/AEUV, München, Stand: 48. Ergänzungslieferung August 2012 (zit.: BEARBEITER, in: GRABITZ / HILF / NETTESHEIM, Das Recht der Europäischen Union, Bd. I).

Greiner, Stefan: Anmerkung zu BAG, Urteil v. 08.09.2011 - 2 AZR 543/10, in: MedR 2012, S. 688 - 691.

Groeben, Hans v. d. / Schwarze, Jürgen (Hrsg.): Kommentar zum Vertrag über die Europäische Union und zur Gründung der Europäischen Gemeinschaft, Bd. 1, Art. 1 - 53 EUV - Art. 1 - 80 EGV, 6. Auflage, Baden-Baden 2003 (zit.: BEARBEITER, in: V. D. GROEBEN / SCHWARZE, Kommentar zum EU-/EG-Vertrag, Bd. I).

Groeger, Axel: Anmerkung zu BAG, Urteil v. 08.09.2011 - 2 AZR 543/10, in: ArbRB 2012, S. 72 - 73.

Grote, Rainer / Marauhn, Thilo (Hrsg.): EMRK/GG - Konkordanzkommentar zum europäischen und deutschen Grundrechtsschutz, Tübingen 2006 (zit.: BEARBEITER, in GROTE / MARAUHN, EMRK/GG-Konkordanzkommentar).

Grupp, Klaus / Stelkens, Ulrich: Zur Berücksichtigung der Gewährleistungen der Europäischen Menschenrechtskonvention bei der Auslegung deutschen Rechts, in: DVBl. 2005, S. 133 - 143.

Grzeszick, Bernd: Die Kirchenerklärung zur Schlußakte des Vertrages von Amsterdam - Europäischer Text, völkerrechtliche Verbindlichkeit, staatskirchenrechtlicher Inhalt, in: ZevKR 48 (2003), S. 284 - 300.

Hammer, Ulrich: Europäische Wende im kirchlichen Arbeitsrecht? in: AuR 2011, S. 278 - 285.

Hammer, Ulrich: Kirchliches Arbeitsrecht - Handbuch, Frankfurt am Main 2002.

Hammer, Ulrich: Chefarzt-Kündigung im katholischen Krankenhaus - Wiederverheiratete in kirchlichen Einrichtungen dürfen aufatmen, <http://www.lto.de/recht/hintergruende/h/chefarzt-kuendigung-im-katholischen-krankenhaus-wiederverheiratete-in-kirchlichen-einrichtungen-duerfen-aufatmen/>, Download: 15.04.2013.

Hanau, Peter / Thüsing, Gregor: Europarecht und kirchliches Arbeitsrecht - Bestandsaufnahme und Perspektiven, Baden-Baden 2001.

Hanau, Peter: Die Europäische Grundrechtscharta - Schein und Wirklichkeit im Arbeitsrecht, in: NZA 2010, S. 1 - 6.

Hartmann, Wilfried: Der Investiturstreit - Enzyklopädie deutscher Geschichte Bd. 21, 3. Auflage, München 2007.

Heckel, Johannes: Das staatskirchenrechtliche Schrifttum der Jahre 1930 und 1931, in: VerwArch 37 (1932), S. 280 - 299.

Heckel, Martin: Die Kirchen unter dem Grundgesetz, in: VVdStRL 26 (1968), S. 5 - 56.

Henssler, Martin / Willemsen, Heinz Josef / Kalb, Heinz-Jürgen (Hrsg.): Arbeitsrecht Kommentar, 5. Auflage, Köln 2012 (zit.: BEARBEITER, in: HENSSLER / WILLEMSEN / KALB, Arbeitsrecht Kommentar).

Herschel, Wilhelm: Kirchliche Einrichtungen und Betriebsverfassung, in: AuR 1978, S. 172 - 179.

Herschel, Wilhelm: Kirche und Koalitionsrecht - Ein Rechtsgutachten, Stuttgart 1978.

Herzog, Roman: Verfassungsrechtliche Rahmenbedingungen des Binnenmarktes aus deutscher Sicht, in: Bitburger Gespräche 21 (1990), S. 1 - 11.

Hesse, Konrad: Die Entwicklung des Staatskirchenrechts seit 1945, in: JöR N.F. 10 (1961), S. 3 - 122.

Hilf, Meinhard: Stellungnahmen - Sekundäres Gemeinschaftsrecht und deutsche Grundrechte - Zum Beschluß des Bundesverfassungsgerichts vom 29. Mai 1974 - Auswirkungen auf die Gemeinschaftsrechtsordnung, in: ZaöRV 1975, S. 51 - 66.

Holland, Ralf: Kollision des deutschen Arbeitsrechts mit europäischem Unionsrecht, in: ZAP Fach 25 (Nummer 17 v. 23.08.2012), S. 225 - 230.

Hollerbach, Alexander: Europa und das Staatskirchenrecht, in: ZevKR 35 (1990), S. 250 - 283.

Hollerbach, Alexander: Das Staatskirchenrecht in der Rechtsprechung des Bundesverfassungsgerichts, in: AöR 92 (1967), S. 99 - 127.

Hollerbach, Alexander: Trennung von Kirche und Staat - Internationale Aspekte und deutsche Erfahrungen, in: Trennung von Kirche und Staat: Vorträge an einer Tagung an der Universität Freiburg, Schweiz, Freiburg (Schweiz) 1994, herausgegeben von Louis Carlen, S. 21 - 36.

Horn, Hans-Detlef: „Grundrechtsschutz in Deutschland" - Die Hoheitsgewalt der Europäischen Gemeinschaften und die Grundrechte des Grundgesetzes nach dem Maastricht-Urteil des Bundesverfassungsgerichts, in: DVBl. 1995, S. 89 - 96.

Huber, Andrea: Der Beitritt der Europäischen Union zur Europäischen Menschenrechtskonvention - Art. 6 Abs. 2 S. 1 EUV (Diss. iur.), Hamburg 2008.

Huber, Peter M.: Das Kooperationsverhältnis zwischen BVerfG und EuGH in Grundrechtsfragen - Die Bananenmarktordnung und das Grundgesetz, in: EuZW 1997, S. 517 - 521.

Ipsen, Hans Peter: BVerfG versus EuGH re „Grundrechte" - Zum Beschluß des zweiten Senats des Bundesverfassungsgerichts vom 29. Mai 1974 (BVerfGE Bd. 37 S. 271), in: EuR 1975, S. 1 - 19.

Isak, Axel: Das Selbstverständnis der Kirchen und Religionsgemeinschaften und seine Bedeutung für die Auslegung staatlichen Rechts (Diss. iur.), Berlin 1994.

Isensee, Josef: Kirchliche Loyalität im Rahmen des staatlichen Arbeitsrechts - Verfassungsrechtliche Aspekte des kirchlichen Arbeitsverhältnisses, in: Festschrift für Klaus Obermayer zum 70. Geburtstag, München 1986, S. 203 - 216.

Isensee, Josef / Kirchhof, Paul (Hrsg.): Handbuch des Staatsrechts der Bundesrepublik Deutschland, Band VII - Freiheitsrechte, 3. Auflage, Heidelberg 2009 (zit.: BEARBEITER, in: ISENSEE / KIRCHHOF, HdbStR, Bd. VII).

Isensee, Josef / Kirchhof, Paul (Hrsg.): Handbuch des Staatsrechts der Bundesrepublik Deutschland, Band X - Deutschland in der Staatengemeinschaft, 3. Auflage, Heidelberg 2012 (zit.: BEARBEITER, in: ISENSEE / KIRCHHOF, HdbStR, Bd. X).

Jaeger, Renate: Menschenrechtsschutz im Herzen Europas - Zur Kooperation des Bundesverfassungsgerichts mit dem Europäischen Gerichtshof für Menschenrechte und dem Gerichtshof der Europäischen Gemeinschaften, in: EuGRZ 2005, S. 193 - 204.

Joost, Detlev: Kurzkommentar zu EuGH, Urteil v. 19.1.2010 - Rs. C-555/07 (Kücükdeveci), in: EWiR 2010, S. 179 - 180.

Joussen, Jacob: § 9 AGG und die europäischen Grenzen für das kirchliche Arbeitsrecht, in: NZA 2008, S. 675 - 679.

Joussen, Jacob: Aktuelle Entwicklungen des kirchlichen Arbeitsrechts, in: ZTR 2010, S. 54 - 61.

Joussen, Jacob: Die Folgen der europäischen Diskriminierungsverbote für das kirchliche Arbeitsrecht, in: RdA 2003, S. 32 - 39.

Joussen, Jacob: Die Folgen des Mormonen- und des Kirchenmusikerfalls für das kirchliche Arbeitsrecht in Deutschland, in: RdA 2011, S. 173 - 178.

Jurina, Josef: Die Dienstgemeinschaft der Mitarbeiter des kirchlichen Dienstes, in: ZevKR 29 (1984), S. 171 - 188.

Jurina, Josef: Diskussionsbeitrag, in: Essener Gespräche 3 (1969), S. 179 - 181.

Jurina, Josef: Der Rechtsstatus der Kirchen und Religionsgemeinschaften im Bereich ihrer eigenen Angelegenheiten (Diss. iur.), Berlin 1972.

Jurina, Josef: Das Dienst- und Arbeitsrecht im Bereich der Kirchen in der Bundesrepubik Deutschland, Berlin 1979.

Kadelbach, Stefan: Der Status der Europäischen Menschenrechtskonvention im deutschen Recht - Anmerkung zur neuesten Rechtsprechung des Bundesverfassungsgerichts, in: JURA 2005, S. 480 - 486.

Kalisch, Werner: Grund- und Einzelfragen des kirchlichen Dienstrechts, in: ZevKR 2 (1952 / 1953), S. 24 - 63.

Kamanabrou, Sudabeh: Die arbeitsrechtlichen Vorschriften des Allgemeinen Gleichbehandlungsgesetzes, in: RdA 2006, S. 321 - 339.

Kehlen, Detlef: Europäische Antidiskriminierung und kirchliches Arbeitsrecht - Zur Auslegung von Art. 13 EG und Art. 4 der Richtlinie 2000/78/EG (Diss. iur.), Frankfurt am Main / Berlin / Bern / Bruxelles / New York / Oxford / Wien 2003.

Kingreen, Thorsten: Grundrechtsverbund oder Grundrechtsunion? - Zur Entwicklung der subjektiv-öffentlichen Rechte im europäischen Unionsrecht, in: EuR 2010, S. 338 - 363.

Kingreen, Thorsten: Theorie und Dogmatik der Grundrechte im europäischen Verfassungsrecht, in: EuGRZ 2004, S. 570 - 576.

Kirchhof, Paul: Verfassungsrechtlicher Schutz und internationaler Schutz der Menschenrechte: Konkurrenz oder Ergänzung? - Landesbericht Deutschland für die IX. Konferenz der Europäischen Verfassungsgerichte, 10.-13. Mai 1993, Paris, in: EuGRZ 1994, S. 16 - 44.

Klar, Walter: Das kirchliche Selbstbestimmungsrecht und die kündigungsrechtliche Relevanz kirchenspezifischer Loyalitätsobliegenheiten im Rahmen von kirchlichen Arbeitsverhältnissen (Diss. iur.), Kolbermohr 1993.

Klein, Eckhart: Anmerkung zu BVerfG, Beschl. v. 14.10.2004 - 2 BvR 1481/04, in: JZ 2004, S. 1176 - 1178.

Klein, Eckhart: Schutz der Grund- und Menschenrechte durch die Verwaltungsgerichtsbarkeit, in: LKV 2003, S. 74 - 77.

Klein, Eckhart: Stellungnahmen - Sekundäres Gemeinschaftsrecht und deutsche Grundrechte - Zum Beschluß des Bundesverfassungsgerichts vom 29. Mai 1974 - Stellungnahme aus der Sicht des deutschen Verfassungsrechts, in: ZaöRV 1975, S. 67 - 84.

Kleine, Markus: Institutionalisierte Verfassungswidrigkeiten im Verhältnis von Staat und Kirchen unter dem Grundgesetz - Ein Beitrag zur juristischen Methodik im Staatskirchenrecht (Diss. iur.), Baden-Baden 1993.

Kortmann, Ulrich: Anmerkung zu BAG, Urteil v. 08.09.2011 - 2 AZR 543/10, in: öAT 2012, S. 86.

Kotthaus, Elisabeth: Anmerkung zu EGMR, Urteil v. 03.02.2011, Az.: 18136/02 (Siebenhaar), in: ArbRB 2011, S. 66.

Kotthaus, Elisabeth: Anmerkung zu EGMR, Urteil v. 23.09.2010, Az.: 1620/03 (Schüth), in: ArbRB 2010, S. 294.

Kreß, Hartmut: Aktuelle Probleme des kirchlichen Arbeitsrechts - Der Dritte Weg, das Streikrecht und die Mitarbeiterrepräsentanz, in: ZRP 2012, S. 103 - 105.

Krüger, Hartmut: Kirchenautonomie und gesetzlicher Kündigungsschutz, in: ZTR 1991, S. 11 - 16.

Krüger, Wolfgang / Rauscher, Thomas (Hrsg.): Münchener Kommentar zur Zivilprozessordnung, Band 2, §§ 355–1024, 4. Auflage, München

2012 (zit.: Bearbeiter, in: Krüger / Rauscher, Münchener Kommentar zur ZPO, Bd. 2).

Kuper, Bernd-Otto: Werte kirchlicher Dienstgemeinschaft - aus Sicht der Caritas, in: OK 1986, S. 170 - 184.

Laudage, Johannes / Schrör, Matthias: Der Investiturstreit - Quellen und Materialien (Lateinisch - Deutsch), 2. Auflage, Köln / Weimar / Wien 2006.

Lecheler, Helmut: Ansätze zu einem „Unions-Kirchen-Recht" in der Europäischen Union? in: Festschrift für Walter Leisner zum 70. Geburtstag, Berlin 1990, S. 39 - 51.

Leinemann, Wolfgang: Was Ihr wollt und wie es Euch gefällt - Arbeitsrecht für alle, in: FA 2010, S. 321.

Lembke, Mark: Sind an die Ehe anknüpfende Leistungen des Arbeitgebers auch an Lebenspartner zu gewähren? in: NJW 2008, S. 1631 - 1634.

Lindner, Josef Franz: Zur grundsätzlichen Bedeutung des Protokolls über die Anwendung der Grundrechtecharta auf Polen und das Vereinigte Königreich - zugleich ein Beitrag zur Auslegung von Art. 51 EGC, in: EuR 2008, S. 786 - 799.

Lingemann, Stefan / Müller, Matthias: Die Auswirkungen des Allgemeinen Gleichbehandlungsgesetzes auf die Arbeitsvertragsgestaltung, in: BB 2007, S. 2006 - 2014.

Lingscheid, Anja: Anmerkung zu BAG, Urteil v. 08.09.2011 - 2 AZR 543/10, in: ArbRAktuell 2012, S. 149.

Link, Christoph: Antidiskriminierung und kirchliches Arbeitsrecht, in: ZevKR 50 (2005), S. 403 - 418.

Link, Christoph: Staat und Kirche im Rahmen des europäischen Einigungsprozesses, in: ZevKR 42 (1997), S. 130 - 154.

Link, Lara: Anmerkung zu EuGH, Urteil v. 19.01.2010, Rs. C-555/07 (Kücükdeveci), in: NJW 2010, S. 430 - 431.

Listl, Joseph / Schmitz, Heribert: Handbuch des katholischen Kirchenrechts, 2. Auflage, Regensburg 1999 (zit.: BEARBEITER, in: LISTL / SCHMITZ, HdbKathKR).

Listl, Joseph / Pirson, Dietrich (Hrsg.)**:** Handbuch des Staatskirchenrechts der Bundesrepublik Deutschland, Erster Band, 2. Auflage, Berlin 1994 (zit.: BEARBEITER, in: LISTL / PIRSON, HdbStKirchR, Bd. I).

Listl, Joseph / Pirson, Dietrich (Hrsg.)**:** Handbuch des Staatskirchenrechts der Bundesrepublik Deutschland, Zweiter Band, 2. Auflage, Berlin 1994 (zit.: BEARBEITER, in: LISTL / PIRSON, HdbStKirchR, Bd. II).

Lörcher, Klaus: Zum Beitritt der Europäischen Union zur Europäischen Menschenrechtskonvention - Doch ein Ende der unendlichen Geschichte in Sicht? in: AuR 2013, S. 23 - 27.

Lorenz, Norbert: Die Übertragung von Hoheitsrechten auf die Europäischen Gemeinschaften (Diss. iur.), Frankfurt am Main / Bern / New York / Paris 1990.

Mainusch, Rainer: Rechtsprobleme des kirchlichen Verwaltungsverfahrens, in: ZevKR 50 (2005), S. 16 - 45.

Mangoldt, Hermann v. (Begr.) **/ Klein, Friedrich / Starck, Christian** (Hrsg.)**:** Kommentar zum Grundgesetz, Band 3: Artikel 83 bis 146, 6. Auflage, München 2010 (zit.: BEARBEITER, in: V. MANGOLDT / KLEIN / STARCK, Kommentar zum GG, Bd. 3: Art. 83 - 146).

Marré, Heiner: Zur Loyalität im Dienst der Kirche - Das Staatskirchenrecht als Imperativ, in: ThGl 78 (1988), S. 397 - 414.

Marx, Siegfried: Die arbeitsrechtliche Kirchlichkeitsklausel im Spannungsfeld zwischen kirchlichen Anforderungen und staatlichem Recht, Frankfurt am Main 1990.

Maunz, Theodor / Dürig, Günter (Begr.): Grundgesetz - Kommentar (Loseblatt), Band IV: Art. 23 - 53a, München, Stand: 66. Ergänzungslieferung August 2012 (zit.: BEARBEITER, in: MAUNZ / DÜRIG, GG-Kommentar, Bd. IV Art. 23 - 53a).

Maunz, Theodor / Dürig, Günter (Begr.): Grundgesetz - Kommentar (Loseblatt), Band VI: Art. 86 - 106b, München, Stand: 66. Ergänzungslieferung August 2012 (zit.: BEARBEITER, in: MAUNZ / DÜRIG, GG-Kommentar, Bd. VI Art. 86 - 106b).

Maunz, Theodor / Dürig, Günter (Begr.): Grundgesetz - Kommentar (Loseblatt), Band VII: Art. 107 - 146, Sachverzeichnis, München, Stand: 66. Ergänzungslieferung August 2012 (zit.: BEARBEITER, in: MAUNZ / DÜRIG, GG-Kommentar, Bd. VII Art. 107 - 146).

Mayer, Franz: Der Vertrag von Lissabon im Überblick, in: JuS 2010, S. 189 - 195.

Mayer, Udo R.: Menschenrecht vor Gottesrecht - Zu dem Verhältnis des kirchlichen Arbeitsrechts zu den universalen Menschenrechten, in: dbr 2010, S. 19 - 21.

Mayer-Maly, Theo: Die arbeitsrechtliche Tragweite des kirchlichen Selbstbestimmungsrechts, in: Ausgewählte Schriften zum Arbeitsrecht, Wien / Köln / Weimar 1991, herausgegeben von Theo Mayer-Maly, S. 324 - 357.

Mayer-Maly, Theo: Das staatliche Arbeitsrecht und die Kirchen, in: Essener Gespräche 10 (1976), S. 127 - 152.

Meier, Gert: Anmerkung zu BVerfG, Beschl. v. 29.05.1974 - 2 BvL 52/71, in: NJW 1974, S. 1704 - 1705.

Meinel, Gernod / Heyn, Judith / Herms, Sascha: Allgemeines Gleichbehandlungsgesetz - Arbeitsrechtlicher Kommentar, 2. Auflage, München 2010.

Melot de Beauregard, Paul: Ende eines Sonderwegs? - Zum Stand des kirchlichen Arbeitsrechts, in: NZA-RR 2012, S. 225 - 232.

Menzel, Jörg / Müller-Terpitz, Ralf (Hrsg.)**:** Verfassungsrechtsprechung - Ausgewählte Entscheidungen des Bundesverfassungsgerichts in Retrospektive, 2. Auflage, Tübingen 2011 (zit.: BEARBEITER, in: MENZEL / MÜLLER-TERPITZ, Verfassungsrechtsprechung).

Meyer, Jürgen (Hrsg.)**:** Charta der Grundrechte der Europäischen Union, 3. Auflage, Baden-Baden 2011 (zit.: BEARBEITER, in MEYER, Charta der Grundrechte der Europäischen Union).

Meyer-Ladewig, Jens / Petzold, Herbert: Die Bindung deutscher Gerichte an Urteile des EGMR - Neues aus Straßburg und Karlsruhe, in: NJW 2005, S. 15 - 20.

Meyer-Ladewig, Jens: EMRK Europäische Menschenrechtskonvention - Handkommentar, 3. Auflage, Baden-Baden 2011.

Mohr, Jochen / Fürstenberg, Maximilian v.: Kirchliche Arbeitgeber im Spannungsverhältnis zwischen grundrechtlich geschütztem Selbstbestimmungsrecht und europarechtlich gefordertem Diskriminierungsschutz - Zugleich Anmerkung zu ArbG Hamburg, 4.12.2007 - 20 Ca 105/07, BB 2008, 1348 kommentiert von Lelley, in: BB 2008, S. 2122 - 2126.

Morlok, Martin: Selbstverständnis als Rechtskriterium, Tübingen 1993.

Mörsdorf, Oliver: Diskriminierung jüngerer Arbeitnehmer - Unanwendbarkeit von § 622 II 2 BGB wegen Verstoßes gegen das Unionsrecht, in: NJW 2010, S. 1046 - 1049.

Mosler, Hermann: Schlußbericht über das Kolloquium, in: Europäischer Menschenrechtsschutz - Schranken und Wirkungen - Verhandlungen des Fünften Internationalen Kolloquiums über die Europäische Menschenrechtskonvention in Frankfurt (Main), veranstaltet von der Regierung der Bundesrepublik Deutschland und dem Generalsekretariat des Europarates, herausgegeben von Irene Maier, Heidelberg 1982, S. 355 - 369.

Müller, Gerhard: Staatskirchenrecht und normatives Arbeitsrecht - Eine Problemskizze, in: RdA 1979, S. 71 - 79.

Müller-Glöge, Rudi / Preis, Ulrich / Schmidt, Ingrid: Erfurter Kommentar zum Arbeitsrecht, 13. Auflage, München 2013 (zit.: BEARBEITER, in: MÜLLER-GLÖGE / PREIS / SCHMIDT, Erfurter Kommentar).

Müller-Volbehr, Gerd: Europa und das Arbeitsrecht der Kirchen (Diss. iur.), Heidelberg 1999.

Mummenhoff, Winfried: Loyalität im kirchlichen Arbeitsverhältnis, in: NZA 1990, S. 585 - 592.

Münch, Ingo v. (Begr.) **/ Kunig, Philip** (Hrsg.)**:** Grundgesetz-Kommentar, Band 3 (Art. 70 bis Art. 146 und Gesamtregister), 4./5. Auflage, München 2003 (zit.: BEARBEITER, in: V. MÜNCH / KUNIG, GG-Kommentar, Bd. 3).

Munsonius, Hendrik: Quo vadis „Staatskirchenrecht" ? - Aktuelle Fragen an das Verhältnis von Staat und Kirche in Deutschland, in: DÖV 2012, S. 93 - 103.

Musielak, Hans-Joachim (Hrsg.)**:** Kommentar zur Zivilprozessordnung mit Gerichtsverfassungsgesetz, 9. Auflage, München 2012 (zit.: BEARBEITER, in: MUSIELAK, ZPO-Kommentar).

Nell-Breuning, Oswald v.: Arbeitnehmer im kirchlichen Dienst, in: AuR 1979, S. 1 - 8.

Nell-Breuning, Oswald v.: Dienste in der Kirche, in: Stimmen der Zeit 195 (1977), S. 491 - 494.

Nell-Breuning, Oswald v.: Die Kirche als Arbeitgeber, in: Menschenrechte in der Kirche, Düsseldorf 1980, herausgegeben von Michaela Pilters und Knut Wolf, S. 70 - 90.

Nell-Breuning, Oswald v.: Kirchliche Dienstgemeinschaft, in: Stimmen der Zeit 195 (1977), S. 705 - 710.

Niebler, Engelbert: Abgestufte Loyalität? Probleme bei der Kündigung kirchlicher Mitarbeiter, in: ArchKathKR 159 (1990), S. 464 - 470.

Nipperdey, Hans Carl (Hrsg.): Die Grundrechte und Grundpflichten der Reichsverfassung - Kommentar zum zweiten Teil der Reichsverfassung, Zweiter Band: Artikel 118 - 142, Berlin 1930 (zit.: BEARBEITER, in: NIPPERDEY, Grundrechte und Grundpflichten - Zweiter Band).

Notz, Konstantin v.: Lebensführungspflichten im evangelischen Kirchenrecht (Diss. iur.), Frankfurt am Main / Berlin / Bern / Bruxelles / New York / Oxford / Wien 2003.

Nußberger, Angelika: Auswirkungen der Rechtsprechung des Europäischen Gerichtshofs für Menschenrechte auf das deutsche Arbeitsrecht, in: RdA 2012, S. 270 - 277.

Oberthür, Nathalie: Arbeitsrecht ist Menschenrecht - Die Bedeutung der EMRK im arbeitsgerichtlichen Verfahren, in: ArbRB 2013, S. 25 - 26.

Okresek, Wolf: Die Umsetzung der EGMR-Urteile und ihre Überwachung - Probleme der Vollstreckung und Behandlung von Wiederholungsfällen, in: EuGRZ 2003, S. 168 - 174.

Otto, Hansjörg: Toleranz in den Arbeitsbeziehungen, in: AuR 1980, S. 289 - 303.

Pache, Eckhard: Die Europäische Menschenrechtskonvention und die deutsche Rechtsordnung, in: EuR 2004, S. 393 - 415.

Pache, Eckhard / Rösch, Franziska: Europäischer Grundrechtsschutz nach Lissabon - die Rolle der EMRK und der Grundrechtecharta in der EU, in: EuZW 2008, S. 519 - 522.

Pahlke, Armin: Kirche und Koalitionsrecht - Zur Problematik des kirchlichen Arbeitsrechtsregelungsverfahrens, insbesondere des sog. Dritten Weges der Kirchen (Diss. iur.), Tübingen 1983.

Palandt, Otto (Begr.): Bürgerliches Gesetzbuch mit Nebengesetzen insbesondere mit Einführungsgesetz (Auszug) einschließlich Rom I-, Rom II- und Rom III-Verordnungen sowie dem Haager Unterhaltsprotokoll, Allgemeines Gleichbehandlungsgesetz (Auszug), Wohn- und Betreuungsgesetz, BGB-Informationspflichten-Verordnung, Unterlassungsklagengesetz, Produkthaftungsgesetz, Erbbaurechtsgesetz, Wohnungseigentumsgesetz, Versorgungsausgleichsgesetz, Lebenspartnerschaftsgesetz, Gewaltschutzgesetz, 72. Auflage, München 2013 (zit.: BEARBEITER, in: PALANDT, Bürgerliches Gesetzbuch).

Pernice, Ingolf: Grundrechtsgehalte im Europäischen Gemeinschaftsrecht - Ein Beitrag zum gemeinschaftsimmanenten Grundrechtsschutz durch den Europäischen Gerichtshof (Diss. iur.), Baden-Baden 1979.

Pietsch, Jörg: Die Grundrechtecharta im Verfassungskonvent, in: ZRP 2003, S. 1 - 4.

Pirson, Dietrich: Zum personellen Geltungsbereich kirchlicher Rechtsvorschriften, in: ZevKR 27 (1982), S. 115 - 133.

Plum, Martin: Kirchliche Loyalitätsobliegenheiten im Lichte der Rechtsprechung des EGMR, in: NZA 2011, S. 1194 - 1200.

Plum, Martin: Kündigung eines kirchlichen Arbeitnehmers wegen Wiederverheiratung - Besprechung des Urteils BAG v. 8.9.2011 - 2 AZR 543/10, in: RdA 2012, S. 373 - 376.

Polakiewicz, Jörg: Die Verpflichtung der Staaten aus den Urteilen des Europäischen Gerichtshofs für Menschenrechte - The Obligations of States Arising from the Judgments of the European Court of Human Rights (English Summary) (Diss. iur.), Berlin / Heidelberg / New York / London / Paris / Tokyo / Hong Kong / Barcelona / Budapest 1993.

Pötters, Stephan / Traut, Johannes: Eskalation oder Burgfrieden: Mangold vor dem BVerfG, in: ZESAR 2010, S. 267 - 276.

Pötters, Stephan / Kalf, Martin: Europäisches Arbeitsrecht und das kirchliche Selbstbestimmungsrecht, in: ZESAR 2012, S. 216 - 224.

Pötters, Stephan: Anmerkung zu BAG, Urteil v. 08.09.2011 - 2 AZR 543/10, in: EzA § 611 Bürgerliches Gesetzbuch 2002, Stichwort: „Kirchliche Arbeitnehmer“ , Nr. 21, S. 15 - 24.

Preis, Ulrich / Temming, Felipe: Der EuGH, das BVerfG und der Gesetzgeber - Lehren aus Mangold II, in: NZA 2010, S. 185 - 198.

Preis, Ulrich: Verbot der Altersdiskriminierung als Gemeinschaftsgrundrecht - Der Fall „Mangold“ und die Folgen, in: NZA 2006, S. 401 - 410.

Rat der Evangelischen Kirche in Deutschland: EKD-Texte Nr. 57: Mit Spannungen leben - Eine Orientierungshilfe des Rates der Evangelischen Kirche in Deutschland zum Thema „Homosexualität in der Kirche“, herausgegeben vom Kirchenamt der Evangelischen Kirche in Deutschland (EKD), Hannover 1996.

Ratzinger, Joseph / Bovone, Alberto: Schreiben der Kongregation für die Glaubenslehre an die Bischöfe der katholischen Kirche über die Seelsorge für homosexuelle Personen vom 30. Oktober 1986, in: Verlautbarungen des Apostolischen Stuhls 72, Bonn 1986, herausgegeben vom Sekretariat der Deutschen Bischofskonferenz, S. 3 - 14.

Ratzinger, Joseph / Amato, Angelo: Kongregation für die Glaubenslehre: Erwägungen zu den Entwürfen einer rechtlichen Anerkennung der Lebensgemeinschaften zwischen homosexuellen Personen vom 3. Juni 2003, in: Verlautbarungen des Apostolischen Stuhls 162, Bonn 2003, herausgegeben vom Sekretariat der Deutschen Bischofskonferenz, S. 3 - 15.

Rau, Gerhard / Reuter, Hans-Richard / Schlaich, Klaus (Hrsg.): Das Recht der Kirche - Band III - Zur Praxis des Kirchenrechts, Gütersloh 1994 (zit.: BEARBEITER, in RAU / REUTER / SCHLAICH, Das Recht der Kirche, Bd. III).

Reichegger, Heidi: Die Auswirkungen der Richtlinie 2000/78/EG auf das kirchliche Arbeitsrecht unter Berücksichtigung von Gemeinschaftsgrundrechten als Auslegungsmaxime (Diss. iur.), Frankfurt am Main / Berlin / Bern / Bruxelles / New York / Oxford / Wien 2005.

Reichold, Hermann / Hartmeyer, Elisabeth: Anmerkung zu BAG, Urteil v. 08.09.2011 - 2 AZR 543/10, in: AP § 1 KSchG 1969 Nr. 92.

Reichold, Hermann: Das deutsche Arbeitsrecht der Kirchen im Fokus des Europäischen Gerichtshofs für Menschenrechte, in: EuZA 2011, S. 320 - 328.

Reichold, Hermann: Europa und das deutsche kirchliche Arbeitsrecht - Auswirkungen der Antidiskriminierungs-Richtlinie 2000/78/EG auf kirchliche Arbeitsverhältnisse, in: NZA 2001, S. 1054 - 1060.

Reichold, Hermann: Der Fall Mangold: Entdeckung eines europäischen Gleichbehandlungsprinzips? in: ZESAR 2006, S. 55 - 58.

Reichold, Hermann: Das Sonderarbeitsrecht der Kirchen im Fokus der Politik und der Gerichte - eine Zwischenbilanz, in: KuR 2011, S. 199 - 208.

Ress, Georg: Die „Einzelfallbezogenheit" in der Rechtsprechung des Europäischen Gerichtshofs für Menschenrechte, in: Festschrift für Herrmann Mosler, Berlin / Heidelberg / New York 1983, S. 719 - 744.

Ress, Georg: Wirkung und Beachtung der Urteile und Entscheidungen der Straßburger Konventionsorgane, in: EuGRZ 1996, S. 350 - 353.

Reufels, Martin / Molle, Karl: Neuere Rechtsprechung des EGMR im Arbeitsrecht, in: KSzW 2012, S. 3 - 9.

Reuter, Dieter: Der neuralgische Dritte Weg - Zu den rechtlichen Grundlagen kirchlicher Arbeitsverhältnisse, in: HK 1994, 194 - 200.

Reuter, Wolf J.: Der EGMR schießt das deutsche Kirchenarbeitsrecht sturmreif – Oder: Menschenrechte auch für Kirchenmitarbeiter - Anmerkung zum Urteil des EGMR vom 23.09.2010 - Az.: 1620/03 „Schüth", <http://www.reuter-arbeitsrecht.de/grundsatzliches/der-egmr-schiest-das-deutsche-kirchenarbeitsrecht-sturmreif-oder-menschenrechte-auch-fur-kirchenmitarbeiter.html>, Download: 15.04.2013.

Richardi, Reinhard / Wlotzke, Otfried / Wißmann, Hellmut / Oetker, Hartmut (Hrsg.): Münchener Handbuch zum Arbeitsrecht, Band 1 - Individualarbeitsrecht, 3. Auflage, München 2009 (zit.: BEARBEITER, in: RICHARDI / WLOTZKE / WIßMANN / OETKER, Münchener Handbuch zum Arbeitsrecht, Bd. 1).

Richardi, Reinhard: Die arbeitsrechtliche Regelungsautonomie der Kirchen, in: 25 Jahre Bundesarbeitsgericht, München 1979, S. 429 - 453.

Richardi, Reinhard: Die Entstehung der Grundordnung für die Arbeitsverhältnisse in der katholischen Kirche, in: Festschrift für Christoph Link zum siebzigsten Geburtstag, Tübingen 2003, S. 143 - 158.

Richardi, Reinhard: Die Grundordnung der katholischen Kirche für den kirchlichen Dienst im Rahmen kirchlicher Arbeitsverhältnisse, in: NZA 1994, S. 19 - 24.

Richardi, Reinhard: Kirchenautonomie und gesetzliche Betriebsverfassung - Zum Fall Goch des Bundesverfassungsgerichts, in: ZevKR 23 (1978), S. 367 - 413.

Richardi, Reinhard: Die Rechtsprechung des Kirchlichen Arbeitsgerichtshofs der katholischen Kirche in den Jahren 2006 - 2010, in: NZA 2011, S. 1185 - 1189.

Richardi, Reinhard: Rechtsprechung des Kirchlichen Arbeitsgerichtshofs der katholischen Kirche zu ausgewählten Praxisproblemen, in: NZA 2012, S. 1393 - 1399.

Richardi, Reinhard: Sicherung der Privatautonomie für den kirchlichen Dienst durch das kirchliche Arbeitsrecht, in: ZevKR 52 (2007), S. 182 - 197.

Richardi, Reinhard: Arbeitsrecht in der Kirche - Staatliches Arbeitsrecht und kirchliches Dienstrecht, 6. Auflage, München 2012.

Richardi, Reinhard (Hrsg.): Betriebsverfassungsgesetz mit Wahlordnung - Kommentar, 13. Auflage, München 2012 (zit.: BEARBEITER, in: RICHARDI, BetrVG).

Robbers, Gerhard: Der Dialog zwischen der Europäischen Union und den Kirchen, in: Joseph Listl zum 75. Geburtstag, Berlin 2004, S. 753 - 759.

Röper, Erich: Außerdienstliches Verhalten von Nichttendenzträgern in Tendenzbetrieben, in: NJW 1975, S. 1873 - 1874.

Roßbruch, Robert: Anmerkung zu BAG, Urteil v. 08.09.2011 - 2 AZR 543/10, in: PflR 2012, S. 164 - 166.

Rox, Barbara: Schutz religiöser Gefühle im freiheitlichen Verfassungsstaat? (Diss. iur.), Tübingen 2012.

Rudolf, Beate / Raumer, Stefan v.: Der Schutzumfang der Europäischen Menschenrechtskonvention - Individuelle Freiheitsrechte, Verfahrensgarantien und Diskriminierungsverbote im Vergleich zum GG, in: AnwBl. 2009, S. 318 - 331.

Rüfner, Wolfgang: Arbeitsverhältnisse im kirchlichen Dienst - Zum Verhältnis von Staat und Kirche im Individualarbeitsrecht, in: Festschrift der Rechtswissenschaftlichen Fakultät zur 600-Jahr-Feier der Universität zu Köln, Köln / Berlin / Bonn / München 1988, S. 797 - 811.

Ruland, Franz: Die Sonderstellung der Religionsgemeinschaften im Kündigungsschutzrecht und in den staatlichen Mitbestimmungsordnungen, in: NJW 1980, S. 89 - 98.

Rust, Ursula / Falke, Josef (Hrsg.)**:** AGG - Allgemeines Gleichbehandlungsgesetz mit weiterführenden Vorschriften - Kommentar, Berlin 2007 (zit.: BEARBEITER, in: RUST / FALKE, AGG Kommentar).

Rüthers, Bernd: Individualrechtliche Aspekte des kirchlichen Arbeitsrechts in der Bundesrepublik Deutschland, in: Deutsch-Französische Kolloquien Kirche - Staat - Gesellschaft - Straßburger Kolloquien - Band 6, Kehl am Rhein / Straßburg 1984, herausgegeben von Joseph Listl und Jean Schlick, S. 3 - 22.

Rüthers, Bernd: Tendenzschutz und Kirchenautonomie im Arbeitsrecht, in: NJW 1978, S. 2066 - 2070.

Rüthers, Bernd: Wie kirchentreu müssen kirchliche Arbeitnehmer sein? in: NJW 1986, S. 356 - 359.

Sachs, Michael (Hrsg.)**:** Grundgesetz - Kommentar, 6. Auflage, München 2011 (zit.: BEARBEITER, in: SACHS, Grundgesetz).

Salamon, Erwin: Anmerkung zu EGMR, Urteil v. 03.02.2011, Az.: 18136/02 (Siebenhaar), in: ArbRAktuell 2011, S. 611.

Satzger, Helmut: Internationales und Europäisches Strafrecht - Strafanwendungsrecht / Europäisches Straf- und Strafverfahrensrecht / Völkerstrafrecht, 5. Auflage, Baden-Baden 2011.

Sauer, Heiko: Die neue Schlagkraft der gemeineuropäischen Grundrechtsjudikatur - Zur Bindung deutscher Gerichte an die Entscheidungen des Europäischen Gerichtshofs für Menschenrechte, in: ZaöRV 2005, S. 35 - 69.

Schaub, Günter (Begr.)**:** Arbeitsrechts-Handbuch - Systematische Darstellung und Nachschlagewerk für die Praxis, 14. Auflage, München 2011 (zit.: BEARBEITER, in: SCHAUB, Arbeitsrechts-Handbuch).

Scheuner, Ulrich: Der Grundrechtsschutz in der Europäischen Gemeinschaft und die Verfassungsrechtsprechung - Zum Beschluß des Bundesverfassungsgerichts vom 29. Mai 1974, in: AöR 100 (1975), S. 30 - 52.

Schilberg, Arno: Rechtsschutz und Arbeitsrecht in der evangelischen Kirche - Zum Rechtsschutz bei arbeitsrechtlichen Streitigkeiten in den evangelischen Kirchen und ihren Diakonischen Werken in der Bundesrepublik Deutschland (Diss. iur.), Frankfurt am Main / Berlin / Bern / Bruxelles / New York / Oxford / Wien 1992.

Schlachter, Monika: Gemeinschaftsrechtliche Grenzen der Altersbefristung, in: RdA 2004, S. 352 - 358.

Schlaich, Klaus / Korioth, Stefan: Das Bundesverfassungsgericht - Stellung, Verfahren, Entscheidungen - Ein Studienbuch, 9. Auflage, München 2012.

Schliemann, Harald: Europa und das kirchliche Arbeitsrecht - Kooperation oder Konfrontation? in: NZA 2003, S. 407 - 415.

Schliemann, Harald: Kirchliches Selbstbestimmungsrecht und Europäischer Tendenzschutz, in: Festschrift für Reinhard Richardi zum 70. Geburtstag, München 2007, S. 959 - 978.

Schliemann, Harald: Wichtige Entscheidungen des KGH.EKD zum kirchlichen Mitbestimmungsrecht aus den Jahren 2005 - 2010, in: NZA 2011, S. 1189 - 1194.

Schliemann, Harald (Hrsg.)**:** Das Arbeitsrecht im BGB - Kommentar, 2. Auflage, Berlin / New York 2002 (zit.: BEARBEITER, in: SCHLIEMANN, Arbeitsrecht im BGB).

Schmahl, Stefanie: Grundrechtsschutz im Dreieck von EU, EMRK und nationalem Verfassungsrecht, in: EuR Beiheft 1/2008, S. 7 - 40.

Schmitz, Thomas: Die Grundrechtecharta als Teil der Verfassung der Europäischen Union, in: EuR 2004, S. 691 - 713.

Schnabel, Patrick R.: Die Richtlinie 2000/78/EG und das kirchliche Arbeitsrecht in Deutschland, in: ZfA 39 (2008), S. 413 - 443.

Scholz, Rupert: Wie lange bis „Solange III“? in: NJW 1990, S. 941 - 946.

Schroeder, Werner: Neues zur Grundrechtskontrolle in der Europäischen Union, in: EuZW 2011, S. 462 - 465.

Schubert, Jens M.: Europarechtswidrigkeit von § 622 Abs. 2 S. 2 BGB - Anmerkung zum EuGH-Urteil vom 19.01.2010 (Az: C-555/07, abgedruckt in EuZW 2010, 177), in: EuZW 2010, S. 180 - 183.

Schulte-Herbrüggen, Elena: Der Grundrechtsschutz in der Europäischen Union nach dem Vertrag von Lissabon, in: ZEuS 2009, S. 343 - 377.

Seifert, Achim: Die horizontale Wirkung von Grundrechten - Europarechtliche und rechtvergleichende Überlegungen, in: EuZW 2011, S. 696 - 702.

Seifert, Achim: Verhängung einer Sperrzeit gegen kirchliche Arbeitnehmerin nach Kündigung wegen Kirchenaustritts, in: AuR 2009, S. 31 - 32.

Smend, Rudolf: Staat und Kirche nach dem Bonner Grundgesetz, in: ZevKR 1 (1951), S. 4 - 14.

Spengler, Erhard: Die Rechtsprechung zum Arbeitsrecht in kirchlichen Angelegenheiten - insbesondere zur Loyalitätspflicht der kirchlichen Mitarbeiter, in: NZA 1987, S. 883 - 839.

Sperber, Christian: Anmerkung zu BAG, Urteil v. 08.09.2011 - 2 AZR 543/10, in: AuR 2012, S. 451 - 453.

Sperber, Christian: Arbeitnehmer von Religionsgemeinschaften und ihr Recht auf Achtung des Privat- und Familienlebens, in: EuZA 2011, S. 407 - 418.

Steinberger, Helmut: Reference to the case law of the organs of the European Convention on Human Rights before national courts - Written Communication on the courts of the Federal Republic of Germany presented by Helmut Steinberger to the Sixth International Colloquy about the European Convention on Human Rights, Sevilla, 13 - 16 November 1985, in: HRLJ 1985, S. 402 - 411.

Steiner, Udo: Das Deutsche Arbeitsrecht im Kraftfeld von Grundgesetz und Europäischem Gemeinschaftsrecht, in: NZA 2008, S. 73 - 77.

Stenslik, Bastian-Peter: Altersdiskriminierung - Berücksichtigung der Beschäftigungszeiten vor dem 25. Lebensjahr bei Kündigungsfristen, in: RdA 2010, S. 247 - 250.

Stöcker, Hans A.: Wirkungen der Urteile des Europäischen Gerichtshofs für Menschenrechte in der Bundesrepublik Deutschland, in: NJW 1982, S. 1905 - 1909.

Stöhr, Alexander: Anmerkung zu BAG, Urteil v. 08.09.2011 - 2 AZR 543/10, in: AuR 2012, S. 451.

Stöhr, Alexander: Die Kündigung von kirchlichen Arbeitnehmern wegen Loyalitätsverstoß - Zugleich Besprechung zum Urteil BAG v. 8.9.2011 - 2 AZR 543/10. in: RdA 2012, S. 376 - 379.

Streinz, Rudolf / Herrmann, Christoph: Der Fall Mangold - eine „kopernikanische Wende im Europarecht"? in: RdA 2007, S. 165 - 169.

Streinz, Rudolf / Ohler, Christoph / Herrmann, Christoph: Der Vertrag von Lissabon zur Reform der EU - Einführung mit Synopse, 3. Auflage, München 2010.

Streinz, Rudolf: Bundesverfassungsgerichtlicher Grundrechtsschutz und Europäisches Gemeinschaftsrecht - Die Überprüfung grundrechtsbeschränkender deutscher Begründungs- und Vollzugsakte von Europäischem Gemeinschaftsrecht durch das Bundesverfassungsgericht, Baden-Baden 1989.

Struck, Gerhard: Entwicklung und Kritik des Arbeitsrechts im kirchlichen Bereich, in: NZA 1991, S. 249 - 256.

Struve, Tilman: Salierzeit im Wandel - Zur Geschichte Heinrichs IV. und des Investiturstreites, Köln / Weimar / Wien 2006.

Terhechte, Jörg Philipp: Grundwissen - Öffentliches Recht: Der Vorrang des Unionsrechts, in: JuS 2008, S. 403 - 405.

Terhechte, Jörg Philipp (Hrsg.)**:** Verwaltungsrecht der Europäischen Union, Baden-Baden 2011 (zit.: BEARBEITER, in: TERHECHTE, Verwaltungsrecht der Europäischen Union).

Thüsing, Gregor / Fink-Jamann, Daniela / Hoff, Konrad v.: Das kirchliche Selbstbestimmungsrecht als Legitimation zur Unterscheidung nach der Religion - Zum Spannungsverhältnis von kirchlicher Dienstgemeinschaft, verfassungsrechtlicher Autonomie und europäischem Diskriminierungsrecht, in: ZfA 40 (2009), S. 153 - 209.

Thüsing, Gregor: Blick in das europäische und ausländische Arbeitsrecht, in: RdA 2010, S. 187 - 192.

Thüsing, Gregor: Blick in das europäische und ausländische Arbeitsrecht, in: RdA 2008, S. 51 - 56.

Thüsing, Gregor: Europarechtlicher Gleichbehandlungsgrundsatz als Bindung des Arbeitgebers? Kritische Gedanken zu EuGH v. 22.11.2005 - Rs. C-144/04, ZIP 2005, 2171 (in diesem Heft) - Mangold/Helm, in: ZIP 2005, S. 2149 - 2151.

Thüsing, Gregor: Primärrechtskonformität des § 622 Abs. 2 S. BGB, in: ZESAR 2009, S. 26 - 27.

Thüsing, Gregor: Religion und Kirche in einem neuen Anti-Diskriminierungsrecht, in: JZ 2004, S. 172 - 179.

Thüsing, Gregor / Pötters, Stephan: Altersdiskriminierung durch tarifliche Altersgrenzen von 60 Jahren für Piloten, in: ZIP 2011, S. 1886 - 1888.

Tiling, Christian v.: Kirchlicher Dienst: Neue Rahmenbedingungen für Einstellungen durch das AGG? in: ArbRB 2009, S. 80 - 83.

Tomuschat, Christian: Individueller Rechtsschutz: das Herzstück des „ordre public européen“ nach der Europäischen Menschenrechtskonvention, in: EuGRZ 2003, S. 95 - 100.

Trebeck, Joachim / Weber, Astrid: Kündigung im kirchlichen Arbeitsverhältnis nach der „Chefarztentscheidung“ (Teil 2), in: ArbRAktuell 2012, S. 83 - 86.

Triebel, Matthias: Der Kirchenartikel im Verfassungsentwurf des Europäischen Konvents, in: ZevKR 49 (2004), S. 644 - 651.

Triebel, Matthias: Das europäische Religionsrecht am Beispiel der arbeitsrechtlichen Antidiskriminierungsrichtlinie 2000/78/EG (Diss. iur.), Frankfurt am Main / Berlin / Bern / Bruxelles / New York / Oxford / Wien 2005.

Uerpmann-Wittzack, Robert: Doppelter Grundrechtsschutz für die zukünftige europäische Union, in: DÖV 2005, S. 152 - 157.

Vedder, Christoph / Heintschel v. Heinegg, Wolff (Hrsg.)**:** Europäisches Unionsrecht - EUV / AEUV / Grundrechte-Charta - Handkommentar mit den vollständigen Texten der Protokolle und Erklärungen und des EAGV, Baden-Baden 2012 (zit.: BEARBEITER, in: VEDDER / HEINTSCHEL V. HEINEGG, Europäisches Unionsrecht).

Villiger, Mark E.: Handbuch der Europäischen Menschenrechtskonvention (EMRK) unter besonderer Berücksichtigung der schweizerischen Rechtslage, 2. Auflage, Zürich 1999.

Vogler, Bernd: Grundrechte und kirchliches Selbstbestimmungsrecht - dargestellt am Beispiel der Kündigung kirchlicher Mitarbeiter wegen Wiederverheiratung, in: RdA 1993, S. 257 - 263.

Voßkuhle, Andreas: Der europäische Verfassungsgerichtsverbund, in: NVwZ 2010, S. 1 - 8.

Wackerbarth, Ulrich / Kreße, Bernhard: Das Verwerfungsmonopol des BVerfG - Überlegungen nach der Kücükdeveci-Entscheidung des EuGH, in: EuZW 2010, S. 252 - 257.

Wahsner, Roderich: Kirchlicher Dienst als Lohnarbeit - Zur Auseinandersetzung um das Streikrecht der Beschäftigten des Kirchlichen Dienstes, in: Wider die „herrschende Meinung“ - Beiträge für Wolfgang Abendroth, Frankfurt / New York 1982, S. 78 - 103.

Wall, Heinrich de: Europäisches Staatskirchenrecht, in: ZevKR 45 (2000), S. 157 - 172.

Wall, Heinrich de: Das Religionsrecht der EU - Grundstrukturen und Spannungen, in: ZevKR 50 (2005), S. 383 - 402.

Wall, Heinrich de / Muckel, Stefan: Kirchenrecht - Ein Studienbuch, 3. Auflage, München 2012.

Wank, Rolf: Diskriminierung in Europa - Die Umsetzung der europäischen Antidiskriminierungsrichtlinien aus deutscher Sicht, in: NZA Sonderbeilage zu Heft 22/2004, S. 16 - 26.

Weber, Albrecht: Vom Verfassungsvertrag zum Vertrag von Lissabon, in: EuZW 2008, S. 7 - 14.

Weber, Hermann: Anmerkung zu BVerfG, Beschl. v. 04.06.1985 - 2 BvR 1703, 1718/83 und 856/84, in: NJW 1986, S. 370 - 371.

Weber, Hermann: Anmerkung zu BVerfG, Beschl. v. 06.04.1979 - 2 BvR 356/79, in: NJW 1980, S. 1042 - 1043.

Weber, Hermann: Diskussionsbeitrag zum Vortrag „Das kirchliche Krankenhaus im Staatskirchenrecht", in: Essener Gespräche 17 (1983), S. 35 - 36.

Weber, Hermann: Grundprobleme des Staatskirchenrchts, Bad Homburg v. d. H. / Berlin / Zürich 1970.

Wendeling-Schröder, Ulrike / Stein, Axel: Allgemeines Gleichbehandlungsgesetz - Kommentar, München 2008 (zit.: BEARBEITER, in: WENDELING-SCHRÖDER / STEIN, AGG-Kommentar).

Westermann, Harm Peter / Grunewald, Barbara / Maier-Reimer, Georg (Hrsg.): Erman Bürgerliches Gesetzbuch - Handkommentar mit AGG, EGBGB (Auszug), ErbbauRG, LPartG, ProdHaftG, UKlaG, VBVG, VersAusglG und WEG - Band I, 13. Auflage, Köln 2011 (zit.: BEARBEITER, in: WESTERMANN / GRUNEWALD / MAIER-REIMER, Erman BGB Kommentar, Bd. I).

Wieland, Joachim: Die verfassungsrechtliche Stellung der Kirchen als Arbeitgeber, in: DB 1987, S. 1633 - 1644.

Wieland, Joachim: Die Angelegenheiten der Religionsgesellschaften, in: Der Staat 25 (1986), S. 321 - 350.

Wildhaber, Luzius: Bemerkungen zum Vortrag von BVerfG-Präsident Prof. Dr. H.J. Papier auf dem europäischen Juristentag 2005 in Genf, in: EuGRZ 2005, S. 743 - 744.

Wildhaber, Luzius: Europäischer Grundrechtsschutz aus Sicht des Europäischen Gerichtshofs für Menschenrechte, in: EuGRZ 2005, S. 689 - 692.

Willemsen, Heinz Josef / Sagan, Adam: Die Auswirkungen der europäischen Grundrechtecharta auf das deutsche Arbeitsrecht, in: NZA 2011, S. 258 - 262.

Winter, Jörg: Staatskirchenrecht der Bundesrepublik Deutschland - Eine Einführung mit kirchenrechtlichen Exkursen, 2. Auflage, Köln 2008.

Wortmann, Florian: Kündigung im kirchlichen Arbeitsverhältnis, in: ArbRB 2011, S. 52 - 55.

Zuleeg, Manfred: Das Bundesverfassungsgericht als Hüter der Grundrechte gegenüber der Gemeinschaftsgewalt - Anmerkung zum Beschl. des BVerfG vom 29.5.1974 - 2 BvL 52/71, in: DÖV 1975, S. 44 - 46.

Zuleeg, Manfred: Menschenrechte, Grundrechte und Menschenwürde im deutschen Hoheitsbereich, in: EuGRZ 2005, S. 681 - 684.

Zuleeg, Manfred: Rechtsstaatliche Rahmenbedingungen des Binnenmarktes Europa aus dem Gemeinschaftsrecht, in: Bitburger Gespräche 21 (1990), S. 13 - 27.

Zupančič, Bostjan: Sondervotum zu EGMR, Urteil v. 22. Juni 2004, Az.: 31443/96 (Broniowski), in: EuGRZ 2004, S. 483 - 484.

Abkürzungsverzeichnis

a.A.	anderer Ansicht
a.F.	alte Fassung
AöR	Archiv des öffentlichen Rechts (Zeitschrift)
ABl. EG L	Amtsblatt der Europäischen Union - Reihe L 'Rechtsvorschriften'
Abs.	Absatz
AEUV	Vertrag über die Arbeitsweise der Europäischen Union
AGG	Allgemeines Gleichbehandlungsgesetz
AiB	Arbeitsrecht im Betrieb (Zeitschrift)
Alt.-Komm.	Alternativkommentar
AnwBl.	Anwaltsblatt (Zeitschrift)
AP	Arbeitsrechtliche Praxis - Nachschlagewerk des Bundesarbeitsgerichts (Sammlung der Entscheidungen des Bundesarbeitsgerichts, der Landesarbeitsgerichte und Arbeitsgerichte), Loseblatt
ArbG	Arbeitsgericht
ArbGG	Arbeitsgerichtsgesetz
ArbRAktuell	Arbeitsrecht Aktuell (Zeitschrift)
ArbRB	Der Arbeitsrechtsberater (Zeitschrift)
ArchKathKR	Archiv für katholisches Kirchenrecht (Zeitschrift)
AuR	Arbeit und Recht (Zeitschrift)
Az.	Aktenzeichen
BAG	Bundesarbeitsgericht
BAGE	Entscheidungen des Bundesarbeitsgerichts
BB	Betriebs-Berater (Zeitschrift)

Begr.	Begründer(in)
Beschl.	Beschluss
BetrVG	Betriebsverfassungsgesetz
BGB	Bürgerliches Gesetzbuch
BGBl.	Bundesgesetzblatt
BGH	Bundesgerichtshof
BGHZ	Entscheidungen des Bundesgerichtshofs in Zivilsachen
BT-Drucks.	Bundestagsdrucksache
BVerfG	Bundesverfassungsgericht
BVerfGE	Entscheidungen des Bundesverfassungsgerichts
BVerfGG	Gesetz über das Bundesverfassungsgericht
bzgl.	bezüglich
can.	canon
CIC	Corpus Iuris Canonici
DÖV	Die öffentliche Verwaltung (Zeitschrift)
DB	Der Betrieb (Zeitschrift)
dbr	der betriebsrat (Zeitschrift)
dems.	demselben
ders.	derselbe(n)
DVBl.	Deutsches Verwaltungsblatt (Zeitschrift)
EAGV	Vertrag über die Europäische Atomgemeinschaft
EBR-Gesetz	Europäische Betriebsräte-Gesetz
EGBGB	Einführungsgesetz zum Bürgerlichen Gesetzbuche
EG	Europäische Gemeinschaft(en)
EGMR	Europäischer Gerichtshof für Menschenrechte
EGZPO	Einführungsgesetz zur Zivilprozessordnung
EKD	Evangelische Kirche in Deutschland
EMRK	Konvention zum Schutze der Menschenrechte und Grundfreiheiten (Europäische Menschenrechtskonvention)
ErbbauRG	Gesetz über das Erbbaurecht
EuGH	Europäischer Gerichtshof
EuGRC	Charta der Grundrechte der Europäischen Union

EuGRZ	Europäische Grundrechte Zeitschrift (Zeitschrift)
EuR	Europarecht (Zeitschrift)
EUV	Vertrag über die Europäische Union in der Fassung des Vertrags von Lissabon
EuZW	Europäische Zeitschrift für Wirtschaftsrecht (Zeitschrift)
EWG	Europäische Wirtschaftsgemeinschaft
EWiR	Entscheidungen zum Wirtschaftsrecht (Zeitschrift)
EzA	Entscheidungen zum Arbeitsrecht (Loseblatt)
FA	Fachanwalt Arbeitsrecht (Zeitschrift)
f	folgende [Seite]
ff	fortfolgende [Seiten]
FS	Festschrift
gem.	gemäß
GrO	Grundordnung des kirchlichen Dienstes im Rahmen kirchlicher Arbeitsverhältnisse
HdbKathKR	Handbuch des katholischen Kirchenrechts
HdbStKirchR ...	Handbuch des Staatskirchenrechts der Bundesrepublik Deutschland
HdbStR	Handbuch des Staatsrechts für die Bundesrepublik Deutschland
HdbVerfR	Handbuch des Verfassungsrechts der Bundesrepublik Deutschland
HK	Herder Korrespondenz (Zeitschrift)
HRLJ	Human Rights Law Journal (Zeitschrift)
i.d.R.	in der Regel
i.E.	im Ergebnis
i.R.d.	im Rahmen der; im Rahmen des
i.S.d.	im Sinne der; im Sinne des
i.S.v.	im Sinne von; im Sinne vom
i.V.m.	in Verbindung mit
JöR N.F.	Jahrbuch des öffentlichen Rechts der Gegenwart - Neue Folge (Zeitschrift)

JURA	Juristische Ausbildung (Zeitschrift)
JuS	Juristische Schulung (Zeitschrift)
JZ	Juristenzeitung (Zeitschrift)
Kap.	Kapitel
KGH.EKD	Kirchengerichtshof der Evangelischen Kirche in Deutschland
KSchG	Kündigungsschutzgesetz
KSzW	Kölner Schrift zum Wirtschaftsrecht (Zeitschrift)
KuR	Kirche und Recht (Zeitschrift)
LAG	Landesarbeitsgericht
LKV	Landes- und Kommunalverwaltung (Zeitschrift)
LoyalitätsRL	Richtlinie des Rates der Evangelischen Kirche in Deutschland nach Art. 9 Buchstabe b Grundordnung über die Anforderungen der privatrechtlichen beruflichen Mitarbeit in der Evangelischen Kirche in Deutschland und des Diakonischen Werkes
LPartG	Gesetz über die Eingetragene Lebenspartnerschaft
m.w.N.	mit weiteren Nachweisen
MedR	Medizinrecht (Zeitschrift)
MuSchG	Gesetz zum Schutz der erwerbstätigen Mutter
n.F.	neue Fassung
NJW	Neue Juristische Wochenschrift (Zeitschrift)
NVwZ	Neue Zeitschrift für Verwaltungsrecht (Zeitschrift)
NZA-RR	Neue Zeitschrift für Arbeitsrecht - Rechtsprechungsreport (Zeitschrift)
NZA	Neue Zeitschrift für Arbeitsrecht (Zeitschrift)
öAT	Zeitschrift für das öffentliche Arbeits- und Tarifrecht (Zeitschrift)
OK	Ordenskorrespondenz (Zeitschrift)
PflR	Pflegerecht - Zeitschrift für Rechtsfragen in der stationären und ambulanten Pflege (Zeitschrift)
PreußOVG	(Königlich-)Preußisches Oberverwaltungsgericht
ProdHaftG	Gesetz über die Haftung für fehlerhafte Produkte

RdA	Recht der Arbeit (Zeitschrift)
RG	Reichsgericht
RGZ	Entscheidungen des Reichsgerichts in Zivilsachen
RL	Richtlinie
Rn.	Randnummer
Rs.	Rechtssache
S.	Seite
SeemG	Seemannsgesetz
SGB	Sozialgesetzbuch
SGG	Sozialgerichtsgesetz
Slg.	Sammlung
StPO	Strafprozessordnung
StV	Der Stafverteidiger (Zeitschrift)
ThGl	Theologie und Glaube (Zeitschrift)
TzBfG	Gesetz über Teilzeitarbeit und befristete Arbeitsverträge
UKlaG	Gesetz über Unterlassungsklagen bei Verbraucherrechts- und anderen Verstößen
Urt.	Urteil
v.	vom; von; vor
VBG	Vertragsbedienstetengesetz (Österreich)
VBLS	Satzung der Versorgungsanstalt des Bundes und der Länder
VBL	Versorgungsanstalt des Bundes und der Länder
VBVG	Gesetz über die Vergütung von Vormündern und Betreuern
VddB	Versorgungsanstalt der deutschen Bühnen
VersAusglG	Gesetz über den Versorgungsausgleich
VerwArch	Verwaltungsarchiv (Zeitschrift)
VGH	Verwaltungsgerichtshof
VVdStRL	Veröffentlichungen der Vereinigung der Deutschen Staatsrechtslehrer (Zeitschrift)
VwGO	Verwaltungsgerichtsordnung

VwVfG	Verwaltungsverfahrensgesetz
WEG	Gesetz über das Wohnungseigentum und das Dauerwohnrecht
WRV	Verfassung des Deutschen Reichs (Weimarer Reichsverfassung)
WuW/E	Wirtschaft und Wettbewerb - Entscheidungssammlung zum Kartellrecht
ZaöRV	Zeitschrift für ausländisches öffentliches Recht und Völkerrecht (Zeitschrift)
ZAP	Zeitschrift für Anwaltspraxis (Zeitschrift)
ZESAR	Zeitschrift für europäisches Sozial- und Arbeitsrecht (Zeitschrift)
ZEuS	Zeitschrift für europarechtliche Studien (Zeitschrift)
ZevKR	Zeitschrift für evangelisches Kirchenrecht (Zeitschrift)
ZfA	Zeitschrift für Arbeitsrecht (Zeitschrift)
ZIP	Zeitschrift für Wirtschaftsrecht und Insolvenzpraxis (Zeitschrift)
zit.	zitiert
ZMV	Die Mitarbeitervertretung (Zeitschrift)
ZPO	Zivilprozessordnung
ZRP	Zeitschrift für Rechtspolitik (Zeitschrift)
ZTR	Zeitschrift für Tarifrecht (Zeitschrift)

A. Einleitung

Das Jahr 1119 n. Chr.[1] war ein besonderes Jahr. Kaiser Heinrich V. erklärte, er, „von Gottes Gnaden erhabener Kaiser der Römer, verzichte aus Liebe zu Gott, zum seligen Petrus und zum Herrn Papst Calixt auf die gesamte Investitur aller Kirchen“[2]. Der Kaiser erkannte damit das Recht der Kirche zur Einsetzung geistlicher Würdenträger, die sog. Investitur, an. Papst Calixt II. erklärte sich im Gegenzug einverstanden, die Wahl deutscher Kleriker in Gegenwart des Kaisers vorzunehmen. Mit Kirchenämtern verbundene weltliche Herrschafts- bzw. Lehnsrechte sollten vom Kaiser verliehen werden[3]. Der frühmittelalterliche Investiturstreit konnte in der Folge beigelegt werden. Kirchliche und weltliche Sphäre wurden voneinander abgegrenzt.

Die Tragweite dieser kaiserlichen Erklärung aus dem Jahre 1119 offenbart sich indes erst, wenn der Blick weiter in die Vergangenheit zurück schweift. Im frühen Mittelalter beanspruchten Adelige das Recht, auf ihrem Grund Kirchen zu errichten bzw. Klöster zu gründen (sog. Eigenkirchenrecht). Auch die kirchlichen Ämter wurden durch den Grundherrn verliehen, der jedoch kirchenrechtlich als Laie zu betrachten war (sog. Laieninvestitur). Im Laufe der Zeit weitete sich der Einfluss solcher Laien auf die Vergabe kirchlicher Ämter erheblich aus. Bischofssitze verloren ihre religiöse Bedeutung. Sie rückten aufgrund der Verfügungsmöglichkeit des Grundherrn zunehmend als Wirtschaftsobjekte in den Fokus. Die Verknüpfung von weltlicher und kirchlicher Macht wurde nach anfänglicher Akzeptanz zunehmend kritisch betrachtet.[4] Zur Regierungszeit Heinrichs III. spitzte sich dieses Problem zu. Heinrich III. baute die kaiserlichen Befugnisse zunächst aus. Er setzte sich an die Spitze einer kirchenreformerischen Bewegung. Das Ziel war, die Kirche von Simonie und Schisma zu befreien. Heinrich III. setzte

---

1 Alle weiteren Jahresangaben betreffen ohne weitere Kennzeichnung Jahre nach Christus.

2 SCHOLASTICUS, Bericht über das Reimser Konzil von 1119, zitiert nach: LAUDAGE / SCHRÖR, Der Investiturstreit, S. 223.

3 Vgl. LAUDAGE / SCHRÖR, Der Investiturstreit, S. 227.

4 Vgl. LAUDAGE / SCHRÖR, Der Investiturstreit, S. 19.

drei untereinander konkurrierende Päpste ab und schließlich Clemens II. als Papst ein, um das bestehende Schisma zu beenden. Bis zu seinem Tod im Jahr 1056 nahm er durch Papsteinsetzungen Einfluss auf die Kirche. Im gleichen Jahr verstarb der ebenfalls durch Heinrich III. eingesetzte Papst Viktor II. Ein enger verwobenes Kooperations- und Einflussverhältnis zwischen weltlichem und kirchlichem Herrscher hat es seither nicht wieder gegeben.[5] Das Machtpendel bewegte sich in Richtung des weltlichen Herrschers.

Erst als der Stuhl Petri im Dezember 1058 von Nikolaus II. bestiegen wurde, vermochte es dieser, den Einfluss des Königs bei der Papstwahl zu begrenzen. Das Machtpendel begann, wieder in Richtung der kirchlichen Herrscher auszuschlagen. Nach dem Tod von Papst Nikolaus II. waren die reformerischen deutschen Kräfte rund um den noch jungen Heinrich IV.[6] nicht in der Lage, nochmals einen von ihnen favorisierten Papst in Rom durchzusetzen. Stattdessen gelang es Papst Alexander II., die kirchlichen Befugnisse zu erweitern und auch in weltlichen Bereichen Einfluss zu gewinnen. So prallten anlässlich der Bischofseinsetzung in Mailand im Jahr 1071 weltliche und kirchliche Herrschaftssphären aufeinander. Beide Seiten setzten einen Bischof ein, wobei jede Seite ihr Handeln mit dem geltenden Recht im Einklang sah.[7]

Auf den Tod Alexanders II. folgte Papst Gregor VII. Anfänglich nahm dieser eine versöhnliche Haltung gegenüber Heinrich IV. ein. Zunächst hob er die im Rahmen des Mailänder Bischofskonflikts ausgesprochenen Anathemata auf und strebte eine Kooperation mit Heinrich IV. an. Allerdings verfasste Gregor VII. auch das sog. Dictatus Papae, worauf er seinen Anspruch auf weltlichen Einfluss stützte. Hiernach hatte der Papst das Recht, den Kaiser abzusetzen und die Untertanen illegitimer Herrscher von deren Treueeid loszusprechen. Auch sollte nach dem Dictatus

---

5 Vgl. HARTMANN, Der Investiturstreit, S. 9ff.

6 Heinrich IV. war als ältester Sohn Heinrichs III. dessen Nachfolger.

7 Vgl. HARTMANN, Der Investiturstreit, S. 14ff. Nur angemerkt sei, dass diese Vorgänge von kriegerischen Auseinandersetzungen der Anhänger beider Lager begleitet waren.

Papae allein dem Papst die Einsetzung von Bischöfen gestattet sein.[8] Es verwundert nicht, dass Gregor VII. damit auf Widerstand aus den Reihen der deutschen Bischöfe stieß[9]. Aufgrund des Eigenkirchenrechts waren diese teilweise durch weltliche Herrscher eingesetzt worden[10]. Die Opposition des Papstes zog sich Heinrich IV. zu, als er im Mailänder Bischofsstreit Partei ergriff und einen Bischof einsetzte[11]. Er schloss sich daraufhin mit den papstkritischen deutschen Bischöfen zusammen. Diese Allianz forderte den Verzicht des Papstes auf sein Amt. Gregor VII. reagierte, indem er den Kirchenbann über Heinrich IV. aussprach, ihn als König absetzte und dessen Untertanen von ihrem Treueeid entband.[12]
Heinrichs IV. „Gang nach Canossa" folgte hierauf. Er bat Gregor VII. im Büßerhemd um Vergebung. Zwar wurde diese gewährt und das Anathema aufgehoben. Heinrich IV. hatte seine Königswürde gerettet, aber an Macht verloren.[13] In Canossa wurde der Investiturstreit jedoch nicht beigelegt.
Vielmehr ging der Investiturstreit nun in eine kriegerische Phase über. Heinrich IV. musste seine weltliche Macht im Reich zurück erkämpfen. Nachdem der Kirchenbann über ihn gesprochen wurde, wandten sich einige Reichsfürsten von ihm ab und kürten einen Gegenkönig. Papst Gregor VII. verhielt sich in diesem Konflikt anfänglich neutral. Heinrich IV. widersetzte sich aber erneut einem päpstlichen Investiturverbot und zog damit ein weiteres Mal den Bannspruch Gregors VII. auf sich.[14]
Erst als andere Protagonisten die politische Weltbühne betraten, konnte der Konflikt zwischen weltlichem und kirchlichem Machthaber beigelegt werden. Heinrich V. stellte sich gegen seinen Vater und konnte so eine große Zahl von Reichsfürsten hinter sich versammeln. Getragen von diesem Rückhalt forderte zunächst auch er das Investiturrecht für sich ein. Papst

---

8 Vgl. HARTMANN, Der Investiturstreit, S. 22f.

9 Vgl. HARTMANN, Der Investiturstreit, S. 23.

10 Siehe oben S. 1.

11 Es folgten noch zwei weitere Bischofseinsetzungen in Städten im Kirchenstaat durch Heinrich IV.

12 Vgl. HARTMANN, Der Investiturstreit, S. 23ff.

13 Vgl. HARTMANN, Der Investiturstreit, S. 24f.

14 Vgl. HARTMANN, Der Investiturstreit, S. 25ff.

Paschalis II. bekräftigte jedoch das Investiturverbot und drohte den Beteiligten bei Zuwiderhandlung mit Exkommunikation. Eine Gefangennahme Paschalis' II. ließ das Pendel der Macht nochmals in Richtung Heinrichs V. ausschlagen. Der Papst musste das Investiturrecht an den weltlichen Herrscher abtreten.[15] Das Ringen um Macht dauerte an. Aufgrund der anhaltenden Spannungen im Reich drängten die Reichsfürsten Heinrich V. schließlich, mit dem inzwischen inthronisierten Papst Calixt II. eine Lösung für das Investiturproblem zu finden.[16] Daraufhin erklärte Heinrich V. im Jahr 1119 den oben genannten Verzicht auf das Investiturrecht[17].

Diese grob skizzenhafte Darstellung über den Verlauf des Investiturstreits verdeutlicht die Tragweite der Verzichtserklärung Heinrichs V. Sie ermöglichte nicht nur die Beendigung dieses Machtkampfes zwischen kirchlichen und weltlichen Herrschern. Sie ist vielmehr von „epochaler Bedeutung“[18]. Die Parallelität „geistlicher und weltlicher Gewalt, sacerdotium und imperium“[19] bildete sich während dieser Epoche heraus. Das Machtpendel schlug zwischen beiden Kräften, sowohl während des Investiturstreits als auch danach, mal stärker in die eine, mal stärker in die andere Richtung aus. Jedoch konnte dieser „Dualismus [...] niemals mehr überwunden werden“[20].

Wenn damit auch die Frage der Investitur von Bischöfen und Äbten beantwortet war, so war es in den folgenden Jahrhunderten nicht möglich, die übrigen Aufgaben- und Kompetenzbereiche von kirchlicher und weltlicher Sphäre klar voneinander abzugrenzen. Vor Beginn der Reformation durch Martin Luther wurden viele der heute unbestritten dem staatlichen Aufgabenkreis zugerechneten Kompetenzen durch die Kirche wahrgenom-

---

15 Vgl. HARTMANN, Der Investiturstreit, S. 34ff.

16 Vgl. HARTMANN, Der Investiturstreit, S. 37ff.

17 Siehe oben S. 1.

18 STRUVE, Salierzeit im Wandel, S. 12.

19 PIRSON, in: LISTL / PIRSON, HdbStKirchR, Bd. I, § 1, S. 3 (3).

20 ERKENS, Herrschersakralität im Mittelalter, S. 214.

men. Der Zäsurpunkt der Reformation verkehrte dieses Verhältnis mitunter ins Gegenteil, sodass fortan zweifelsfrei kirchliche Angelegenheiten durch die weltlichen Machthaber wahrgenommen wurden.[21]

Schließlich leitete die Preußische Verfassung im Jahr 1848 einen Prozess ein, der das komplexe Verhältnis von Kirche und Staat entflechten sollte. Infolgedessen wurde es den Religionsgesellschaften[22] ermöglicht, ihre eigenen Angelegenheiten unabhängig vom Staat zu ordnen und zu verwalten[23]. Der Staat begann, sich aus kirchlichen Angelegenheiten zurückzuziehen, um schließlich als weltanschaulich neutraler Staat seine Aufsicht über kirchliche Angelegenheiten ganz aufzugeben. Diesen sich auftuenden Freiheitsraum nutzten die Kirchen, um ihre Unabhängigkeit bei der Erfüllung ihres religiösen Auftrages auszubauen. Idealiter ergibt sich daraus ein Verhältnis gegenseitiger Anerkennung und Kooperation.[24]

---

21 v. Campenhausen / de Wall, Staatskirchenrecht, § 14, S. 102.

22 Zu den „Religionsgesellschaften" werden neben den christlichen (Amts-)Kirchen auch Freikirchen, Sekten und nichtchristliche Glaubensgemeinschaften gezählt. Der Begriff entstammt der Paulskirchenverfassung sowie der Preußischen Verfassungsurkunde und wurde schließlich in das Grundgesetz übernommen. Er erfasst alle religiösen Vereinigungen, die sich umfassend und nicht bloß partiell der Pflege und Ausübung einer Glaubensrichtung widmen. Vgl. Badura, in: Listl / Pirson, HdbStKirchR, Bd. I, § 6, S. 211 (225f) m.w.N. Im Rahmen dieser Untersuchung werden die Begriffe „Religionsgesellschaft" und „Kirche" synonym verwendet.

23 Anschütz, Die Verfassungs-Urkunde für den Preußischen Staat, Bd. I, S. 283. Hesse, in: Listl / Pirson, HdbStKirchR, Bd. I, § 17, S. 521 (521) sieht seither das „Selbstbestimmungsrecht" als „zum festen Bestand des deutschen Staatskirchenrechts gehörend" an. Ähnlich auch: Mückl, in: Isensee / Kirchhof, HdbStR, Bd. VII, § 159, Rn. 13. Eine umfangreiche Abhandlung zu den historischen Ursprüngen des deutschen Staatskirchenrechts findet sich bei: Pirson, in: Listl / Pirson, HdbStKirchR, Bd. I, § 1, S. 3 (3ff). Eine Darstellung speziell zur jüngeren Geschichte ab 1945 zum Verhältnis Staat - Kirche findet sich bei: Maier, Hans, in: Listl / Pirson, HdbStKirchR, Bd. I, § 3, S. 85 (85ff).

24 BVerfGE 42, 312 (330f) beschreibt diesen historischen Abriss prägnant und weist zudem auf die Bedeutung des historischen Hintergrundes für die Auslegung von Art. 136ff WRV i.V.m Art. 140 GG hin.

I. Zu untersuchende Fragestellung

Vor diesem historischen Hintergrund haben die Jahre 2010 und 2011 das Potenzial, ebenfalls besondere Jahre für das Verhältnis von Kirche und Staat zu werden. Am 23.09.2010 sprach der Europäische Gerichtshof für Menschenrechte die Urteile EGMR Az.: 425/03 „Obst" und EGMR Az.: 1620/03 „Schüth", die jeweils die Kündigung eines Mitarbeiters im Kirchendienst zum Gegenstand hatten. Am 03.02.2011 folgte mit EGMR Az.: 18136/02 „Siebenhaar" sodann ein weiteres Urteil des Gerichtshofs zu diesem Themenfeld. Der Gerichtshof musste entscheiden, ob die Bundesrepublik Deutschland durch die Spruchpraxis seiner Arbeitsgerichte Menschenrechte verletzt, die kirchlichen Mitarbeitern durch die Europäische Menschenrechtskonvention garantiert werden.[25]

In Zeiten multimedialer Omnipräsenz lässt die Reaktion auf Richtersprüche nicht lange auf sich warten. „Der EGMR schießt das deutsche Kirchenarbeitsrecht sturmreif"[26] lautete der Titel einer im Anschluss an die Urteile veröffentlichten Stellungnahme. Diese Wortwahl überrascht. Sie wirkt anachronistisch, wenn der 1848 eingeleitete Trennungsprozess von Kirche und Staat auf der Idee von Zusammenarbeit und Zugewandtheit fußen soll[27]. Besser zu passen scheint sie in die konfliktträchtige Epoche des

---

25 Vgl. EGMR NZA 2011, 277 (277) = EGMR, Urteil v. 23.09.2010, Az.: 425/03 „Obst", Rn. 28, JURIS; EGMR NZA 2011, 279 (280) = EGMR, Urteil v. 23.09.2010, Az.: 1620/03 „Schüth", Rn. 43, JURIS; EGMR NZA 2012, 199 (199) = EGMR, Urteil v. 03.02.2011, Az.: 18136/02 „Siebenhaar", Rn. 22, JURIS.

26 Reuter, Wolf J., Der EGMR schießt das deutsche Kirchenarbeitsrecht sturmreif - Oder: Menschenrechte auch für Kirchenmitarbeiter, <http://www.reuter-arbeitsrecht.de/grundsatzliches/der-egmr-schiest-das-deutsche-kirchenarbeitsrecht-sturmreif-oder-menschenrechte-auch-fur-kirchenmitarbeiter.html>. Die Aktualität sämtlicher Internetquellen wurde letztmals am 15.04.2013 geprüft.

27 Vgl. Heckel, Martin, VVDStRL 26 (1968), 5 (36); Hollerbach, in: Carlen, Trennung von Kirche und Staat, S. 21 (27f). Wieland, Der Staat 25 (1986), 321 (322) stellt heraus, dass die Annahme eines Kooperationsverhältnisses von Kirche und Staat letztlich nicht geeignet sei, den Grundkonflikt zwischen staatlicher Souveränität und kirchlicher Unabhängigkeit auf rechtlicher Ebene zu einem Ausgleich zu bringen.

ausgehenden 11. Jahrhunderts und damit in die Zeit des Investiturstreits. Blickt man andererseits zielgerichtet auf den Teilbereich des kirchlichen Arbeitsrechts, so scheint die Idee von Zusammenarbeit und Zugewandtheit zwischen Kirche und Staat jedenfalls nicht uneingeschränkt Platz zu greifen. Der Grund dafür ist in den Besonderheiten zu suchen, die den Dienst in kirchlichen Einrichtungen prägen. Diese Besonderheiten beruhen auf Art. 137 III WRV i.V.m. Art. 140 GG. Religionsgesellschaften dürfen aufgrund dieser Norm „ihre Angelegenheiten" im Rahmen des „für alle geltenden Gesetzes" „ordnen und verwalten". Die Frage, wie Inhalt und Schranken dieses kirchlichen Selbstbestimmungsrechts zu bestimmen sind, unterliegt fortwährender, mitunter hitziger, Diskussion und kann keinesfalls als abschließend beantwortet gelten. Im Arbeitsrecht hat sich auf Basis des Selbstbestimmungsrechts sogar ein eigenständiges Teilrechtsgebiet, das sog. Kirchenarbeitsrecht, herausgebildet. Gespeist wird dieses Teilrechtsgebiet, neben der Diskussion um die Reichweite von Art. 137 III WRV i.V.m. Art. 140 GG, vor allem durch die Rechtsprechung des BAG. Auf einfachgesetzlicher Ebene erfassen zusätzlich § 118 II BetrVG und jüngst auch § 9 AGG kirchenspezifische Besonderheiten im Bereich des Arbeitsrechts. Eine zentrales Problem des Kirchenarbeitsrechts liegt in der Frage, wann ein „Vertragsverstoß" eines im Kirchendienst beschäftigten Arbeitnehmers eine Kündigung rechtfertigen kann. Eine solche kann für außerdienstliche Verhaltensweisen (z.B. Wiederheirat, Kirchenaustritt oder homosexuelles Verhalten) drohen, die in nicht-kirchlichen Arbeitsverhältnissen keinerlei Probleme aufwerfen[28]. Kirchliche Arbeitgeber sehen ihre Mitarbeiter regelmäßig nämlich auch im privaten Bereich an den zentralen Inhalt der theologischen Lehren gebunden. Dieser Umstand war bereits vor Ergehen der jüngsten EGMR-Judikatur „geeignet, in juristisch eher uninteressierten Kreisen, aber auch unter sonst friedlichen Fachkollegen leidenschaftliche Emotionen und Stellungnahmen zu provozieren"[29]. Vor diesem Hinter-

28 Vgl. DÄUBLER, RdA 2003, 204 (205).

29 RÜTHERS, in: LISTL / SCHLICK, Deutsch-Französische Kolloquien Bd. VI, S. 3 (7).

grund wirkt das Bild eines sturmreif geschossenen Kirchenarbeitsrechts[30] möglicherweise gar nicht mehr so anachronistisch, wie dies auf den ersten Blick schien. Vielmehr könnte es eine bloß emotional geprägte Reaktion auf eine Weiterentwicklung des Rechtsschutzumfangs für Arbeitnehmer im Kirchendienst darstellen.

Ob tatsächlich eine solche Fortentwicklung anzunehmen ist, hängt davon ab, wie weitgehend der EGMR mit seiner Rechtsprechung auf das kirchliche Arbeitsrecht einwirken kann. Gem. Art. 1 EMRK sind die „Hohen Vertragsparteien“ verpflichtet, „alle ihrer Hoheitsgewalt unterstehenden Personen“ in den Genuss der Konventionsrechte kommen zu lassen. Für die Inhaltsbestimmung dieser Konventionsrechte ist auch die Judikatur des EGMR maßgeblich[31]. Der Umfang der völkerrechtlichen Bindung der Bundesrepublik Deutschland aus Art. 1 EMRK bestimmt daher über die „Durchschlagskraft“ der EGMR-Rechtsprechung auf das Kirchenarbeitsrecht. Es ist wahrscheinlich, dass der oben genannten Diskussion um den Inhalt des Selbstbestimmungsrechts aus Art. 137 III WRV i.V.m. Art. 140 GG im kirchlichen Arbeitsrecht durch die Rechtsprechung des Europäischen Gerichtshofs für Menschenrechte neue Impulse verliehen werden. Einen Gradmesser hierfür stellt die Rechtsprechung der Arbeitsgerichte dar. Der EGMR hatte zu entscheiden, ob ein Konventionsverstoß der Bundesrepublik Deutschland gerade in deren Spruchpraxis zu erblicken ist[32]. Wenn aus Art. 46 I EMRK eine Verpflichtung folgt, den Konventionsverstoß zukünftig abzustellen, muss dies möglicherweise eine Änderung der Rechtsprechung der Fachgerichte zur Folge haben. Aufgrund ihrer Bindung an Recht und Gesetz (vgl. Art. 20 III GG) sind diese daher eventuell verpflichtet, der EMRK, und damit auch der Judikatur des EGMR, im

---

30 Reuter, Wolf J., Der EGMR schießt das deutsche Kirchenarbeitsrecht sturmreif - Oder: Menschenrechte auch für Kirchenmitarbeiter, <http://www.reuter-arbeitsrecht.de/grundsatzliches/der-egmr-schiest-das-deutsche-kirchenarbeitsrecht-sturmreif-oder-menschenrechte-auch-fur-kirchenmitarbeiter.html>.

31 Vgl. Frowein, JuS 1986, 845 (847); Meyer-Ladewig, EMRK-Handkommentar, Einleitung, Rn. 37.

32 Siehe oben S. 6.

nationalen Recht Geltung zu verschaffen und die Vorgaben des Gerichtshofs im Rahmen von Kündigungsschutzprozessen zu berücksichtigen. Dass eine vollständige Unbeachtlichkeit der EMRK nicht in Rede steht, zeigt sich bereits daran, dass das BAG die Urteile des EGMR im Bereich des kirchlichen Arbeitsrechts bereits in Bezug genommen hat[33].

Die vorliegende Dissertationsschrift hat daher das Ziel, die Auswirkungen dieser jüngsten EGMR-Judikatur auf das kirchliche Arbeitsrecht in der Bundesrepublik Deutschland herauszuarbeiten. Die Untersuchung wird hierbei auf den Teilbereich des Individualarbeitsrechts begrenzt, da den Urteilen EGMR Az.: 425/03 „Obst“, EGMR Az.: 1620/03 „Schüth“ und EGMR Az.: 18136/02 „Siebenhaar“ ebenfalls Sachverhalte diesen Regelungsbereich betreffend zugrunde liegen. Kollektivrechtliche Besonderheiten, die sich aufgrund der Art. 136ff GG i.V.m. Art. 140 GG zugunsten der Religionsgesellschaften ergeben, sind nicht Gegenstand dieser Untersuchung. Das kollektive Arbeitsrecht wird nur hilfsweise in Bezug genommen, soweit dies für die Untersuchung erforderlich ist.

II. Gang der Untersuchung

Methodisch folgt die Arbeit einem rechtsdogmatischen Ansatz. Daher sind in einem ersten Schritt die dogmatischen Grundlagen bzw. Streitstände für den Bereich des kirchlichen Individualarbeitsrechts zu durchdringen und darzustellen. Aufgrund der normenhierarchischen Stellung ist mit Art. 137 III WRV i.V.m. Art. 140 GG als verfassungsrechtlichem Ankerpunkt des kirchlichen Selbstbestimmungsrechts zu beginnen.

Art. 137 III WRV i.V.m. Art. 140 GG ermöglicht es den Religionsgesellschaften, „ihre Angelegenheiten“ im Rahmen „der Schranken des für alle geltenden Gesetzes“ zu „ordnen“ und zu „verwalten“. Zunächst ist allgemein die jeweilige Bedeutung dieser Begriffe herauszuarbeiten. Damit lassen sich Inhalt und Grenzen des kirchlichen Selbstbestimmungsrechts festlegen. Aufgrund der Genese der Norm, die sich letztlich bis zu Art. 12 der

33 Vgl. BAG NZA 2012, 443 (443ff).

Preußischen Verfassung von 1848 zurückverfolgen lässt[34], sind hierbei auch die im Laufe der Zeit vertretenen Auslegungsansätze zu skizzieren. Erst vor dem historischen Hintergrund dieser Ansätze lässt sich die gegenwärtige Dogmatik vollumfänglich erfassen.[35] Im Besonderen kann schließlich erarbeitet werden, wie das Selbstbestimmungsrecht den Dienst in einer kirchlichen Einrichtung prägt. Hierbei ist auf arbeitsvertraglich begründete, privatrechtliche Arbeitsverhältnisse zu fokussieren. Das Statusverhältnis von Kirchenbeamten und die daraus resultierenden Treuepflichten gegenüber dem Dienstherrn werden nicht in die Untersuchung einbezogen.

Bei dieser Aufarbeitung ist auf eine trennscharfe Differenzierung insbesondere zwischen den eigenen Angelegenheiten der Religionsgesellschaften und der Schranke des für alle geltenden Gesetzes hinzuwirken[36]. Soweit (Verfassungs-)Rechtsprechung und Literatur eine solche Trennschärfe vermissen lassen[37], ist diese wiederherzustellen. Die für die Definition von eigenen Angelegenheiten und Schrankenklausel maßgeblichen Aspekte sind insoweit zu extrahieren und dem jeweiligen Begriff des Art. 137 III WRV i.V.m. Art. 140 GG zuzuordnen. Eine klare Begriffstrennung ist erforderlich, da nur so die Auswirkungen der Rechtsprechung des EGMR herausgearbeitet werden können. Denn dies sind die Punkte, an denen der Gerichtshof mit seiner Judikatur ansetzen kann, um auf das kirchliche Individualarbeitsrecht in der Bundesrepublik Deutschland einzuwirken.

Diese verfassungsrechtlichen Vorgaben lenken aufgrund der Gesetzesbindung der Judikative (vgl. Art. 20 III GG) die Spruchpraxis der Arbeitsgerichte. Daher ist im Anschluss die Entwicklung der Rechtsprechung der Arbeitsgerichte zu diesem Themenkreis nachzuzeichnen. Hierbei wird die Darstellung im Wesentlichen auf die Rechtsprechung des BAG beschränkt. Da die Auslegungsansätze zu Art. 137 III WRV i.V.m. Art. 140 GG einen umfangreichen historischen Hintergrund aufweisen, wird die

---

34 Vgl. HESSE, in: LISTL / PIRSON, HdbStKirchR, Bd. I, § 17, S. 521 (521).

35 Vgl. MÜCKL, in: ISENSEE / KIRCHHOF, HdbStR, Bd. VII, § 159, Rn. 5; WIELAND, Der Staat 25 (1986), 321 (342).

36 Vgl. WIELAND, Der Staat 25 (1986), 321 (342).

37 Vgl. beispielhaft BVerfGE 70, 138 (167).

Rechtsprechung des BAG spiegelbildlich ebenfalls in chronologischer Reihenfolge der Entscheidungen aufgearbeitet. Ein solcher Ansatz dient dem Ziel, sich im Laufe der Zeit möglicherweise wandelnde Rechtsprechungstendenzen abzubilden und eine phasenweise Abgrenzung vorzunehmen. Dies soll eine Prognose ermöglichen, wie sich die Rechtsprechung der Fachgerichte im Lichte der Vorgaben des EGMR zukünftig entwickelt. Abschließend ist § 9 AGG in den Fokus zu nehmen. Das AGG transferiert u.a. die Antidiskriminierungsrichtlinie 2000/78/EG[38] in nationales Recht[39]. Gleichzeitig hat sich der nationale Gesetzgeber bei der Schaffung des § 9 AGG an die verfassungsrechtlichen Vorgaben aus Art. 136ff WRV i.V.m. Art. 140 GG gebunden gesehen[40]. Die bei der Analyse von Art. 137 III WRV i.V.m. 140 GG herausgearbeiteten Problemfelder werden mithin grundsätzlich auf den einfachgesetzlichen § 9 AGG ausstrahlen. § 9 I und II AGG sind daher mit dem Ziel zu durchdringen, die jeweils besonderen Problemfelder der Norm zu beschreiben, welche eine Angriffsfläche für die Judikatur des EGMR bieten.

In einem zweiten Schritt ist herauszuarbeiten, wie der EGMR mit seiner Rechtsprechung auf das kirchliche Individualarbeitsrecht in der Bundesrepublik Deutschland Einfluss nehmen kann. Veränderungen in diesem Rechtsbereich aufgrund von Richtersprüchen des EGMR sind nur dann denkbar, wenn die Europäische Menschenrechtskonvention Verbindlichkeit innerhalb des Rechtssystems der Bundesrepublik Deutschland beanspruchen kann. Zunächst ist daher zu untersuchen, wie weit die völkerrechtliche Verpflichtung der Bundesrepublik Deutschland als Mitgliedsstaat der EMRK zur Umsetzung von EGMR-Urteile aufgrund von Art. 46 I EMRK reicht. Der Blick ist dabei nicht nur auf die Wirkmechanismen zu beschränken, die Art. 46 I EMRK vorsieht. Vielmehr ist er auch auf mögliche nationale gesetzliche Grenzen zu lenken.

38 Erwägungsgründe und Richtlinientext abgedruckt in: ABl. EG L 303, S. 16ff.

39 BT-Drucks. 16/1780, S. 30.

40 BT-Drucks. 16/1780, S. 35.

Neben einer direkten Einwirkung aufgrund einer völkerrechtlichen Bindung der Bundesrepublik Deutschland durch die EMRK ist zusätzlich ein weiterer Weg denkbar, mittels dessen sich der Judikatur des EGMR ein Einfallstor ins nationale Recht öffnen kann. Ein mittelbarer Einfluss ist über die Rechtsprechung des EuGH möglich. Um diesen Weg zu erhellen, ist die Rechtsprechung des EuGH zum Grundrechts- und Diskriminierungsschutz in Europa nachzuzeichnen. Dabei ist zum einen zu untersuchen, ob und in welcher Weise der EuGH auf die Judikatur des EGMR rekurriert. Zum anderen sind wiederum die verfassungsrechtlichen Grenzen zu beschreiben. Diese Untersuchung hat dabei nicht das Ziel, die vielschichtigen Probleme des Grundrechtsschutzes auf europäischer Ebene einer Lösung zuzuführen[41]. Es sind lediglich die Wege, über die eine Einwirkung der EGMR-Rechtsprechung auf das Rechtssystem der Bundesrepublik Deutschland möglich ist, zu beschreiben. Denn je mehr Wege der Einwirkung dieser Judikatur offen stehen, desto effektiver sind letztlich die Werkzeuge des EGMR, um an den Stellschrauben im Bereich des kirchlichen Individualarbeitsrechts zu drehen.

Auf dieser Basis lassen sich schließlich induktiv die Auswirkungen der jüngsten EGMR-Judikatur auf das kirchliche Individualarbeitsrecht in der Bundesrepublik Deutschland ableiten. Mögliche Ansatzpunkte für diese Rechtsprechung sind die beschriebenen Ansatzpunkte von Art. 137 III WRV i.V.m. Art. 140 GG und § 9 I und II AGG. Ausgehend von diesen Ergebnissen ist zu prognostizieren, wie sich die Rechtsprechung der Arbeitsgerichte in diesem Bereich zukünftig entwickeln wird. Insgesamt wird sich zeigen, ob die Jahre 2010 und 2011 das Verhältnis von Kirche und Staat im Bereich des Individualarbeitsrechts ähnlich grundlegend verändern, wie es das Jahr 1119 einst für das Grundverhältnis von weltlicher und kirchlicher Macht getan hat, oder ob sich, im Gegenteil, für kirchliche Arbeitnehmer keine oder nur geringfügige Änderungen ergeben.

---

41 Sauer, ZaöRV 2005, 35 (63ff) m.w.N. spricht insoweit von einem „Bermudadreieck" bestehend aus EuGH, EGMR und BVerfG.

B. Das Selbstbestimmungsrecht der Religionsgesellschaften im deutschen Recht

Verfassungsrechtlich regelt de lege lata Art. 137 III WRV i.V.m. Art. 140 GG das Selbstbestimmungsrecht der Religionsgesellschaften in der Bundesrepublik Deutschland[42]. Für den Teilbereich des Individualarbeitsrechts relevante, einfachgesetzliche Ausflüsse des Selbstbestimmungsrechts finden sich in § 9 AGG[43].

I. Art. 137 III WRV i.V.m. Art. 140 GG

Art. 137 III WRV i.V.m. Art. 140 GG garantiert den Religionsgesellschaften, ihre eigenen Angelegenheiten innerhalb der Schranke des für alle geltenden Gesetzes selbst ordnen und verwalten zu können. Diese Garantie ergänzt die Glaubens- und Bekenntnisfreiheit des Art. 4 GG. Der Gewährleistungsumfang des Art. 4 GG umfasst zunächst sowohl die individuelle als auch die kollektive Religionsausübung. Die Auslegung der Religionsfreiheit durch das Bundesverfassungsgericht erblickt in der Religionsfreiheit zusätzlich auch das tätige Wirken durch diakonische und karitative Einrichtungen.[44] Damit eröffnet Art. 4 GG zugunsten der Religionsgesellschaften einen Freiheitsrahmen, der sich nicht auf Verkündung und Lehre beschränkt. Vielmehr wird zusätzlich auch die praktische Umsetzung im Rahmen der sog. „tätigen Nächstenliebe" erfasst.[45] Art. 137 III WRV i.V.m. Art 140 GG fügt der Religionsfreiheit die Freiheit der eigenständigen Organisation, Normsetzung und Verwaltung hinzu[46]. Diesbezüglich ist

42 Hesse, in: Listl / Pirson, HdbStKirchR, Bd. I, § 17, S. 521 (526).

43 Berg, in: Däubler / Hjort / Schubert / Wolmerath, HK-ArbR, § 9 AGG, Rn. 1.

44 Vgl. BVerfGE 24, 236 (246); BVerfGE 53, 366 (392f).

45 Listl, in: Listl / Pirson, HdbStKirchR, Bd. I, § 14, S. 439 (441). Ähnlich auch: v. Campenhausen / Unruh, in: v. Mangoldt / Klein / Starck, Kommentar zum GG, Bd. 3: Art. 83 - 146, Art. 137 WRV, Rn. 39. Umfassend zur Auslegung des Art. 4 GG: Pirson, in: Listl / Pirson, HdbStKirchR, Bd. I, § 14, S. 439 (446ff).

46 BVerfGE 53, 366 (401); BVerfGE 72, 278 (289); Hesse, in: Listl / Pirson, HdbStKirchR, Bd. I, § 17, S. 521 (525f); Mikat, in: Benda / Maihofer / Vogel, HdbVerfR, § 29, Rn. 25. Beispielhaft wird hierzu angeführt, dass Grundstücksverwaltung

Art. 137 III WRV i.V.m. Art. 140 GG lex specialis zu Art. 4 GG[47]. Daneben tritt als weitere „Säule religionsverfassungsrechtlicher Ordnung des Grundgesetzes"[48] der in Art. 137 I WRV i.V.m. Art. 140 GG normierte Grundsatz der Trennung von Kirche und Staat[49].
Insgesamt wird den Religionsgesellschaften so die eigenständige Wahrnehmung aller zu den eigenen Angelegenheiten zählenden Aufgaben und Regelungsbereiche ermöglicht, und zwar frei von staatlicher Kontrolle oder Einflussnahme[50].

Solchermaßen berechtigt sind alle Religionsgesellschaften, unabhängig von ihrer Rechtsform[51]. Entscheidend ist, dass der personale Zusammenschluss für die Erfüllung sämtlicher durch den gemeinsamen Glauben auferlegten Aufgaben zuständig ist[52]. Religiös geprägte Vereine, die nur einen Teilbereich des Aufgabenkreises wahrnehmen, unterfallen hingegen nicht dem Schutz des Art. 137 III WRV i.V.m. Art. 140 GG[53]. Entsprechend

---

und kirchliche Buchhaltung nicht der Religionsausübung unterfielen. Dennoch seien diese Tätigkeiten diesbezüglich nützlich und daher durch Art. 137 III WRV i.V.m. Art. 140 GG geschützt. Vgl. v. CAMPENHAUSEN / DE WALL, Staatskirchenrecht, § 14, S. 100; JURINA, Essener Gespräche 3 (1969), 179 (180); WEBER, HERMANN, Essener Gespräche 17 (1983), 35 (35f).

47 v. CAMPENHAUSEN / UNRUH, in: v. MANGOLDT / KLEIN / STARCK, Kommentar zum GG, Bd. 3: Art. 83 - 146, Art. 137 WRV, Rn. 29; KORIOTH, in: MAUNZ / DÜRIG, GG-Kommentar, Bd. VII Art. 107 - 146, Art. 137 WRV (Stand der Bearbeitung: Febr. 2003), Rn. 21. HESSE, in: LISTL / PIRSON, HdbStKirchR, Bd. I, § 17, S. 521 (525) und HOLLERBACH, AöR 92 (1967), 99 (108) bezeichnen das Selbstbestimmungsrecht als notwendige Ergänzung der Religionsfreiheit.

48 v. CAMPENHAUSEN / DE WALL, Staatskirchenrecht, § 14, S. 99.

49 Vgl. v. CAMPENHAUSEN / UNRUH, in: v. MANGOLDT / KLEIN / STARCK, Kommentar zum GG, Bd. 3: Art. 83 - 146, Art. 137 WRV, Rn. 30; v. CAMPENHAUSEN / DE WALL, Staatskirchenrecht, § 14, S. 99; WINTER, Staatskirchenrecht in der Bundesrepublik Deutschland, S. 167.

50 KORIOTH, in: MAUNZ / DÜRIG, GG-Kommentar, Bd. VII Art. 107 - 146, Art. 137 WRV (Stand der Bearbeitung: Febr. 2003), Rn. 17.

51 v. CAMPENHAUSEN / DE WALL, Staatskirchenrecht, § 14, S. 99; HESSE, in: LISTL / PIRSON, HdbStKirchR, Bd. I, § 17, S. 521 (534).

52 ANSCHÜTZ, Die Verfassung des Deutschen Reiches, Art. 137, S. 632f.

53 HESSE, in: LISTL / PIRSON, HdbStKirchR, Bd. I, § 17, S. 521 (534).

können sich jedenfalls die verfassten Kirchen auf das Selbstbestimmungsrecht des Art. 137 III WRV i.V.m. Art 140 GG berufen[54]. Erfasst werden zudem Freikirchen, Sekten und nichtchristliche Glaubensgemeinschaften[55]. Nach der Rechtsprechung des Bundesverfassungsgerichts werden jedoch auch kirchennahe Einrichtungen vom Selbstbestimmungsrecht erfasst, wenn diese nur einen Teilbereich des kirchlichen Auftrags wahrnehmen und zwar ebenfalls unabhängig von der gewählten Rechtsform der Einrichtung[56]. Da die Kirchen bei der Organisation ihrer Angelegenheiten frei seien, seien sie auch hinsichtlich der Organisation von Teilaufgaben ihres Gesamtauftrags in der Welt frei[57]. Im Ergebnis können sich damit auch karitative und diakonische Einrichtungen auf das Selbstbestimmungsrecht berufen[58], obwohl sie nur für einen Teilbereich des kirchlichen Auftrags zuständig sind[59]. Die Einbeziehung dieser Einrichtungen ist praktisch sehr bedeutsam, da die Kirchen im Verbund mit ihren sozialen Diensten zu den größten Arbeitgebern in der Bundesrepublik Deutschland zählen[60]. Trägerin des Selbstbestimmungsrechts bleibt hingegen ausschließlich

---

54 Hesse, in: Listl / Pirson, HdbStKirchR, Bd. I, § 17, S. 521 (534).

55 Badura, in: Listl / Pirson, HdbStKirchR, Bd. I, § 6, S. 211 (226).

56 Mückl, in: Isensee / Kirchhof, HdbStR, Bd. VII, § 159, Rn. 81 spricht insoweit von „Trabanten“ der Religionsgesellschaften.

57 BVerfGE 24, 236 (246f); BVerfGE 46, 73 (85ff) m.w.N. aus dem Schrifttum; BVerfGE 53, 366 (391ff); BVerfGE 57, 220 (242); BVerfGE 70, 138 (162). Kritisch hierzu: Schmidt, in: Müller-Glöge / Preis / Schmidt, Erfurter Kommentar, Art. 4 GG, Rn. 34.

58 BVerfGE 24, 236 (247) bejahend für eine „Vereinigung katholischer ländlicher Jugend Deutschlands“; BVerfGE 46, 73 (85ff) bejahend für ein katholisches Krankenhaus; Hesse, in: Listl / Pirson, HdbStKirchR, Bd. I, § 17, S. 521 (535).

59 Entsprechend trifft die Einbeziehung genannter Einrichtungen teilweise auf Kritik. Vgl. Fischer, Volkskirche ade!, S. 113ff; Kleine, Institutionalisierte Verfassungswidrigkeiten, S. 154ff; Wieland, Der Staat 25 (1986), 321 (343ff); ders., DB 1987, 1633 (1637).

60 v. Campenhausen / Unruh, in: v. Mangoldt / Klein / Starck, Kommentar zum GG, Bd. 3: Art. 83 - 146, Art. 137 WRV, Rn. 81; Korioth, in: Maunz / Dürig, GG-Kommentar, Bd. VII Art. 107 - 146, Art. 137 WRV (Stand der Bearbeitung: Febr. 2003), Rn. 40; Kreß, ZRP 2012, 103 (103). Vgl. auch: Grabenwarter / Pabel, KuR 2011, 55 (55); Mückl, in: Isensee / Kirchhof, HdbStR, Bd. VII, § 160, Rn. 36.

die Religionsgesellschaft, die darüber entscheidet, inwieweit sie die ihr zugehörigen Einrichtungen am Selbstbestimmungsrecht teilhaben lässt[61].

1. Das „Ordnen“ und „Verwalten“ der „eigenen Angelegenheiten“

Die Religionsgesellschaften i.S.d. Art. 137 III WRV i.V.m. Art. 140 GG sowie die daran teilhabenden kirchlichen (Unter-)Einrichtungen können aufgrund des Selbstbestimmungsrechts ihre eigenen Angelegenheiten ordnen und verwalten.

a) „Ordnen“ und „Verwalten“

Die Begriffe „ordnen“ und „verwalten“ umfassen den gesamten Bereich des Selbstbestimmungrechts[62].

„Ordnen“ der eigenen Angelegenheiten bedeutet, dass die Religionsgesellschaften im innerkirchlichen Bereich[63] eigenes Recht ohne staatliche Einflussnahme erlassen dürfen. Da die Kirchen ihre Gewalt nicht vom Staat ableiten[64], existiert keine entsprechende Vorlage- oder Genehmigungspflicht[65]. Eine solche kann nur durch einvernehmliche vertragliche

61 v. Campenhausen / de Wall, Staatskirchenrecht, § 20, S. 175f; Isensee, in: Listl / Pirson, HdbStKirchR, Bd. II, § 59, S. 665 (727f); Mückl, in: Isensee / Kirchhof, HdbStR, Bd. VII, § 159, Rn. 81.

62 v. Campenhausen / Unruh, in: v. Mangoldt / Klein / Starck, Kommentar zum GG, Bd. 3: Art. 83 - 146, Art. 137 WRV, Rn. 30; ders. / de Wall, Staatskirchenrecht, § 14, S. 101.

63 Korioth, in: Maunz / Dürig, GG-Kommentar, Bd. VII Art. 107 - 146, Art. 137 WRV (Stand der Bearbeitung: Febr. 2003), Rn. 23.

64 BVerfGE 18, 385 (386f); BVerfGE 19, 1 (5); BVerfGE 30, 415 (428); BVerfGE 42, 312 (321f und 332); BVerfGE 57, 220 (244); BVerfGE 66, 1 (19); v. Campenhausen / de Wall, Staatskirchenrecht, § 14, S. 103; Korioth, in: Maunz / Dürig, GG-Kommentar, Bd. VII Art. 107 - 146, Art. 137 WRV (Stand der Bearbeitung: Febr. 2003), Rn. 23.

65 v. Campenhausen / Unruh, in: v. Mangoldt / Klein / Starck, Kommentar zum GG, Bd. 3: Art. 83 - 146, Art. 137 WRV, Rn. 30; Korioth, in: Maunz / Dürig, GG-Kommentar, Bd. VII Art. 107 - 146, Art. 137 WRV (Stand der Bearbeitung: Febr. 2003), Rn. 23.

Absprache begründet werden[66]. Der Begriff des „Verwaltens“ i.S.d. Art. 137 III WRV i.V.m. Art. 140 GG erfasst neben der Verwaltung im Wortsinn alle Leitungs- und Organisationsaufgaben einer Religionsgesellschaft[67]. Art. 137 III Satz 2 WRV i.V.m. Art. 140 GG ermöglicht in diesem Zusammenhang explizit die freie Besetzung kirchlicher Ämter[68].

Diese Gewährleistungen werden durch die Möglichkeit abgerundet, eine eigene kirchliche Gerichtsbarkeit zu installieren[69] und ein eigenes Verfahrensrecht vorzusehen[70]. Die großen Kirchen haben diese Möglichkeit in Anspruch genommen[71].

---

66 v. Campenhausen / de Wall, Staatskirchenrecht, § 14, S. 101; Hesse, in: Listl / Pirson, HdbStKirchR, Bd. I, § 17, S. 521 (535).

67 v. Campenhausen / de Wall, Staatskirchenrecht, § 14, S. 101; Hesse, in: Listl / Pirson, HdbStKirchR, Bd. I, § 17, S. 521 (537).

68 Diese explizite Nennung der freien Ämterbesetzung ist nur aus historischen Gründen besonders aufgeführt. Vgl. v. Campenhausen / Unruh, in: v. Mangoldt / Klein / Starck, Kommentar zum GG, Bd. 3: Art. 83 - 146, Art. 137 WRV, Rn. 30; Mückl, in: Isensee / Kirchhof, HdbStR, Bd. VII, § 159, Rn. 83.

69 So schon: Ebers, Staat und Kirche im neuen Deutschland, S. 257; Mikat, in: Bettermann / Nipperdey / Scheuner, Die Grundrechte - Vierter Band / 1. Halbband, S. 174; Weber, Hermann, Grundprobleme des Staatskirchenrechts, S. 42.

70 Mainusch, ZevKR 50 (2005), 16 (22ff).

71 v. Campenhausen / de Wall, Staatskirchenrecht, § 14, S. 101 m.w.N.; Hesse, in: Listl / Pirson, HdbStKirchR, Bd. I, § 17, S. 521 (537) m.w.N. Für den Bereich des Arbeitsrechts findet sich eine Übersicht der jüngeren Rechtsprechung des Kirchlichen Arbeitsgerichtshofs (katholische Kirche) bei: Richardi, NZA 2011, 1185 (1186ff), mit Fortsetzung von: dems., NZA 2012, 1393 (1394ff). Eine entsprechende Übersicht für den Kirchengerichtshof der Evangelischen Kirche in Deutschland (KGH.EKD) findet sich bei: Schliemann, NZA 2011, 1189 (1190ff). Die Judikate dieser kirchlichen Spruchkörper entfalten nur innerkirchliche Wirkung. Vgl. v. Campenhausen / de Wall, Staatskirchenrecht, § 14, S. 101; Hesse, in: Listl / Pirson, HdbStKirchR, Bd. I, § 17, S. 521 (537).

b) Die „eigenen Angelegenheiten“

Das „Ordnen“ und „Verwalten“ bezieht sich vom Wortlaut des Art. 137 III WRV i.V.m. Art. 140 GG indes nur auf die „eigenen Angelegenheiten“. Die Frage, was zu diesen „eigenen Angelegenheiten“ zu zählen sei, unterlag im Laufe der Zeit einer stetigen Diskussion[72].

aa) Dogmatische Grundlagen der „eigenen Angelegenheiten“

Zu Zeiten des zweiten Deutschen Kaiserreiches wurde die Ansicht vertreten, der Staat sei der Kirche übergeordnet[73]. Entsprechend wurde den Kirchen weder Gesetzgebungs- noch Rechtsprechungskompetenz zugestanden. Demgemäß waren die Kirchen der staatlichen Gesetzgebung, Rechtsprechung und Aufsichtsgewalt unterworfen. Es sollte dem Staat obliegen, durch den Erlass von Gesetzen Angelegenheiten an sich zu ziehen und so seiner Aufsicht zu unterziehen. Damit sollte dem Staat die Entscheidung darüber obliegen, welche Angelegenheiten als solche der Kirche anzusehen seien. Die einseitige Meinung der Kirchen diesbezüglich war hiernach nicht maßgeblich gewesen.[74] Bereits zu dieser Zeit wurde jedoch eine Unterscheidung „innerer und äußerer Kirchenangelegenheiten“ mit der Frage, ob erstere einer eingeschränkten staatlichen Aufsicht zu unterziehen seien, diskutiert[75].

Bzgl. des Umfangs von Art. 137 III WRV wurde vertreten, die eigenen Angelegenheiten seien durch Verfassungsauslegung, insbesondere durch das Reichsgericht, verbindlich festzulegen und damit in der Reichsverfassung selbst verankert[76]. Eine andere Auffassung fußte auf der Erkenntnis, dass

---

72 Vgl. CLASSEN, Religionsrecht, § 9, S. 107; MÜCKL, in: ISENSEE / KIRCHHOF, HdbStR, Bd. VII, § 159, Rn. 83f.

73 ANSCHÜTZ, Die Verfassungs-Urkunde für den Preußischen Staat, Bd. I, S. 298f.

74 ANSCHÜTZ, Die Verfassungs-Urkunde für den Preußischen Staat, Bd. I, S. 307. Sich dieser Ansicht anschließend: PreußOVG 82, 196 (204f).

75 Vgl. ANSCHÜTZ, Die Verfassungs-Urkunde für den Preußischen Staat, Bd. I, S. 308.

76 ANSCHÜTZ, Die Verfassung des Deutschen Reichs, Art. 137, S. 635f. Hier findet sich auch eine nach dieser Auffassung abschließende Aufzählung „eigener Angelegenheiten“, die vor allem dem Kernbereich des Religionswesens (u.a. Glaubenslehre, Liturgie, Rechte und Pflichten der Gemeindeglieder) zuzuordnen sind. Aktuell ver-

die Weimarer Reichsverfassung darauf abzielte, den Religionsgesellschaften eine totale Unabhängigkeit von staatlichem Einfluss zu garantieren[77], mithin „die bisherigen Fesseln des Staates [zu] sprengen“[78]. Entsprechend seien die „eigenen Angelegenheiten“ weder durch den Staat noch durch die Kirchen auf Basis subjektiv bestimmter Vereinnahmung zu definieren. Vielmehr komme es darauf an, was rein materiell, aus „der Natur der Sache“ heraus, Angelegenheit der Religionsgesellschaften sei. Ausgangspunkt der Bestimmung sei als definierte Aufgabe der Religionsgesellschaften die Pflege der Religion.[79] Falle eine Angelegenheit hauptsächlich in diesen Bereich, so werde die Zugehörigkeit zu den „eigenen Angelegenheiten“ auch nicht durch eine bloß reflexhafte Berührung staatlicher Interessen aufgehoben[80].

Das Bundesverfassungsgericht ist in einer frühen Entscheidung dieser „Bereichsscheidungslehre”[81] ohne Einschränkung gefolgt[82]. Das Bundes-

---

treten wird diese Ansicht noch von EHLERS, in: SACHS, Grundgesetz, Art. 137 WRV, Rn. 6 mit der Einschränkung, das Selbstverständnis der Religionsgesellschaften sei bei der Auslegung zu berücksichtigen. WIELAND, Der Staat 25 (1986), 321 (345f) folgt dieser Ansicht mit dem (Wortlaut-)Argument, der Verfassungsbegriff der Angelegenheiten der Religionsgesellschaften sei als ein objektiver formuliert.

77 EBERS, Staat und Kirche im neuen Deutschland, S. 254; DERS., in: NIPPERDEY, Grundrechte und Grundpflichten - Zweiter Band, Art. 137, 138, 140, 141, S. 387f.

78 So wörtlich: EBERS, Staat und Kirche im neuen Deutschland, S. 258; DERS., in: NIPPERDEY, Grundrechte und Grundpflichten - Zweiter Band, Art. 137, 138, 140, 141, S. 389.

79 EBERS, Staat und Kirche im neuen Deutschland, S. 258; DERS., in: NIPPERDEY, Grundrechte und Grundpflichten - Zweiter Band, Art. 137, 138, 140, 141, S. 389. Diese Auffassung ist bekannt als sog. „Bereichsscheidungslehre“. Vgl. KORIOTH, in: MAUNZ / DÜRIG, GG-Kommentar, Bd. VII Art. 107 - 146, Art. 137 WRV (Stand der Bearbeitung: Febr. 2003), Rn. 27.

80 EBERS, Staat und Kirche im neuen Deutschland, S. 258f; DERS., in: NIPPERDEY, Grundrechte und Grundpflichten - Zweiter Band, Art. 137, 138, 140, 141, S. 389f. Entsprechend werden neben den durch die erstgenannte Ansicht erfassten Bereichen zusätzliche Angelegenheiten erfasst. Vgl. EBERS, Staat und Kirche im neuen Deutschland, S. 261ff; DERS., in: NIPPERDEY, Grundrechte und Grundpflichten - Zweiter Band, Art. 137, 138, 140, 141, S. 391ff.

81 Siehe oben S. 18f.

82 BVerfGE 18, 385 (387f).

verfassungsgericht hatte über die Zulässigkeit einer Verfassungsbeschwerde zu entscheiden, mit der die Verletzung von Grundrechten durch den Richterspruch eines kirchlichen Gerichtes gerügt wurde. Der kirchliche Spruchkörper hatte sich seinerseits mit der kirchenrechtlichen Wirksamkeit einer Gemeindeteilung, also einem Akt der Gemeindeorganisation, zu befassen. Unter Rekurs auf die Bereichsscheidungslehre gelangte das Bundesverfassungsgericht zu dem Ergebnis, dass die Frage der Gemeindeorganisation dem innerkirchlichen Bereich zuzurechnen und damit aufgrund des Selbstbestimmungsrechts der staatlichen Gerichtsbarkeit entzogen sei.[83] Dieser Ansatz wurde von der Rechtsprechung des Bundesverfassungsgerichts in einigen Entscheidungen übernommen[84].

Dieser Entscheidung zeitlich vorgelagert hatte das Bundesverfassungsgericht hingegen zur Auslegung der durch Art. 4 I und II GG geschützten Glaubens- und Bekenntnisfreiheit festgestellt, dass es dem weltanschaulich neutralen Staat verwehrt sei, den Inhalt dieser Freiheit zu bestimmen. Andernfalls würde er unzulässigerweise Wertungen über den Glauben oder Unglauben der Bürger treffen.[85] Entsprechend müsse bei der Einzelfallbeurteilung, ob ein Verhalten der Religionsausübung zuzurechnen sei oder nicht, das Selbstverständnis der jeweiligen Glaubensgemeinschaft berücksichtigt werden[86].

Die neuere Rechtsprechung hat auch im Hinblick darauf, was gem. Art. 137 III WRV i.V.m. Art 140 GG zu den „eigenen Angelegenheiten“

83 BVerfGE 18, 385, (388). Angemerkt sei hierzu, dass auch die andere bis dahin zu Art. 137 III WRV vertretene Auffassung den Sachverhalt den innerkirchlichen Angelegenheiten zugerechnet hätte. Vgl. ANSCHÜTZ, Die Verfassung des Deutschen Reichs, Art. 137, S. 636. Der von BVerfGE 18, 385 (385ff) zu entscheidende Sachverhalt kann in dieser Hinsicht also als unproblematisch angesehen werden.

84 BVerfGE 42, 312 (333f); BVerfG NJW 1980, 1041 (1041). WEBER, HERMANN, NJW 1980, 1042 (1042), hält die Bereichsscheidungslehre im Ansatz für zutreffend.

85 BVerfGE 12, 1 (4); BVerfGE 33, 23 (30) Ähnlich, einen von staatlichem Einfluss freien Rechtsraum betonend: BVerfGE 30, 415 (423); BVerfGE 42, 312 (332).

86 BVerfGE 24, 236 (247f).

zu zählen sei, das Selbstverständnis der Kirchen für maßgeblich erachtet. Das Bundesverfassungsgericht hat im Rahmen der Verfassungsbeschwerde eines katholischen Krankenhauses[87] sowie eines katholischen Jugendwohnheimes[88] festgestellt, dass die Religionsausübung nach katholischem Verständnis nicht auf den Glaubens- und Gottesdienstbereich begrenzt sei. Der christliche Glaube umfasse vielmehr auch die tätige Nächstenliebe, was sich im karitativen Wirken der Kirchen manifestiere. Hierbei handele es sich um eine „Grundfunktion“[89] der christlichen Kirchen. Dadurch, dass die genannten Einrichtungen an der tatsächlichen Umsetzung des kirchlichen Auftrags beteiligt seien, seien sie als Teil der Kirche i.S.d. Art. 137 III WRV i.V.m. Art. 140 GG anzusehen. Mit dieser Zuordnung als Teil der Kirche sei zugleich entschieden, dass es sich bei den Einrichtungen um „eigene Angelegenheiten“ der Kirche handele.[90] Dies werde auch nicht durch die Beschäftigung von Anders- oder Nichtgläubigen oder durch die Wahl von Organisationsformen des staatlichen Rechts beeinträchtigt[91].
Damit ist für die Zuordnung einer Angelegenheit zu den „eigenen Angelegenheiten“ i.S.v. Art. 137 III WRV i.V.m. Art. 140 GG nach der maßgeblichen[92] Rechtsprechung des Bundesverfassungsgerichts allein das Selbstverständnis[93] der jeweiligen Religionsgesellschaft entscheidend. Alles, was von dieser als notwendig erachtet wird, um zur „Entfaltung und Wirksamkeit in der Welt“[94] beizutragen ist damit „eigene Angelegenheit“. Die „eigenen Angelegenheiten“ sind damit, in Abkehr von den älteren Ansichten, die einen objektiven Ansatzpunkt bemüht haben, rein subjek-

87 BVerfGE 70, 138 (142).
88 BVerfGE 70, 138 (143).
89 BVerfGE 70, 138 (163).
90 BVerfGE 70, 138 (163f).
91 BVerfGE 53, 367 (392); BVerfGE 57, 220 (243); BVerfGE 70, 138 (163f).
92 Hesse, in: Listl / Pirson, HdbStKirchR, Bd. I, § 17, S. 521 (539).
93 Andere Entscheidungen rekurrieren auf kirchliches Selbstverständnis, jedoch ohne die von BVerfGE 70, 138 (138ff) aufgezeigte Begründung. Vgl. BVerfGE 46, 73 (85); BVerfGE 66, 1 (19), BVerfGE 74, 244 (252ff).
94 BVerfGE 70, 138 (163).

tiv zu bestimmen[95]. Den Religionsgesellschaften steht es auch frei, den Inhalt des Selbstverständnisses im Laufe der Zeit fortzuentwickeln und zu modifizieren[96]. Maßgeblich ist jedoch niemals die Auffassung einzelner Teilorganisationen oder gar einzelner Meinungsträger, sondern sind stets die Grundsätze der jeweiligen übergeordneten verfassten Kirche[97]. Insofern bildet sich das Selbstverständnis auf einer belastbaren Grundlage. Staatliche Gerichte haben daher die Möglichkeit, den Inhalt des Selbstverständnisses bei entsprechenden Stellen zu erfragen und sind in Zweifelsfällen gehalten, dies zu tun[98].

Gegen diese Rechtsprechung wird vorgebracht, dass sie bereits im Ansatz die unterschiedliche Normstruktur des Art. 4 GG sowie der Art. 137 III WRV i.V.m. Art. 140 GG verkenne. Art. 4 GG schütze eine individuelle Freiheit, während Art. 137 III WRV i.V.m. Art. 140 GG objektiv staatliche von kirchlicher Gewalt trenne.[99] Entsprechend weise die Rechtsprechung des Bundesverfassungsgerichts bzgl. der Auslegung von Art. 137 III WRV i.V.m. Art. 140 GG zwar Veränderungen auf, unterliege aber stets einem nicht am Normtext orientierten Vorverständnis zum Verhältnis von Staat und Kirche[100]. Die Auslegung des Art. 137 III WRV i.V.m. Art. 140 GG müsse stattdessen anhand klassischer Auslegungsmethoden, einschließlich der historischen Wurzeln, ohne vorgeprägtes Vorverständnis erfolgen. Wichtig sei hierbei eine saubere Trennung von „eigenen Angelegenheiten“ und „für alle geltendem Gesetz“ .[101] Entsprechend sei im historischen Kontext zunächst von den durch die objektiven Ansichten[102] definierten Fall-

---

95 Korioth, in: Maunz / Dürig, GG-Kommentar, Bd. VII Art. 107 - 146, Art. 137 WRV (Stand der Bearbeitung: Febr. 2003), Rn. 28.

96 BVerfGE 42, 312 (344).

97 BVerfGE 70, 138 (166).

98 BVerfGE 70, 138 (168).

99 Wieland, Der Staat 25 (1986), 321 (327f).

100 Wieland, Der Staat 25 (1986), 321 (328).

101 Wieland, Der Staat 25 (1986), 321 (342).

102 Siehe oben S. 18ff.

gruppen[103] als Gegenstand der „eigenen Angelegenheiten" auszugehen[104]. Zudem sei der Wortlaut des Art. 137 III WRV i.V.m. Art. 140 GG insoweit eindeutig, als dass von den Angelegenheiten der Religionsgesellschaften als einem objektiv zu verstehenden Begriff auszugehen sei. Die Verfassung spreche hingegen nicht von den Angelegenheiten, die die Religionsgesellschaften als eigene ansehen.[105] Die Frage, was zu den „eigenen Angelegenheiten" zu zählen ist, sei daher eine Frage der Verfassungsauslegung[106]. Überließe man diese Bestimmung dem kirchlichen Selbstverständnis, so könnten die Religionsgesellschaften Mitbestimmungsrechte des Personals sowie individuelle Arbeitsverhältnisse den „eigenen Angelegenheiten" zurechnen. Problematisch sei dieser Umstand insbesondere im Hinblick darauf, dass die Kirchen auch konfessionsfremde Arbeitnehmer beschäftigen. Im Bereich des kirchlichen Arbeitsrechts würde so aus dem Recht auf Selbstbestimmung ein Fremdbestimmungsrecht gegenüber diesen Mitarbeitern.[107]

Andererseits findet sich die subjektivierende Auffassung des Bundesverfassungsgerichts, wonach die „eigenen Angelegenheiten" ausgehend vom Selbstverständnis der Kirchen zu bestimmen seien, auch in der Literatur[108]. Da der Staat als weltanschaulich und religiös neutral anzusehen sei, könnten allein die Religionsgesellschaften über „'ihre Angelegenheiten' normativ wie

---

103 Siehe oben S. 18 und S. 19.

104 WIELAND, Der Staat 25 (1986), 321 (343f); DERS., DB 1987, 1633 (1636).

105 WIELAND, Der Staat 25 (1986), 321 (345).

106 WIELAND, DB 1987, 1633 (1636). Ähnlich auch: JURINA, Der Rechtsstatus der Kirchen, S. 61f.

107 WIELAND, Der Staat 25 (1986), 321 (344); DERS., DB 1987, 1633 (1635). HERSCHEL, Kirche und Koalitionsrecht, S. 32 betont, dass es ein Fremdbestimmungsrecht nicht geben könne. Die Kirchen hätten sich vielmehr auf Selbstbestimmung in den eigenen Angelegenheiten zu beschränken und gleichzeitig die Selbstbestimmungsrechte ihrer Arbeitnehmer zu akzeptieren.

108 V. CAMPENHAUSEN / DE WALL, Staatskirchenrecht, §14, S. 102; GEIGER, ZevKR 26 (1981), 156 (161ff); HECKEL, MARTIN, VVDStRL 26 (1968), 5 (41); MORLOK, Selbstverständnis als Rechtskriterium, S. 433.

administrativ [...] befinden"[109]. Entsprechend kann das Grundgesetz keine Definition der „eigenen Angelegenheiten" enthalten, weil es sich durch eine solche Regelung in Selbstwiderspruch setzen würde. Im Ergebnis kann das nicht Geregelte mithin auch nicht durch Auslegung ermittelt werden.[110] Wenn das Grundgesetz selbst keine Entscheidung über den Inhalt der „eigenen Angelegenheiten" treffe, könnten dies dann folglich weder Legislative noch Judikative übernehmen, sodass insofern das Selbstverständnis der Kirchen als das letzte mögliche Kriterium verbleibe[111]. Zudem seien alle anderen Kriterien als gescheitert anzusehen[112]. Schließlich könne nur ein solches Verständnis widerspruchslos die Möglichkeit der Kirchen, sich in Kirchenverträgen mit dem Staat rechtsverbindlich im Bereich der „eigenen Angelegenheiten" zu binden, erklären[113].

Um den Freiheitsraum, welcher den Religionsgesellschaften solchermaßen eröffnet wird, nicht ausufern zu lassen, wird die bloße Behauptung, ein Lebenssachverhalt unterfalle den „eigenen Angelegenheiten", nicht für ausreichend erachtet. Vielmehr sollen die Religionsgesellschaften insofern darlegungs- und beweispflichtig sein.[114]
Zudem wird darauf abgehoben, dass lediglich die jeweilige Religionsgesellschaft Träger des Selbstbestimmungsrechts sei. Angeschlossene Einrichtungen hätten sich deren „Autorität" unterzuordnen.[115] Weiterhin wird angeführt, dass ein solchermaßen subjektiv bestimmtes Freiheitsrecht entsprechend größeren Aufwand bei der Bestimmung des Schrankeninhalts erfordere[116]. Schließlich wird betont, dass die Trennung von Kirche und

---

109 Mückl, in: Isensee / Kirchhof, HdbStR, Bd. VII, § 159, Rn. 80. Im Ergebnis ähnlich: Isak, Das Selbstverständnis der Kirchen, S. 219f.

110 Hesse, in: Listl / Pirson, HdbStKirchR, Bd. I, § 17, S. 521 (540f).

111 Hesse, in: Listl / Pirson, HdbStKirchR, Bd. I, § 17, S. 521 (541f).

112 de Wall / Muckel, Kirchenrecht, § 11, S. 78.

113 Hesse, in: Listl / Pirson, HdbStKirchR, Bd. I, § 17, S. 521 (542).

114 Korioth, in: Maunz / Dürig, GG-Kommentar, Bd. VII Art. 107 - 146, Art. 137 WRV (Stand der Bearbeitung: Febr. 2003), Rn. 29.

115 Mückl, in: Isensee / Kirchhof, HdbStR, Bd. VII, § 159, Rn. 81.

116 Morlok, Selbstverständnis als Rechtskriterium, S. 433.

Staat aus Respekt vor dem Menschen zu beiderseitiger Rücksichtnahme und beiderseitigem Entgegenkommen verpflichte[117].

Auch wenn Details bei der Inhaltsbestimmung der „eigenen Angelegenheiten" noch nicht abschließend geklärt sind, bereitet die praktische Handhabung heute keine Probleme mehr[118]. Es haben sich Fallgruppen herausgebildet, die den „eigenen Angelegenheiten" zuzurechnen sind[119]. Entsprechend kann eine Stellungnahme zu einzelnen Abgrenzungsfragen an dieser Stelle noch dahinstehen. Dies gilt umso mehr, als die im Rahmen dieser Untersuchung relevante Ausgestaltung des kirchlichen Dienstrechts in Form privatrechtlicher Arbeitsverhältnisse, anhand derer auch die neuere Rechtsprechung des Bundesverfassungsgerichtes entwickelt wurde[120], zu diesen Fallgruppen zählt[121].

bb) Das kirchliche Dienstrecht im Rahmen privatrechtlich ausgestalteter Arbeitsverhältnisse

Auf das kirchliche Dienstrecht im Rahmen privatrechtlich ausgestalteter Arbeitsverhältnisse findet das staatliche Arbeitsrecht Anwendung[122]. Dies ist

---

117 Heckel, Martin, VVDStRL 26 (1968), 5 (36).

118 v. Campenhausen / Unruh, in: v. Mangoldt / Klein / Starck, Kommentar zum GG, Bd. 3: Art. 83 - 146, Art. 137 WRV, Rn. 31; v. Campenhausen / de Wall, Staatskirchenrecht, §14, S. 102.

119 Eine Übersicht dieser Fallgruppen findet sich bei v. Campenhausen / de Wall, Staatskirchenrecht, §14, S. 104ff.

120 Insbesondere anhand von Arbeitsverhältnissen im diakonischen und karitativen Bereich. Vgl. BVerfGE 70, 138 (138ff); Hesse, in: Listl / Pirson, HdbStKirchR, Bd. I, § 17, S. 521 (540); v. Campenhausen / de Wall, Staatskirchenrecht, §14, S. 103.

121 Vgl. v. Campenhausen / de Wall, Staatskirchenrecht, §14, S. 105f.

122 Anderes gilt für die öffentlich-rechtlich ausgestalteten Dienstverhältnisse der Kirchenbeamten, wozu auch Pfarrer und Pastoren zählen. Die korporierten Religionsgesellschaften können aufgrund ihrer Dienstherrenfähigkeit solche öffentlich-rechtlichen Dienstverhältnisse begründen. Das staatliche Arbeitsrecht findet auf diese keine Anwendung. Vgl. dazu ausführlich: v. Campenhausen / de Wall, Staatskirchenrecht, § 31, S. 252f. Diese öffentlich-rechtlich geprägten Dienstverhältnisse sind nicht Gegenstand der vorliegenden Untersuchung.

unbestritten[123]. Die Geltung des staatlichen Arbeitsrechts ist die zwingende Folge, wenn die Religionsgesellschaften sich der Privatautonomie beim Abschluss ihrer Arbeitsverträge bedienen. Dennoch ist damit nur ein Teilaspekt des kirchlichen Dienstes erfasst[124]. Nach der Rechtsprechung des Bundesverfassungsgerichts darf die Geltung des staatlichen Arbeitsrechts die „verfassungsrechtlich geschützte Eigenart des kirchlichen Dienstes, das kirchliche Proprium, nicht in Frage stellen“[125]. Daraus folgt, dass privatrechtliche kirchliche Arbeitsverhältnisse vom Leitbild einer kirchlichen Dienstgemeinschaft überlagert werden[126]. Damit haben es die Religionsgemeinschaften in der Hand, den kirchlichen Dienst nach ihrem moralisch-ethischen Selbstverständnis zu regeln. Sie können selbst bestimmen, welche Form von Loyalitätsobliegenheiten sie ihren Mitarbeitern auferlegen[127] und inwieweit die Einhaltung der Loyalitätsobliegenheiten zur Wahrung der kirchlichen Glaubwürdigkeit erforderlich ist[128]. Loyalitätsobliegenheiten können bis in den Bereich der privaten Lebensführung des kirchlichen Mitarbeiters hineinreichen[129]. Es ist jedoch zu betonen, dass entsprechende innerkirchliche Regelungen nicht aus sich heraus das Arbeitsverhältnis prägen, sondern einer Aufnahme in den Arbeitsvertrag jedes kirchlichen Arbeitnehmers bedürfen[130].

---

123 v. Campenhausen / de Wall, Staatskirchenrecht, § 21, S. 179; v. Campenhausen / Unruh, in: v. Mangoldt / Klein / Starck, Kommentar zum GG, Bd. 3: Art. 83 - 146, Art. 137 WRV, Rn. 79.

124 v. Campenhausen / de Wall, Staatskirchenrecht, § 21, S. 179.

125 So wörtlich: BVerfGE 70, 138 (165).

126 BVerfGE 53, 366 (403f); BVerfGE 70, 138 (165).

127 BVerfGE 53, 366 (403f); BVerfGE 70, 138 (165); v. Campenhausen / de Wall, Staatskirchenrecht, § 21, S. 177f.

128 BVerfGE 70, 138 (165f).

129 BVerfGE 70, 138 (166); v. Campenhausen / de Wall, Staatskirchenrecht, § 21, S. 177f.

130 Isensee, in: FS Obermayer, S. 203 (206f); Marré, ThGl 78 (1988), 397 (404); Marx, Arbeitsrechtliche Kirchlichkeitsklausel, S. 15; Melot de Beauregard, NZA-RR 2012, 225 (230f); Pirson, ZevKR 27 (1982), 115 (126f); Reuter, Dieter, HK 1994, 194 (195); Richardi, in: FS 25 Jahre BAG, S. 429 (437f); ders., Arbeitsrecht in der Kirche, § 14, S. 49. Anders: Spengler, NZA 1987, 833 (837).

(1) Die Dienstgemeinschaft

Der Begriff der Dienstgemeinschaft beschreibt die Besonderheiten des kirchlichen Dienstes[131]; er ist dessen Leitbegriff[132]. Die Rechtsprechung des Bundesverfassungsgerichts ermöglicht es den Religionsgesellschaften, den kirchlichen Arbeitsverhältnissen diesen Leitbegriff zu Grunde zu legen[133]. Mit der Gewährung eines solchen Freiheitsrahmens geht die Erwartung einher, dass die Kirchen diesen mittels entsprechender Regelungen ausgestalten[134]. Die Deutsche Bischofskonferenz hat daher im Jahr 1993 die „Grundordnung des kirchlichen Dienstes im Rahmen kirchlicher Arbeitsverhältnisse" erlassen[135]. Vorangestellt bindet Art. 1 GrO alle Mitarbeiter an den Leitbegriff der Dienstgemeinschaft. Art. 2 GrO regelt den Geltungsbereich der Vorschrift.[136] Neben kollektiv-arbeitsrechtlichen Regelungen (Art. 6 - 8 GrO) sowie einer verfahrensrechtlichen Norm (Art. 10 GrO), enthalten die Art. 3 - 5 GrO individualarbeitsrechtliche Bestimmungen[137]. Art. 3 GrO soll bei der Personalauswahl sicherstellen, dass der zukünftige Mitarbeiter sich in ausreichendem Maß mit den Eigenarten des kirchlichen Dienstes identifiziert. Auf diese Weise soll die spezifische Prägung des kirchlichen Dienstes gewahrt werden.[138] Art. 4 GrO regelt, wie weitgehend Mitarbeiter in katholischen

---

131 MÜCKL, in: ISENSEE / KIRCHHOF, HdbStR, Bd. VII, § 160, Rn. 37.

132 V. CAMPENHAUSEN / DE WALL, Staatskirchenrecht, § 21, S. 180; MARRÉ, ThGl 78 (1988), 397 (405); RICHARDI, Arbeitsrecht in der Kirche, § 4, S. 50.

133 BVerfGE 53, 366 (403f); BVerfGE 70, 138 (165). Skeptisch gegenüber einer kirchlichen Dienstgemeinschaft: HERSCHEL, Kirche und Koalitionsrecht, S. 35f; KREß, ZRP 2012, 103 (104); MÜLLER, GERHARD, RdA 1979, 71 (78); V. NELL-BREUNING, Stimmen der Zeit 195 (1977), 491 (493); DERS., Stimmen der Zeit 195 (1977), 705 (705); DERS., in: PILTERS / WOLF, Menschenrechte in der Kirche, S. 70 (76); WAHSNER, in: FS Abendroth, S. 78 (89).

134 DÜTZ, NJW 1994, 1369 (1369); RICHARDI, in: FS Link, S. 143 (150); DERS., Arbeitsrecht in der Kirche, § 4, S. 59.

135 RICHARDI, Arbeitsrecht in der Kirche, § 4, S. 59.

136 Ausführliche Erläuterungen zum Geltungsbereich bei: RICHARDI, Arbeitsrecht in der Kirche, § 4, S. 61ff.

137 RICHARDI, Arbeitsrecht in der Kirche, § 4, S. 60f.

138 Vgl. DÜTZ, NJW 1994, 1369 (1371); REUTER, DIETER, HK 1994, 194 (195); RICHARDI, NZA 1994, 19 (20).

Einrichtungen an die tragenden Grundsätze der Glaubens- und Sittenlehre der Kirche gebunden sind und inwieweit das persönliche Lebenszeugnis mit diesen Grundsätzen übereinstimmen muss[139]. Schließlich legt Art. 5 GrO fest, wie seitens des kirchlichen Arbeitgebers auf Verstöße gegen die in Art. 4 GrO formulierten Anforderungen zu reagieren ist[140].

Die „Richtlinie des Rates der Evangelischen Kirche in Deutschland [...] über die Anforderungen der privatrechtlichen beruflichen Mitarbeit in der Evangelischen Kirche in Deutschland und des Diakonischen Werkes" (LoyalitätsRL) aus dem Jahr 2005 orientiert sich inhaltlich an der Grundordnung der katholischen Kirche[141]. Entsprechend enthalten die §§ 3 - 5 LoyalitätsRL nahezu deckungsgleich mit den Art. 3 - 5 GrO individualarbeitsrechtliche Regelungen[142]. Kollektivrechtliche Normen enthält die LoyalitätsRL nicht. Diese sind in einem separaten Kirchengesetz der EKD verortet.[143]

Sowohl die katholische Kirche als auch die EKD legen dem kirchlichen Dienst mit diesen Regelungen das Leitbild einer Dienstgemeinschaft zugrunde[144]. Trotz zum Teil unterschiedlicher theologischer Herleitung[145] in evangelischer und katholischer Glaubenslehre unterscheidet sich der Begriffsinhalt der Dienstgemeinschaft in beiden Kirchen kaum[146]. Daher ist die Legaldefinition gem. Art. 1 GrO, wonach „alle in einer Einrichtung der katholischen Kirche Tätigen [...] durch ihre Arbeit ohne Rücksicht auf die arbeitsrecht-

---

139 Vgl. Dütz, NJW 1994, 1369 (1371); Reuter, Dieter, HK 1994, 194 (195f); Richardi, NZA 1994, 19 (21); Wortmann, ArbRB 2011, 52 (52f).

140 Vgl. Dütz, NJW 1994, 1369 (1372f); Reuter, Dieter, HK 1994, 194 (196); Richardi, NZA 1994, 19 (21f).

141 Richardi, Arbeitsrecht in der Kirche, § 4, S. 65.

142 Vgl. Richardi, Arbeitsrecht in der Kirche, § 4, S. 65.

143 Richardi, Arbeitsrecht in der Kirche, § 4, S. 66.

144 Richardi, Arbeitsrecht in der Kirche, § 4, S. 67.

145 Auf die Unterschiede in der theologischen Begründung kann im Rahmen einer juristischen Ausarbeitung nicht eingegangen werden. Die jeweiligen Grundansätze für evangelische und katholische Kirche aufzeigend: Richardi, Arbeitsrecht in der Kirche, § 4, S. 51ff.

146 v. Campenhausen, Essener Gespräche 18 (1984), 9 (21); Jurina, ZevKR 29 (1984), 171 (172f); Pahlke, Kirche und Koalitionsrecht, S. 49ff; Richardi, Arbeitsrecht in der Kirche, § 4, S. 50; ders., NZA 1994, 19 (20).

liche Stellung gemeinsam dazu bei[tragen], daß die Einrichtung ihren Teil am Sendungsauftrag der Kirche erfüllen kann“ geeignet, den Charakter der Dienstgemeinschaft allgemein für die katholische und evangelische Kirche zu skizzieren. Der Sendungsauftrag umfasst nach dem Verständnis der christlichen Kirchen Evangeliumsverkündung, Seelsorge, Feier der Gottesdienste und Dienst am Mitmenschen[147]. Dienst in der Kirche ist damit zugleich auch immer Bekenntnis und Verpflichtung zu den Werten des christlichen Glaubens[148], die bei den Mitgliedern der Dienstgemeinschaft stets eine entsprechende geistig-moralische Grundeinstellung voraussetzt[149]. Zur Erfüllung der genannten Aufgaben ist neben dem Dienst der Kirchenbeamten (Pfarrer etc.) auch die Mitarbeit privatrechtlich angestellter Mitarbeiter, vor allem in Diakonie und Caritas[150], erforderlich. Daher sind alle, die in solchen Organisationen beschäftigt sind, Teil der Dienstgemeinschaft[151], selbst wenn sie einer anderen christlichen Konfession angehören oder sogar an-

---

147 v. Campenhausen, Essener Gespräche 18 (1984), 9 (22); Gehring / Thiele, in: Schliemann, Arbeitsrecht im BGB, § 630 Anhang, Rn. 44; Mohr / v. Fürstenberg, BB 2008, 2122 (2124); Richardi, Arbeitsrecht in der Kirche, § 4, S. 50

148 Gehring / Thiele, in: Schliemann, Arbeitsrecht im BGB, § 630 Anhang, Rn. 50. Ähnlich auch: v. Campenhausen / Unruh, in: v. Mangoldt / Klein / Starck, Kommentar zum GG, Bd. 3: Art. 83 - 146, Art. 137 WRV, Rn. 78; Joussen, NZA 2008, 675 (678); ders., RdA 2011, 173 (174); Richardi, NZA 1994, 19 (20f).

149 Rüfner, in: Listl / Pirson, HdbStKirchR, Bd. II, § 65, S. 877 (893f). Melot de Beauregard, NZA-RR 2012, 225 (231) hält aufgrund des Charakters der Dienstgemeinschaft eine „starke Wirkung auf die private Lebensführung für geboten“.

150 Struck, NZA 1991, 249 (253) geht von einem engeren Religionsverständnis aus, indem er nur die Gottesdienstfeier als Religionsausübung erfasst. Zumindest Mitarbeiter in Diakonie und Caritas würden hiernach aus der Dienstgemeinschaft ausgeklammert werden müssen. Im Ergebnis ähnlich: Fischer, Volkskirche ade!, S. 113ff; Kleine, Institutionalisierte Verfassungswidrigkeiten, S. 154ff; Wieland, Der Staat 25 (1986), 321 (343ff). Zum Begründungsansatz siehe oben S. 15.

151 Mückl, in: Isensee / Kirchhof, HdbStR, Bd. VII, § 160, Rn. 37. Nur angemerkt sei, dass eine weite Auffassung auch neben- und ehrenamtlich Tätige der Dienstgemeinschaft zurechnet. Siehe v. Campenhausen, Essener Gespräche 18 (1984), 9 (26); Mückl, in: Isensee / Kirchhof, HdbStR, Bd. VII, § 160, Rn. 37, jeweils m.w.N.

deren Glaubens sind[152]. Die Beschäftigung anderskonfessioneller Christen oder Andersgläubiger beeinflusst den beschriebenen Charakter der Dienstgemeinschaft grundsätzlich nicht, zumal die Entscheidung, Mitarbeiter anderen Glaubens zu beschäftigen, ebenfalls dem Selbstbestimmungsrecht unterfällt[153]. Da die Zugehörigkeit zur Dienstgemeinschaft und die daraus erwachsenden Treuepflichten auf individualarbeitsvertraglicher Verpflichtung beruhen[154], erscheint die Überlegung, andersgläubige Dienstnehmer seien von vornherein aus der Dienstgemeinschaft auszunehmen, unplausibel[155]. Die Begründung, dass die Dienstgemeinschaft auf dem Priestertum aller Getauften fuße und entsprechend nur Kirchenmitglieder hieran in vollem Umfang teilhaben könnten[156], ist vor dem Hintergrund der genannten individualvertraglichen, freiwilligen Bindung nicht tragfähig. Damit der Begriff der Dienstgemeinschaft in der Praxis nicht inhaltsleer bleibt, müssen alle Beteiligten an deren Umsetzung mitwirken[157]. Dies kann nur gelin-

152 RICHARDI, Arbeitsrecht in der Kirche, § 4, S. 53. Zu den Gründen, die die Beschäftigung von Nichtchristen bedingen: RÜFNER, in: LISTL / PIRSON, HdbStKirchR, Bd. II, § 66, S. 901 (910).

153 RICHARDI, Arbeitsrecht in der Kirche, § 4, S. 56f. Anders KRÜGER, ZTR 1991, 11 (16), der die Dienstgemeinschaft durch eine Auszehrung der christlichen Gesinnung für gefährdet hält. Ähnlich auch SCHLIEMANN, NZA 2003, 407 (411), wonach die Kirchen sich durch die Beschäftigung anders- oder nichtkonfessionellen Personals selbst ihrer korporativen Religionsfreiheit berauben. Ähnlich auch WINTER, Staatskirchenrecht in der Bundesrepublik Deutschland, S. 206f, der aus diesem Grund für eine konfessionelle Verbundenheit der Mehrzahl der Mitarbeiter eintritt.

154 Siehe oben S. 26.

155 Ebenfalls feststellend, dass kein Mitarbeiter aus der Dienstgemeinschaft auszuklammern sei: DÜTZ, NJW 1990, 2025 (2028); KALISCH, ZevKR 2 (1952 / 1953), 24 (50); LINK, CHRISTOPH, ZevKR 50 (2005), 403 (413); MARX, Arbeitsrechtliche Kirchlichkeitsklausel, S. 15; SPENGLER, NZA 1987, 833 (838); STÖHR, RdA 2012, 376 (377). Anders KEHLEN, Europäische Antidiskriminierung und kirchliches Selbstbestimmungsrecht, S. 191, der im Lichte von Art. 4 II RL 2000/78/EG die Zugehörigkeit aller Mitarbeiter zur Dienstgemeinschaft in Bezug auf die Religionszugehörigkeit für nicht mehr durchsetzbar hält.

156 Siehe dazu: JURINA, ZevKR 29 (1984), 171 (175f).

157 v. CAMPENHAUSEN / UNRUH, in: v. MANGOLDT / KLEIN / STARCK, Kommentar zum GG, Bd. 3: Art. 83 - 146, Art. 137 WRV, Rn. 84; RÜFNER, in: LISTL / PIRSON, HdbStKirchR, Bd. II, § 65, S. 877 (896).

gen, wenn die jeweilige Einrichtung eine kirchliche Prägung aufweist[158], mithin neben den allgemeinen weltlichen Zielen einer vergleichbaren Einrichtung zusätzlich bei der Verwirklichung des Sendungsauftrags der Kirche mitwirkt[159]. Je klarer der religiöse Charakter einer Einrichtung zu Tage tritt, desto problemloser dürften zudem die Besonderheiten der kirchlichen Dienstgemeinschaft vor dem Hintergrund der Glaubwürdigkeit akzeptiert werden[160]. Die Verpflichtung *aller*, an der Umsetzung des Leitbegriffes der Dienstgemeinschaft mitzuwirken, bindet allerdings nicht nur Arbeitnehmer, sondern auch Arbeitgeber[161]. Dem Leitbegriff der Dienstgemeinschaft ist daher auch der Dienstgeber verpflichtet[162], bevor er die aus dieser Rechtsstellung erwachsenden Rechte wahrnimmt.[163] Einschränkend ist zu bedenken, dass sich ein privatrechtliches Arbeitsverhältnis mit einem kirchlichen Arbeitgeber vom Statusverhältnis eines Kirchenbeamten unterscheidet. Der Arbeitnehmer wird in persona nicht vollständig ergriffen und seine private Lebensausrichtung nicht gänzlich umfasst.[164] Vor diesem Hintergrund, insbesondere der freiwilligen Eingehung des Vertragsverhältnisses, erscheint es unproblematisch, die bloße Zugehörigkeit zur Dienstgemeinschaft (sozusagen das „Ob“) auf sämtliche im Kirchendienst stehenden Arbeitnehmer zu

---

158 Dütz, NJW 1990, 2025 (2029); Rüfner, in: Listl / Pirson, HdbStKirchR, Bd. II, § 66, S. 901 (904). Belling, in: Westermann / Grunewald / Maier-Reimer, Erman BGB Kommentar, Bd. I, § 9 AGG, Rn. 7, betont, dass diese Prägung nur durch die Mitarbeiter realisiert werden kann, da die Institution nicht „an sich“ einen konfessionellen Charakter aufweisen kann.

159 v. Campenhausen, Essener Gespräche 18 (1984), 9 (26); Kuper, OK 1986, 170 (180ff); Lienemann, in: Rau / Reuter / Schlaich, Das Recht der Kirche, Bd. III, S. 495 (525f). Ähnlich auch, jedoch vor dem Hintergrund der Richtlinie 2000/78/EG: Schliemann, NZA 2003, 407 (413).

160 Isensee, in: FS Obermayer, S. 203 (213).

161 Dütz, NJW 1994, 1369 (1371); Rüthers, in: Listl / Schlick, Deutsch-Französische Kolloquien Bd. VI, S. 3 (11). Anders: Wahsner, in: FS Abendroth, S. 78 (89).

162 Fey, AuR 2005, 349 (351); Winter, Staatskirchenrecht in der Bundesrepublik Deutschland, S. 209.

163 Lienemann, in: Rau / Reuter / Schlaich, Das Recht der Kirche, Bd. III, S. 495 (521ff). Im Ergebnis so auch: Mummenhoff, NZA 1990, 585 (591f).

164 BVerfGE 70, 138 (166).

erstrecken[165]. Dieses Mindestmaß an inhaltlicher Übereinstimmung mit den christlichen Werten i.S.d. Sendungsauftrags kann von jedem Arbeitnehmer (auch von Nichtchristen) im Kirchendienst erfüllt werden[166]. Die Bestimmung, was dieses Mindestmaß umfassen soll, „richtet sich nach den von der verfassten Kirche anerkannten Maßstäben"[167]. Nicht relevant sind hingegen Individualmeinungen einzelner Personen oder Unterorganisationen[168]. Was darüber hinaus im einzelnen Arbeitsverhältnis erwartet werden kann, ist eine Frage der konkreten Loyalitätsobliegenheiten[169].

(2) Die Loyalitätsobliegenheiten

Die Loyalitätsobliegenheiten stellen in der arbeitsrechtlichen Praxis den bedeutendsten Kollisionspunkt von kirchlichem Selbstbestimmungsrecht und weltlichem Arbeits- (respektive Kündigungsschutz-)recht dar[170]. Die den Streitfällen zugrunde liegenden Sachverhalte und die aus ihnen gezogenen (arbeitsrechtlichen) Konsequenzen sind zudem oft Aufsehen erregend[171]. Die Loyalitätsobliegenheiten werden, wie bereits erörtert[172], aufgrund ar-

---

165 Ähnlich: KLAR, Das kirchliche Selbstbestimmungsrecht, S. 94. Anders: MORLOK, in: DREIER, GG-Kommentar, Bd. III, Art. 137 WRV, Rn. 66; WIELAND, Der Staat 25 (1986), 321 (341f).

166 Im Ergebnis so auch: JURINA, ZevKR 29 (1984), 171 (175f); RICHARDI, Arbeitsrecht in der Kirche, § 4, S. 56f; RÜTHERS, in: LISTL / SCHLICK, Deutsch-Französische Kolloquien Bd. VI, S. 3 (13); DERS., NJW 1986, 356 (358). So auch: DÜTZ, NZA Beil. 1/1986, 11 (15); DERS., NJW 1990, 2025 (2027f); RÜTHERS, in: LISTL / SCHLICK, Deutsch-Französische Kolloquien Bd. VI, S. 3 (14) mit der Konkretisierung, dass jeder Mitarbeiter zumindest kirchenfeindliche Akte zu unterlassen habe.

167 BVerfGE 70, 138 (166).

168 BVerfGE 70, 138 (166).

169 So im Ergebnis wohl auch BERCHTENBREITER, Kündigungsschutzprobleme, S. 38, allerdings ohne scharfe begriffliche Trennung zwischen „kirchlicher Dienstgemeinschaft" und „Loyalitätsobliegenheiten".

170 RÜFNER, in: LISTL / PIRSON, HdbStKirchR, Bd. II, § 66, S. 901 (901). Vgl. auch: WINTER, Staatskirchenrecht in der Bundesrepublik Deutschland, S. 198.

171 v. CAMPENHAUSEN / DE WALL, Staatskirchenrecht, § 21, S. 182. Als Beispiel kann auch die mediale Resonanz auf die dieser Ausarbeitung zugrunde liegenden EGMR-Judikate dienen. Siehe oben S. 6.

172 Siehe oben S. 26 und S. 30.

beitsvertraglicher Vereinbarung Bestandteil des Arbeitsverhältnisses, ergänzend zu den jedem Arbeitsverhältnis innewohnenden Rechten und Pflichten. Es handelt sich nicht um Nebenpflichten, auf deren Erfüllung ein Anspruch besteht[173]. Wesenstypisch ist die Einhaltung der Obliegenheiten nicht einklagbar bzw. deren Nichtbefolgung nicht geeignet, Schadenersatzansprüche zu begründen[174]. Die Erfüllung der Obliegenheiten liegt jedoch im Interesse des Arbeitnehmers, da deren Nichtbefolgung ggf. eine Kündigung rechtfertigen kann.[175] Auch im allgemeinen Arbeitsrecht hat der Arbeitnehmer hingegen diejenige Sorgfalt walten zu lassen, die zur Erreichung des betrieblichen Zwecks erforderlich ist[176]. Diese Pflicht ist keine Besonderheit des Arbeitsrechts oder gar des speziellen kirchlichen Arbeitsrechts, sondern Inhalt jedes Schuldverhältnisses[177]. Allerdings lässt das allgemeine Arbeitsrecht die vertragliche Vereinbarung besonderer Loyalitätsobliegenheiten nicht zu[178]. Die Möglichkeit der Religionsgemeinschaften, solche Loyalitätsobliegenheiten arbeitsvertraglich zu vereinbaren, erweitert die arbeitsrechtliche Vertragsfreiheit signifikant, insbesondere, da auch die individuelle außerdienstliche Lebensführung erfasst werden kann[179].

173 Mückl, in: Isensee / Kirchhof, HdbStR, Bd. VII, § 160, Rn. 43.

174 Grüneberg, in: Palandt, Bürgerliches Gesetzbuch, vor § 241, Rn. 13 m.w.N.

175 Berchtenbreiter, Kündigungsschutzprobleme, S. 17; Richardi, Arbeitsrecht in der Kirche, § 6, S. 92. Aufgrund der für einen Arbeitnehmer oftmals identischen Folgen sowohl bei einem Obliegenheits- als auch bei einem Pflichtverstoß (Abmahnung bzw. Kündigung), wird nach hier vertretener Ansicht die synonyme Bezeichnung als „Loyalitätspflicht“ für zulässig erachtet. Auf den synonymen Gebrauch wird im Anschluss an Klar, Das kirchliche Selbstbestimmungsrecht, S. 97f jedoch verzichtet.

176 Mummenhoff, NZA 1990, 585 (585); Richardi, Arbeitsrecht in der Kirche, § 6, S. 90.

177 Buchner, ZfA 1979, 335 (339).

178 v. Campenhausen / Unruh, in: v. Mangoldt / Klein / Starck, Kommentar zum GG, Bd. 3: Art. 83 - 146, Art. 137 WRV, Rn. 107; Joussen, RdA 2011, 173 (174); Pötters / Kalf, ZESAR 2012, 216 (216); Rüfner, in: Listl / Pirson, HdbStKirchR, Bd. II, § 66, S. 901 (901).

179 Pötters / Kalf, ZESAR 2012, 216 (216); Rüfner, in: Listl / Pirson, HdbSt-KirchR, Bd. II, § 66, S. 901 (902f). Mummenhoff, NZA 1990, 585 (587) betont, dass solche Loyalitätsanforderungen stets eines Bezugs zum kirchlichen Auftrag be-

Nach der Rechtsprechung des Bundesverfassungsgerichts obliegt es hierbei allein den Religionsgesellschaften, die für sie maßgeblichen Kriterien zu formulieren. Denn die Missachtung genannter Obliegenheiten durch kirchliche Mitarbeiter, u.U. sogar durch privates Verhalten, könne die Glaubwürdigkeit der Kirchen erschüttern[180]. Aufgrund des Selbstbestimmungsrechts sei es allein ihnen möglich, verbindlich festzulegen, „was die Glaubwürdigkeit der Kirche und ihrer Verkündung erfordert, was spezifisch kirchliche Aufgaben sind, was Nähe zu ihnen bedeutet, welches die wesentlichen Grundsätze der Glaubens- und Sittenlehre sind und was als - gegebenenfalls schwerer - Verstoß gegen diese anzusehen ist."[181] Auch die Frage, ob und ggf. wie Loyalitätsobliegenheiten abzustufen seien, liege im Entscheidungsbereich der Kirchen[182]. Im Fall arbeitsrechtlicher Spannungen seien die staatlichen Gerichte zudem an die vorgefundenen kirchlichen Regelungen gebunden, sodass durch sie nur der Loyalitätsobliegenheitsverstoß anhand des kirchlichen Maßstabes festzustellen sei[183]. Das Bundesverfassungsgericht stellt den kirchlichen Arbeitnehmer indes nicht gänzlich schutzlos, da es betont, das privatrechtliche Arbeitsverhältnis dürfe nicht „klerikalisiert" werden[184]. Außerdem hätten die Arbeitsgerichte die Einhaltung von „Grundprinzipien der Rechtsordnung" zu überwachen[185]. Dadurch soll der Arbeitnehmer vor überzogenen Anforderungen geschützt werden[186].

---

dürfen, um gerechtfertigt zu sein.

180 BVerfGE 70, 138 (166).

181 So wörtlich: BVerfGE 70, 138 (168).

182 BVerfGE 70, 138 (168). Niebler, ArchKathKR 159 (1990), 464 (469f) sieht selbst eine Abstufung durch die Kirchen kritisch mit der Aussicht, Loyalitätsobliegenheiten könnten andernfalls verwässert werden. Ähnlich: Marx, Arbeitsrechtliche Kirchlichkeitsklausel, S. 35.

183 BVerfGE 70, 138 (168). Dem Selbstverständnis ebenfalls besonderes Gewicht beimessend: BVerfGE 53, 366 (401); BVerfGE 66, 1 (22).

184 BVerfGE 70, 138 (166).

185 BVerfGE 70, 138 (168). Das Bundesverfassungsgericht nennt das allgemeine Willkürverbot (Art. 3 III GG), die guten Sitten (§ 138 I BGB) und den ordre public (jetzt Art. 6 EGBGB).

186 BVerfGE 70, 138 (168); Der Entscheidung zustimmend: v. Campenhausen / de Wall, Staatskirchenrecht, § 21, S. 180f; Marx, Arbeitsrechtliche Kirchlichkeitsklausel, S. 31f; Mummenhoff, NZA 1990, 585 (588ff); Richardi, Arbeitsrecht in

Insgesamt ist damit eine Abwägung zwischen kirchlicher Selbstbestimmung einerseits und drittwirkenden Grundrechten zugunsten des Arbeitnehmers andererseits im Bereich des kirchlichen Arbeitsrechts möglich[187]. Zudem sind kirchliche Arbeitgeber an den Gleichheitssatz gebunden[188]. Bei einer Kündigung sind daher die Reaktionen auf ähnliche Loyalitätsverstöße von funktional vergleichbaren Mitarbeiter in den Blick zu nehmen, um einer Ungleichbehandlung vorzubeugen[189]. Andernfalls kann die Kündigung rechtswidrig sein[190].

In der Literatur werden Modifikationen des vom Bundesverfassungsgericht entwickelten Ausgangspunktes diskutiert. Als plakatives Beispiel kann die Feststellung dienen, „daß von der Köchin einer Großküche nicht die selben Obliegenheiten einzufordern sind wie von einer Pastorin“[191]. Diesem Beispiel liegt die Überlegung zugrunde, Loyalitätsobliegenheiten seien abzustufen, was auch dem Bundesverfassungsgericht zustimmende Meinungsträger bisweilen anregen. Das naheliegende Kriterium ist die Nähe des einzelnen Mitarbeiters zum elementaren Verkündungsauftrag der Kirche[192]. Aber auch die bekleidete Position des Arbeitnehmers in

---

der Kirche, § 6, S. 94f; DERS., NZA 1994, 19 (21); RÜFNER, in: LISTL / PIRSON, HdbStKirchR, Bd. II, § 66, S. 901 (904); SPENGLER, NZA 1987, 833 (834ff).

187 RÜFNER, in: LISTL / PIRSON, HdbStKirchR, Bd. II, § 66, S. 901 (904). VOGLER, RdA 1993, 257 (259ff).

188 RÜFNER, in: LISTL / PIRSON, HdbStKirchR, Bd. II, § 66, S. 901 (921); STÖHR, RdA 2012, 376 (379). A.A.: HECKEL, MARTIN, in: LISTL / PIRSON, HdbStKirchR, Bd. I, § 20, S. 589 (594) m.w.N. Differenzierend zur Grundrechtsbindung von Religionsgesellschaften: V. CAMPENHAUSEN / UNRUH, in: V. MANGOLDT / KLEIN / STARCK, Kommentar zum GG, Bd. 3: Art. 83 - 146, Art. 137 WRV, Rn. 47f; MÜCKL, in: ISENSEE / KIRCHHOF, HdbStR, Bd. VII, § 159, Rn. 112.

189 Vgl. ArbG Regensburg, KirchE 24, 185 (188f); MARX, Arbeitsrechtliche Kirchlichkeitsklausel, S. 31ff; RÜTHERS, NJW 1986, 356 (359).

190 DÄUBLER, RdA 2003, 204 (207); DÜTZ, NJW 1990, 2025 (2027).

191 So wörtlich: V. CAMPENHAUSEN / DE WALL, Staatskirchenrecht, § 21, S. 181, wo dieses bei grundsätzlicher Übereinstimmung mit dem Bundesverfassungsgericht als kaum bestritten angesehen wird.

192 RÜTHERS, in: LISTL / SCHLICK, Deutsch-Französische Kolloquien Bd. VI, S. 3 (10); SCHILBERG, Rechtsschutz und Arbeitsrecht in der evangelischen Kirche, S. 94.

der Unternehmenshierarchie könne als Differenzierungskriterium dienen. Exponiertem Personal mit Leitungsfunktionen bzw. solchem mit Öffentlichkeitsbezug könne die Einhaltung strengerer Obliegenheiten abverlangt werden als Personal auf niedrigeren Hierarchieebenen.[193] Schließlich sei zu bedenken, dass sich beide Kriterien überschneiden können und daher gemeinsam zu betrachten seien[194]. Eine Abstufung der Loyalitätsobliegenheiten sei vorzunehmen, da der kirchliche Arbeitgeber eine dem Gedanken der Dienstgemeinschaft[195] entspringende Pflicht habe, Loyalitätsobliegenheiten nur im Rahmen des gebotenen Minimums zu formulieren. Korrespondierend seien „Loyalitätshilfen" erforderlich, um dem Verhältnismäßigkeits- und ultima-ratio-Grundsatz des Kündigungsschutzrechts zu entsprechen.[196] Loyalitätsobliegenheiten seien nach der Funktion des Arbeitnehmers abzustufen[197]. Die Religionsgesellschaften hätten zudem den ihnen durch Art. 137 III WRV i.V.m. Art. 140 GG eröffneten Freiheitsraum auszufüllen, indem sie Loyalitätsanfoderungen und ggf. Sanktionen klar definieren bzw. regeln[198]. Die Rechtssicherheit erfordere insoweit klare Regelungen[199]. Fehlende Abstufungen seitens der Kirchen seien ggf. durch die Arbeitsgerichte vorzunehmen[200].

---

193 Rüthers, in: Listl / Schlick, Deutsch-Französische Kolloquien Bd. VI, S. 3 (12f), wo solchermaßen zwischen einem Chef- und einem Assistenzarzt unterschieden wird.

194 Berchtenbreiter, Kündigungsschutzprobleme, S. 43. Ähnlich auch v. Campenhausen / Unruh, in: v. Mangoldt / Klein / Starck, Kommentar zum GG, Bd. 3: Art. 83 - 146, Art. 137 WRV, Rn. 109, die sich für eine „doppelte Ausdifferenzierung der Loyalitätspflichten" aussprechen.

195 Siehe oben S. 31.

196 Mummenhoff, NZA 1990, 585 (589).

197 Mummenhoff, NZA 1990, 585 (592); Rüthers, NJW 1986, 356 (359); Spengler, NZA 1987, 833 (838).

198 Ähnlich Spengler, NZA 1987, 833 (837f), der ein einheitliches Verhalten anmahnt, um die kirchenfreundliche Rechtsprechung zu festigen.

199 Dütz, NJW 1994, 1369 (1369); Fey, AuR 2005, 349 (349); Mummenhoff, NZA 1990, 585 (588ff). Ähnlich: Morlok, in: Dreier, GG-Kommentar, Bd. III, Art. 137 WRV, Rn. 66.

200 Rüthers, NJW 1986, 356 (359). Ähnlich auch Morlok, Selbstverständnis als Rechtskriterium, S. 438, der staatliche Instanzen als Letztentscheidungsträger in der Pflicht sieht, wenn nach internen Abstufungen bei den beteiligten Parteien kei-

Einer Abstufung nach der Mitarbeiterfunktion sei hingegen der Kirchenaustritt nicht zugänglich[201]. Hierin manifestiere sich die Lösung des Mitarbeiters von den elementaren Grundpflichten eines Kirchenbediensteten[202], sodass die Kündigung gegenüber jedem Mitarbeiter, gleich welcher Funktion, ausgesprochen werden könne.[203]
Schließlich wird ein (aufbau-)organisatorischer Ansatz zur differenzierten Ausgestaltung von kirchlichen Arbeitsverhältnissen verfolgt. Ausgehend von den unterschiedlichen weltlichen Erscheinungsformen der Kirche[204] wird für jede dieser Formen eine unterschiedliche Rechtsgestaltung angeregt. Im Ergebnis soll so ein aufgaben- und mitarbeiterbezogener Weg zur rechtlichen Ausgestaltung des kirchlichen Dienstes gefunden werden[205], was im Ergebnis auf eine Abstufung von Loyalitätsobliegenheiten hinausläuft[206].

---

ne Konkordanz erzielt werden kann.

201 Rüfner, in: FS Rechtswissenschaftliche Fakultät Köln, S. 797 (804).

202 Dütz, NZA Beil. 1/1986, 11 (14f); Marré, ThGl 78 (1988), 397 (405).

203 v. Campenhausen / Unruh, in: v. Mangoldt / Klein / Starck, Kommentar zum GG, Bd. 3: Art. 83 - 146, Art. 137 WRV, Rn. 79; Link, Christoph, ZevKR 50 (2005), 403 (417); Richardi, Arbeitsrecht in der Kirche, § 7, S. 129f; Spengler, NZA 1987, 833 (837). Anders Rüthers, in: Listl / Schlick, Deutsch-Französische Kolloquien Bd. VI, S. 3 (14f), wonach der Kirchenaustritt eine Kündigung nicht rechtfertigen kann, wenn der Arbeitgeber auf die Kirchenzugehörigkeit bei vergleichbaren Tätigkeiten verzichtet, indem er etwa Konfessionslose beschäftigt. Anders auch Weber, Hermann, NJW 1986, 370 (371), der in BVerfGE 70, 138 einen zweistufigen Prüfungsauftrag erblickt, auf dessen erster Stufe der Loyalitätsobliegenheitsverstoß anhand des kirchlichen Selbstverständnisses festzustellen sei. Auf der zweiten Stufe sei im Rahmen der §§ 1 KSchG bzw. 626 BGB eine Interessenabwägung vorzunehmen, wonach im Einzelfall die Rechtfertigung einer Kündigung nach Kirchenaustritt entfallen könne. Ähnlich: Budde, AuR 2005, 353 (356f); Däubler, RdA 2003, 204 (209); Geck / Schimmel, AuR 1995, 177 (180ff); Joussen, RdA 2011, 173 (175); v. Notz, Lebensführungspflichten im evangelischen Kirchenrecht, S. 122ff; Reufels / Molle, KSzW 2012, 3 (3). Wohl auch: Fischermeier, in: FS Richardi, S. 875 (879); Sperber, EuZA 2011, 407 (409f).

204 Genannt werden die örtliche Gemeinde, die regionale Kirche, die kirchliche Föderation sowie die Orden, Kommunitäten bzw. Dienstgruppen. Vgl. Lienemann, in: Rau / Reuter / Schlaich, Das Recht der Kirche, Bd. III, S. 495 (523).

205 Lienemann, in: Rau / Reuter / Schlaich, Das Recht der Kirche, Bd. III, S. 495 (525), mit auch theologischen Argumenten.

206 Mit der Organisationsform der Einrichtung als Differenzierungskriterium zu ei-

Weitergehend wird die aktuelle verfassungsgerichtliche Interpretation des Selbstbestimmungsrechts als über das gebotene Maß hinausgehend erachtet. Schon die Einbeziehung des ordre public (jetzt Art. 6 EGBGB) in den Katalog der durch die Rechtsprechung zu schützenden Grundprinzipien zeige, dass das Bundesverfassungsgericht die Kirchen in eine mit fremden Staaten vergleichbare Position rücke und damit den Schutzrahmen des Art. 137 III WRV i.V.m. Art 140 GG überspanne[207]. Art. 137 III WRV i.V.m. Art. 140 GG gewähre das Selbstbestimmungsrecht nur für kircheninterne Angelegenheiten. Beim Abschluss von Arbeitsverträgen werde dieser Bereich verlassen, da es sich hierbei nicht nur um eine kirchliche, sondern auch um eine Angelegenheit des Arbeitnehmers handele. Wenn privatrechtliche Arbeitsverhältnisse dem Selbstbestimmungsrecht unterworfen würden, werde daraus in praxi ein Fremdbestimmungsrecht gegenüber dem Arbeitnehmer.[208] Dieses sei so nicht hinzunehmen[209]. Stattdessen habe aus der Inanspruchnahme der Privatautonomie beim Abschluss von Arbeitsverträgen konsequenterweise auch die Hinnahme der unerfreulichen Aspekte, die Geltung allgemeiner staatlicher Regelungen, zu folgen[210]. Dies folge auch daraus, dass Kirchen- sowie Privatautonomie in den rechtsstaatlichen Rahmen integriert seien[211]. Darüber hinaus seien karitative und erzieherische Einrichtungen ohnehin aus dem Kreis der von Art. 137 III WRV i.V.m. Art. 140 GG begünstigten Institutionen auszunehmen[212].

---

nem solchen Ergebnis gelangend: Morlok, in: Dreier, GG-Kommentar, Bd. III, Art. 137 WRV, Rn. 66.

207 Struck, NZA 1991, 249 (251). Kritisch auch: Sperber, EuZA 2011, 407 (409f).

208 Wieland, Der Staat 25 (1986), 321 (346); ders., DB 1987, 1633 (1635). Ähnlich: v. Nell-Breuning, Stimmen der Zeit 195 (1977), 705 (707f); Preuss, in: Denninger / Hoffmann-Riem / Schneider / Stein, Alt.-Komm. GG, Art. 140 (Stand der Bearbeitung: Okt. 2001), Rn. 48.

209 Wieland, DB 1987, 1633 (1635). Ähnlich: v. Nell-Breuning, Stimmen der Zeit 195 (1977), 491 (493).

210 Herschel, AuR 1978, 172 (176); v. Nell-Breuning, Stimmen der Zeit 195 (1977), 705 (709); Wieland, DB 1987, 1633 (1635f).

211 Struck, NZA 1991, 249 (251).

212 Fischer, Volkskirche ade!, S. 113ff; Kleine, Institutionalisierte Verfassungswidrig-

Zur Rückführung auf ein angemessenes Maß sind Bestrebungen zu beobachten, die sich am für Tendenzbetriebe geltenden Schutzmaßstab orientieren. Gem. § 118 I BetrVG werden sog. Tendenzunternehmen und -betriebe aus dem Anwendungsbereich des BetrVG ausgenommen, soweit die Eigenart des Unternehmens oder Betriebes dieses erfordert. § 118 II BetrVG entzieht Religionsgemeinschaften und deren karitative und erzieherische Einrichtungen vollumfänglich dem Anwendungsbereich des BetrVG[213]. Bei § 118 BetrVG handelt es sich um einen eng auszulegenden Ausnahmetatbestand[214]. Tendenzschutz kann nur eingreifen, wenn das Unternehmen bzw. der Betrieb[215] unmittelbar *und* überwiegend einen der in § 118 I Nr. 1 und Nr. 2 genannten Zwecke verfolgt[216]. Insoweit ist erforderlich, dass das Unternehmen bzw. der Betrieb selbst einen der genannten Zwecke verfolgt und nicht bloß einen fremden Zweck unterstützt[217]. Außerdem müssen mehr als 50 Prozent der Belegschaft mit tendenzgeneigten Aufgaben befasst sein[218]. Nur in Bezug auf diesen Teil der Belegschaft werden die Rechte des Betriebsrats eingeschränkt, sodass in der Praxis eine Unterscheidung zwischen Tendenzträgern und sonstigen Mitarbeitern vorzunehmen ist. Diese Tendenzträger sind solche Mitarbeiter, die unmittelbar und mit nicht unerheblichem Einfluss an der Tendenzverwirklichung mitwirken.[219]

---

keiten, S. 154ff; WIELAND, Der Staat 25 (1986), 321 (343ff); DERS., DB 1987, 1633 (1637). Siehe bereits oben S. 15.

213 HERSCHEL, AuR 1978, 172 (174) hält diese uneingeschränkte Freistellung für zu weitgehend und regt eine einschränkende, an § 118 I BetrVG orientierte Auslegung an, sodass i.E. die Kriterien des § 118 I BetrVG maßgeblich würden. Ähnlich: BUDDE, AuR 2005, 353 (353); RULAND, NJW 1980, 89 (97). OTTO, AuR 1980, 289 (298), will § 118 II BetrVG nur dann anwenden, wenn die rechtlich verselbstständigte Einrichtung unter wesentlichem kirchlichen Einfluss steht.

214 BT-Drucks. 6/2729, S. 17.

215 Ob für die Feststellung der Tendenzgebundenheit auf das Unternehmen oder den Betrieb abzustellen ist, kann im Rahmen dieser Ausarbeitung dahinstehen. Vgl. zu dieser Frage: THÜSING, in: RICHARDI, BetrVG, § 118, Rn. 24.

216 WEDDE, in: DÄUBLER / KITTNER / KLEBE / WEDDE, BetrVG, § 118, Rn. 6 m.w.N.

217 WEDDE, in: DÄUBLER / KITTNER / KLEBE / WEDDE, BetrVG, § 118, Rn. 7f m.w.N.

218 WEDDE, in: DÄUBLER / KITTNER / KLEBE / WEDDE, BetrVG, § 118, Rn. 8 m.w.N.

219 WEDDE, in: DÄUBLER / KITTNER / KLEBE / WEDDE, BetrVG, § 118, Rn. 56 m.w.N.

Eine vergleichbare Unterscheidung sei auch im kirchlichen Bereich vorzunehmen[220]. Übertragen auf das kirchliche Individualarbeitsrecht wären nur solche Mitarbeiter, die unmittelbar und mit gewissem Gewicht den kirchlichen Sendungsauftrag erfüllen, der Tendenz des kirchlichen Arbeitgebers verpflichtet. Die vollständig im Hintergrund wirkende Köchin einer Großküche[221] wäre nach dieser Ansicht kein Tendenzträger und damit dem allgemeinen kündigungsschutzrechtlichen Regime zu unterwerfen[222]. Dies würde dazu führen, dass nur ein Teil der Belegschaft an besondere Loyalitätsobliegenheiten gebunden wäre[223]. Im Ergebnis wären damit die Nicht-Tendenzträger bereits nicht vom Leitbild der Dienstgemeinschaft erfasst und damit von dieser ausgenommen[224]. Diese Konsequenz lässt sich nur vermeiden, wenn die Loyalitätsobliegenheiten je nach Tendenznähe des Mitarbeiters lediglich abgestuft werden[225]. In jedem Fall müsse eine Tendenz konsequent verfolgt werden[226], weshalb vor allem die Beschäftigung anders- oder nichtkonfessioneller Mitarbeiter den Tendenzschutz beeinflussen könne[227]. Unter dem Gesichtspunkt äußerer Glaubwürdigkeit

220 Struck, NZA 1991, 249 (253).

221 Vgl. oben S. 35.

222 Vgl. Struck, NZA 1991, 249 (253), wo bereits die Tendenzträgereigenschaft eines Arztes in einem konfessionellen Krankenhaus angezweifelt wird. Ähnlich: Röper, NJW 1975, 1873 (1873).

223 Struck, NZA 1991, 249 (253) regt die Beschränkung der Kirchen auf Aufgabenbereiche an, die mit solchermaßen verpflichtetem Personal zu bewältigen sind. Ähnlich auch: v. Nell-Breuning, Stimmen der Zeit 195 (1977), 705 (705); Schliemann, NZA 2003, 407 (414f).

224 Siehe zur Herausnahme Einzelner aus der Dienstgemeinschaft bereits oben S. 30.

225 Morlok, in: Dreier, GG-Kommentar, Bd. III, Art. 137 WRV, Rn. 66 spricht sich für eine solche Tendenzabstufung aus. Inwieweit sich dieses im Ergebnis von den oben auf S. 35ff dargestellten Ansätzen zur Abstufung der Loyalitätsobliegenheiten unterscheidet wird indes nicht deutlich.

226 Ähnlich Isensee, in: FS Obermayer, S. 203 (213), wenn die Akzeptanz kirchlicher Forderungen in Abhängigkeit von der Deutlichkeit der christlichen Prägung des Dienstes gesehen wird. Ähnlich auch Marx, Arbeitsrechtliche Kirchlichkeitsklausel, S. 14f, der die Glaubwürdigkeit kirchlicher Arbeitgeber gefährdet sieht, wenn Verhaltensweisen toleriert werden, die im Widerspruch zu religiösen Grundsätzen stehen. Siehe auch oben S. 31.

227 Ähnlich Schliemann, NZA 2003, 407 (411), wonach sich die Kirchen durch die Be-

sei zu bedenken, dass die Allgemeinheit ohnehin nicht an die lückenlose Geschlossenheit einer Religionsgesellschaft glaube. Entsprechend sei bei der Bewertung von Loyalitätsverstößen die Reaktion des Arbeitgebers auf vergleichbare Fälle in den Blick zu nehmen.[228] Eine solche Herangehensweise würde zu einem maßvolleren kündigungsschutzrechtlichen Rahmen im kirchlichen Individualarbeitsrecht führen[229]. Es sei jedoch zu bedenken, dass kirchlicher Dienst und Dienst in einem Tendenzunternehmen strukturell und ideell verschieden seien. Daher sei Tendenzschutz nicht geeignet, die kirchliche Dienstkonzeption zu stützen.[230] Vielmehr verbleibe es bei der Erkenntnis, dass Art. 137 III WRV i.V.m. Art. 140 GG einen Autonomierahmen beschreibe, der in die gesamte staatliche Rechtsordnung integriert sei[231]. Daher könne der Staat diesen Rahmen auch ausgestalten und der Judikative aufgeben, im Fall von Interessenkonflikten zu entscheiden. Letztlich sollte daher das allgemeine Arbeitsrecht Geltung beanspruchen.[232]

Unter Rekurs auf die Strukturverschiedenheit von kirchlichem Dienst und Dienst in einem Tendenzunternehmen[233] werden am Tendenzschutz orientierte Abstufungsansätze bzgl. der Loyalitätsobliegenheiten kirchlicher Arbeitnehmer überwiegend abgelehnt. Schon normenhierarchisch bestehe ein Unterschied zwischen dem einfachgesetzlichen § 118 BetrVG und dem verfassungsrechtlich verankerten Selbstbestimmungsrecht aus Art. 137 III WRV i.V.m. Art. 140 GG[234]. Man könne diese Normen daher

---

schäftigung solchen Personals selbst ihrer korporativen Religionsfreiheit berauben.

228 Struck, NZA 1991, 249 (253). Ähnlich: Marx, Arbeitsrechtliche Kirchlichkeitsklausel, S. 31.

229 Struck, NZA 1991, 249 (253f). Ähnlich Preuss, in: Denninger / Hoffmann-Riem / Schneider / Stein, Alt.-Komm. GG, Art. 140 (Stand der Bearbeitung: Okt. 2001), Rn. 48, der die religiöse Prägung des Dienstes in Diakonie und Caritas durch den Tendenzschutz bei der Anwendung der §§ 1 KSchG und 626 BGB sicherstellen will.

230 Fey, AuR 2005, 349 (351); Struck, NZA 1991, 249 (253f).

231 Siehe schon oben S. 38.

232 Struck, NZA 1991, 249 (254f).

233 Siehe oben S. 41.

234 Gehring / Thiele, in: Schliemann, Arbeitsrecht im BGB, § 630 Anhang, Rn. 2.

nicht auf eine Stufe stellen, indem man die Regelungen eines kirchlichen Arbeitgebers unter den Aspekten des Tendenzschutzes betrachtet[235]. Entsprechend könne es auch keine Unterscheidung zwischen Tendenzträgern und Nicht-Tendenzträgern geben[236]. Zudem verfolgten die durch § 118 I BetrVG geschützten Institutionen partielle Interessen, während sich der Sendungsauftrag der Religionsgesellschaften auf alle Lebensbereiche beziehe[237]. Vor diesem Hintergrund eines allumfassenden spirituellen Zuständigkeitsanspruchs der Kirchen ist zudem Art. 1 GrO zu sehen. Wenn man sich in allen Lebensbereichen für sämtliche Glaubensangelegenheiten zuständig sieht, ist es folgerichtig, alle Dienstnehmer bei der Verwirklichung des Sendungsauftrags einzubeziehen und als Teil der Dienstgemeinschaft zu betrachten[238].

Die Interpretationsansätze zu diesem Teilaspekt des Selbstbestimmungsrechts sind facettenreich. Da in der gerichtlichen Praxis hier zudem ein gewichtiger Schwerpunkt des kirchlichen Individualarbeitsrechts liegt[239], erlangt dieser Bereich eine hohe Bedeutung. Streng gegeneinander abgrenzbare Meinungsstände sind nicht ersichtlich. Zum einen, da auch

---

Ähnlich: Thüsing, in: Richardi, BetrVG, § 118, Rn. 188.

235 v. Campenhausen, Essener Gespräche 18 (1984), 9 (13); ders. / Unruh, in: v. Mangoldt / Klein / Starck, Kommentar zum GG, Bd. 3: Art. 83 - 146, Art. 137 WRV, Rn. 103; v. Campenhausen / de Wall, Staatskirchenrecht, § 21, S. 184; Gehring / Thiele, in: Schliemann, Arbeitsrecht im BGB, § 630 Anhang, Rn. 17; Jurina, Das Dienst- und Arbeitsrecht im Bereich der Kirchen, S. 41f; Mayer-Maly, Essener Gespräche 10 (1976), 127 (146); Richardi, ZevKR 23 (1978), 367 (402f); ders., Arbeitsrecht in der Kirche, § 16, S. 280f; Rüfner, in: Listl / Pirson, HdbStKirchR, Bd. II, § 66, S. 901 (905); Rüthers, NJW 1978, 2066 (2070); ders., in: Listl / Schlick, Deutsch-Französische Kolloquien Bd. VI, S. 3 (4f).

236 Mayer-Maly, in: Mayer-Maly, Ausgewählte Schriften, S. 324 (343); Spengler, NZA 1987, 833 (838).

237 Richardi, Arbeitsrecht in der Kirche, § 6, S. 93f und § 16, S. 280f. Vgl. auch: Melot de Beauregard, NZA-RR 2012, 225 (229).

238 Siehe bereits oben S. 28ff. Ähnlich auch: v. Campenhausen, Essener Gespräche 18 (1984), 9 (26); Jurina, Das Dienst- und Arbeitsrecht im Bereich der Kirchen, S. 41; Jurina, ZevKR 29 (1984), 171 (175).

239 Vgl. oben S. 32.

dem Bundesverfassungsgericht im Grunde folgende Literaturmeinungen das Gericht bisweilen unterschiedlich interpretieren bzw. Modifikationen anregen. Zum anderen, da sich die Ergebnisse eines am Tendenzschutz orientierten Abstufungsmaßstabes in der Praxis oftmals nicht von den Ergebnissen zuvor genannter Meinungsträger unterscheiden dürften[240]. Weiterhin sind einige der vorgebrachten Argumente untereinander austauschbar. So wird nicht deutlich, worin sich das Argument, eine kirchliche Einrichtung müsse eine Tendenz durchhalten, um schutzwürdig zu sein[241] von der Forderung nach einer deutlichen kirchlichen Prägung des Dienstes zwecks inhaltlicher Ausfüllung des Begriffes der Dienstgemeinschaft[242] unterscheidet. Im Ergebnis dürfte es damit unstreitig sein, dass ein wie auch immer gearteter arbeitsrechtlicher Freiheitsraum zugunsten der Religionsgesellschaften nicht auf einem bloßen „Lippenbekenntnis"[243] fußen kann, sondern durch nachweisbare Besonderheiten im Dienst begründet sein muss. Gleichermaßen besteht über das Ergebnis Einigkeit, wenn einerseits die Reaktion des kirchlichen Arbeitgebers auf vergleichbare Fälle von Loyalitätsverletzungen in den Blick genommen wird[244] und andererseits die Bindung der Kirchen an den Gleichheitssatz betont wird[245]. Schließlich wird nicht immer deutlich, welcher Inhalt den jeweiligen Begriffen beigemessen wird. Wenn beispielsweise gleichzeitig von einem „besonderen Tendenz- und Religionsschutz" und einer „Sonderstellung" der Religionsgemeinschaften gesprochen wird[246], bleibt unklar, wie diese Begriffe interpretiert werden. Denn ein besonderer Tendenzschutz setzt denklogisch die Existenz eines allgemeinen Tendenzschutzes voraus[247]. Entsprechend bleibt offen, ob ein „besonderer Tendenz- und Religionsschutz" einen am Tendenzschutz i.S.d. § 118 I BetrVG orientierten Schutzmaßstab gewähren soll oder ob sich

---

240 Siehe oben S. 40.

241 Siehe oben S. 40.

242 Siehe oben S. 31.

243 So STRUCK, NZA 1991, 249 (253).

244 Siehe oben S. 41.

245 Siehe oben S. 35.

246 Vgl. HEMMRICH, in: v. MÜNCH / KUNIG, GG-Kommentar, Bd. 3, Art. 140, Rn. 20a.

247 Ähnlich: BERCHTENBREITER, Kündigungsschutzprobleme, S. 22.

in Abgrenzung zu einem allgemeinen Tendenzschutz am Schutzmaßstab orientiert wird, den das Bundesverfassungsgericht zu Art. 137 III WRV i.V.m. Art. 140 GG entwickelt hat[248]. Im Ergebnis verwischen damit die Grenzen zwischen den einzelnen Meinungen.
Die Urteile EGMR Az: 425/03 „Obst", EGMR Az: 1620/03 „Schüth" und EGMR Az.: 18136/02 „Siebenhaar" fügen dieser Diskussion in jedem Fall eine weitere Facette hinzu. Im Folgenden wird zu untersuchen sein, ob diese Judikate geeignet sind, ein klareres dogmatisches Fundament zu schaffen und zu einer Konturierung der Meinungsstände beizutragen.

An dieser Stelle kann im Hinblick auf die „eigenen Angelegenheiten" festgehalten werden, dass die im Rahmen dieser Untersuchung relevante Gestaltung kirchlicher Arbeitsverträge in privatrechtlicher Form den „eigenen Angelegenheiten" i.S.v. Art. 137 III WRV i.V.m. Art. 140 GG zuzuordnen ist[249]. Festzuhalten ist indes auch, dass innerkirchliches Recht nicht automatisch Gültigkeit im Arbeitsverhältnis beanspruchen kann. Vielmehr bedarf es eines Transformators[250]. Daher wird die Zugehörigkeit zur Dienstgemeinschaft und die Einbeziehung der Loyalitätsobliegenheiten durch den individuellen Arbeitsvertrag begründet. Nach hier vertretener Ansicht sind alle im Kirchendienst stehenden Arbeitnehmer Teil der Dienstgemeinschaft[251]. Verbunden ist damit die Verpflichtung, dem kirchlichen Arbeitgeber ein Mindestmaß an Loyalität entgegen zu bringen[252], was vor allem bedeutet, dass kirchenfeindliche Akte zu unterlassen sind[253]. Da das

---

248 Anders v. CAMPENHAUSEN / DE WALL, Staatskirchenrecht, § 21 S. 184, wo insoweit von einer dem Tendenzschutz folgenden Ansicht ausgegangen wird.

249 Vgl. BVerfGE 70, 138 (164ff); v. CAMPENHAUSEN / DE WALL, Staatskirchenrecht, § 14, S. 105; EHLERS, in: SACHS, Grundgesetz, Art. 137 WRV, Rn. 10; GEHRING / THIELE, in: SCHLIEMANN, Arbeitsrecht im BGB, § 630 Anhang, Rn. 17; MÜLLER-VOLBEHR, Europa und das Arbeitsrecht der Kirchen, S. 19.

250 Siehe oben S. 26.

251 Siehe oben S. 31.

252 So auch: KRÜGER, ZTR 1991, 11 (15).

253 So auch treffend: DÜTZ, NZA Beil. 1/1986, 11 (15); DERS., NJW 1990, 2025 (2027f); RÜTHERS, in: LISTL / SCHLICK, Deutsch-Französische Kolloquien Bd. VI, S. 3 (14). Ähnlich: MÜCKL, in: ISENSEE / KIRCHHOF, HdbStR, Bd. VII, § 160, Rn. 42.

Arbeitsverhältnis auf freiwilliger Basis eingegangen wird, kann jedem, auch anderskonfessionellen, Mitarbeiter diese Basisloyalität[254] abverlangt werden. Sie kann bereits im Rahmen des Einstellungsverfahrens sichergestellt werden[255]. Darüber hinausgehend räumt das Bundesverfassungsgericht den Kirchen die Möglichkeit ein, unabgestufte Loyalitätsobliegenheiten, die auch den privaten Bereich erfassen können, aufzuerlegen[256]. Zu untersuchen bleibt, ob im Lichte der jüngsten EGMR-Rechtsprechung und vor dem Hintergrund der bereits dargestellten Diskussion diesbezüglich Änderungen zu erwarten sind[257].

2. Die Schranke des „für alle geltenden Gesetzes"

Das dargestellte, den Kirchen im Arbeitsrecht weitreichende Ausgestaltungsmöglichkeiten einräumende Selbstbestimmungsrecht wird nicht schrankenlos gewährt. Es erfährt eine Einschränkung durch das „für alle geltende Gesetz"[258], wobei es sich um ein Gesetz im formellen Sinn handeln muss[259]. Als das Selbstbestimmungsrecht 1848 Bestandteil des Staatskirchenrechts wurde[260], wurde es noch keinem Gesetzesvorbehalt unterworfen (vgl. Art. 12 der Preußischen Verfassung von 1848). Ein solcher wurde erstmals durch § 147 I der Reichsverfassung von 1849 sowie später durch ein Änderungsgesetz[261] zu Art. 15 der Preußischen Verfassung von 1850 aufgenommen. § 147 I der Reichsverfassung von 1849 diente später als Vorbild

---

254 MUMMENHOFF, NZA 1990, 585 (590) verwendet mit gleicher Intention den Begriff der Mindestloyalität als Ausfluss des Verhältnismäßigkeitsgrundsatzes. Ähnlich auch: SPENGLER, NZA 1987, 833 (838).

255 Siehe zur Begründung des kirchlichen Arbeitsverhältnisses RICHARDI, Arbeitsrecht in der Kirche, § 6, S. 87ff.

256 BVerfGE 70, 138 (166ff).

257 Siehe schon oben S. 42f.

258 V. CAMPENHAUSEN / DE WALL, Staatskirchenrecht, § 21, S. 182; KORIOTH, in: MAUNZ / DÜRIG, GG-Kommentar, Bd. VII Art. 107 - 146, Art. 137 WRV (Stand der Bearbeitung: Febr. 2003), Rn. 41.

259 ISAK, Das Selbstverständnis der Kirchen, S. 238.

260 Siehe oben S. 5f.

261 Änderungsgesetz vom 05.04.1873 zu Art. 15 der Preußischen Verfassung von 1850. Abgedruckt bei ANSCHÜTZ, Die Verfassungs-Urkunde für den Preußischen Staat, Bd. I, S. 282.

für Art. 137 III der Weimarer Reichsverfassung von 1919[262]. Seither ist die Auslegung der Schrankenklausel des Art. 137 III WRV umstritten[263].

a) Die Auslegung der Schrankenklausel des Art. 137 III WRV zur Weimarer Zeit

Ein erster Auslegungsansatz zur Schrankenklausel des Art. 137 III WRV haftete am Wortlaut der Norm[264]. Das „für alle geltende Gesetz“ war hiernach schlicht jedes für jedermann verbindliche Gesetz[265], vor allem das Vereinsrecht[266]. Umstritten war zu jener Zeit lediglich, ob der Staat ermächtigt war, Sondergesetze (insbes. aufsichtsrechtliche) zu Lasten der Religionsgesellschaften zu erlassen[267]. Ein solcher Auslegungsansatz wird heute nicht mehr vertreten[268], da andernfalls ein Wertungswiderspruch zu Art. 4 GG entstünde, dem das allgemeine Vereinsrecht keine Schranke zu setzen vermag[269].

Noch zu Zeiten der Weimarer Republik wurde ein komplexerer Ansatz entwickelt[270]. Die Schrankenklausel des Art. 137 III WRV sei „sinnvariierend“[271].

---

262 EBERS, Staat und Kirche im neuen Deutschland, S. 290; RICHARDI, Arbeitsrecht in der Kirche, § 2, S. 27.

263 KORIOTH, in: MAUNZ / DÜRIG, GG-Kommentar, Bd. VII Art. 107 - 146, Art. 137 WRV (Stand der Bearbeitung: Febr. 2003), Rn. 45.

264 Vgl. V. CAMPENHAUSEN / UNRUH, in: V. MANGOLDT / KLEIN / STARCK, Kommentar zum GG, Bd. 3: Art. 83 - 146, Art. 137 WRV, Rn. 43.

265 RGZ 114, 220 (224); ANSCHÜTZ, Die Verfassung des Deutschen Reichs, Art. 137, S. 636.

266 EBERS, Staat und Kirche im neuen Deutschland, S. 292; DERS., in: NIPPERDEY, Grundrechte und Grundpflichten - Zweiter Band, Art. 137, 138, 140, 141, S. 399.

267 Dafür: ANSCHÜTZ, Die Verfassung des Deutschen Reichs, Art. 137, S. 636 m.w.N. Dagegen: EBERS, Staat und Kirche im neuen Deutschland, S. 292ff; DERS., in: NIPPERDEY, Grundrechte und Grundpflichten - Zweiter Band, Art. 137, 138, 140, 141, S. 399ff jeweils m.w.N.

268 HESSE, in: LISTL / PIRSON, HdbStKirchR, Bd. I, § 17, S. 521 (537) m.w.N.; KORIOTH, in: MAUNZ / DÜRIG, GG-Kommentar, Bd. VII Art. 107 - 146, Art. 137 WRV (Stand der Bearbeitung: Febr. 2003), Rn. 45.

269 ISAK, Das Selbstverständnis der Kirchen, S. 231.

270 Vgl. V. CAMPENHAUSEN / UNRUH, in: V. MANGOLDT / KLEIN / STARCK, Kommentar zum GG, Bd. 3: Art. 83 - 146, Art. 137 WRV, Rn. 43.

271 HECKEL, JOHANNES, VerwArch 37 (1932), 280 (282).

Der Wortlaut der Norm sei im jeweiligen Kontext zu betrachten und könne unterschiedliche Bedeutungen erlangen[272]. Nach der sog. *Heckel´schen Formel* konnte ein Schrankengesetz i.S.d. Art. 137 III WRV nur ein „Gesetz [sein], das trotz grundsätzlicher Bejahung vom Standpunkt der Gesamtnation als sachlich notwendige Schranke der kirchlichen Freiheit anerkannt werden muss; m.a.W. jedes für die Gesamtnation als politische, Kultur- und Rechtsgemeinschaft unentbehrliche Gesetz, aber auch nur ein solches Gesetz“[273]. Damit sollte eine Unterscheidung von für die Rechtsgemeinschaft wichtigen Vorschriften, die die Kirchenfreiheit einschränken konnten, und weniger wichtigen Vorschriften, die dies nicht vermochten, möglich werden[274].

b) Die Auslegung der Schrankenklausel des Art. 137 III WRV i.V.m. Art. 140 GG unter der Geltung des Grundgesetzes

Die Auslegung der Schrankenklausel des Art. 137 III WRV i.V.m. Art. 140 GG unter der Geltung des Grundgesetzes Obwohl durch Art. 140 GG u.a. Art. 137 WRV wörtlich in das Grundgesetz inkorporiert wurde, musste ein neuer Interpretationsansatz zur Schrankenklausel des Art. 137 III WRV gefunden werden, da die Art. 137 und 138 WRV unter der Geltung des Grundgesetzes anders zu interpretieren waren als zu Zeiten der Weimarer Republik[275]. Da einerseits die am Wortlaut des Art. 137 III WRV haftenden Interpretationsansätze[276] unter der Prämisse einer fortbestehenden staatlichen Kirchenaufsicht standen, waren diese nicht mehr vertretbar. Andererseits konnte aufgrund des Wortlautes des Art. 137 III WRV i.V.m. Art. 140 GG nicht von einem schrankenlos

272 HECKEL, JOHANNES, VerwArch 37 (1932), 280 (282).

273 HECKEL, JOHANNES, VerwArch 37 (1932), 280 (284).

274 KORIOTH, in: MAUNZ / DÜRIG, GG-Kommentar, Bd. VII Art. 107 - 146, Art. 137 WRV (Stand der Bearbeitung: Febr. 2003), Rn. 45.

275 HESSE, JöR N.F.10 (1961), 3 (24); MÜCKL, in: ISENSEE / KIRCHHOF, HdbStR, Bd. VII, § 159, Rn. 84; SMEND, ZevKR 1 (1951), 4 (11). A.A.: HERSCHEL, Kirche und Koalitionsrecht, S. 13f.

276 Siehe oben S. 46.

gewährten Selbstbestimmungsrecht ausgegangen werden.[277] Ein Großteil der Literatur bediente sich daher zur Auslegung der Schrankenklausel des Art. 137 III WRV i.V.m. Art. 140 GG der *Heckel´schen Formel*[278].

Auch der BGH vertrat zunächst die *Heckel´sche Formel*, passte diese jedoch an die veränderten Gegebenheiten des Grundgesetzes an. „Für alle geltende Gesetze" i.S.d. Art. 137 III WRV i.V.m. Art. 140 GG waren hiernach „alle, aber auch nur diejenigen Normen, die sich als Ausprägungen und Regelungen grundsätzlicher, für unseren sozialen Rechtsstaat unabdingbare[r] Postulate darstellen". Dies seien „Sätze, die jedes Recht, auch das kirchliche Recht mit Notwendigkeit enthält, oder die vom kirchlichen Recht stillschweigend oder ausdrücklich bejaht und in Bezug genommen werden".[279]

Das Bundesverfassungsgericht verfolgt aktuell einen am Prinzip der Güterabwägung orientierten Ansatz. Dieser Grundsatz entspringe dem Prinzip gegenseitiger Anerkennung und Toleranz von Staat und Kirche[280]. Die Kirchenfreiheit einerseits sowie wichtige Belange des Gemeinwesens andererseits seien durch Güterabwägung in ein angemessenes Verhältnis zu setzen[281]. Das Selbstverständnis der Kirchen sei bei diesem Prozess jedoch besonders zu berücksichtigen, wenn es auf einem durch Art. 4 I GG geschützten Bereich fußt[282]. Entsprechend gehe ein Schrankengesetz i.S.v. Art. 137 III WRV i.V.m. Art. 140 GG nicht in jedem Fall dem kirchlichen Selbstverständnis vor[283].

277 Hesse, JöR N.F. 10 (1961), 3 (26).

278 Statt vieler: Hesse, JöR N.F. 10 (1961), 3 (26) m.w.N.

279 BGHZ 22, 383 (387f); BGHZ 34, 372 (374).

280 BVerfGE 42, 312 (330f); BVerfGE 66, 1 (22); BVerfGE 70, 138 (167). Siehe schon oben S. 5.

281 BVerfGE 53, 366 (400f); BVerfGE 66, 1 (22); BVerfGE 70, 138 (167); BVerfGE 72, 278 (289).

282 BVerfGE 53, 366 (401); BVerfGE 66, 1 (22); BVerfGE 70, 138 (167); BVerfGE 72, 278 (289).

283 BVerfGE 53, 366 (400); BVerfGE 66, 1 (22); BVerfGE 70, 138 (167).

Dieser neueren Rechtsprechung des Bundesverfassungsgerichts ging die durch die ältere Judikatur des Gerichts geprägte sog. „Jedermann-Formel" voraus. Mit der „Jedermann-Formel" wurde der Geltungsbereich des für alle geltenden Gesetzes beschränkt. „Trifft das Gesetz die Kirche nicht wie den Jedermann, sondern in ihrer Besonderheit als Kirche härter, ihr Selbstverständnis, insbesondere ihren geistig-religiösen Auftrag beschränkend, also anders als den normalen Adressaten, dann bildet es insoweit keine Schranke"[284]. Dieser Maßstab konnte an das Schrankengesetz jedoch nur dann angelegt werden, wenn die innerkirchliche Maßnahme unmittelbare Rechtswirkungen im staatlichen Bereich zeitigte. Eine innerkirchliche Maßnahme, die bloß mittelbare Auswirkungen im staatlichen Bereich hatte, blieb hiernach eine rein innerkirchliche Angelegenheit.[285] Aufgrund der Unabhängigkeit der Kirchen vom Staat war es diesem jedoch verwehrt, in die innerkirchlichen Angelegenheiten einzugreifen. Daher konnte hiernach die Schrankenklausel des Art. 137 III WRV i.V.m. Art. 140 GG auf solche innerkirchlichen Angelegenheiten überhaupt nicht angewandt werden.[286]

Abgesehen von der *Heckel´schen Formel* finden sich die dargestellten Interpretationsansätze zur Schrankenformel des Art. 137 III i.V.m. Art. 140 GG auch in der Literatur. Freilich werden auch hier einige Aspekte anders bzw. mit Modifikationen betont.[287] Auf die unterschiedlichen Facetten dieser Diskussion soll im Rahmen dieser Untersuchung jedoch nicht näher eingegangen werden[288]. Denn es besteht Einigkeit, dass die §§ 1 KSchG und 626 BGB „für alle geltende Gesetze" i.S.d. Art. 137 III WRV i.V.m. Art. 140 GG darstellen und damit von den Fachgerichten im Rahmen eines

284 BVerfGE 42, 312 (334).

285 BVerfGE 42, 312 (334).

286 Vgl. BVerfGE 18, 385 (387f); BVerfGE 42, 312 (334); BVerfGE 66, 1 (20); BVerfGE 72, 278 (289).

287 Vgl. HESSE, in: LISTL / PIRSON, HdbStKirchR, Bd. I, § 17, S. 521 (547).

288 Siehe zu dieser Diskussion ausführlich: HESSE, in: LISTL / PIRSON, HdbStKirchR, Bd. I, § 17, S. 521 (547ff); KORIOTH, in: MAUNZ / DÜRIG, GG-Kommentar, Bd. VII Art. 107 - 146, Art. 137 WRV (Stand der Bearbeitung: Febr. 2003), Rn. 46ff, jeweils m.w.N.

Kündigungsschutzprozesses zu berücksichtigen sind[289]. Gleiches gilt für die weiteren, aus Gründen des Arbeitnehmerschutzes zwingenden, Vorschriften des Arbeitsrechts[290]. Dass insoweit Einigkeit besteht leuchtet ein.
Dies lässt sich anhand eines prägnanten Beispiels verdeutlichen: Man stelle sich vor, ein kirchlicher Arbeitgeber wollte eine schwerbehinderte, schwangere Arbeitnehmerin nur zur Nachtzeit beschäftigen oder ihr gar per telefonischer Erklärung eine fristlose Kündigung aussprechen.
Nach allen Ansichten kann des Selbstbestimmungsrechts in den solchermaßen tangierten Bereichen durch den staatlichen Gesetzgeber mittels der zwingenden, arbeitnehmerschützenden Normen des Arbeitsrechts eingeschränkt werden. Die in der Weimarer Republik vornehmlich vertretene Ansicht[291], wonach schlicht alle für jedermann geltenden Gesetze das Selbstbestimmungsrecht einzuschränken vermochten, gelangt problemlos zu einem solchen Ergebnis. Die zwingenden Arbeitnehmerschutzvorschriften gelten für jeden und damit auch für Religionsgesellschaften.
Auch nach der durch den BGH modifizierten *Heckel´schen Formel*[292] ergibt sich nichts anderes. Die indisponiblen Normen des Arbeitsrechts müssen als für den sozialen Rechtsstaat unverzichtbare Regelungen angesehen werden. Zwar kann aus dem Sozialstaatsprinzip selbst keine Einschränkung des Selbstbestimmungsrechts hergeleitet werden[293]. Zum Ausgleich des strukturellen Machtgefälles zwischen Arbeitgeber und Arbeitnehmer sind jedoch gerade die zwingenden Vorschriften des Arbeitsrechts geschaffen worden, um insoweit dem Sozialstaatsprinzip Geltung zu verschaffen[294]. Entsprechend stellen diese Vorschriften auch nach der Formel des BGH Schrankengesetze i.S.d. Art. 137 III WRV i.V.m. Art. 140 GG dar.

---

289 BVerfGE 70, 138 (166f); v. CAMPENHAUSEN / DE WALL, Staatskirchenrecht, § 21, S. 182; MÜCKL, in: ISENSEE / KIRCHHOF, HdbStR, Bd. VII, § 159, Rn. 119.

290 RICHARDI, Arbeitsrecht in der Kirche, § 7, S. 99. Ähnlich: REICHOLD, NZA 2001, 1054 (1056).

291 Siehe oben S. 46ff.

292 Siehe oben S. 48.

293 HESSE, in: LISTL / PIRSON, HdbStKirchR, Bd. I, § 17, S. 521 (557); RICHARDI, Arbeitsrecht in der Kirche, § 7, S. 101.

294 BAGE 47, 144 (160); RICHARDI, Arbeitsrecht in der Kirche, § 7, S. 101

Kein anderes Ergebnis fördert die „Jedermann-Formel“[295] des Bundesverfassungsgerichts zu Tage. Zum einen handelt es sich beim kirchlichen Arbeitsrecht nicht um eine rein innerkirchliche Angelegenheit. Durch den Abschluss von Arbeitsverträgen wird unmittelbar auch der Rechtskreis des jeweiligen Arbeitnehmers gestaltet, sodass der rein innerkirchliche Rechtsboden verlassen wird[296]. Die Voraussetzung zur Anwendung der „Jedermann-Formel“ ist damit gegeben. Zum anderen gelten arbeitsrechtliche Vorschriften für alle Arbeitgeber, sodass es sich nicht um Sonderrecht gegenüber den Kirchen handelt. Die Geltung sozialer Schutzvorschriften zum Ausgleich eines strukturellen Machtgefälles dürfte gerade den christlichen Religionsgesellschaften ein Anliegen sein[297]. Dies ergibt sich schon aus der Verpflichtung zur tätigen Nächstenliebe gegenüber den Mitmenschen[298]. Insofern könnte das Argument, die Kirchen seien durch die Geltung von arbeitnehmerschützenden Normen härter als der Jedermann betroffen, nicht durchgreifen, da sich die christlichen Kirchen sonst in einen Selbstwiderspruch begäben.
Die neuere Rechtsprechung des Bundesverfassungsgerichts[299] erkennt die Geltung arbeitsrechtlicher Normen als „für alle geltendes Gesetz“ i.S.d. Art. 137 III WRV i.V.m. Art. 140 GG ausdrücklich an[300].

Das oben genannte Beispiel[301] zeigt, warum die zwingenden Normen des staatlichen Arbeitsrechts „für alle geltende Gesetze“ i.S.d. Art. 137 III WRV i.V.m. Art. 140 GG sein müssen und warum in sofern Einigkeit

295 Siehe oben S. 49.

296 Wieland, Der Staat 25 (1986), 321 (345). Im Fall einer Kündigung kann zudem eine Inanspruchnahme der staatlichen Transfersysteme folgen.

297 Anders wohl Däubler, RdA 2003, 204 (206), wo das spezifisch kirchliche Wesen der Einrichtungen durch Kostendruck und Rationalisierungszwänge als hinwegsäkularisiert angesehen wird.

298 Siehe oben S. 21. Dieses Argument ist im Übrigen auch geeignet, die Anwendung zwingender arbeitsrechtlicher Vorschriften nach der vom BGH modifizierten *Heckel´schen Formel* zu stützen.

299 Siehe oben S. 49.

300 Vgl. BVerfGE 70, 138 (166f) für die §§ 1 KSchG und 626 BGB.

301 Siehe oben S. 50.

besteht. Legt man die Prämisse zugrunde, dass die Entflechtung von Kirche und Staat durch Art. 12 der Preußischen Verfassung von 1848 als ein friedlicher, auf Kooperation angelegter Prozess war[302], so folgt daraus, dass keine der beiden Kräfte (weltliche und geistliche) die tragenden Grundsätze der jeweils anderen Kraft völlig negieren darf. Entsprechend können staatliche und kirchliche Rechtsordnung ineinandergreifen „wie Haken und Öse“[303]. Der Staat hat daher anzuerkennen, dass kirchlicher Dienst sich nach dem Selbstverständnis der Kirchen von jedem beliebigen anderen Dienst unterscheidet[304]. Gleichzeitig darf der Staat erwarten, dass die Religionsgesellschaften sich nicht unter Berufung auf ihr Selbstverständnis von elementaren Grundprinzipien der weltlichen Ordnung lösen. So verhält es sich mit dem aus Art. 20 I GG abgeleiteten Sozialstaatsprinzip, zu dessen Verwirklichung u.a. die kündigungsschutzrechtlichen Regelungen zählen[305]. Im Ergebnis ist eine praktische Konkordanz zwischen staatlicher und kirchlicher Ordnung herzustellen[306]. Kollisionslagen sollen so zu bestmöglichem Ausgleich gebracht werden[307]. Nähme man nun an, eine Religionsgesellschaft könnte sich, wie im Beispiel der Kündigung einer schwerbehinderten Schwangeren, von all diesen für die weltliche Gesellschaft tragenden Ausflüssen des Sozialstaatsprinzips lösen, läge kein Ausgleich der Positionen, sondern eine nahezu komplette Verdrängung der einen, nämlich der weltlichen, Seite vor. Das ist zu vermeiden[308]. Der Staat wiederum ist

302 Siehe oben S. 5ff.

303 v. Nell-Breuning, AuR 1979, 1 (3). Ähnlich Herschel, Kirche und Koalitionsrecht, S. 19, der von einem notwendigen „Konsensus“ spricht, wenn die gegenläufigen Interessen zweier Autonomieträger aufeinander prallen.

304 Siehe insofern die Ausführungen zur Dienstgemeinschaft ab S. 27.

305 BVerfGE 59, 231 (266).

306 Korioth, in: Maunz / Dürig, GG-Kommentar, Bd. VII Art. 107 - 146, Art. 137 WRV (Stand der Bearbeitung: Febr. 2003), Rn. 47; Mummenhoff, NZA 1990, 585 (589); Richardi, Arbeitsrecht in der Kirche, § 6, S. 95f.

307 Hesse, in: Listl / Pirson, HdbStKirchR, Bd. I, § 17, S. 521 (554).

308 Korioth, in: Maunz / Dürig, GG-Kommentar, Bd. VII Art. 107 - 146, Art. 137 WRV (Stand der Bearbeitung: Febr. 2003), Rn. 47. v. Campenhausen / Unruh, in: v. Mangoldt / Klein / Starck, Kommentar zum GG, Bd. 3: Art. 83 - 146, Art. 137 WRV, Rn. 102 m.w.N. sprechen sich für eine „Differenzierung im Einzel-

durch den Verhältnismäßigkeitsgrundsatz gebunden, sodass ein „für alle geltendes Gesetz“ die Kirchenfreiheit nicht völlig verdrängen kann. Der Gesetzgeber kann zudem Religionsgesellschaften aus dem Anwendungsbereich eines Gesetzes herausnehmen[309], wie es im Arbeitsrecht in § 118 BetrVG und § 9 AGG erfolgt ist. Folglich kann an der *grundsätzlichen* Geltung der kündigungsschutzrechtlichen Vorschriften kein Zweifel bestehen. An dieser Stelle kann daher bereits die Prognose gewagt werden, dass sich insoweit keine Änderung durch die jüngste Judikatur des EGMR ergeben dürfte.

Wenn damit auch nachvollzogen ist, weshalb die §§ 1 KSchG und 626 BGB im Rahmen von Kündigungsschutzprozessen privatrechtlich beschäftigter kirchlicher Arbeitnehmer zu berücksichtigen sind, so bleibt die Frage offen, wie der Prüfauftrag der Fachgerichte im Lichte des Selbstbestimmungsrechts der Religionsgesellschaften ausgestaltet ist. Die §§ 1 KschG und 626 BGB gehen dem Selbstbestimmungsrecht nämlich nicht zwingend vor[310]. Trotz grundsätzlicher Geltung darf die Anwendung dieser Normen nicht die besondere Eigenart, das „kirchliche Proprium“ des Dienstes, in Frage stellen[311] und die Zugehörigkeit zu den „eigenen Angelegenheiten“ faktisch aufheben[312].
Hieraus erwächst ein staatskirchenrechtliches Problemfeld, das eine hohe (praktische) Brisanz aufweist. Es stellt sich die Frage, wie der Anspruch des Einzelnen, staatlichen Rechtsschutz in Anspruch nehmen zu können und die Garantie zugunsten der Religionsgesellschaften, ihre eigenen Angelegenheiten frei von gerichtlicher bzw. staatlicher Einmischung zu

---

fall“ aus, da „die Frage, welche Lasten weibliche Arbeitnehmer heben dürfen [...], anderen Maßstäben [unterliegt]“ als die Regelung der Sonntagsarbeit. Indes ist nicht ersichtlich, dass danach für das hier gebildete Beispiel ein anderes Ergebnis zutage treten würde.

309 Korioth, in: Maunz / Dürig, GG-Kommentar, Bd. VII Art. 107 - 146, Art. 137 WRV (Stand der Bearbeitung: Febr. 2003), Rn. 49, mit weiteren Beispielen für Ausnahmetatbestände, welche für Religionsgesellschaften den Anwendungsbereich des jeweiligen Gesetzes modifizieren.

310 BVerfGE 53, 366 (400); BVerfGE 66, 1 (22).

311 BVerfGE 70, 138 (165).

312 BVerfGE 53, 366 (392); BVerfGE 70, 138 (165).

gestalten, in Einklang zu bringen sind.[313] Im vorliegend einschlägigen Bereich der (Kündigungsschutz-)Klagen privatrechtlich beschäftigter kirchlicher Arbeitnehmer manifestiert sich dieses Problem in der Frage, welche Prüfungskompetenz den Fachgerichten bei der Anwendung der §§ 1 KSchG und 626 BGB im Lichte des Selbstbestimmungsrechts und seiner Ausflüsse einzuräumen ist. Dieser Bereich dürfte der hier in den Blick genommenen Judikatur des EGMR zudem die größte Angriffsfläche bieten. Ob die Vorgabe des Bundesverfassungsgerichts, dass dem Selbstverständnis der Religionsgesellschaften bei der Auflösung dieses Problemfeldes ein besonderes Gewicht beizumessen ist[314], mithin den Fachgerichten nur die Aufgabe verbleibt, einen Loyalitätsobliegenheitsverstoß festzustellen und unter die Loyalitätsobliegenheiten zu subsumieren[315] Bestand haben wird, ist fraglich und näher zu untersuchen.
Bevor diese Untersuchung vorgenommen werden kann, ist die bisherige Rechtsprechung des BAG zu diesem Themenkreis in den Blick zu nehmen, um das Spektrum der bisher durch das BAG gefundenen Lösungsansätze nachzuzeichnen.

II. Die Entwicklung der Rechtsprechung des BAG zum Selbstbestimmungsrecht

Das BAG hatte im Laufe seines Bestehens wieder und wieder über die Wirksamkeit bzw. soziale Rechtfertigung von Kündigungen privatrechtlich beschäftigter Arbeitnehmer seitens des kirchlichen Arbeitgebers wegen Verstößen gegen Loyalitätsobliegenheiten zu entscheiden. Die dem BAG zur Entscheidung vorgelegten Sachverhalte betrafen aus dem Bereich der privaten Lebensführung mehrfach das Eherecht. Aber auch offen ausgetragene Konflikte, sei es durch Kirchenaustritt oder das offene Anzweifeln kirchlicher Grundentscheidungen, beschäftigten das Gericht.[316] Im Laufe der Zeit

313 KORIOTH, in: MAUNZ / DÜRIG, GG-Kommentar, Bd. VII Art. 107 - 146, Art. 137 WRV (Stand der Bearbeitung: Febr. 2003), Rn. 50; RÜFNER, in: LISTL / PIRSON, HdbStKirchR, Bd. II, § 66, S. 901 (904); RÜTHERS, NJW 1986, 356 (359).

314 Vgl. BVerfGE 53, 366 (401); BVerfGE 66, 1 (22); BVerfGE 70, 138 (167).

315 BVerfGE 70, 138 (167f).

316 STRUCK, NZA 1991, 249 (250).

haben sich hierbei gewisse Rechtsprechungstendenzen herausgebildet, die allerdings einem stetigen Wandel unterlagen. Ausgehend von der Grundhaltung des BAG lässt sich dessen Rechtsprechung in drei Phasen unterteilen.

1. Die frühe Phase

Ausgangspunkt der Entwicklung war die sog. „Anstreicher-Entscheidung“ aus dem Jahre 1956[317]. Das BAG hatte über die Kündigungsschutzklage eines katholischen Arbeiters zu entscheiden. Dieser war als Anstreicher in einem von einer katholischen Kirchengemeinde betriebenen konfessionellen Krankenhaus beschäftigt. Nachdem seine erste Ehe geschieden worden war, heiratete er eine im gleichen Betrieb beschäftigte evangelische Hausgehilfin, nachdem diese vom Kläger geschwängert wurde. Die Kirchengemeinde sprach infolgedessen nach 20jähriger Beschäftigungsdauer eine Kündigung wegen „sittenwidrigen Verhaltens“ aus. In den Vorinstanzen obsiegte der Kläger.[318]

Das BAG erkannte ausdrücklich an, dass ein kirchlicher Arbeitgeber strengere Anforderungen an das Verhalten seiner Mitarbeiter stellen kann und sogar muss, um den religiösen Charakter des betreffenden Betriebes nicht zu gefährden[319]. Es sah zwar, dass der Kläger sich in einem Gewissenskonflikt befunden haben kann, wenn das bürgerliche Recht eine Scheidung und Wiederheirat zulässt und billigt, während dies nach katholischem Eherecht nicht möglich ist und zwingend die Exkommunikation zur Folge haben muss[320]. Aufgrund der konfessionellen Prägung des Krankenhauses musste der Kläger jedoch akzeptieren, dass ein Unternehmen, dessen Mitarbeiter der „achtbaren Tendenz“ des Unternehmens zuwider handelt, diesem Mitarbeiter kündigen kann[321]. Die Tatsache, dass der Kläger als Anstreicher weder im Betrieb untergebracht war und auch nicht an der Krankenpflege unmittelbar teilnahm, sei unbeachtlich[322]. Bemerkenswerter Weise wurde

317 Vgl. BAGE 2, 279 (279ff).

318 BAGE 2, 279 (280).

319 BAGE 2, 279 (281).

320 BAGE 2, 279 (282).

321 BAGE 2, 279 (282f).

322 BAGE 2, 279 (283).

eine Loyalitätsbindung des Klägers nicht nur auf dessen katholischen Glauben gestützt, sondern auch auf seine 20jährige Beschäftigungsdauer[323], sodass sich letztere für den Kläger im Ergebnis sogar negativ auswirkte. Diese frühe Entscheidung war daher der Ausgangspunkt für eine die Interessen des kirchlichen Arbeitgebers zunächst betonenden Rechtsprechung. Eine Abstufung der Loyalitätsobliegenheiten nahm das BAG nicht vor.

Erst ca. 20 Jahre später hatte das BAG erneut über die Kündigung einer im Kirchendienst stehenden Mitarbeiterin zu befinden[324]. Die Mitarbeiterin wurde als Leiterin eines katholischen Kindergartens eingestellt, wobei in den Arbeitsvertrag die „Richtlinien für Arbeitsverträge in den Einrichtungen des Deutschen Caritasverbandes“ einbezogen worden waren. Nach ca. eineinhalb Jahren Beschäftigungsdauer heiratete die Mitarbeiterin standesamtlich einen geschiedenen Mann. Streitig war, ob die Kirchengemeinde die kirchliche Trauung verweigerte oder ob die Klägerin selbst eine kirchliche Trauung ablehnte. Wiederum wurde die Kündigung mit der Ansicht begründet, die Mitarbeiterin habe gegen die katholischen Sittengesetze verstoßen.[325]
Das BAG stellte in dieser Entscheidung fest, dass das staatliche Arbeitsrecht, und damit auch der § 1 KSchG, im Rahmen kirchlicher Arbeitsverhältnisse Geltung beansprucht, aufgrund der Selbstverwaltungsgarantie des Art. 137 III WRV i.V.m. Art. 140 GG jedoch die besonderen Belange der Religionsgesellschaften im Rahmen der stets vorzunehmenden Interessenabwägung besondere Berücksichtigung fänden[326]. Das Selbstbestimmungsrecht sei ein wichtiger Gesichtspunkt bei der Auslegung des unbestimmten Rechtsbegriffs der sozialen Rechtfertigung einer Kündigung, sodass es eine „'Konkretisierung' und 'Spezifizierung' der Kündigungs-

323 BAGE 2, 279 (283).

324 Struck, NZA 1991, 249 (250) vermutet, dass in der Zwischenzeit aufgrund von Vollbeschäftigung zum einen kirchlicherseits mehr Toleranz gezeigt wurde und andererseits Streitfälle durch schlichten Arbeitsplatzwechsel gelöst wurden.

325 Vgl. BAGE 30, 247 (247ff).

326 BAGE 30, 247 (253f).

voraussetzungen“ darstelle[327]. Diese Konkretisierung und Spezifizierung wirke sowohl im Rahmen der Bestimmung dessen, was arbeitsvertraglich geschuldet wird als auch als auch auf die Frage, ob ein Kündigungsgrund vorliege, ein[328]. Das BAG räumte zwar erstmals ein, dass hierbei eine Abstufung nach der Teilhabe am Amt der Verkündung in Frage komme[329], interpretierte den Freiraum zugunsten der Kirchen jedoch großzügig[330]. So wurde den Kirchen zugestanden, Loyalitätsobliegenheiten für alle „irgendwie an der Verkündung teilhaben[den]“ festzulegen[331]. Entsprechend wurde die Tätigkeit im Kindergarten als eine den kirchlicherseits festzulegenden Loyalitätsobliegenheiten unterworfene eingestuft. Da die Mitarbeiterin um die nach katholischer Glaubenslehre unauflöslich gestalteten Eheregeln wusste, kam es auch nicht mehr darauf an, ob die Gemeinde die kirchliche Trauung verweigerte. Durch ihre Heirat habe sie einerseits das Vertrauensmoment im Verhältnis zu ihrem Arbeitgeber und andererseits die Glaubwürdigkeit der Kirche im Verhältnis zu den Eltern der betreuten Kinder erschüttert. Das außerdienstliche Verhalten der Mitarbeiterin war daher ausreichend, um eine Kündigung zu rechtfertigen.[332]
Insgesamt war es auch unschädlich, dass in dem Kindergarten neben anderskonfessionellen Christen auch ein Moslem betreut wurde und dass der Gemeindepastor auf Bibelarbeit im Kindergarten keinen Wert legte[333]. Denn das BAG stellte auch klar, dass nicht auf den für Tendenzunternehmen geltenden Schutzmaßstab zurückgegriffen zu werden brauche[334]. Diese Feststellung des BAG dürfte von zentraler Bedeutung für die Entscheidung gewesen sein. Unter dem Gesichtspunkt des Tendenzschutzes betrachtet müssten insbesondere die Umstände, dass ein muslimisches Kind betreut wurde und der Gemeindepastor keinen besonderen Wert auf Bibelarbeit

327 BAGE 30, 247 (254).
328 BAGE 30, 247 (254f).
329 BAGE 30, 247 (255).
330 So auch: Struck, NZA 1991, 249 (250).
331 BAGE 30, 247 (256).
332 BAGE 30, 247 (256ff).
333 Vgl. BAGE 30, 247 (251).
334 BAGE 30, 247 (256f).

gelegt hatte, den Tendenzschutz beeinträchtigen oder sogar entfallen lassen. Insoweit wäre die Tendenz des Kindergartens nämlich nicht konsequent durchgehalten worden, was sich auf den Schutzumfang negativ auswirkt[335]. Damit rückte auch dieses Judikat die Interessen des kirchlichen Arbeitgebers in den Fokus, obwohl auch erstmals eine mögliche Abstufung von Loyalitätsobliegenheiten angenommen wurde[336].

Nur zwei Jahre später hatte das BAG erneut die Wirksamkeit einer ordentlichen Kündigung zu prüfen. Ähnlich dem vorausgegangenen Judikat wurde in diesem Fall der Leiterin eines katholischen Kindergartens wegen der Heirat mit einem nicht laisierten Kapuzinerpater gekündigt. Die Mitarbeiterin hatte den Ordensmann geheiratet, nachdem sie von ihm ein Kind erwartete. Auch in diesem Fall konnte, obwohl von den Eheleuten gewollt, keine kirchliche Trauung nach katholischem Ritus erfolgen, da der ordinierte Ehemann hierfür durch eine kirchliche Behörde in den Laienstand zurückversetzt werden musste. Dieser Dispens wurde, obwohl von der zuständigen päpstlichen Behörde in Rom erteilt, vom bischöflichen Generalvikariat nicht ausgehändigt und blieb damit unwirksam. Die Aushändigung wurde davon abhängig gemacht, dass die Eheleute fortzögen. Auch hier wurde die Kündigung auf einen schweren Verstoß gegen die katholische Glaubens- und Sittenlehre gestützt, die nur deswegen als ordentliche Kündigung erklärt wurde, weil eine solche aufgrund des absoluten Kündigungsverbotes des § 9 MuSchG nicht unmittelbar als fristlose erklärt werden konnte. Der Kindergarten nahm ebenfalls anderskonfessionelle Kinder auf.[337]
Unter Rekurs auf BAGE 33, 247 stellte das BAG die grundsätzliche Geltung der kündigungsschutzrechtlichen Normen fest. Auch schloss es sich dem Judikat insoweit an, dass bei der Auslegung des unbestimmten Rechtsbegriffes „sozial ungerechtfertigt“ aus § 1 II KSchG der Verfassungsgarantie des kirchlichen Selbstbestimmungsrecht ein besonderes Gewicht

335 Siehe oben S. 40.

336 Siehe oben S. 57.

337 BAGE 33, 14 (15ff).

zukomme.[338] Ähnlich BAGE 33, 247 sollte es den Kirchen möglich sein, abgestufte Loyalitätsobliegenheiten für am Verkündungsauftrag teilhabende Mitarbeiter zu formulieren. Jedoch verzichtete das BAG darauf, diese Möglichkeit auf „alle irgendwie am Verkündungsauftrag teilhaben[den]"[339] zu erstrecken[340]. Insofern nimmt das BAG in BAGE 33, 14 die Abstufung der Loyalitätsobliegenheiten nach der Nähe des Verkündungsauftrags ernster als in den vorhergehenden Judikaten und urteilt insofern bereits arbeitnehmerfreundlicher. Allerdings schließt es sich dem kirchlichen Arbeitgeber insoweit an, als es in der zivilen Eheschließung einen schweren Verstoß gegen die kirchliche Moralordnung erblickt[341]. Die Frage, ob durch das Zurückhalten der päpstlichen Laisierungsurkunde willkürlich die Wiederherstellung loyalitätskonformer Lebensumstände verhindert wurde, verneint das BAG. Mit der kurzen Begründung, dass die Aushändigung der Urkunde vom Wegzug abhängig gemacht werden durfte, da auch diese Forderung der Kirchenautonomie unterfalle, kommt das BAG zu der Annahme, dass die Mitarbeiterin insgesamt einen personen- und betriebsbedingten Kündigungsgrund gesetzt hat.[342]

Bei einem solchermaßen angelegten Sachverhalt hätte sich jedenfalls eine genauere Prüfung letztgenannter Punkte aufgedrängt. Zunächst stellt sich die Frage, ob die Forderung des kirchlichen Arbeitgebers, die Eheleute mögen wegziehen bevor der Laisierungsbeschluss ausgehändigt werde, möglicherweise Art. 11 GG verletzt. Dieser Freizügigkeitsartikel wirkt jedenfalls mittelbar durch die unbestimmten Rechtsbegriffe des Zivilrechts, hier namentlich der sozialen Rechtfertigung der Kündigung gem. § 1 II KSchG, auf das Arbeitsverhältnis ein[343]. Das BAG erblickt in der Forderung, die Eheleute mögen wegziehen jedoch einen „ohne weiteres einleuchtende[n],

338 BAGE 33, 14 (18f).

339 BAGE 30, 247 (256). Siehe auch oben S. 57.

340 BAGE 33, 14 (20).

341 BAGE 33, 14 (23).

342 BAGE 33, 14 (23f).

343 Ausführlich zur mittelbaren Drittwirkung von Grundrechten im Arbeitsverhältnis: RICHARDI, in: RICHARDI / WLOTZKE / WIßMANN / OETKER, Münchener Handbuch zum Arbeitsrecht, Bd. 1, § 12, Rn. 10ff.

von der Kirchenautonomie gedeckte[n] sachliche[n] Gesichtspunkt"[344], ohne sich mit dieser Frage näher zu befassen. In der Folge wäre sodann zu fragen gewesen, ob der kirchliche Arbeitgeber sich durch das Zurückhalten des Dispenses und der damit verhinderten kirchlichen Trauung in einen gegen § 242 BGB verstoßenden Selbstwiderspruch begeben hat[345], wenn er gleichzeitig in der bloßen Zivilehe einen kündigungsrelevanten Loyalitätsobliegenheitsverstoß erblickt. Das BAG begnügt sich mit der Feststellung, dass eine nachträgliche kirchliche Trauung den schweren Verstoß gegen das kirchliche Sittengesetz nicht hätte ungeschehen machen können[346].
Die Frage, ob sich die Betreuung anderskonfessioneller Kinder auf den katholischen Charakter des Kindergartens auswirken könne, verneinte das BAG mit der Feststellung, dass das Konzept des Kindergartens ebenfalls Ausfluss des Selbstbestimmungsrechts sei[347]. Schließlich vermochte auch der grundgesetzliche Eheschutz des Art. 6 I GG nichts an der sozialen Rechtfertigung der Kündigung zu ändern[348].
Im Ergebnis betont dieses Judikat des BAG die Interessen des kirchlichen Arbeitgebers, indem es zentrale Punkte als vom Selbstbestimmungsrecht überlagert ansieht. Jedoch ist auch der Ansatz zu erblicken, dass Loyalitätsobliegenheiten nicht ohne Weiteres formuliert werden können, sondern anhand der Nähe des Mitarbeiters zum Verkündungsauftrag abzustufen sind.

---

344 BAGE 33, 14 (23f).

345 Eine ähnliche Prüfung nimmt BAG AP Art. 140 GG Nr. 4 im Fall einer vor Abschluss des Arbeitsvertrages aus der Kirche ausgetretenen Lehrerin einer katholischen Schule vor. Dort wird aufgrund tatrichterlicher Feststellung jedoch die Kenntnis des Arbeitgebers vom Kirchenaustritt vor Vertragsschluss verneint, sodass ein Selbstwiderspruch ausscheidet und der einseitige Loyalitätsobliegenheitsverstoß in Form des Kirchenaustritts die ordentliche Kündigung ohne Weiteres zu rechtfertigen vermochte.

346 BAGE 33, 14 (23).

347 BAGE 33, 14 (21).

348 BAGE 33, 14 (24ff).

2. Die arbeitnehmerfreundliche Phase vor BVerfGE 70, 138

Nachdem das BAG in seinen frühen Entscheidungen jedenfalls im Ergebnis arbeitgeberfreundlich geurteilt hatte, entwickelte sich die Spruchpraxis in der Folge zunehmend arbeitnehmerfreundlich. Den Auftakt zu dieser Phase bildete die sog. „Passauer Entscheidung“. Die Klägerin war wiederum katholischen Glaubens. Nachdem die Klägerin bereits geschieden war, wurde sie als Schreibkraft von einem Diözesan-Cartitasverband angestellt. Hierbei verrichtete sie zu 2/3 ihrer Arbeitszeit reine Schreibtätigkeiten ohne besondere religiöse Prägung und zu 1/3 ihrer Arbeitszeit Tätigkeiten mit Publikumsverkehr. Arbeitsvertraglich wurden die „Richtlinien für Arbeitsverträge in den Einrichtungen des Deutschen Caritasverbandes“ in Bezug genommen, sodass die hierin einschlägigen Bestimmungen zur Dienstgemeinschaft und zu den Folgen eines Loyalitätsobliegenheitsverstoßes in den Arbeitsvertrag aufgenommen waren. Nachdem die Mitarbeiterin erneut standesamtlich geheiratet hatte, kündigte der kirchliche Arbeitgeber das Arbeitsverhältnis fristlos unter Gewährung einer sozialen Auslauffrist wegen eines schweren Verstoßes gegen die Grundauffassungen der katholischen Kirche.[349] Der kirchliche Arbeitgeber hatte im Laufe des Verfahrens u.a. vorgetragen, dass die Wiederheirat einen schwerwiegenden Verstoß gegen die katholische Sittenlehre darstelle. Obwohl es sich um ein außerdienstliches Verhalten handele, berühre dies die Glaubwürdigkeit der Kirche. Auf die untergeordnete Position der Mitarbeiterin sei keine Rücksicht zu nehmen. Loyalitätsanforderungen müssten stets für alle Mitarbeiter gleichermaßen und ohne Abstufung gelten. Zum einen umfasse kirchlicher Dienst immer die ganze Person. Zum anderen könne man keine geeigneten Abgrenzungskriterien für abgestufte Loyalitätsobliegenheiten finden. Durch eine Abstufung wäre einerseits die äußere Glaubwürdigkeit und andererseits der innere Betriebsfrieden gestört.[350]

Unter Bezugnahme auf die vorgenannten Urteile[351] stellte das BAG zunächst heraus, dass der Caritasverband dem Schutzumfang des Art. 137 III

349 Vgl. BAGE 34, 195 (195ff).

350 BAGE 34, 195 (198f).

351 Siehe oben S. 56ff.

WRV i.V.m. Art. 140 GG unterfällt, jedoch das allgemeine Arbeitsrecht aufgrund der Schrankenklausel des Art. 137 III WRV i.V.m. Art. 140 GG Anwendung findet. Die spezifischen kirchlichen Belange seien im Rahmen der Interessenabwägung im Rahmen der §§ 1 KSchG und 626 BGB zu berücksichtigen.[352] Erneut stellte das BAG zudem fest, dass die Kirchen abgestufte Loyalitätsobliegenheiten für alle am Verkündungsauftrag beteiligten Mitarbeiter festlegen könnten[353].

Anders als in den bisherigen Judikaten präzisierte das BAG jedoch, in welcher Weise eine Abstufung der Loyalitätsobliegenheiten zu erfolgen hat. Im offenen Widerspruch zu dem Vorbringen des beklagten Caritasverbandes stellte das BAG heraus, dass solche Loyalitätsobliegenheiten nicht die private Lebensführung jedes Mitarbeiters erfassen könnten. Es sei sehr wohl möglich, nach der Art der Tätigkeit eines Mitarbeiters zu differenzieren und entsprechende Abstufungen vorzunehmen. Da Arbeitnehmer durch den Einsatz ihrer Arbeitskraft ihren Lebensunterhalt bestreiten und eine entsprechende wirtschaftliche Abhängigkeit von einer Tätigkeit besteht, müssten diese vor überzogenen Forderungen des Arbeitgebers geschützt werden. Besondere Anforderungen an die private Lebensweise seien daher nur zulässig, wenn das private Verhalten des Arbeitnehmers auf das Arbeitsverhältnis ausstrahlt. Loyalitätsobliegenheiten dürften daher nur in solchem Umfang auferlegt werden, wie es die Glaubwürdigkeit der Kirche erfordere. Nicht jede Tätigkeit in der Kirche sei so angelegt, dass die Öffentlichkeit den Arbeitnehmer mit der Kirche identifiziere, sodass deren Glaubwürdigkeit insofern nicht beeinträchtigt werden könne.[354] Unter ausdrücklicher Abkehr von der „Anstreicher-Entscheidung“ präzisierte das BAG, dass „der Heizer oder Betriebshandwerker oder ein Arbeitnehmer im Küchen- oder Reinigungsdienst“ unter Glaubwürdigkeitsaspekten nicht gebunden sein könne[355].

352 BAGE 34, 195 (202f).
353 BAGE 34, 195 (204).
354 BAGE 34, 195 (204f).
355 BAGE 34, 195 (205).

Die außerordentliche Kündigung der Klägerin wurde schließlich nur deshalb gem. § 140 BGB in eine wirksame ordentliche Kündigung umgedeutet, weil die Klägerin zu 1/3 mit Tätigkeiten im Publikumsverkehr betraut war, sodass die Glaubwürdigkeit der Kirche durch ihr privates Verhalten berührt werden konnte[356].
Mit diesem Urteil präzisierte das BAG somit erstmals, nach welchen Kriterien die bisher nur angedeutete Abstufung von Loyalitätsobliegenheiten zu erfolgen hat. Es stellt damit eine Grundlage dar, aus der sich ein Schema zur Beurteilung entsprechender Fälle entwickeln ließ[357]. Obwohl die Kündigung als eine ordentliche im Ergebnis als sozial gerechtfertigt eingestuft wurde[358], differenziert das Urteil in seiner Begründung deutlich zwischen den Interessen von Arbeitnehmer und Arbeitgeber. Es orientierte sich nicht mehr, wie die bisherigen Judikate, primär an den Interessen der kirchlichen Arbeitgeber[359].

Hieran anschließend entwickelte das BAG diese tendenziell arbeitnehmerfreundliche Rechtsprechung fort. In kurzen Zeitabständen folgten weitere Entscheidungen über die Wirksamkeit von Kündigungen durch kirchliche Arbeitgeber. Wie bereits zuvor befand das BAG, dass der jeweilige Arbeitgeber dem Schutzbereich des Art. 137 III WRV i.V.m. Art. 140 GG unterfällt, aufgrund der Schrankenklausel jedoch die §§ 1 KSchG und 626 BGB anzuwenden seien, wobei im Rahmen der jeweils erforderlichen Interessenabwägung die besonderen Belange des kirchlichen Arbeitgebers zu berücksichtigen seien. Loyalitätsobliegenheiten könnten abgestuft für alle an der Verkündung teilhabenden Arbeitnehmer auferlegt

356 BAGE 34, 195 (206ff).

357 Struck, NZA 1991, 249 (250).

358 Richardi, Arbeitsrecht in der Kirche, § 7, S. 118 hält, bei grundsätzlicher Kritik an dem Urteil, auch ein anderes Ergebnis für möglich, wenn man auf die Frage abstellt, ob der kirchliche Arbeitgeber überhaupt darauf vertrauen durfte, dass eine erst 24 Jahre alte, bereits einmal geschiedene Schreibkraft Zeit ihres (Arbeits-)Lebens nicht mehr heiraten würde.

359 Struck, NZA 1991, 249 (250).

werden.[360] Der Ansatz, wonach Loyalitätsobliegenheiten nicht die private Lebensführung sämtlicher Mitarbeiter umfassen dürfen, sondern diese nur insoweit auferlegt werden können, wie die Glaubwürdigkeit es erfordert, wurde ausdrücklich fortgeführt[361]. Entsprechend nimmt das BAG auch hier die Ausstrahlungswirkung des außerdienstlichen Verhaltens auf das Arbeitsverhältnis in den Blick, wenn die Rechtfertigung gesteigerter Loyalitätsobliegenheiten zu prüfen ist[362]. Unter dem Aspekt der Ausstrahlungswirkung ist jedoch zu bedenken, dass der kirchliche Arbeitgeber selbst ein entsprechendes Interesse an der Einhaltung der Loyalitätsobliegenheiten haben muss. Es kann nicht ausreichend sein, unter Glaubwürdigkeitsaspekten auf die Sichtweise eines unbeteiligten Dritten abzustellen, wo nach kirchlichem Selbstverständnis kein Loyalitätsobliegenheitsverstoß vorliegt, obwohl es sich für Dritte so darstellen kann. Denn wo keine Loyalitätsobliegenheit besteht, kann eine solche auch nicht verletzt werden und negativ auf die kirchliche Glaubwürdigkeit ausstrahlen.[363]

Unter Zugrundelegung dieser Maßstäbe hat das BAG die ordentliche Kündigung einer an einem konfessionellen Gymnasium beschäftigten Lehrerin wegen der Heirat eines geschiedenen, ebenfalls katholischen Mannes, als sozial gerechtfertigt i.S.d. § 1 KSchG angesehen[364]. Begründet wurde dies damit, dass die Klägerin in ihrer Funktion als Lehrerin unmittelbar in die Erziehungsarbeit des Gymnasiums eingebunden war, sodass deren Erfolg sowie die Glaubwürdigkeit der kirchlichen Einrichtung von der Einhaltung der Wertvorstellungen des kirchlichen Arbeitgebers durch die Lehrerin abhängig sei[365]. Zudem stelle die kirchenrechtswidrige Ehe einen

360 BAG NJW 1984, 1917 (1917); BAGE 45, 250 (253ff); BAGE 47, 144 (148ff); BAGE 47, 292 (296ff).

361 BAG NJW 1984, 1917 (1917f); BAGE 45, 250 (255); BAGE 47, 144 (153f); BAGE 47, 292 (301).

362 BAG NJW 1984, 1917 (1918); BAGE 45, 250 (255); BAGE 47, 144 (154); BAGE 47, 292 (301). Siehe schon oben S. 62.

363 Insofern problematisch: BAG, Urteil vom 03.11.1981, Az.: 1 AZR 38/81, JURIS.

364 BAGE 47, 144 (148).

365 BAGE 47, 144 (154f).

Dauertatbestand dar[366]. Dieser Aspekt spielte auch bei der Interessenabwägung im Rahmen des § 1 KSchG eine zentrale Rolle. Anders als in den vorhergehenden Judikaten wog das BAG hierbei umfangreich auch die gegenläufigen grundrechtlich geschützten Positionen gegeneinander ab, indem es auf die Art. 4, 6 und 12 GG rekurrierte. Da der Konfliktgrund jedoch der Sphäre der Arbeitnehmerin entsprang, fiel diese Abwägung zugunsten des Trägers des katholischen Gymnasiums aus.[367]
Zwar wurde die Kündigung im Ergebnis als sozial gerechtfertigt angesehen. Dennoch befasste sich das BAG nicht nur kursorisch mit den Interessen der Arbeitnehmerin, sondern nahm eine umfangreiche Abwägung der gegenläufigen Positionen vor. Damit ist das Urteil ebenfalls nicht mehr einseitig an Arbeitgeberinteressen orientiert[368].

Diese Kriterien wurden vom BAG ebenfalls angelegt, als es die Revision des Trägers eines katholischen Krankenhauses für begründet erachtete. Der Kläger, ein katholischer Assistenzarzt, obsiegte in der Vorinstanz mit seiner Kündigungsschutzklage.[369] Unter Einbeziehung der einschlägigen Arbeitsvertragsrichtlinien und unter Formulierung entsprechender Anforderungen an die persönliche Lebensweise wurde der Mitarbeiter als Assistenzarzt eingestellt. Später trat er aus der katholischen Kirche aus, woraufhin der Arbeitgeber die ordentliche Kündigung erklärte[370]. Als Arzt erfülle er nach Ansicht des erkennenden Senats kirchliche Funktionen, da gerade dies den katholischen Charakter eines entsprechenden Krankenhauses ausmache. Dies folge daraus, dass der Arzt unmittelbaren Patientenkontakt hatte und gerade dies der Ausdruck der gelebten tätigen Nächstenliebe sei.[371] Die karitative Arbeit als spezielle Form der Glaubensverkündung könne nur erfolgreich sein, wenn die katholischen Ärzte die

366 BAGE 47, 144 (156).
367 BAGE 47, 144 (158ff).
368 Siehe dazu bereits oben S. 63.
369 BAGE 47, 292 (296ff).
370 BAGE 47, 292 (292ff).
371 BAGE 47, 292 (303).

tragenden Moralvorstellungen beachten[372]. Der Kirchenaustritt sei Zeichen der Verweigerungshaltung gegenüber diesen Verpflichtungen und daher als besonders schwerwiegender, aktiver Bruch mit der Glaubensgemeinschaft geeignet, eine ordentliche Kündigung zu rechtfertigen[373].
Dennoch betonte das BAG, dass es einer einzelfallbezogenen Interessenabwägung bedürfe. Die Zurückverweisung an die Vorinstanz musste erfolgen, da diese keine tatsächlichen Feststellungen zu der Frage getroffen hatte, wie und ob der Träger des katholischen Krankenhauses auf vorherige Austritte aus der katholischen Kirche reagiert hatte[374]. Der Kläger hatte diesbezüglich vorgetragen, es seien sowohl Mitarbeiter eingestellt worden, die zuvor aus der Kirche ausgetreten waren, als auch Kirchenaustritte nach In-Vollzug-Setzung anderer Arbeitsverträge nicht sanktioniert worden. Der Träger des Krankenhauses hatte dieses substantiiert bestritten.[375]
Damit rückt auch diese Entscheidung, anders als die frühe, arbeitgeberfreundliche Judikatur, die Notwendigkeit einer einzelfallbezogenen Interessenabwägung in den Mittelpunkt.

Anders entschied das BAG nach entsprechender Interessenabwägung im Fall des Kirchenaustritts eines katholischen Buchhalters. Der Arbeitnehmer war als Buchhalter bei einer Kongregation der katholischen Kirche, die sich u.a. der Jugendarbeit widmet, beschäftigt. Nachdem dem Arbeitnehmer gekündigt worden war und diese Kündigung arbeitsgerichtlich für unwirksam erklärt wurde, erfolgte der Kirchenaustritt. Daraufhin wurde erneute eine Kündigung ausgesprochen. Der kirchliche Mitarbeiter griff die Kündigung u.a. mit dem Argument an, er sei als Buchhalter nicht der Tendenz des Arbeitgebers verpflichtet. Der Kirchenaustritt wurde dem Arbeitgeber zudem lediglich deswegen bekannt, weil eine entsprechend geänderte Lohnsteuerkarte vorgelegt wurde.[376] Das BAG distanzierte sich

---

372 BAGE 47, 292 (304).

373 BAGE 47, 292 (305).

374 BAGE 47, 292 (306f).

375 Vgl. BAGE 47, 292 (294ff).

376 BAGE 45, 250 (250ff).

ausdrücklich von der Auffassung, dass ein Kirchenaustritt in jedem Fall eine Kündigung rechtfertigt, sondern rückte auch insoweit die einzelfallbezogene Interessenabwägung in den Vordergrund[377]. Hierbei fiel zugunsten des Arbeitnehmers ins Gewicht, dass dieser den Kirchenaustritt nicht publik machte und der Arbeitgeber dies ausschließlich durch den Eintrag auf der Lohnsteuerkarte erfahren konnte. Zudem sei der Austritt aus der berechtigten Verärgerung über die zuvor erfolgte, sozialwidrige Kündigung erfolgt.[378] Weiterhin wirkten sich die lange Beschäftigungsdauer, das hohe Lebensalter und die schlechten Arbeitsmarktchancen zugunsten des Klägers aus. Als Buchhalter hatte er zudem keinen Publikumsverkehr, sodass das BAG ihn nicht in einer unter Loyalitätsgesichtspunkten exponierten Position sah.[379]
Indem das BAG sich in der (umstrittenen) Frage[380], ob der Kirchenaustritt eines Mitarbeiters eine Kündigung in jedem Fall rechtfertigt, für eine Abwägung im Einzelfall entschied, entfernte es sich weit von der Position des kirchlichen Arbeitgebers. Wenn man annimmt, dass jeder Arbeitnehmer im Kirchendienst Teil der Dienstgemeinschaft ist und auch niemand aus dieser ausgeklammert werden kann[381], erscheint die soziale Rechtfertigung einer Kündigung wegen eines Kirchenaustritts problematisch. Erwartet man als Ausfluss der Zugehörigkeit zur Dienstgemeinschaft eine Mindestloyalität gegenüber dem kirchlichen Arbeitgeber[382], ist schwerlich anzunehmen, dass diese weiterhin vorhanden ist, wenn der Arbeitnehmer aus der Kirche austritt. Denn darin wird im Regelfall die Lösung des Mitarbeiters von der zu fordernden Mindestloyalität zu erblicken sein[383].

377 BAGE 45, 250 (257).
378 BAGE 45, 250 (257f).
379 BAGE 45, 250 (258f).
380 Siehe oben S. 37ff.
381 Siehe oben S. 31ff.
382 Siehe oben S. 32ff.
383 Im Ergebnis ähnlich: LAG Rheinland-Pfalz, NZA 1998, 149 (150). Ähnlich auch: v. Campenhausen / Unruh, in: v. Mangoldt / Klein / Starck, Kommentar zum GG, Bd. 3: Art. 83 - 146, Art. 137 WRV, Rn. 108. Siehe auch oben S. 37ff.

Jedoch ist zu beachten, dass auch der Arbeitgeber dem Begriff der Dienstgemeinschaft verpflichtet ist[384]. Bedenkt man, dass der kirchliche Arbeitgeber durch den Ausspruch einer sozial nicht gerechtfertigten Kündigung den Arbeitnehmer dazu veranlasst hat, den Kirchenaustritt aus *Verärgerung hierüber* zu erklären[385], wird man hierin ebenso einen Verstoß gegen die Verpflichtungen aus der Dienstgemeinschaft durch den Arbeitgeber erblicken müssen. Damit hat der Arbeitnehmer im Ergebnis nicht einseitig den Charakter der Dienstgemeinschaft und die daraus erwachsenden Verpflichtungen in Frage gestellt. Ließe man dieses Verhalten des kirchlichen Arbeitgebers gänzlich außer Acht, würde der Arbeitnehmer letztlich einseitig für seinen Loyalitätsobliegenheitsverstoß zur Rechenschaft gezogen. Dieses wäre unbillig. Daher erscheint es angemessen, eine Interessenabwägung vorzunehmen, um das Verhalten des Arbeitgebers bei der Beurteilung der sozialen Rechtfertigung der Kündigung berücksichtigen zu können. Dass diese Interessenabwägung zugunsten des Arbeitnehmers ausfällt, ist dann im Ergebnis nicht mehr zu beanstanden.

Ins Zentrum des Blicks geriet die Interessenabwägung auch in einem Fallkomplex, der dem BAG zur Entscheidung vorgelegt wurde. Ein (weiterer) Assistenzarzt hatte sich als einer von vielen Unterzeichnern die Ansichten in einem Leserbrief zu eigen gemacht, in dem die seinerseits gültige Fassung der §§ 218ff StGB gegen Kritik von klerikaler Seite verteidigt wurde. Insbesondere wendeten sich die Unterzeichner gegen die Kritik an Schwangerschaftsabbrüchen aus sozialen Notlagen heraus. Der Arbeitgeber des Assistenzarztes, eine katholische Stiftung, die u.a. Träger eines konfessionell geprägten Krankenhauses war, erklärte daraufhin (wenn auch erst ca. vier Monate nach dem Vorfall) die fristgemäße Kündigung, die der Arbeitnehmer arbeitsgerichtlich angriff. Auch in diesem Fall wurden arbeitsvertraglich die „Richtlinien für Arbeitsverträge in den Einrichtungen des Deutschen Caritasverbandes“ in Bezug genommen.[386] Aufgrund des

384 Siehe oben S. 31.

385 BAGE 45, 250 (258).

386 Vgl. BAG NJW 1984, 826 (826).

Medieninteresses an dem Sachverhalt verteidigte der Assistenzarzt seine Position vor der arbeitsgerichtlichen Verhandlung in einem Fernsehinterview. Insbesondere hielt er an seiner Auffassung bzgl. der §§ 218ff StGB fest. Daraufhin erklärte der kirchliche Arbeitgeber die fristlose, hilfsweise eine fristgemäße Kündigung, welche ebenfalls rechtshängig gemacht wurde.[387]

Das BAG hat sich den Ausführungen des LAG Düsseldorf insoweit angeschlossen, als dass das Verhalten des Assistenzarztes zwar einen Loyalitätsobliegenheitsverstoß darstelle, jedoch in jedem Fall eine Interessenabwägung stattzufinden habe, in welche die widerstreitenden Interessen einzubeziehen seien[388]. Der Auffassung des Klägers, er sei als Arzt kein Tendenzträger, trat das BAG mit der Begründung entgegen, dass es sachgerechter sei, den zu beachtenden Loyalitätsumfang anhand der Nähe des Mitarbeiters zum Verkündungsauftrag zu bestimmen[389]. Entsprechend war es im Ergebnis unerheblich, dass auch anders- und nichtkonfessionelle Ärzte beschäftigt wurden[390]. Weiterhin setzte sich das BAG mit dem Verhältnis von Meinungsfreiheit aus Art. 5 GG und Kirchenfreiheit aus Art. 137 III WRV i.V.m. Art. 140 GG auseinander und kam zu dem Ergebnis, dass im vorliegenden Fall die Meinungsfreiheit des Klägers hinsichtlich seiner Auffassung zu Schwangerschaftsabbrüchen aus Loyalitätsgründen zurückzustehen habe[391]. Schließlich trat das Gericht der Auffassung des kirchlichen Arbeitgebers, für eine individuelle Interessenabwägung sei aufgrund der Kirchenfreiheit im Rahmen des § 1 KSchG kein Raum, ausdrücklich entgegen, da andernfalls die Schaffung absoluter Kündigungsgründe seitens der Kirchen zu befürchten sei.
Im Ergebnis wurde die vom LAG Düsseldorf vorgenommene Interessenabwägung, wonach das Bestandsinteresse des Arbeitnehmers überwog, für

387 Vgl. BAG NJW 1984, 826 (826); BAG AP Art. 140 GG Nr. 14.

388 BAG NJW 1984, 826 (827ff).

389 BAG NJW 1984, 826 (827).

390 BAG NJW 1984, 826 (828).

391 BAG NJW 1984, 826 (828f).

rechtsfehlerfrei erachtet[392], sodass die Kündigung trotz der Loyalitätsobliegenheitsverletzung sozial ungerechtfertigt war.
Nachdem der Arzt sich in einem Fernsehinterview zu dem bevorstehenden (ersten) Kündigungsschutzprozess äußerte und hierbei auch seine in dem Leserbrief vertretene Auffassung bekräftigte, erklärte der Träger des Krankenhauses eine fristlose, hilfsweise eine fristgerechte Kündigung. Diese griff der Assistenzarzt wiederum arbeitsgerichtlich an.[393] Das BAG teilte die in einer Hilfsbegründung dargelegte Ansicht des LAG Düsseldorf, dass das Fernsehinterview einen weiteren Loyalitätsobliegenheitsverstoß seitens des Assistenzarztes darstelle. Es stellte sich zudem erneut gegen die Auffassung des Arbeitgebers, wonach eine individuelle Interessenabwägung entbehrlich sei.[394] Das Gericht war der Ansicht, dass zugunsten des Klägers zu berücksichtigen sei, dass die erste, sozialwidrige Kündigung Auslöser des Fernsehinterviews gewesen sei, in dem der Arzt lediglich berechtigterweise seine Rechtsauffassung dargetan hat. Daher sei auch zu erwarten, dass es sich um eine einmalige Nutzung dieses öffentlichen Mediums handele und insoweit vor allem kein Dauertatbestand geschaffen wurde.[395] Im Ergebnis lag damit kein wichtiger Grund für eine außerordentliche Kündigung vor. Die soziale Rechtfertigung der ordentlichen Kündigung entfiel ebenfalls.[396]

Hervorzuheben ist, dass im beschriebenen Fallkomplex die Loyalitätsobliegenheitsverstöße (Leserbrief, Fernsehinterview) des Assistenzarztes auf die Öffentlichkeit ausstrahlten[397] und dennoch die Interessenabwägungen jeweils zugunsten des Arbeitnehmers ausfielen. Um zu einem solchen Ergebnis zu gelangen, wird man wiederum auf die den kirchlichen Arbeitgeber seinerseits treffenden Loyalitätspflichten rekurrieren müssen[398]. Hierbei ist zudem zu berücksichtigen, dass der kirchliche Arbeitgeber nach der

392 BAG NJW 1984, 826 (829).

393 BAG AP Art. 140 GG Nr. 14. Siehe schon oben S. 69.

394 BAG AP Art. 140 GG Nr. 14.

395 BAG AP Art. 140 GG Nr. 14.

396 BAG AP Art. 140 GG Nr. 14.

397 Struck, NZA 1991, 249 (250).

398 Siehe oben S. 31.

Feststellung des LAG Düsseldorf zunächst vier Monate verstreichen ließ, bevor dieser anlässlich des Leserbriefes die Kündigung aussprach. Weiterhin war diese Kündigung sozial nicht gerechtfertigt.[399]
Diese Umstände sind als Verstöße gegen die aus der Dienstgemeinschaft abgeleiteten Pflichten des Arbeitgebers zu werten. Wiederum muss dies, um Unbilligkeiten zu vermeiden, Berücksichtigung finden, wofür sich die Interessenabwägung anbietet.

In die Phase der tendenziell arbeitnehmerfreundlichen Rechtsprechung des BAG fiel außerdem eine Entscheidung, die aus heutiger Sicht einen Sonderfall darstellt, bzw. deren Schwerpunkt sich in den Regelungsbereich des AGG verlagert hat[400].
Einem homosexuell veranlagten Diplom-Psychologen, der in der Lebens-, Sucht-, und Familienhilfe eines evangelischen Diakonischen Werkes beschäftigt war, wurde zunächst außerordentlich, kurz darauf zudem ordentlich gekündigt. Der kirchliche Arbeitgeber hatte durch einen vertraulichen Hinweis erfahren, dass der Mitarbeiter eine gleichgeschlechtliche Sexualbeziehung zu einem 18-jährigen Mann unterhielt. Der Arbeitnehmer bestritt zwar seine homosexuelle Veranlagung nicht, jedoch die einzelnen Umstände der Beziehung zu dem 18-jährigen Mann. Zudem war er in einer Schwulenbewegung organisiert. Auch in diesem Fall wurde arbeitsvertraglich festgehalten, dass die Mitarbeiter der Diakonie eine Dienstgemeinschaft bilden, sowie die daraus folgenden persönlichen Anforderungen an die Lebensführung in Bezug genommen.[401] Die außerordentliche Kündigung wurde als unwirksam, die ordentliche Kündigung als sozial nicht gerechtfertigt angesehen[402]. Der Grund hierfür lag aber nicht in einer zugunsten des Arbeitnehmers ausfallenden Interessenabwägung, sondern darin, dass

399 Vgl. BAG EzA § 1 KSchG Nr. 13.

400 Zu den Regelungen des AGG im Kontext des kirchlichen Individualarbeitsrechts später ab S. 90ff.

401 BAG NJW 1984, 1917 (1917).

402 BAG NJW 1984, 1917 (1917).

nach Ansicht des BAG eine Abmahnung erforderlich gewesen wäre[403]. Auf der Grundlage entsprechender landeskirchlicher Mitteilungen schloss sich das BAG der Auffassung an, ein homosexueller Mitarbeiter sei nur dann tragbar, wenn dieser die Homosexualität nicht praktiziere. Da der Mitarbeiter seine Sexualkontakte bisher „außerhalb seines Dienstbereiches in der Anonymität einer entfernten Großstadt“ gesucht hatte, war nach Ansicht des BAG eine Abmahnung erforderlich.[404]

Diese Entscheidung ist vor dem Hintergrund einer anderen gesellschaftlichen Akzeptanz der Homosexualität[405] zum Zeitpunkt der Kündigung zu Beginn der 1980er Jahre zu sehen. Zu dieser Zeit lag die Abschaffung der generellen Strafbarkeit homosexuellen Verhaltens erst wenige Jahre zurück. Jedoch war der homosexuelle Kontakt zu Personen unter 18 Jahren noch immer strafbar.[406] Indem die Kündigung seitens des Arbeitgebers auf einen (anonymen) Hinweis, der Arbeitnehmer unterhalte homosexuelle Beziehungen zu einem 18-jährigen Mann[407], gestützt wurde, rückte das angesonnene Verhalten in die Nähe der Verwirklichung eines Straftatbestandes[408].
Zwar findet sich im Rahmen des Anwendungsbereiches des AGG auch heute eine Diskussion zur Kündigung wegen praktizierter Homosexualität im Kirchendienst[409]. Diese Diskussion ist jedoch im aktuellen Kontext zu sehen. In Zeiten der legalisierten gleichgeschlechtlichen Partnerschaft durch das LPartG handelt es sich dabei in erster Linie um eine Diskussion im Kontext des Diskriminierungsschutzes. Von einem solchermaßen toleranten gesellschaftlichen Umfeld war zu Zeiten von BAG NJW 1984, 1917 nicht

---

403 BAG NJW 1984, 1917 (1919).

404 BAG NJW 1984, 1917 (1919).

405 Prägnant zu diesem Wertewandel: MÜLLER-TERPITZ, in: MENZEL / MÜLLER-TERPITZ, Verfassungsrechtsprechung, S. 104 (108f).

406 Vgl. BAG NJW 1984, 1917 (1917ff). Vgl. zu diesem Wertewandel auch: BECK, NJW 2001, 1894 (1894f).

407 Siehe oben S. 71.

408 Hätte der Sexualpartner zum damaligen Zeitpunkt nicht das 18. Lebensjahr vollendet, wäre dieser Kontakt strafbar gewesen.

409 Siehe dazu ab S. 90ff

ansatzweise auszugehen, sodass die Urteilsgründe dieses Richterspruches im Lichte von LPartG und AGG als überholt anzusehen sind.

3. Die Phase nach BVerfGE 70, 138

Die Entscheidungen BAGE 45, 250 sowie BAG NJW 1984, 826 und BAG EzA § 1 KSchG Nr. 13 führten letztlich zur Grundsatzentscheidung des Bundesverfassungsgerichts[410]. Diese Rechtsprechung hat das Bundesverfassungsgericht auch in der Folge aufrecht erhalten[411]. Das BAG hat seine bis dahin arbeitnehmerfreundliche Rechtsprechung im Lichte von BVerfGE 70, 138 modifiziert.

Bereits im Jahr 1986 hatte das BAG Gelegenheit, seine Rechtsprechung an die Vorgaben des Bundesverfassungsgerichts anzupassen. Eine Lehrerin für Deutsch und Pädagogik an einer katholischen Schule hatte die Zivilehe mit einem zuvor verheirateten katholischen Mann geschlossen. Dieser hatte die kirchliche Annullierung der ersten Ehe beantragt, um erneut eine kirchenrechtlich beanstandungsfreie Ehe eingehen zu können. Der Lehrerin wurde aufgrund eines Verstoßes gegen die auch im Arbeitsvertrag in einschlägiger Weise in Bezug genommene katholische Glaubens- und Sittenlehre gekündigt. Der katholische Arbeitgeber hat diesen Schritt damit begründet, dass durch eine Weiterbeschäftigung die Glaubwürdigkeit der Kirche in Frage gestellt und dass der Hochzeitstermin seitens der Lehrerin im Hinblick auf eine möglichst lange Kündigungsfrist im Rahmen einer ordentlichen Kündigung gewählt worden sei.[412]

Das BAG schloss sich den Ausführungen des LAG Köln, wonach aufgrund der arbeitsvertraglichen Verpflichtung zu bekenntniskonformer Arbeits- und Lebensweise nicht gegen Grundsätze der katholischen Glaubens- und Sittenlehre verstoßen werden durfte, an. Das kirchliche Selbstbestimmungsrecht erlaube und die Glaubwürdigkeit der Einrichtung gebiete es, dass insoweit auch die private Lebensweise erfasst werde. Als Lehrerin nehme

410 BVerfGE 70, 138. Siehe oben ab S. 15ff.
411 Vgl. BVerfG NZA 2001, 717 (717); BVerfG NJW 2002, 2771 (2771).
412 BAG AP Art. 140 GG Nr. 35.

die Klägerin nach (maßgeblichem) katholischem Selbstverständnis am Verkündungsauftrag teil. Nach ebenfalls maßgeblichem katholischem Eherecht liege ein schwerwiegender, dauernder Verstoß gegen selbiges vor, der die persönliche Eignung, weiterhin als Lehrerin zu arbeiten, entfallen ließe.[413] Mit der kurzen Feststellung, dass die Kündigung nicht das Grundrecht der Berufsfreiheit der Klägerin verletze, schloss das LAG Köln beanstandungsfrei eine Grundrechtsverletzung aus. Zudem wurde zwar erkannt, dass die Kündigung aufgrund zum Klagezeitpunkt hoher Lehrerarbeitslosigkeit einen empfindlichen Einschnitt darstellte. Die Interessenabwägung konnte dieser Aspekt allerdings nicht beeinflussen.[414]

Das BAG entfernt sich mit diesem Judikat im Ergebnis von der vormaligen, an einer individuellen Interessenabwägung orientierten Spruchpraxis. Zwar wird eine solche noch immer vorgenommen[415]. Die Erwägungen zu einer möglichen Grundrechtsverletzung fallen jedoch deutlich knapper aus. Insbesondere, dass zur Verletzung von Art. 6 I GG solche nicht mehr angestellt werden, ist bemerkenswert. Im Fall einer kirchenrechtswidrigen Wiederheirat wäre dies angebracht gewesen[416]. Bemerkenswert ist weiterhin, dass der Versuch des Ehemannes der Klägerin, sich um eine kirchliche Annullierung seiner ersten Ehe zu bemühen, nicht in der Interessenabwägung berücksichtigt wurde. Denn aus diesem Verhalten kann man durchaus ableiten, dass die Klägerin und deren Ehemann die kirchlichen Ehegesetze nach wie vor respektierten. Das BAG beanstandet hingegen die bloße Feststellung des LAG Köln, dass sich die Klägerin selbst in einem Gewissenskonflikt befunden haben könnte ohne dass dies die Interessenabwägung zugunsten der Klägerin beeinflusst hätte,

---

413 BAG AP Art. 140 GG Nr. 35.

414 BAG AP Art. 140 GG Nr. 35.

415 Geck / Schimmel, AuR 1995, 177 (182f) sind der Ansicht, der gänzliche Verzicht auf eine Abwägung liefe dem System des Kündigungsschutzes zuwider. Ähnlich Schmidt, in: Müller-Glöge / Preis / Schmidt, Erfurter Kommentar, Art. 4 GG, Rn. 45, wonach bei der weiterhin erforderlichen Interessenabwägung lediglich der Abwägungsspielraum als eingeschränkt erachtet wird.

416 Vgl. Budde, AuR 2005, 353 (358); Hammer, Kirchliches Arbeitsrecht, S. 218.

nicht[417]. Man könnte hingegen auch annehmen, dass die Zivilehe zwar kirchenrechtswidrig war, es sich aber nach Lage des Sachverhalts nicht um einen kirchenfeindlichen Akt handelte. Indem das BAG insoweit auf die Rechtsprechung des Bundesverfassungsgerichts rekurriert, wonach die Kirchen aufgrund des Selbstbestimmungsrechts selbst über das „Ob" und „Wie"[418] einer Abstufung der Loyalitätsobliegenheiten zu bestimmen haben, bindet es sich in diesem Punkt jedoch an die Auffassung des kirchlichen Arbeitgebers. Eine entsprechende Überlegung im Rahmen der Interessenabwägung ist damit nicht mehr möglich. Damit ist diese Rechtsprechung wieder arbeitgeberfreundlicher angelegt als die vorherigen Judikate.

Bereits 1988 lag dem BAG erneut ein Sachverhalt zur Entscheidung vor, bei dem einer katholischen Religionslehrerin wegen eines Verstoßes gegen das katholische Eherecht fristlos gem. § 626 BGB gekündigt wurde. Nachdem die Lehrerin standesamtlich einen geschiedenen Mann heiratete, dessen erste Ehe nicht kirchenrechtlich aufgelöst wurde, erklärte der kirchliche Arbeitgeber die fristlose Kündigung. Dies erfolgte allerdings erst mehr als ein Jahr nach Bekanntwerden der kirchenrechtswidrigen Eheschließung, da die Lehrerin zuvor Mutterschaftsurlaub beansprucht hatte und eine Kündigung vor der Niederkunft an der (bestandskräftig gewordenen) Zustimmungsverweigerung des Gewerbeaufsichtsamtes zur fristlosen Kündigung scheiterte.[419]
Unter Rekurs auf BVerfGE 70, 138 sowie auf die Rechtsprechung des BAG in Fällen der Kündigung kirchlicher Mitarbeiter hat sich das BAG den Ausführungen des LAG München angeschlossen. Danach konnte von der katholischen Religionslehrerin die Einhaltung der tragenden Grundsätze

417 BAG AP Art. 140 GG Nr. 35.

418 Im Hinblick auf die Rechtsprechung des Bundesverfassungsgerichts ebenfalls mit diesem Begriffspaar operierend: FAHRIG / STENSLIK, EuZA 2012, 184 (192); JOUSSEN, RdA 2011, 173 (174); MARRÉ, ThGl 78 (1988), 397 (404).

419 BAG AP Art. 140 GG Nr. 36.

der Glaubenslehre verlangt werden, da dieser eine „missio canonica"[420] erteilt wurde und sie daher mit der Kirche in besonderem Maße identifiziert wurde. Durch ihre nach Kirchenrecht unwirksame Ehe hatte sie einen Dauertatbestand geschaffen, sodass durch ihre Weiterbeschäftigung die Glaubwürdigkeit der Kirche berührt worden wäre.[421]

Bemerkenswert ist an dieser Entscheidung, dass das BAG sich den Ausführungen des LAG München zur Interessenabwägung im Rahmen der außerordentlichen Kündigung ausdrücklich angeschlossen hat. Eine außerordentliche Kündigung wäre aufgrund des Zuwartens des kirchlichen Arbeitgebers nämlich bereits schon gem. § 626 II BGB ausgeschlossen gewesen, da insoweit das kirchliche Selbstbestimmungsrecht gem. Art. 137 III WRV i.V.m. Art. 140 GG kein Sonderrecht begründet[422]. Das LAG München hat im Rahmen der Interessenabwägung gewürdigt, dass sich die Lehrerin in einem Gewissenskonflikt befunden hatte, da sie sich für die kirchenrechtswidrige Ehe entschieden hatte, um ihrem Kind ein intaktes Familienumfeld bieten zu können. So hat sie dem nach katholischer Lehre ebenfalls bedeutenden Gedanken des Schutzes des werdenden Lebens entsprechend gehandelt[423]. Das BAG führte zudem aus, dass aufgrund des Entzuges der „missio canonica" die Beschäftigungsvoraussetzungen fortgefallen waren, sodass der kirchliche Arbeitgeber nicht befürchten musste, die Klägerin weiterhin beschäftigen zu müssen. Im Ergebnis sprach dies gegen die Angemessenheit einer außerordentlichen Kündigung. Jedoch wurde die außerordentliche Kündigung gem. § 140 BGB in eine ordentliche umgedeutet.[424]

Bemerkenswert ist weiterhin, dass das BAG seine frühere Rechtsprechung in Bezug nimmt, wonach die Kirchen aufgrund des verfassungsrechtlich gewährleisteten Selbstbestimmungsrechts Loyalitätsobliegenheiten für ihre

---

420 Zum Umfang einer „missio canonica" im Bereich des Religionsunterrichts: HEINEMANN, in: LISTL / SCHMITZ, HdbKathKR, § 47, S. 515 (527).

421 BAG AP Art. 140 GG Nr. 36.

422 RICHARDI, Arbeitsrecht in der Kirche, § 7, S. 120.

423 Nach kanonischem Recht führt die Vornahme einer Abtreibung zwingend zur Exkommunikation. Vgl. CIC can. 1398.

424 BAG AP Art. 140 GG Nr. 36.

Mitarbeiter formulieren können. Allerdings verzichtet das BAG auf den wörtlichen Zusatz „wenn auch abgestuft".[425] Anhand dieser geforderten Abstufung hatte das BAG in der arbeitnehmerfreundlichen Phase seiner Rechtsprechung die Kriterien für die Reichweite der kirchlicherseits auferlegten Loyalitätsobliegenheiten nach der Nähe zum Verkündungsauftrag entwickelt[426]. Der ausdrückliche Verzicht auf diese Formulierung legt daher nahe, dass sich das BAG in Anschauung von BVerfGE 70, 138 insoweit von seiner (arbeitnehmerfreundlichen) Rechtsprechung distanziert bzw. distanzieren muss. Das Bundesverfassungsgericht hat die Entscheidung über eine Abstufung von Loyalitätsobliegenheiten ausdrücklich dem Regelungsbereich des kirchlichen Arbeitgebers zugeschrieben[427].

Diese an die Rechtsprechung des Bundesverfassungsgerichts angepasste Spruchpraxis hat das BAG auch in den folgenden Entscheidungen aufrecht erhalten. Es hat fortan bei der Frage nach der Schwere eines Loyalitätsobliegenheitsverstoßes auf das Selbstverständnis des kirchlichen Arbeitgebers abgestellt und dieses Selbstverständnis auch maßgeblich im Rahmen der Interessenabwägung berücksichtigt. Ausdrücklich hat es sich den Ausführungen des Bundesverfassungsgerichts angeschlossen, wonach durch staatliches Arbeitsrecht nicht die Eigenart des kirchlichen Dienstes in Frage gestellt werden darf, sodass ein kirchlicher Arbeitgeber allen Mitarbeitern das besondere Leitbild der Dienstgemeinschaft zugrunde legen und über die Abstufung von Loyalitätsobliegenheiten frei entscheiden darf.[428]

Im Fall der außerordentlichen Kündigung eines Chefarztes der gynäkologischen Abteilung eines konfessionell katholisch geprägten Krankenhauses stellte das BAG entscheidend auf das Selbstverständnis der katholischen

425 BAG AP Art. 140 GG Nr. 36.

426 Siehe oben S. 62ff.

427 BVerfGE 70, 138 (168).

428 BAGE 74, 325 (333f); BAG NZA 1998, 145 (147); BAG NZA 2000, 208 (213); BAG NZA 2001, 1136 (1138); BAG AP § 611 BGB „Kirchendienst" Nr. 44.

Kirche ab. Dem Chefarzt war gekündigt worden, weil dieser in mehreren Fällen bei Patientinnen homologe Inseminationen durchgeführt hatte. Die Kündigung wurde ausgesprochen, obwohl der Chefarzt bemüht war, nicht gegen die Grundsätze der katholischen Kirche zu verstoßen und mehrmals das Gespräch mit seinem Arbeitgeber gesucht hatte. Ziel war die Klärung, welche Methoden der In-Vitro-Fertilisation nicht gegen Kirchenrecht verstießen. Dem Kläger wurde, obwohl bei dieser Frage auch innerhalb der katholischen Kirche kein Konsens bestand, pauschal die Durchführung jedweder In-Vitro-Fertilisation untersagt.[429]

Das LAG Niedersachsen war davon ausgegangen, dass der kirchliche Arbeitgeber nicht berechtigt gewesen war, durch Weisungen erweiterte Loyalitätsobliegenheiten zu begründen. Entsprechend sah es in der unbefolgten Weisung, jegliche Inseminationen zu unterlassen, keine entsprechende Vertragsverletzung. Aufgrund der auch innerkirchlich strittigen Frage bzgl. der Zulässigkeit einzelner Behandlungsmethoden habe der Chefarzt durch die Wahl der minimal-invasivsten Behandlungsmethode nicht schuldhaft gehandelt.[430]

Das BAG hat hieran gerügt, dass es nicht Sache der staatlichen Gerichte sei, festzustellen, ob die gewählte Behandlungsmethode kirchenrechtlich zulässig sei oder nicht[431]. Vielmehr obliege es aufgrund des Selbstbestimmungsrechts allein der verfassten Kirche festzulegen, was aus kirchenrechtlicher Sicht eine zulässige Behandlungsmethode darstellt. Das Berufungsgericht hätte vielmehr bei kirchlichen Stellen eine verbindliche Stellungnahme einholen müssen und hieran die Prüfung einer Pflichtverletzung vornehmen müssen.[432]

Eine Kündigung ist im konkreten Fall daher lediglich daran gescheitert, dass der Arbeitgeber keine Abmahnung ausgesprochen hatte. Da der Chefarzt seinerseits versucht hatte, eine verbindliche Stellungnahme zur Zulässigkeit seiner Behandlungsmethode zu erhalten, wurde sein Verhalten

429 BAGE 74, 325 (325ff).

430 BAGE 74, 325 (330f).

431 BAGE 74, 325 (334).

432 BAGE 74, 325 (337).

nicht als kirchenfeindlicher Akt gewertet. Daher hätte eine Abmahnung ausgesprochen werden müssen.[433]

Ebenfalls entscheidungserheblich war das kirchliche Selbstverständnis im Fall einer außerordentlichen Kündigung eines der Mormonenkirche zugehörigen Arbeitnehmers wegen ehebrecherischen Verhaltens. In der Mormonenkirche, die strenge Anforderungen an das moralische Verhalten der Gläubigen stellt, ist Ehebruch nach Mord das schwerwiegendste Verbrechen. Der Arbeitnehmer, der seit Kindesbeinen an der Mormonenkirche angehörte, war als „Gebietsdirektor Europa" im Bereich Öffentlichkeitsarbeit auch für die Schulung von Mitarbeitern zuständig und damit in exponierter Stellung für seinen kirchlichen Arbeitgeber tätig. Der vorgesetzte Personalverantwortliche hatte von dem Loyalitätsobliegenheitsverstoß nur deswegen erfahren, weil der Mitarbeiter sich ihm zur Erlangung seelsorgerischen Beistandes offenbart hatte.[434]
Nach Ansicht des BAG seien die moralischen Normen der Mormonenkirche aufgrund der Verfassungsgarantie des Art. 137 III i.V.m. Art. 140 GG als gegeben hinzunehmen, sodass ein Verstoß hiergegen einen wichtigen Grund i.S.d. § 626 I BGB darstellen könne. Da die Ehe sowohl im Grundgesetz als auch in anderen Religionen einen hohen Rang einnehme, stünden die insoweit strengen Regeln der Mormonenkirche nicht im Widerspruch zu den Grundprinzipien der Rechtsordnung.[435] Da dem Arbeitnehmer die besondere Schwere seines Loyalitätsobliegenheitsverstoßes bekannt gewesen ist, war eine Abmahnung entbehrlich[436].
Im Rahmen einer Interessenabwägung hat das BAG zudem das Interesse des Arbeitnehmers auf Wahrung seines Rechts auf informationelle Selbstbestimmung aus Art. 2 I GG i.V.m. Art 1 I GG mit dem Selbstbestimmungsrecht der Mormonenkirche aus Art. 137 III WRV i.V.m. Art. 140 GG abgewogen. Diese Abwägung fiel zugunsten des kirchlichen Arbeitgebers

433 BAGE 74, 325 (340ff).
434 BAG NZA 1998, 145 (145f).
435 BAG NZA 1998, 145 (147).
436 BAG NZA 1998, 145 (149).

aus, da auch insoweit berücksichtigt wurde, dass der Arbeitnehmer sich nicht auf ein etwaiges Beichtgeheimnis berufen konnte. Denn eine Beichte gibt es nach dem maßgeblichen Selbstverständnis in der Mormonenkirche nicht. Insoweit ließ auch die Art und Weise der Kenntniserlangung vom Loyalitätsobliegenheitsverstoß die Kündigung nicht unwirksam werden.[437] Aufgrund der exponierten, öffentlichen Funktion des Mitarbeiters musste der kirchliche Arbeitgeber auch unter Glaubwürdigkeitsaspekten nicht zuwarten, bis das Fehlverhalten des Arbeitnehmers öffentlich bekannt wurde[438].

In einem weiteren Judikat sah sich das BAG ebenfalls an das kirchliche Selbstverständnis gebunden, als es über die Sozialwidrigkeit der Kündigung eines katholischen Kirchenmusikers wegen eherechtswidrigen Verhaltens zu befinden hatte. Der Kläger war eine nach katholischem Verständnis ehebrecherische Beziehung zu einer anderen Frau eingegangen, mit der und deren Kind er faktisch in familiärer Beziehung zusammenlebte[439]. Zwar konnte das BAG den Fall nicht abschließend entscheiden, da die Berufungsinstanz tatsächliche Feststellungen zu einer entscheidungserheblichen Frage unterlassen hatte[440]. Es stellte jedoch heraus, dass durch die (in den Arbeitsvertrag einbezogenen) Art. 4 und 5 GrO wirksam kirchliche Maßstäbe zur Beurteilung von Loyalitätsobliegenheitsverstößen festgelegt worden seien, an die sich die staatlichen Gerichte zu halten hätten. Damit könne das Verhalten des Arbeitnehmers „an sich" gem. § 1 II KSchG eine Kündigung sozial rechtfertigen.[441]

---

437 BAG NZA 1998, 145 (148).

438 BAG NZA 1998, 145 (148f). Bei diesem Judikat handelt es sich im Nachgang um EGMR, Urteil v. 23.09.1010, Az.: 425/03 „Obst".

439 BAG NZA 2000, 208 (208).

440 BAG NZA 2000, 208 (210ff). Das LAG Köln hatte hinreichende Feststellungen zu der Frage unterlassen, ob mit dem Arbeitnehmer vor Ausspruch der Kündigung ein klärendes Gespräch geführt worden war.

441 BAG NZA 2000, 208 (213). Bei diesem Judikat handelt es sich im Nachgang um EGMR, Urteil v. 23.09.2010, Az.: 1620/03 „Schüth".

In einem anderen Fall hat das BAG bei der Beurteilung eines Loyalitätsobliegenheitsverstoßes ebenfalls maßgeblich auf das Selbstverständnis des kirchlichen Arbeitgebers rekurriert. Einer in einem evangelischen Kindergarten beschäftigten Erzieherin mit Gruppenleiterfunktion, die ihrerseits katholischen Glaubens war, wurde gem. § 626 I BGB außerordentlich gekündigt. Der Grund hierfür lag in dem Engagement der Mitarbeiterin für die „Universale Kirche / Bruderschaft der Menschheit", wobei auch öffentlich werbend mittels sog. „Primary-Lessons" aufgetreten wurde.[442] Das BAG ging davon aus, dass der Mitarbeiterin aufgrund dieses Loyalitätsobliegenheitsverstoßes grundsätzlich außerordentlich gekündigt werden konnte[443]. Bei der zwischen den Parteien umstrittenen Frage, ob die Lehren der Universalen Kirche mit denen der evangelischen Kirche in Einklang zu bringen seien, hielt das BAG das Selbstverständnis der evangelischen Kirche für maßgeblich, wonach keine Konkordanz beider Glaubenslehren zu erzielen sei[444]. Dieses Selbstverständnis war ebenfalls maßgeblich bei der Frage, wie schwer ein solcher Loyalitätsobliegenheitsverstoß wiege, sodass im Ergebnis entsprechend der Ansicht des kirchlichen Arbeitgebers von einer qualifizierten Loyalitätsobliegenheitsverletzung ausgegangen wurde[445].

Schließlich hatte das BAG erneut in einem Fall der Wiederheirat eines katholischen Arbeitnehmers im Kirchendienst zu entscheiden. Die Kündigung wurde kurz vor Ablauf der Probezeit ausgesprochen.[446] Bei der Frage, ob die Kündigung kurz vor Ablauf der Probezeit treuwidrig i.S.d. § 242 BGB war, berücksichtigte das BAG zugunsten des Arbeitnehmers „die grundrechtlichen Wertungen, insbesondere die Gewährleistung der Privatautonomie, das Recht auf Achtung der Menschenwürde und das

442 BAG NZA 2001, 1136 (1136f).

443 BAG NZA 2001, 1136 (1139).

444 BAG NZA 2001, 1136 (1139ff).

445 BAG NZA 2001, 1136 (1141). Bei diesem Judikat handelt es sich im Nachgang um EGMR, Urteil v. 03.02.2011, Az.: 18136/02 „Siebenhaar".

446 BAG AP § 611 BGB „Kirchendienst" Nr. 44.

allgemeine Persönlichkeitsrecht“[447]. Das insbesondere aus Art. 2 I GG entspringende Recht, eine neue Ehe einzugehen, hatte das BAG damit dem auf Art. 137 III WRV i.V.m. Art. 140 GG fußenden Selbstbestimmungsrecht des kirchlichen Arbeitgebers gegenüberzustellen[448]. Da zum Zeitpunkt der Kündigung ein Verstoß gegen die katholischen Ehegesetze vorlag, fiel die Abwägung zugunsten des kirchlichen Arbeitgebers aus. Die Kündigung kurz vor Ablauf der Probezeit war damit nicht treuwidrig i.S.d. § 242 BGB.[449] Auch das Unterlassen einer entsprechenden Befragung des Arbeitnehmers bei der Einstellung vermochte an diesem Ergebnis nichts zu ändern, da in der Annahme einer entsprechenden Nachforschungspflicht eine unzulässige Verkürzung des kirchlichen Selbstbestimmungsrechts erblickt wurde[450].

4. Die Begründung einer neuen Phase durch die jüngste Judikatur des EGMR?

Das BAG hatte bereits die Gelegenheit, die jüngste Judikatur des EGMR im Bereich des kirchlichen Individualarbeitsrechts aufzugreifen.
Es entschied im Lichte dieser Rechtsprechung über die Sozialwidrigkeit einer ordentlichen Kündigung eines an einem in katholischer Trägerschaft stehenden Krankenhaus angestellten Chefarztes. Die Grundordnung des kirchlichen Dienstes wurde auch in diesem Fall in den Arbeitsvertrag einbezogen.[451] Der Arbeitnehmer lebte mit einer neuen Lebensgefährtin zusammen, nachdem er sich im Jahr 2005 von seiner Ehefrau getrennt hatte. Dieser Umstand war dem kirchlichen Arbeitgeber für einen Zeitraum von 2 Jahren bekannt, ohne dass arbeitsrechtliche Maßnehmen ergriffen worden waren. Erst nach der anschließenden, nach katholischer Lehre kirchenrechtswidrigen Wiederheirat im August 2008, wurde die ordentliche Kündigung im März 2009 erklärt. Die nach der Grundordnung des kirchlichen Dienstes er-

---

447 BAG AP § 611 BGB „Kirchendienst“ Nr. 44.

448 BAG AP § 611 BGB „Kirchendienst“ Nr. 44.

449 BAG AP § 611 BGB „Kirchendienst“ Nr. 44.

450 BAG AP § 611 BGB „Kirchendienst“ Nr. 44. A.A.: DÜTZ, NJW 1994, 1369 (1371), wonach Versäumnisse bei der Personalauswahl nicht nachträglich durch Abmahnungen und Kündigungen korrigiert werden können.

451 BAG NZA 2012, 443 (444).

forderlichen klärenden Gespräche wurden vorab geführt.[452] Auch in dieser Entscheidung bezog sich das BAG auf die Rechtsprechung des Bundesverfassungsgerichts in BVerfGE 70, 138[453]. Entsprechend sah es die Vorgaben der Glaubens- und Sittenlehre des kirchlichen Arbeitgebers als verbindlich an. Die Frage nach einer Abstufung von Loyalitätsobliegenheiten sei auch im Lichte der jüngsten EGMR-Judikatur *grundsätzlich*[454] vom kirchlichen Arbeitgeber zu beantworten. Damit lag nach Ansicht des BAG, entgegen der Meinung des Arbeitnehmers[455], ein Loyalitätsobliegenheitsverstoß vor.[456] Dieser stelle „an sich" einen Kündigungsgrund dar[457]. Eine darauf gestützte Kündigung sei zudem nicht bereits aufgrund von §§ 1, 7 AGG ungerechtfertigt i.S.d. des Kündigungsschutzgesetzes. Die an sich gegebene Ungleichbehandlung[458] wegen der Religion sei durch § 9 II gerechtfertigt. § 9 II AGG räume den Religionsgesellschaften ausdrücklich das Recht ein, entsprechende Loyalitätsanforderungen zu formulieren.[459]

Allerdings hat das BAG im Lichte der jüngsten EGMR-Rechtsprechung die Notwenigkeit einer eingehenden Interessenabwägung betont. Diese habe u.a. das Recht des Arbeitnehmers auf Achtung des Privat- und Familienlebens i.S.v. Art. 8 EMRK mit dem arbeitgeberseitigen Interesse auf Achtung der Religionsfreiheit aus Art. 9 EMRK in Einklang zu bringen.[460] Diese Interessenabwägung fiel im Ergebnis zugunsten des Arbeitnehmers aus. Zwar sei der Loyalitätsobliegenheitsverstoß schwerwiegend, sodass dieser eine Kündi-

452 Vgl. ausführlich zum Sachverhalt: BAG NZA 2012, 443 (444).

453 Vgl. BAG NZA 2012, 443 (445).

454 Hervorhebung durch den Verfasser.

455 Vgl. BAG NZA 2012, 443 (444).

456 BAG NZA 2012, 443 (445f).

457 BAG NZA 2012, 443 (447).

458 Eine Ungleichbehandlung wegen der Religion liegt vor, da dem Arbeitnehmer nicht gekündigt worden wäre, wenn er nicht katholischen Glaubens wäre. Vgl. BAG NZA 2012, 443 (446).

459 BAG NZA 2012, 443 (446). Die im Rahmen von § 9 II AGG kontrovers diskutierte Frage, ob die Norm auch Benachteiligungen wegen anderer Gründen als der Religion rechtfertigen könne, ließ das BAG dahinstehen.

460 BAG NZA 2012, 443 (445).

gung rechtfertigen könne[461]. Das BAG berücksichtigte jedoch in einer einzelfallorientierten Prüfung auch wesentlich Punkte, die für den Arbeitnehmer stritten. So hat der kirchliche Arbeitgeber nach Auffassung des BAG durch die Beschäftigung nichtkatholischer Arbeitnehmer in exponierten Positionen deutlich gemacht, dass die Grundordnung einen katholischen Arbeitnehmer nicht in einer Weise bindet, dass das „Wohl und Wehe" der Einrichtung von der bedingungslosen Befolgung der Sittenlehre durch ihre leitenden Angestellten abhängt. Dies werde dadurch bekräftigt, dass bereits andere, zumeist nichtkatholische, Chefärzte erneut geheiratet hatten. Der Arbeitgeber mache dadurch deutlich, dass eine differenzierende Anwendung der Loyalitätsanforderungen die Glaubwürdigkeit der Einrichtung nicht zwingend gefährdet.[462] Schließlich habe der Arbeitgeber bereits vor der Wiederheirat von der unehelichen Lebensgemeinschaft des Chefarztes Kenntnis gehabt und diese hingenommen. Entsprechend könne man nicht annehmen, dass die Weiterbeschäftigung des Arbeitnehmers unzumutbar sei.[463] Darüber hinaus sei zu bedenken, dass das Handeln nicht einer kirchenfeindlichen Gesinnung entsprang, sondern der aus dem innersten Bereich des Privatlebens entspringen Unmöglichkeit, die Sittengebote im Einzelfall zu befolgen[464]. Im Ergebnis war die Kündigung damit sozial ungerechtfertigt i.S.d. § 1 II KSchG[465]. Das BAG sah sich auch in seinem jüngsten Urteil, in dem es über die Sozialwidrigkeit der Kündigung eines kirchlichen Arbeitnehmers zu entscheiden hatte, an die Vorgaben der bundesverfassungsgerichtlichen Rechtsprechung aus BVerfGE 70, 138 gebunden. Gleichzeitig rekurrierte es auf die Judikatur des EGMR, die in diesem Bereich ergangen war. Dieser Rekurs ist im Lichte von Art. 46 I EMRK geboten[466]. Daraus folgte für das BAG, dass es bei der Frage nach dem Vorliegen eines „an sich" kündigungsrelevanten Loyalitätsobliegenheitsverstoßes allein auf das Selbstverständnis des kirchlichen

461 BAG NZA 2012, 443 (447).
462 BAG NZA 2012, 443 (447).
463 BAG NZA 2012, 443 (447).
464 BAG NZA 2012, 443 (447).
465 BAG NZA 2012, 443 (447).
466 Siehe zu den Wirkmechanismen von EGMR-Urteilen ausführlich ab S. 119.

Arbeitgebers abstellte[467]. Insofern unterscheidet sich dieses Urteil nicht von den vorangegangen, die das BAG im Lichte von BVerfGE 70, 138 gesprochen hat. Auffällig ist jedoch, dass das BAG eine ausführliche Interessenabwägung vornimmt. Zwar hatte das BAG eine Interessenabwägung auch im Lichte von BVerfGE 70, 138 weiterhin vorgenommen. Mitunter wurden jedoch in der Folge dieser bundesverfassungsgerichtlichen Rechtsprechung im Fall einer kirchenrechtswidrigen Wiederheirat keine Überlegungen zum Schutzumfang von Art. 6 I GG angestellt,[468] was in diesem jüngsten BAG-Urteil hingegen wieder der Fall ist[469]. Darüber hinaus prüft das BAG am Einzelfall orientiert, welche Aspekte trotz der Schwere des Loyalitätsobliegenheitsverstoßes für die Fortsetzung des Arbeitsverhältnisses streiten[470]. Mit dieser ausführlichen, am Einzelfall orientierten Interessenabwägung nähert sich das BAG wieder der Abwägungspraxis an, die die arbeitnehmerfreundliche Rechtsprechungsphase kennzeichnet[471].

Abschließend ist jedoch zu bedenken, dass ein vom BAG zugunsten des Arbeitnehmers berücksichtigter Aspekt geeignet ist, zukünftig eine strengere und damit für kirchliche Arbeitnehmer im Ergebnis nachteilige Handhabung seitens der Arbeitgeber zu bewirken[472]. Das BAG hatte zugunsten des Chefarztes berücksichtigt, dass der kirchliche Arbeitgeber vom „gleichwertigen Verstoß des ehelosen Zusammenlebens“ längere Zeit Kenntnis hatte und erst die Wiederheirat zum Anlass für die Kündigung genommen hat. Dies zeige, dass der Arbeitgeber selbst nicht der Ansicht sei, jeder Loyalitätsobliegenheitsverstoß erschüttere die moralische Glaubwürdigkeit in gleicher Weise.[473] Das BAG erwartet damit eine konsequente Anwendung bzw. Durchsetzung der Loyalitätsobliegenheiten seitens des kirchlichen Arbeit-

467 Vgl. BAG NZA 2012, 443 (446).

468 Siehe oben S. 74ff.

469 Vgl. BAG NZA 2012, 443 (445).

470 Vgl. BAG NZA 2012, 443 (447).

471 Siehe oben S. 61ff.

472 Reichold / Hartmeyer, AP § 1 KSchG 1969 Nr. 92.

473 BAG NZA 2012, 443 (447). Dem BAG zustimmend: Greiner, MedR 2012, 688 (689); Lingscheid, ArbRAktuell 2012, 149 (149). Ablehnend: Reichold / Hartmeyer, AP § 1 KSchG 1969 Nr. 92.

gebers[474]. Sofern ein kirchlicher Arbeitgeber verhindern will, dass entsprechendes Zuwarten[475] die Interessenabwägung im Rahmen des Kündigungsschutzprozesses aus seiner Sicht negativ beeinflusst, kann sich dieser somit veranlasst sehen, bereits das kirchenrechtswidrige Zusammenleben als Anknüpfungspunkt für arbeitsrechtliche Maßnahmen zu wählen. Er wird dann möglicherweise nicht erst anlässlich der eigentlichen Wiederheirat tätig werden[476]. Es bleibt abzuwarten, ob sich dieser Umstand zukünftig tatsächlich, auch im Lichte der Vorgaben des EGMR, zu Lasten kirchlicher Arbeitnehmer auswirken kann.

5. Fazit zur Rechtsprechung des BAG

Die Gesamtschau der Spruchpraxis des BAG bzgl. der Kündigungsfälle kirchlicher Arbeitnehmer wegen Verstößen gegen Loyalitätsobliegenheiten lässt erkennen, dass sich die angelegten Beurteilungsmaßstäbe im Laufe der Zeit gewandelt haben.

In der „Anstreicher-Entscheidung“[477] wurde zunächst noch gar keine Abstufung von Loyalitätsobliegenheiten vorgenommen. Weder hatte der kirchliche Arbeitgeber diese Abstufung arbeitsvertraglich vorgesehen, noch hatte das BAG entsprechende Überlegungen angestellt. Dem Mitarbeiter konnte im Ergebnis fristgemäß gekündigt werden, obwohl dieser als nicht im Betrieb untergebrachter Arbeiter buchstäblich im Hintergrund gewirkt haben dürfte. Da er zudem kaum mit dem Verkündungsauftrag der Kirche indentifiziert werden dürfte, kann man davon ausgehen, dass der gleiche Sachverhalt am Maßstab späterer Entscheidungen gemessen zugunsten

474 Kortmann, öAT 2012, 86 (86).

475 Groeger, ArbRB 2012, 72 (73) erblickt in der abwartenden Haltung des Arbeitgebers im vorliegenden Fall eine entscheidende Schwächung der Position des kirchlichen Arbeitgebers.

476 Vgl. Reichold / Hartmeyer, AP § 1 KSchG 1969 Nr. 92; Stöhr, AuR 2012, 451 (451); ders., RdA 2012, 376 (378); Trebeck / Weber, ArbRAktuell 2012, 83 (84f).

477 Siehe oben S. 55ff.

des Arbeitnehmers ausgefallen wäre[478]. Denn bereits in den folgenden Entscheidungen[479] begann das BAG, eine Abstufung der Loyalitätsobliegenheiten vorzunehmen. Gleichwohl fielen diese ersten Entscheidungen, in denen diese Abstufung angedeutet wurde, zugunsten des Arbeitgebers aus. Dies lag zum einen daran, dass die gekündigten Mitarbeiterinnen jeweils als Leiterinnen eines konfessionellen Kindergartens deutlich herausgehobenere Positionen bekleideten als der Arbeitnehmer in dem der „Anstreicher-Entscheidung" zugrunde liegenden Sachverhalt. Zum anderen wurde dem kirchlichen Arbeitgeber ein weiter Spielraum bei der Auferlegung von Loyalitätsobliegenheiten zugestanden, indem diese für alle „irgendwie an der Verkündung teilhaben[den]" Mitarbeiter formuliert werden konnten[480].

Die „Passauer Entscheidung"[481] konkretisierte, wie diese zuvor angedeutete Abstufung der Loyalitätsobliegenheiten vorzunehmen war und rückte zudem eine am Einzelfall orientierte Interessenabwägung in den Vordergrund. Aus diesen Vorgaben ließ sich in der Folge ein Prüfungsschema erarbeiten, anhand dessen die Wirksamkeit bzw. soziale Rechtfertigung von Kündigungen von im Kirchendienst stehenden Arbeitnehmern geprüft werden konnte[482]. Außerdem bot sich die Möglichkeit, den Besonderheiten des jeweiligen Einzelfalls gerecht zu werden[483]. So war es dem BAG möglich, Verstöße des *Arbeitgebers* gegen die aus der Dienstgemeinschaft erwachsenden Pflichten bei der Interessenabwägung zu berücksichtigen. Denn dem besonderen Charakter der Dienstgemeinschaft sind beide, Arbeitneh-

---

478 Vgl. BAGE 34, 195 (205), wo sich das BAG von der „Anstreicher-Entscheidung" distanziert.

479 Siehe oben S. 58ff.

480 BAGE 30, 247 (256).

481 Siehe oben S. 61ff.

482 Vgl. STRUCK, NZA 1991, 249 (250). FAHRIG / STENSLIK, EuZA 2012, 184 (191f) sprechen insoweit von einer „Stufenlehre".

483 Ähnlich RÜTHERS, in: LISTL / SCHLICK, Deutsch-Französische Kolloquien Bd. VI, S. 3 (21), wo die sorgfältige Abwägung der beiderseitigen Interessen vor Ausspruch einer Kündigung betont wird.

mer und Arbeitgeber, verpflichtet[484]. So ist der Ausspruch einer sozial ungerechtfertigten Kündigung als ein solcher Verstoß anzusehen. In diesen Fällen konnte das BAG den darauf jeweils folgenden Loyalitätsobliegenheitsverstoß des Arbeitnehmers im Lichte des Verhaltens des Arbeitgebers betrachten.[485] Erwartet man von jedem kirchlichen Arbeitnehmer eine Mindestloyalität, so wird man einen Kirchenaustritt im Allgemeinen nicht rechtfertigen können[486]. Denn dadurch bricht der Arbeitnehmer offen mit der Glaubensgemeinschaft und damit auch mit einem Eckpfeiler der Dienstgemeinschaft.[487] Da die Arbeitnehmerschaft eines kirchlichen Arbeitgebers nicht in einen in der Dienstgemeinschaft miteinander verbunden und einen außenstehenden Teil aufgespalten werden kann[488], muss ein Kirchenaustritt im Regelfall auch eine Kündigung nach sich ziehen. Indem das BAG hier im Rahmen der Interessenabwägung auch die Verstöße des Arbeitgebers gegen aus der Dienstgemeinschaft erwachsende Pflichten berücksichtigt, kann es einen Kirchenaustritt bzw. andersartigen schweren Loyalitätsobliegenheitsverstoß im Einzelfall rechtfertigen. Dadurch wird nicht die grundsätzliche Forderung, kirchenfeindliche Akte, was der Kirchenaustritt regelmäßig sein wird, zu unterlassen[489], in Frage gestellt. Die Konstellation, in der ein Arbeitnehmer mit einem Kirchenaustritt auf einen vorhergehenden Verstoß des Arbeitgebers gegen dessen aus der Dienstgemeinschaft erwachsende Pflichten reagiert, dürfte einer dieser seltenen Fallgestaltungen darstellen, in der ein Kirchenaustritt nicht als kirchenfeindlicher Akt zu werten ist. In der Möglichkeit, solche Fallgestaltungen individuell zu würdigen, offenbart sich ein nicht zu unterschätzender Vorteil der Rechtsprechung des BAG in dieser arbeitnehmerfreundlichen Phase. Eine Folge dieser differenzierenden

---

484 Siehe oben S. 31.

485 Vgl. oben. S. 66ff und S. 68ff.

486 RICHARDI, Arbeitsrecht in der Kirche, § 7, S. 129ff. Siehe auch oben S. 37.

487 Ähnlich auch: BUCHNER, ZfA 1979, 335 (348); OTTO, AuR 1980, 289 (292). RULAND, NJW 1980, 89 (95) verlangt zusätzlich jedenfalls dann, wenn auch anders- und nichtkonfessionelle Arbeitnehmer beschäftigt werden, dass der Kirchenaustritt in verletzender oder gehässiger Weise erfolgt.

488 Siehe oben S. 30.

489 Siehe oben S. 32.

Rechtsprechung war, dass kaum ein dem BAG zur Entscheidung vorgelegter Sachverhalt geeignet gewesen ist, eine außerordentliche Kündigung zu rechtfertigen.
Die Loyalitätsverstöße wiesen nur selten eine entsprechend hinreichende Schwere auf.[490]
Obwohl diese Rechtsprechung des BAG den Besonderheiten des Einzelfalls flexibel Rechnung trug, stieß sie in der Literatur auf Kritik. Dem BAG wurde vorgehalten, es verkenne mit dieser Rechtsprechung die Andersartigkeit der Kirchen, die sich aus dem Selbstbestimmungsrecht des Art. 137 III WRV i.V.m. Art. 140 GG ergibt[491]. Indem sich die Rechtsprechung darüber hinwegsetzte, habe sie die kirchlichen Ansichten und Vorgaben nicht mit der gebotenen Tragweite berücksichtigt, sondern diese vielmehr als „Skurrilitäten" oder „abständige Privatmeinungen" behandelt[492].

Im Lichte des Beschlusses des Bundesverfassungsgerichts vom 04.06.1985[493] musste das BAG seine Rechtsprechung an diese anpassen. Nach der Vorgabe des Bundesverfassungsgerichts oblag es nunmehr allein den Religionsgesellschaften, über eine Abstufung der Loyalitätsobliegenheiten und deren Reichweite in den privaten Bereich zu entscheiden. Auch die Frage nach der Schwere eines Verstoßes konnte fortan nur von den Kirchen verbindlich beantwortet werden. Die staatlichen Gerichte wurden an die vorgefundenen kirchlichen Regelungen (mit Einschränkungen) gebunden.[494]
Das BAG hielt zwar an der, schon durch §§ 1 KSchG und 626 BGB gebotenen, Interessenabwägung im Einzelfall fest[495]. Es maß jedoch dem Selbstverständnis der Religionsgemeinschaften, wie vorgegeben, einen bedeutenderen Stellenwert zu, sodass fortan die entscheidungserheblichen Loyalitätsverstöße genügten, um „an sich" die jeweilige (auch außeror-

490 RÜTHERS, in: LISTL / SCHLICK, Deutsch-Französische Kolloquien Bd. VI, S. 3 (21).
491 RICHARDI, Arbeitsrecht in der Kirche, § 6, S. 92ff.
492 v. CAMPENHAUSEN / DE WALL, Staatskirchenrecht, § 21, S. 182.
493 BVerfGE 70, 138 (138ff).
494 Siehe oben S. 34ff.
495 Siehe oben S. 74.

dentliche) Kündigung zu rechtfertigen. Im Einzelfall besteht jedoch die Möglichkeit, nach wie vor grobe Unbilligkeiten zu vermeiden, indem das Erfordernis einer Abmahnung vor Ausspruch der Kündigung eingehend geprüft wird[496].

Die Rechtsprechung des BAG hat damit im Laufe der Jahrzehnte sowohl bedingt durch gesellschaftlichen Wertewandel[497] als auch durch Vorgaben des Bundesverfassungsgerichts eine beachtliche Entwicklungsbreite erfahren. Eine zunächst im Ergebnis arbeitgeberfreundliche Rechtsprechung[498] entwickelte sich in einer zweiten Phase mehr und mehr arbeitnehmerfreundlich, um schließlich zu einer die Interessen kirchlicher Arbeitgeber betonenden Spruchpraxis zurückzukehren[499]. Die jüngste Spruchpraxis des EGMR nimmt auch auf diesen Teilbereich des Selbstbestimmungsrechts der Religionsgesellschaften Einfluss. Dies wird durch ein Urteil des BAG bestätigt, welches bereits auf diese EGMR-Entscheidungen Bezug nimmt. Das Gericht nähert sich in diesem Judikat im Ergebnis wieder den Rechtsprechungslinien an, die die arbeitnehmerfreundliche Phase des BAG prägten, indem es wieder eine am Einzelfall orientierte Interessenabwägung in den Fokus rückt.[500] Es bleibt zu untersuchen, ob die EGMR-Judikatur auf die Rechtsprechungspraxis der Fachgerichte in solcher Weise Einfluss nimmt, dass durch diese erneut eine arbeitnehmerfreundliche Rechtsprechungsphase eingeleitet wird. Das jüngst Urteil des BAG deutet jedenfalls bereits in diese Richtung.

III. § 9 AGG

Die Diskussion um die Reichweite des kirchlichen Selbstbestimmungsrechts findet seine Fortsetzung im Rahmen des § 9 AGG. Durch die Richtlinie 2000/78/EG wurden die Vertragsstaaten verpflichtet, u.a. auf der religi-

496 Siehe oben aus der Zeit vor BVerfG 70, 138: S. 72 sowie S. 78.

497 Siehe oben S. 72. Ähnlich auch: v. CAMPENHAUSEN / DE WALL, Staatskirchenrecht, § 21, S. 177.

498 Siehe oben S. 55ff. Bereits durch BAGE 34, 195 aufgegeben.

499 Siehe oben S. 73ff.

500 Siehe oben S. 82ff.

ösen oder weltanschaulichen Ausrichtung beruhende Ungleichbehandlungen in Arbeitsverhältnissen künftig zu unterbinden. Diese Vorgabe kollidiert im Grundsatz mit den Möglichkeiten der Religionsgesellschaften, Loyalitätsobliegenheiten im Rahmen kirchlicher Beschäftigungsverhältnisse aufzuerlegen.[501] Es ist jedoch zu bedenken, dass einzelstaatliche Sonderstellungen von Religionsgemeinschaften dem Grunde nach vom Europarecht toleriert werden. Art. 4 II RL 2000/78/EG greift diesen Bestandsschutzgedanken ausdrücklich auf.[502] § 9 AGG ist ein einfachgesetzlicher Ausfluss des verfassungsrechtlich gewährleisteten Selbstbestimmungsrechts[503]. Hierin hat der Gesetzgeber von der durch Art. 4 II RL 2000/78/EG eingeräumten Möglichkeit Gebrauch gemacht, zulässigerweise bestehende Ungleichbehandlungsmöglichkeiten durch u.a. religiöse Arbeitgeber auch in Zukunft zu erhalten[504]. Bei der Umsetzung von Art. 4 II RL 2000/78/EG hat sich der Gesetzgeber auf die verfassungsrechtlichen Vorgaben aus Art. 136ff WRV i.V.m. Art. 140 GG berufen[505]. § 9 AGG stellt damit, neben § 8 AGG, einen Rechtfertigungsgrund für eigentlich unzulässige Ungleichbehandlungen i.S.d. § 7 I AGG i.V.m. § 1 AGG dar[506]. Die Norm ist jedoch ein singulärer Rechtfertigungsgrund nur für Benachteiligungen wegen der Religion oder Weltanschauung. Eine Rechtfertigung von Benachteiligungen wegen anderer Merkmale kann auch für die durch § 9 AGG Berechtigten nur aufgrund der allgemeinen Rechtfertigungsnormen des AGG erfolgen.[507] Die

501 BUDDE, AuR 2005, 353 (353).

502 MEINEL / HEYN / HERMS, AGG Arbeitsrechtlicher Kommentar, § 9, Rn. 2.

503 BERG, in: DÄUBLER / HJORT / SCHUBERT / WOLMERATH, HK-ArbR, § 9 AGG, Rn. 1.

504 BERG, in: DÄUBLER / HJORT / SCHUBERT / WOLMERATH, HK-ArbR, § 9 AGG, Rn. 1.

505 BT-Drucks. 16/1780, S. 35.

506 BERG, in: DÄUBLER / HJORT / SCHUBERT / WOLMERATH, HK-ArbR, § 9 AGG, Rn. 1.

507 BAUER / GÖPFERT / KRIEGER, Allgemeines Gleichbehandlungsgesetz, § 9, Rn. 11; BELLING, in: WESTERMANN / GRUNEWALD / MAIER-REIMER, Erman BGB Kommentar, Bd. I, § 9 AGG, Rn. 1; MEINEL / HEYN / HERMS, AGG Arbeitsrechtlicher Kommentar, § 9, Rn. 3; STEIN, AXEL, in: WENDELING-SCHRÖDER / STEIN, AGG-Kommentar, § 9, Rn. 27.

Frage, wann eine Benachteiligung wegen der Religion oder Weltanschauung vorliegt, ist damit entscheidend für die Weite des Rechtfertigungstatbestandes.

Die kontrovers diskutierten Aspekte bei der Auslegung des § 9 AGG variieren bzgl. Absatz 1 und Absatz 2. Im Wesentlichen handelt es sich jedoch für beide Absätze um eine Frage der Reichweite der jeweiligen Ausnahmeregelung.

§ 9 AGG ist jedenfalls ein „für alle geltendes Gesetz" i.S.d. Art. 137 III WRV i.V.m. Art. 140 GG[508].

1. § 9 I AGG

Gem. § 9 I AGG sind Benachteiligungen durch die privilegierten Einrichtungen[509] zulässig, wenn die Zugehörigkeit zu einer bestimmten Religion oder Weltanschauung unter Beachtung des Selbstverständnisses der Religionsgesellschaft im Hinblick auf ihr Selbstbestimmungsrecht *oder* nach der Art der Tätigkeit eine gerechtfertigte berufliche Anforderung darstellt.

Im Rahmen des § 9 I AGG entzündet sich der Streit am Wortlaut der Norm. Zum einen deutet dieser auf ein Alternativverhältnis der Rechtfertigungsgründe bezogen auf das Selbstverständnis bzw. die Art der Tätigkeit hin. Zum anderen geht § 9 I AGG augenscheinlich über das durch Art. 4 II RL 2000/78/EG zulässige Maß hinaus. Während § 9 I AGG im letzten Satz eine „gerechtfertigte berufliche Anforderung" als Rechtfertigung für eine Ungleichbehandlung genügen lässt, verlangt Art. 4 II RL 2000/78/EG eine „wesentliche und entscheidende" berufliche Anforderung zu einem „rechtmäßigen Zweck".[510]

---

508 Richardi, Arbeitsrecht in der Kirche, § 6, S. 84.

509 Ausführlich zum Kreis der Berechtigten: Meinel / Heyn / Herms, AGG Arbeitsrechtlicher Kommentar, § 9, Rn. 6ff; Stein, Axel, in: Wendeling-Schröder / Stein, AGG-Kommentar, § 9, Rn. 13ff.

510 Vgl. auch: Joussen, NZA 2008, 675 (676); v. Tiling, ArbRB 2009, 80 (82).

a) Die enge Auslegung des § 9 I AGG

Stimmen im Schrifttum sprechen sich daher für eine enge Auslegung aus. Eine europarechtskonforme Auslegung gebiete es, dass eine Ungleichbehandlung aufgrund der Religion oder Weltanschauung des Beschäftigten nur dann gerechtfertigt werden könne, wenn diese wesentlich und rechtmäßig ist[511], m.a.W. einen konkreten Tätigkeitsbezug aufweist[512]. Der Wortlaut von Art. 4 II RL 2000/78/EG setze der durch das Bundesverfassungsgericht geprägten umfassenden Kirchenfreiheit engere Grenzen[513]. Dieser zeige, dass es neben einem vom Ethos der Religionsgemeinschaft geprägten Dienst auch einen Dienst geben müsse, der gerade nicht in dieser Weise geprägt ist[514]. Er enthalte zudem entsprechende Formulierungen, die einen differenzierteren Diskriminierungsschutz gewährleisten sollen, zumal anderenfalls eine ähnlich knappe Formulierung wie in § 118 II BetrVG genügt hätte.[515] Dies erhöhe die Anforderungen, die an eine Rechtfertigung von Ungleichbehandlungen zu stellen seien. Hierbei wirke sich die Beschäftigung anderskon-

511 Oetker, in: Richardi / Wlotzke / Wißmann / Oetker, Münchener Handbuch zum Arbeitsrecht, Bd. 1, § 14, Rn. 79, wo eine Rechtfertigung von Ungleichbehandlungen im „verkündungsnahen Bereich“ jedoch i.E. bejaht wird.

512 Belling, in: Westermann / Grunewald / Maier-Reimer, Erman BGB Kommentar, Bd. I, § 9 AGG, Rn. 6; Berg, in: Däubler / Hjort / Schubert / Wolmerath, HK-ArbR, § 9 AGG, Rn. 2; Busch, AiB 2008, 298 (298); Schlachter, in: Müller-Glöge / Preis / Schmidt, Erfurter Kommentar, § 9 AGG, Rn. 3; Seifert, AuR 2009, 31 (32); Stein, Axel, in: Wendeling-Schröder / Stein, AGG-Kommentar, § 9, Rn. 33f; Weidenkaff, in: Palandt, Bürgerliches Gesetzbuch, § 9 AGG, Rn. 3. Triebel, Das europäische Religionsrecht am Beispiel der arbeitsrechtlichen Anti-Diskriminierungsrichtlinie 2000/78/EG, S. 172 sieht die Religionsgesellschaften weiterhin befugt, anhand ihres Ethos' entsprechende Anforderungen festzulegen, während der Tätigkeitsbezug und die Wesentlichkeit einer vollständigen gerichtlichen Kontrolle unterliegen sollen.

513 Wedde, in: Däubler / Bertzbach, AGG Handkommentar, § 9, Rn. 35. Wank, NZA Sonderbeilage zu Heft 22/2004, 16 (23) ist der Auffassung, das die Rechtsprechung des Bundesverfassungsgerichts insoweit aufgehoben sei.

514 Reichegger, Die Auswirkungen der Richtlinie 2000/78/EG auf das kirchliche Arbeitsrecht, S. 204.

515 Budde, AuR 2005, 353 (357).

fessioneller Mitarbeiter verstärkend aus.[516] Insbesondere das in Art. 4 II RL 2000/78/EG genannte und im Wortlaut des § 9 AGG nicht berücksichtigte Kriterium der Wesentlichkeit der beruflichen Anforderungen verdeutliche, dass das kirchliche Selbstverständnis fortan nicht mehr der abschließende Maßstab für die Bewertung der Zulässigkeit einer Ungleichbehandlung sein könne[517]. Entsprechend stelle Art. 4 II RL 2000/78/EG eine nicht erweiterbare Konkretisierung der einzelstaatlichen Befugnisse bei der Gestaltung des Benachteiligungsverbots dar[518]. Wesentliches Differnzierungskriterium sei die Funktion des Mitarbeiters[519]. Es müsse zwischen verkündungsnahen und -fernen Tätigkeiten differenziert werden[520]. Dies soll sich beispielsweise im Falle des Kirchenaustritts[521] eines Mitarbeiters auswirken. Der Kirchenaustritt könne nur dann die Kündigung rechtfertigen, wenn der Mitarbeiter *in besonderem Maße*[522] mit der Kirche identifiziert werde.[523] Im Ergebnis liefe dies auf eine Angleichung an den durch § 118 I BetrVG gewährten Tendenzschutz[524] hinaus[525]. Die Beschränkung auf einen Ten-

---

516 SCHLIEMANN, NZA 2003, 407 (413), noch vor Inkrafttreten des AGG.

517 WANK, NZA Sonderbeilage zu Heft 22/2004, 16 (23); WEDDE, in: DÄUBLER / BERTZBACH, AGG Handkommentar, § 9, Rn. 41f.

518 SCHLACHTER, in: MÜLLER-GLÖGE / PREIS / SCHMIDT, Erfurter Kommentar, § 9 AGG, Rn. 3.

519 BUDDE, AuR 2005, 353 (357).

520 BELLING, in: WESTERMANN / GRUNEWALD / MAIER-REIMER, Erman BGB Kommentar, Bd. I, § 9 AGG, Rn. 6; WEDDE, in: DÄUBLER / BERTZBACH, AGG Handkommentar, § 9, Rn. 41 und Rn. 52. REICHOLD, NZA 2001, 1054 (1059f) erblickt hierin eine Missbrauchskontrolle, der aber die GrO sowie die entsprechenden Regelungen der ev. Landeskirchen im Grundsatz bereits standhalten würden.

521 Der Kirchenaustritt lässt sich auch als Loyalitätsobliegenheitsverstoß des Mitarbeiters bewerten. Die Zulässigkeit entsprechender Obliegenheiten beurteilt sich nach Inkrafttreten des AGG anhand von § 9 II AGG.

522 Hervorhebung durch den Verfasser.

523 BUDDE, AuR 2005, 353 (358f). Ähnlich: SEIFERT, AuR 2009, 31 (32); WEDDE, in: DÄUBLER / BERTZBACH, AGG Handkommentar, § 9, Rn. 56f.

524 Siehe hierzu oben S. 39ff.

525 BUDDE, AuR 2005, 353 (353); SCHLIEMANN, in: FS Richardi, S. 959 (976f). DERS., NZA 2003, 407 (411) prognostizierte bereits nach Erlass der Richtlinie 2000/78/EG, dass in deren Folge ein weit gefasster Tendenzschutz zu erwarten sei.

denzschutz ließe sich zudem am Wortlaut von Art. 4 II RL 2000/78/EG festmachen, da dieser die Religion einer konkreten Person in den Blick nehme und daher stets personenbezogen zu entscheiden sei[526]. Zusätzlich führe eine enge Auslegung zu einem wirksameren Schutz vor verschiedenen Ungleichbehandlungen i.S.d. § 4 AGG[527].

b) Die weite Auslegung des § 9 I AGG

Die Vertreter der Gegenposition hingegen halten die Abweichung des § 9 I AGG vom vorgegebenen Wortlaut des Art. 4 II RL 2000/78/EG für unbeachtlich. Die Formulierung des § 9 I AGG sei zwar zu beanstanden[528]. Der Norm sei jedoch nicht zu entnehmen, dass das bloße Selbstverständnis der jeweiligen Religionsgesellschaft eine Ungleichbehandlung zu rechtfertigen vermöge. Vielmehr sei die Frage, wann eine hinsichtlich der Art der Tätigkeit gerechtfertigte Ungleichbehandlung vorliegt, nicht ohne Rückgriff auf eine seitens der Religionsgesellschaft getroffene Festlegung zu beantworten. Nach deutschem Recht sei dies das Wesen des Selbstbestimmungsrechts.[529] Da das Gemeinschaftsrecht zur inhaltlichen Ausgestaltung des Begriffes des „religiösen Ethos" schon mangels Kompetenz keine Impulse zu setzen vermag, verbleibe es insofern

526 REICHEGGER, Die Auswirkungen der Richtlinie 2000/78/EG auf das kirchliche Arbeitsrecht, S. 205.

527 WEDDE, in: DÄUBLER / BERTZBACH, AGG Handkommentar, § 9, Rn. 10. Anders KAMANABROU, RdA 2006, 321 (328), die zwar anmerkt, dass § 9 I AGG den durch Art. 4 II RL 2000/78/EG gesteckten Rahmen verlässt, aufgrund des eindeutigen Willens des nationalen Gesetzgebers eine einschränkende Auslegung jedoch nicht möglich sei.

528 MEINEL / HEYN / HERMS, AGG Arbeitsrechtlicher Kommentar, § 9, Rn. 18. STEIN, PETER, in: RUST / FALKE, AGG Kommentar, § 9, Rn. 15 hält bereits die Formulierung der Richtlinie 2000/78/EG für „missglückt". Anders MOHR / V. FÜRSTENBERG, BB 2008, 2122 (2124), wonach der Wortlaut den europarechtlichen Vorgaben entspricht. Ähnlich wohl auch: FAHRIG / STENSLIK, EuZA 2012, 184 (200f); JOUSSEN, ZTR 2010, 54 (56).

529 MEINEL / HEYN / HERMS, AGG Arbeitsrechtlicher Kommentar, § 9, Rn. 19. Ähnlich auch: V. CAMPENHAUSEN / UNRUH, in: V. MANGOLDT / KLEIN / STARCK, Kommentar zum GG, Bd. 3: Art. 83 - 146, Art. 137 WRV, Rn. 111; V. CAMPENHAUSEN / DE WALL, Staatskirchenrecht, § 21, S. 182; FEY, AuR 2005, 349 (350).

bei der zu Art. 137 III WRV i.V.m. Art. 140 GG geprägten Auslegung[530]. Es habe daher die inhaltliche Interpretation des Selbstbestimmungsrechts in der Bundesrepublik Deutschland zu respektieren[531]. Art. 17 I AEUV wirke in diesem Zusammenhang als „Schranken-Schranke“ wenn kirchliche Regelungsfreiheiten durch das Gemeinschaftsrecht[532] begrenzt werden sollen.[533] Außerdem habe des Selbstbestimmungsrecht des Art. 137 III WRV i.V.m. Art. 140 GG durch Art. 23 I S. 3 GG an der Ewigkeitsgarantie des Art. 79 III GG teil, was eine Kompetenzdelegierung auf die EU begrenze bzw. ausschließe[534]. Die EU verfüge zudem nicht über ein dem nationalen Staatskirchenrecht vergleichbares Regelungssystem[535], sodass dieses auch nicht verdrängt werden könne[536]. Alles in allem habe dies die Unionsfestigkeit des kirchlichen Arbeitsrechts zur Folge[537]. Für die

530 Joussen, RdA 2003, 32 (37); Reichold, NZA 2001, 1054 (1059). ZfA 2008, Richardi, ZevKR 52 (2007), 182 (186ff).

531 Richardi, Arbeitsrecht in der Kirche, § 1, S. 14f.

532 Seit Inkrafttreten des Vertrages von Lissabon am 01.12.2009 und des damit verbundenen Verzichts auf das Konzept der Europäischen Gemeinschaften ist die Europäische Union mit eigener Rechtspersönlichkeit ausgestattet. Vgl. dazu: Mayer, Franz, JuS 2010, 189 (190). Insoweit ist seither von „Unionsrecht“ auszugehen.

533 Richardi, Arbeitsrecht in der Kirche, § 1, S. 14. Ähnlich auch: Grzeszick, ZevKR 48 (2003), 284 (292); Hollerbach, ZevKR 35 (1990), 250 (268); Triebel, ZevKR 49 (2004), 644 (646). Anders Joussen, RdA 2003, 32 (36), der eine grundsätzliche primärrechtlich verankerte Kompetenz der Gemeinschaft zur Schaffung umfangreichen Diskriminierungsschutzes erblickt.

534 Mohr / v. Fürstenberg, BB 2008, 2122 (2125f); Richardi, Arbeitsrecht in der Kirche, § 1, S. 13; ders., ZevKR 52 (2007), 182 (185). Adomeit / Mohr, Allgemeines Gleichbehandlungsgesetz (AGG), Einleitung, Rn. 276 weisen darauf hin, dass Art. 23 GG nicht dazu berechtige, mehr Kompetenzen auf die EU zu übertragen, als der Gesetzgeber selbst inne hat.

535 Reichold, EuZA 2011, 320 (321).

536 Richardi, Arbeitsrecht in der Kirche, § 1, S. 13. Ähnlich: v. Campenhausen / de Wall, Staatskirchenrecht, §40, S. 359; Mückl, in: Isensee / Kirchhof, HdbStR, Bd. VII, § 159, Rn. 48, wonach eine „Gesamtregelung“ dieses Rechtsbereichs durch das Gemeinschaftsrecht ausgeschlossen ist.

537 Richardi, Arbeitsrecht in der Kirche, § 1, S. 15. Anders: Hanau / Thüsing, Europarecht und kirchliches Arbeitsrecht, S. 26. Anders auch Mückl, in: Isensee / Kirchhof, HdbStR, Bd. VII, § 159, Rn. 51 und Rn. 54, der aufgrund von Art. 19 I AEUV jedenfalls eine Kompetenz der Union zum Schutz vor Diskriminierungen

Auslegung des § 9 I AGG folge daraus, dass allein die Kirchen nach ihrem Selbstbestimmungsrecht bestimmen könnten, was insoweit „gerechtfertigte berufliche Anforderungen“ seien[538]. Weitergehend wird die Richtlinie 2000/78/EG vor dem Hintergrund des Art. 6 III EUV sowie der Erklärung Nr. 11 zum Vertrag von Amsterdam als gegen Primärrecht verstoßendes Sekundärrecht erachtet[539]. Dem deutschen Gesetzgeber hätte sich daher die fehlende Bindungswirkung der europarechtswidrigen Richtlinie 2000/78/EG aufdrängen müssen. Folglich hätte die Richtlinie nicht in nationales Recht umgesetzt werden dürfen.[540] Die Umsetzung durch § 9 AGG bedeute hingegen eine Reduzierung des Selbstbestimmungsrechts auf einen weiten Tendenzschutz[541], was einer Grundgesetzänderung bedurft hätte[542]. Hiergegen wird eingewandt, dass Sekundärrecht wenn möglich primärrechtskonform aufzulegen sei. Da Art. 4 II RL 2000/78/EG einer das kirchliche Selbstverständnis wahrenden Auslegung zugänglich sei, könne die Richtlinie solchermaßen primärrechtskonform ausgelegt werden und sei daher selbst nicht primärrechtswidrig.[543]

im (kirchlichen) Arbeitsrecht erblickt, wobei Ausnahmeklauseln die Wahrung der nationalen staatskirchenrechtlichen Identitäten sicherstellen können.

538 ADOMEIT / MOHR, Allgemeines Gleichbehandlungsgesetz (AGG), § 9, Rn. 15; RICHARDI, Arbeitsrecht in der Kirche, § 6, S. 84. Ähnlich: BAUER / GÖPFERT / KRIEGER, Allgemeines Gleichbehandlungsgesetz, § 9, Rn. 14; v. TILING, ArbRB 2009, 80 (82). Ähnlich auch MOHR / v. FÜRSTENBERG, BB 2008, 2122 (2124) wonach der Wortlaut der Norm klarstelle, dass kein objektiver Maßstab anzulegen sei.

539 SCHLIEMANN, in: FS Richardi, S. 959 (974f); STÖHR, RdA 2012, 376 (378).

540 SCHLIEMANN, in: FS Richardi, S. 959 (974f).

541 Siehe schon oben S. 94.

542 So SCHLIEMANN, in: FS Richardi, S. 959 (976f), wo im Ergebnis lediglich noch ein durch § 9 AGG gewährter Tendenzschutz gesehen wird. Dieses Ergebnis wird jedoch bedauert, da ein deutliches Bekenntnis des deutschen Gesetzgebers zum Selbstbestimmungsrecht erwartet worden war.

543 THÜSING / FINK-JAMANN / v. HOFF, ZfA 2009, 153 (178f). Gleichzeitig wird betont, dass jedes andere, das kirchliche Selbstverständnis nicht berücksichtigende Auslegungsergebnis die Primärrechtswidrigkeit der Richtlinie zur Folge hätte. Ähnlich auch: v. CAMPENHAUSEN / UNRUH, in: v. MANGOLDT / KLEIN / STARCK, Kommentar zum GG, Bd. 3: Art. 83 - 146, Art. 137 WRV, Rn. 111.

Daher wird unabhängig von der Frage eines möglichen Umsetzungsdefizits in § 9 I AGG teilweise schon der Inhalt von Art. 4 II RL 2000/78/EG so interpretiert, dass sich daraus keine wesentlichen Änderungen im kirchlichen Arbeitsrecht ergeben[544]. Dieser sei einer weiten, den aktuellen Status des kirchlichen Selbstbestimmungsrecht bewahrenden Auslegung zugänglich[545]. Eine solche sei insbesondere deswegen geboten, weil die Vertragsstaaten nach der Erklärung Nr. 11 der Schlussakte des Vertrages von Amsterdam[546] den Status der Religionsgesellschaften in den nationalen Rechtsordnungen achteten[547]. Zwar fehle dieser Erklärung die Rechtsverbindlichkeit, da sie nicht direkt in den europäischen Verträgen verankert sei[548]. Durch den Wortlaut des Art. 4 II RL 2000/78/EG, der den Inhalt der Erklärung Nr. 11 wörtlich wiederhole, käme der Amsterdamer Kirchenerklärung bei der Auslegung der Richtlinie jedoch besonderes Gewicht zu[549].
Inhaltlich lasse sich das Kriterium der „wesentlichen, rechtmäßigen und gerechtfertigten" Anforderungen in Art. 4 II RL 2000/78/EG als Ausprägung des Verhältnismäßigkeitsgrundsatzes ansehen. Diese Anforderungen müssten daher geeignet, erforderlich und angemessen sein.[550] Hierbei sei das angestrebte Ziel der Religionsgesellschaft in den Blick zu nehmen, die insoweit keinen Freibrief zur beliebigen Formulierung entsprechender Kriterien erhielte[551]. Die Frage, was der „Ethos der Religionsgesellschaft" i.S.d. Art. 4 II RL 2000/78/EG sei, könne der religiös neutrale Staat nur von den Religionsgesellschaften selbst beantworten lassen[552]. Aus Gründen

---

544 Im Ergebnis so auch: Joussen, NZA 2008, 675 (678); Thüsing, JZ 2004, 172 (176).

545 Fischermeier, in: FS Richardi, S. 875 (887). Im Ergebnis so auch: Thüsing / Fink-Jamann / v. Hoff, ZfA 2009, 153 (178).

546 Auch „Amsterdamer Kirchenerklärung" genannt.

547 v. Campenhausen / Unruh, in: v. Mangoldt / Klein / Starck, Kommentar zum GG, Bd. 3: Art. 83 - 146, Art. 137 WRV, Rn. 111; Deinert, EuZA 2009, 332 (338).

548 Thüsing / Fink-Jamann / v. Hoff, ZfA 2009, 153 (181) m.w.N.

549 Fischermeier, in: FS Richardi, S. 875 (886f). Im Ergebnis so auch: Thüsing / Fink-Jamann / v. Hoff, ZfA 2009, 153 (182). Weitergehend Joussen, RdA 2003, 32 (37), wonach der Erklärung Rechtsverbindlichkeit zukommt.

550 Reichold, NZA 2001, 1054 (1059); Schnabel, ZfA 2008, 413 (419).

551 Schnabel, ZfA 2008, 413 (419f).

552 Schnabel, ZfA 2008, 413 (420).

der Rechtssicherheit seien von diesen jedoch entsprechend klare Anforderungen an die Mitarbeiter zu formulieren, damit die Einhaltung dieser selbst auferlegten Regeln richterlich überprüft werden kann[553]. Andernfalls sei von einem Nichtgebrauch des Selbstbestimmungsrechts auszugehen[554]. Sowohl die Grundordnung des kirchlichen Dienstes der katholischen Kirche als auch die Loyalitätsrichtlinie der EKD[555] erfüllten jedoch diese Kriterien, wenn diese die Anforderungen an die Religionszugehörigkeit nach der Nähe zum kirchlichen Grundauftrag abstufen[556].

Im Ergebnis führten die europarechtlichen Vorgaben lediglich zu einem „Rationalisierungsschub" im kirchlichen Arbeitsrecht[557]. Art. 4 II RL 2000/78/EG und damit auch § 9 I AGG überließen es daher allein den Religionsgesellschaften, nach ihrem Selbstverständnis festzulegen, welche Tätigkeiten eine konfessionelle Bindung erfordern[558].

2. § 9 II AGG

Gem. § 9 II AGG berührt das Verbot der unterschiedlichen Behandlung wegen der Religion oder Weltanschauung nicht das Recht der durch Absatz 1 berechtigten Religionsgesellschaften, von den Beschäftigten ein loyales und aufrichtiges Verhalten i.S.d. jeweiligen Selbstverständnisses zu fordern. Absatz 2 ergänzt Absatz 1 im Hinblick auf die Frage, welche Loyalitätsanforde-

---

553 Vgl. BELLING, in: WESTERMANN / GRUNEWALD / MAIER-REIMER, Erman BGB Kommentar, Bd. I, § 9 AGG, Rn. 9; WINTER, Staatskirchenrecht in der Bundesrepublik Deutschland, S. 199f. Ähnlich, mit einer theologischen Begründung: STÖHR, RdA 2012, 376 (377).

554 RICHARDI, in: FS Link, S. 143 (150).

555 Siehe sowohl zur Grundordnung als auch zur Loyalitätsrichtlinie oben S. 27ff.

556 REICHOLD, NZA 2001, 1054 (1060). Ähnlich FISCHERMEIER, in: FS Richardi, S. 875 (888), wonach in der Folge § 9 AGG insgesamt als nicht gemeinschaftsrechtswidrig angesehen wird. THÜSING / FINK-JAMANN / V. HOFF, ZfA 2009, 153 (194) erblicken im Wortlaut des § 9 AGG jedenfalls keine Pflicht, eine Abstufung von Loyalitätsobliegenheiten vorzunehmen.

557 REICHOLD, NZA 2001, 1054 (1060). Ähnlich: JOUSSEN, RdA 2011, 173 (174); RICHARDI, ZevKR 52 (2007), 182 (186), wonach das AGG an dem durch BVerfGE 70, 138 geprägten Freiheitsrahmen nicht ändert.

558 THÜSING / FINK-JAMANN / V. HOFF, ZfA 2009, 153 (203). Ähnlich: V. CAMPENHAUSEN / DE WALL, Staatskirchenrecht, §40, S. 363.

rungen eine Religions- oder Weltanschauungsgesellschaft ihren Mitarbeitern auferlegen kann[559].

Problematisch erscheint im Rahmen des § 9 II AGG die Reichweite dieser Ermächtigung. Ein in diesem Zusammenhang bemühtes Beispiel ist die Kündigung eines Mitarbeiters wegen des *Vollzugs* seiner Homosexualität[560]. Dies stellt an sich eine Benachteiligung wegen der sexuellen Identität des Mitarbeiters und damit einen Verstoß gegen §§ 1, 7 AGG dar. § 9 I AGG scheidet als Rechtfertigungsgrund für diese Benachteiligung aus.[561] Andererseits unterliegt der kirchliche Mitarbeiter u.U. einer Loyalitätsobliegenheit, wonach die (praktizierte) Homosexualität gegen die Moral- und Sittenlehre der Religionsgesellschaft verstößt[562]. Tatbestandlich liege dann jedenfalls *auch* eine Diskrimierung wegen der Religion vor.[563]

Die Diskussion um die Auslegung des § 9 AGG setzt sich damit im Rahmen des Absatz 2 mit der Frage fort, ob dieser auch eine Benachteiligung wegen anderer Gründe als der Religion oder Weltanschauung zu rechtfertigen vermag, wenn insoweit ein Verstoß gegen eine Loyalitätsobliegenheit vorliegt[564]. Bezogen auf das genannte Beispiel des *Vollzuges* der Homosexualität ist damit fraglich, ob die religiös motivierte Intoleranz gegenüber einer solchen Neigung noch vom Wortlaut des § 9 II AGG gedeckt ist oder ob eine entsprechende Rechtfertigung auszuscheiden bzw. nur auf Grundlage des (strengeren) § 8 AGG erfolgen kann[565].

---

559 BT-Drucks. 16/1780, S. 35.

560 Aus der Rechtsprechung des BAG vor Inkrafttreten des AGG: BAG NJW 1984, 1917. Siehe dazu oben S. 71ff.

561 STEIN, AXEL, in: WENDELING-SCHRÖDER / STEIN, AGG-Kommentar, § 9, Rn. 56.

562 DEINERT, EuZA 2009, 332 (341).

563 KEHLEN, Europäische Antidiskriminierung und kirchliches Selbstbestimmungsrecht, S. 195.

564 RUPP, in: HENSSLER / WILLEMSEN / KALB, Arbeitsrecht Kommentar, § 9 AGG, Rn. 5.

565 Vgl. DEINERT, EuZA 2009, 332 (341), der zusätzlich anmerkt, der Gesetzgeber habe dieses Problem in dieser Form nicht erkannt.

a) Die enge Auslegung des § 9 II AGG

Einer weiten Auslegung des § 9 II AGG wird in der Literatur entgegengetreten. Dieser könne keinen weiten Rechtfertigungstatbestand darstellen. Die Richtlinie 2000/78/EG stelle eine durch die Vertragsstaaten nicht erweiterbare Konkretisierung der Befugnisse bei der Schaffung eines nationalen Diskriminierungsschutztatbestandes dar[566]. Dies wirke sich bei Verstößen gegen die kirchliche Moral- und Sittenlehre aus. Entsprechend könne ein solcher Loyalitätsobliegenheitsverstoß nur dann die Kündigung rechtfertigen, wenn der Mitarbeiter in besonderem Maße mit der Kirche identifiziert werde.[567] Das Beispiel der praktizierten Homosexualität weise zudem eine solche Nähe zum verpönten Kriterium der sexuellen Identität auf, dass jedenfalls eine Interessenabwägung im Einzelfall stattzufinden habe. Lediglich für verkündungsnah oder öffentlichkeitswirksam eingesetztes Personal könne in solchen Fällen angenommen werden, es läge ein Verstoß gegen Loyalitätsobliegenheiten vor. In anderen Fällen genieße das Interesse der Religionsgesellschaft an einer glaubwürdigen Außendarstellung nicht den Vorrang.[568]

Weitergehend wird angenommen, eine Diskriminierung wegen praktizierter Homosexualität sei überhaupt nicht durch § 9 II AGG zu rechtfertigen[569]. Die Entstehungsgeschichte von Art. 4 II S. 2 RL 2000/78/EG zeige, dass Satz 2 als Ausschlusstatbestand angelegt worden sei. Danach solle im Fall des Zusammentreffens mehrerer Diskriminierungstatbestände die Anwendbarkeit des Art. 4 II RL 2000/78/EG (und damit nach der Umsetzung in nationales Recht des § 9 AGG) ausgeschlossen sein.[570] Als Rechtfertigungs-

---

566 Siehe oben S. 94ff.

567 BUDDE, AuR 2005, 353 (358f). Ähnlich: SEIFERT, AuR 2009, 31 (32); WEDDE, in: DÄUBLER / BERTZBACH, AGG Handkommentar, § 9, Rn. 56f.

568 STEIN, AXEL, in: WENDELING-SCHRÖDER / STEIN, AGG-Kommentar, § 9, Rn. 28f. ADOMEIT / MOHR, Allgemeines Gleichbehandlungsgesetz (AGG), § 9, Rn. 20 halten die durch § 9 II AGG ermöglichten Verhaltensanforderungen seitens kirchlicher Arbeitgeber insgesamt für „gesellschaftspolitisch durchaus diskussionswürdig".

569 So im Ergebnis BELLING, in: WESTERMANN / GRUNEWALD / MAIER-REIMER, Erman BGB Kommentar, Bd. I, § 9 AGG, Rn. 10.

570 KEHLEN, Europäische Antidiskriminierung und kirchliches Selbstbestimmungsrecht, S. 195.

grund könne, wenn überhaupt[571], nur der allgemeinere § 8 AGG eingreifen[572]. Ob hiernach eine Rechtfertigung in Betracht kommt, bestimme sich aber stets anhand objektiver Kriterien und niemals nach dem Selbstverständnis der Religionsgesellschaft.[573] Das Selbstbestimmungsrecht der Religionsgesellschaften bleibe hingegen jedenfalls dann maßgeblich, wenn die Diskriminierung auf Gründen beruht, die nicht vom Regelungsgehalt der Richtlinie 2000/78/EG erfasst sind[574].

Der zu Art. 4 II RL 2000/78/EG vertretenen Ansicht, auch Verstöße gegen kirchliche Loyalitätsobliegenheiten durch verkündungs*nah* eingesetzte Arbeitnehmer würden zukünftig nicht mehr in jedem Fall sozial gerechtfertigt sein, weil etwa schon an der Wirksamkeit des Art. 5 GrO gezweifelt werden könne[575], ist hingegen aufgrund des eindeutigen Wortlautes des § 9 II AGG

---

571 BUDDE, AuR 2005, 353 (359), noch vor Inkrafttreten des AGG, will auch diesen Rückgriff i.E. wohl nicht zulassen, „da die Religion den Hintergrund für die Diskriminierung bildet". Ähnlich wohl auch: DÄUBLER, RdA 2003, 204 (208).

572 ADOMEIT / MOHR, Allgemeines Gleichbehandlungsgesetz (AGG), § 9, Rn. 20; FAHRIG / STENSLIK, EuZA 2012, 184 (200); KEHLEN, Europäische Antidiskriminierung und kirchliches Selbstbestimmungsrecht, S. 195f, der noch vor Inkrafttreten des AGG entsprechend Art. 4 I RL 2000/78/EG in Bezug nimmt. REICHEGGER, Die Auswirkungen der Richtlinie 2000/78/EG auf das kirchliche Arbeitsrecht, S. 212 betont, dass ein solcher Rückgriff möglich sein müsse, da ansonsten Kirchen schlechter gestellt würden als andere Arbeitgeber. Anders TRIEBEL, Das europäische Religionsrecht am Beispiel der arbeitsrechtlichen Anti-Diskriminierungsrichtlinie 2000/78/EG, S. 175ff, wonach eine mittelbare Diskriminierung vorliegt, die nur dann als gerechtfertigt angesehen wird, wenn der Mitarbeiter in exponierter Position tätig ist.

573 BELLING, NZA 2004, 885 (887) noch vor Inkrafttreten des AGG, sodass dieser als Rechtfertigungstatbestand für das Beispiel der praktizierten Homosexualität auf Art. 4 I RL 2000/78EG rekurriert. Dies entspricht nach Inkrafttreten des AGG einer Rechtfertigung über § 8 AGG.

574 BELLING, NZA 2004, 885 (887); DERS., in: WESTERMANN / GRUNEWALD / MAIER-REIMER, Erman BGB Kommentar, Bd. I, § 9 AGG, Rn. 10; HANAU / THÜSING, Europarecht und kirchliches Arbeitsrecht, S. 34f; JOUSSEN, RdA 2003, 32 (38). Beide anhand des Beispiels einer kirchenrechtswidrigen Eheschließung. Ähnlich auch: TRIEBEL, Das europäische Religionsrecht am Beispiel der arbeitsrechtlichen Anti-Diskriminierungsrichtlinie 2000/78/EG, S. 178f.

575 So wohl BUDDE, AuR 2005, 353 (358).

der Boden entzogen. Wäre dies anders, hätte es eines zweiten Absatzes nicht bedurft.

b) Die weite Auslegung des § 9 II AGG

Die Anhänger einer weiten Auslegung des § 9 II AGG sehen in der Norm eine weitestgehende Freistellung vom Diskriminierungsverbot aus anderen Gründen als der Religion. Für das Beispiel der praktizierten Homosexualität könne man von einer Art mittelbaren Diskriminierung wegen der Religion sprechen[576]. Zwar sei der homosexuelle Mitarbeiter Anhänger des aus Sicht des Arbeitgebers richtigen Glaubens, jedoch verhalte er sich nicht entsprechend.[577] Bei einer Betrachtung des Art. 4 II RL 2000/78/EG sei zu fragen, ob dem grundsätzlichen Diskriminierungsverbot der Richtlinie oder den Freistellungen zugunsten der Religionsgesellschaften der Vorzug einzuräumen sei[578]. Aufgrund des eindeutigen Wortlautes des Art. 4 II S. 3 RL 2000/78/EG ließe sich diese Frage nur zugunsten der kirchlichen Freistellung beantworten, da insoweit sogar der Ausnahmetatbestand des Art. 4 II S. 1 RL 2000/78/EG noch überschritten werde[579]. Zudem verdeutliche die Entstehungsgeschichte des Art. 4 II RL 2000/78/EG, dass nach ursprünglich restriktiveren Entwürfen letztlich ein Richtlinientext beschlossen wurde, der gerade keine Tendenzschutzregelung enthalte. Stattdessen wurde das nach nationalen Maßstäben zu beurteilende Ethos der Religionsgemeinschaften und damit das Selbstverständnis zum „zentralen Element des Rechtfertigungstatbestandes".[580] Die Vorgaben des Richtliniengebers enthielten daher einen „Freibrief" für die Kirchen, sodass die Richtlinie keine Änderung

576 Anders THÜSING, JZ 2004, 172 (179); HANAU / THÜSING, Europarecht und kirchliches Arbeitsrecht, S. 35, wonach eine Kündigung wegen homosexueller Praxis keine Kündigung wegen Homosexualität darstellt und somit unproblematisch aufgrund des Ethos der Religionsgesellschaft gerechtfertigt werden kann.

577 JOUSSEN, RdA 2003, 32 (37), der in diesem Zusammenhang relativiert, dass der Begriff der mittelbaren Diskriminierung nicht in diesem Zusammenhang gebraucht werden dürfe, da er bereits anders besetzt ist.

578 JOUSSEN, RdA 2003, 32 (38f).

579 LINK, CHRISTOPH, ZevKR 50 (2005), 403 (413).

580 THÜSING / FINK-JAMANN / v. HOFF, ZfA 2009, 153 (177f).

der überkommenen staatskirchenrechtlichen Regelungen gebiete.[581] Dieser durch Art. 137 III WRV i.V.m. Art. 140 GG normierten und durch die Auslegung des Bundesverfassungsgerichts maßgeblich geprägten Kirchenfreiheit wolle der Gesetzgeber durch § 9 II AGG Rechnung tragen[582]. Damit sei auch im Geltungsbereich von § 9 II AGG die Auferlegung von Loyalitätsobliegenheiten im durch die nationale Rechtsprechung geprägten Rahmen zulässig. Entsprechend könne bei Verstößen ein Kündigungsgrund gegeben sein.[583] Konsequenterweise muss man hiernach die Kündigung eines Mitarbeiters wegen praktizierter Homosexualität als durch § 9 II AGG gerechtfertigt ansehen, wenn entsprechende Loyalitätsobliegenheiten nach dem Selbstverständnis der Religionsgesellschaft bestehen und in den Arbeitsvertrag einbezogen worden sind[584].

3. Fazit zur Auslegung des § 9 I und II AGG

Festzuhalten bleibt, dass sich die beiden Absätze des § 9 AGG hinsichtlich ihres Regelungsgehaltes unterscheiden. Auch wenn § 9 II AGG auf den ersten Blick sprachlich auf § 9 I AGG Bezug zu nehmen scheint, so handelt es sich doch um unterschiedliche Rechtfertigungstatbestände. Absatz 1 rechtfertig eine Benachteiligung wegen der Religionszugehörigkeit. Absatz 2 hingegen umfasst die Möglichkeit der Religionsgesellschaften, Loyalitätsobliegenheiten für alle Mitarbeiter aufzustellen.[585]

---

581 Joussen, RdA 2003, 32 (38). Ähnlich: v. Campenhausen / Unruh, in: v. Mangoldt / Klein / Starck, Kommentar zum GG, Bd. 3: Art. 83 - 146, Art. 137 WRV, Rn. 111. Ähnlich auch Kamanabrou, RdA 2006, 321 (328), wo Art. 4 II S. 3 RL 2000/78/EG ebenso weit verstanden wird, jedoch betont wird, dass § 9 II AGG eine solch weite Fassung momentan nicht aufweise.

582 Richardi, Arbeitsrecht in der Kirche, § 6, S. 85. Im Ergebnis ähnlich: Fischermeier, in: FS Richardi, S. 875 (888); Lingemann / Müller, Matthias, BB 2007, 2006 (2012); Plum, RdA 2012, 373 (375); Thüsing / Fink-Jamann / v. Hoff, ZfA 2009, 153 (184).

583 Lingemann / Müller, Matthias, BB 2007, 2006 (2012).

584 Zur individualvertraglichen Begründung der Loyalitätsobliegenheiten siehe oben S. 30ff.

585 Stein, Axel, in: Wendeling-Schröder / Stein, AGG-Kommentar, § 9, Rn. 47.

Trotz des unterschiedlichen Regelungsgehaltes der beiden Absätze des § 9 AGG weisen die Argumentationslinien zur Auslegung der Absätze gewisse Parallelen auf. Im Kern geht es jeweils um die Frage, wie weitgehend der durch Art. 4 II RL 2000/78/EG gesteckte Rahmen das aus Art. 137 III WRV i.V.m. Art. 140 GG entspringende kirchliche Selbstbestimmungsrecht begrenzen kann. Zumindest der Gesetzgeber hat sich bei der Umsetzung der Richtlinie 2000/78/EG an die vorgefundenen verfassungsrechtlichen Vorgaben gebunden gesehen[586]. Die sprachliche Fassung, jedenfalls des § 9 I AGG, wird, betrachtet man Art. 4 II RL 2000/78EG als „Vorlage", für misslungen bzw. als hinter den Vorgaben zurückbleibend angesehen[587]. Je nach Position wird daher entweder eine enge, den Wortlaut an die vermeintlichen europarechtlichen Vorgaben anpassende, Auslegung propagiert. Oder es wird für eine weite, am aktuellen Wortlaut des § 9 AGG orientierte Auslegung eingetreten, da der Einfluss des Europarechts auf das vom Selbstbestimmungsrecht geprägte nationale Staatskirchenrecht als nicht gewichtig genug angesehen wird, um dessen Beschränkung zu rechtfertigen[588].

Vertreter sowohl der engen als auch der weiten Auslegungsansätze ziehen die Erklärung Nr. 11 der Schlussakte des Vertrages von Amsterdam (die sog. „Amsterdamer Kirchenerklärung") zur Untermauerung ihrer Ansichten heran. Einerseits wird hierzu betont, dass es sich bei der „Amsterdamer Kirchenerklärung" weder um Vertragstext, noch um Protokolle gem. Art. 311 EG[589] handele. Daher komme der Erklärung keine Rechtsverbindlichkeit zu, sondern „allenfalls" der Status einer Auslegungshilfe[590]. Andererseits wird das Zusammenspiel von Art. 4 II RL 2000/78/EG mit der „Amsterdamer Kirchenerklärung" betont, sodass dieser im Ergebnis höheres Gewicht als das einer bloßen Auslegungshilfe, bis hin zur Rechts-

586 Siehe oben S. 91.

587 Siehe oben S. 92 und S. 95.

588 Zum weitergehenden Argument, das Staatskirchenrecht sei europarechtsfest, siehe oben S. 97ff.

589 Seit dem Inkrafttreten des Lissabon-Vertrages geregelt in Art. 51 EUV.

590 Reichold, NZA 2001, 1054 (1055) m.w.N.

verbindlichkeit, zukommen soll[591]. Jedoch ist zu beachten, dass diese Argumentationslinien teilweise aus Zeiten stammen, in denen die Richtlinie 2000/78/EG noch in nationales Recht umzusetzen war. Einige Fragen, die vor Inkrafttreten des AGG diskutiert wurden, dürften sich durch den in § 9 AGG manifestierten Willen des nationalen Gesetzgebers schlicht erübrigt haben. So wird man die vor Schaffung des AGG aufgeworfene Frage, ob der nationale Gesetzgeber Ausnahmen von einem allgemeinen Diskriminierungsverbot zugunsten der Religionsgesellschaften vorsehen *muss*[592] als durch § 9 AGG beantwortet ansehen müssen[593].

Eine ähnliche Auswirkung ist hinsichtlich der Rechtsverbindlichkeit der „Amsterdamer Kirchenerklärung" anzunehmen. Mit Wirkung zum 01.12.2009 ist der Vertrag von Lissabon in Kraft getreten. Nach Art. 17 I AEUV „[...] achtet [die Union] den Status, den Kirchen und religiöse Vereinigungen oder Gemeinschaften in den Mitgliedstaaten nach deren Rechtsvorschriften genießen, und beeinträchtigt ihn nicht". Inhaltlich hat die „Amsterdamer Kirchenerklärung" damit Eingang in das Primärrecht gefunden.[594] Damit ist die Frage, wie die „Amsterdamer Kirchenerklärung" im Rahmen der gemeinschaftsrechtlichen Normensystematik zu bewerten ist, geklärt. Die primärrechtliche Verankerung spricht dafür, dass die Zulässigkeit einer weitgehenden Beibehaltung der kirchlichen Freiheitsgarantien[595], so wie es von den Anhängern der weiten Auslegungsansätze vor Inkrafttreten des Lissabon-Vertrages propagiert wurde, Gesetz geworden ist. Den Status der Religionsgesellschaften im europäischen Recht wird

---

591 Siehe oben S. 98ff.

592 Vgl. BELLING, NZA 2004, 885 (888f).

593 Zu einer ähnlichen Frage siehe oben S. 102.

594 JOUSSEN, ZTR 2010, 54 (57); MÜCKL, in: ISENSEE / KIRCHHOF, HdbStR, Bd. VII, § 159, Rn. 47; MUNSONIUS, DÖV 2012, 93 (96); ROBBERS, in: FS Listl, S. 753 (753); THÜSING / FINK-JAMANN / V. HOFF, ZfA 2009, 153 (186); DE WALL, ZevKR 50 (2005), 383 (383f).

595 So wohl auch: ADOMEIT / MOHR, Allgemeines Gleichbehandlungsgesetz (AGG), § 9, Rn. 4; FAHRIG / STENSLIK, EuZA 2012, 184 (200). Wohl a.A.: SPERBER, EuZA 2011, 407 (416).

man durch Art. 17 I AEUV solchermaßen nun als im Primärrecht mit entsprechender Verbindlichkeit verortet ansehen müssen.[596]

Weitergehend wurde der Status der Religionsgemeinschaften im Gemeinschaftsrecht durch Art. 17 III AEUV gegenüber dem durch die „Amsterdamer Kirchenerklärung" gesteckten Rahmen noch gestärkt. Art. 17 III AEUV, wonach die Union die Identität und den besonderen Beitrag der Kirchen anerkennt, geht nämlich inhaltlich über die „Amsterdamer Kirchenerklärung" noch hinaus.[597] Die primärrechtliche Verankerung zeigt zudem, dass der europäische Gesetzgeber die unterschiedlichen nationalen Besonderheiten im Staatskirchenrecht wahrnimmt. Von einem gänzlichen Fehlen europäischer Regelungen auf diesem Gebiet und einer daraus abgeleiteten Europarechtsfestigkeit des Staatskirchenrechts[598] kann daher ebenfalls nicht (mehr) ausgegangen werden.[599]
Für eine weite, die verfassungsrechtlichen Vorgaben des Art. 137 III WRV i.V.m. Art. 140 GG wahrende, Auslegung des § 9 AGG spricht zudem der Wille des nationalen Gesetzgebers. Dieser wollte mit der Umsetzung des § 9 AGG die genannten Vorgaben ausdrücklich wahren[600]. Wie bereits aufgezeigt wurde, ist das Selbstverständnis der Religionsgesellschaften sowohl bei der Inhaltsbestimmung der „eigenen Angelegenheiten" als auch bei der Ausformung der Schrankenregelung des „für alle geltenden Gesetzes" i.S.d. Art. 137 III WRV i.V.m. Art. 140 GG maßgeblich zu berücksichtigen. Schon der Begriff des *Selbst*verständnisses impliziert, dass die inhaltliche

596 THÜSING / FINK-JAMANN / V. HOFF, ZfA 2009, 153 (186).

597 THÜSING / FINK-JAMANN / V. HOFF, ZfA 2009, 153 (186). Ähnlich: ROBBERS, in: FS Listl, S. 753 (754); DE WALL, ZevKR 50 (2005), 383 (384).

598 Siehe oben S. 96ff.

599 Ähnlich: LINK, CHRISTOPH, ZevKR 50 (2005), 403 (418). Gegen eine „Europarechtsfestigkeit" im Ergebnis auch: LECHELER, in: FS Leisner, S. 39 (44); LINK, CHRISTOPH, ZevKR 42 (1997), 130 (135); REICHOLD, NZA 2001, 1054 (1057); SCHLIEMANN, in: FS Richardi, S. 959 (961); DE WALL, ZevKR 45 (2000), 157 (167f). ROBBERS, in: FS Listl, S. 753 (753) betont, dass die Europäische Union damit eine bewusste und klare Religionsverfassung habe. An einer „Europarechtsfestigkeit" zweifelnd: DI FABIO, RdA 2012, 262 (265).

600 Siehe oben S. 91.

Bestimmung nicht von Dritten vorgenommen werden kann. Ein Dritter kann lediglich ein anderes Verständnis haben.[601]

Im Ergebnis sprechen damit bereits einige Argumente für eine das kirchliche Selbstverständnis wahrende Auslegung sowohl des Absatzes 1 als auch des Absatzes 2. Bezogen auf § 9 I AGG wird man damit die Frage, wann eine Ungleichbehandlung aufgrund der Religion oder Weltanschauung des Beschäftigten wesentlich und rechtmäßig ist, nur unter Rückgriff auf das Selbstverständnis der jeweiligen Religionsgemeinschaft beantworten können. Gleichzeitig wird man die zwingende Ausklammerung einzelner aus der Dienstgemeinschaft nicht als eine (Rechts-)Folge des § 9 I AGG ansehen können[602]. Denn eine solche Auffassung steht dem Selbstverständnis der christlichen Religionsgesellschaften vom kirchlichen Dienst diametral entgegen[603]. Misst man dem Selbstverständnis Bedeutung bei, kann die Frage, wann eine gerechtfertigte berufliche Anforderung vorliegt, zudem nicht vollständig anhand objektiver Kriterien festgelegt werden[604]. Der Ansatz, bei der Auslegung des Begriffes der gerechtfertigten beruflichen Anforderung auf das kirchliche Selbstverständnis zu rekurrieren, entspricht faktisch einem zentralen Argument der Vertreter einer weiten Auslegung des § 9 I AGG[605]. Wenn zudem nach überwiegender Ansicht für eine „Missbrauchskontrolle" durch staatliche Gerichte eingetreten wird[606], ist der Unterschied zur richterlichen Überprüfung der Einhaltung tragender Grundsätze der Rechtsordnung[607] nicht mehr ersichtlich. Es bleibt zu untersuchen, ob die aktuelle Judikatur des EGMR im Bereich des § 9 I AGG zu einer weiteren Konturierung der Auslegungsansätze beitragen kann.

---

601 Schnabel, ZfA 2008, 413 (442). Ähnlich auch: Fahrig / Stenslik, EuZA 2012, 184 (200).

602 So aber wohl Reichegger, Die Auswirkungen der Richtlinie 2000/78/EG auf das kirchliche Arbeitsrecht, S. 204.

603 Siehe dazu oben S. 29ff.

604 Siehe oben S. 107.

605 Siehe oben S. 95ff.

606 So Hanau / Thüsing, Europarecht und kirchliches Arbeitsrecht, S. 59; Reichold, NZA 2001, 1054 (1059).

607 BVerfG 70, 138 (168).

Hinsichtlich des § 9 II AGG, der es den Religionsgesellschaften ermöglicht, „von ihren Beschäftigten ein loyales und aufrichtiges Verhalten im Sinne ihres jeweiligen Selbstverständnisses verlangen zu können“, findet die Frage nach der Notwendigkeit einer Abstufung von Loyalitätsobliegenheiten seine Fortsetzung[608].

Die Frage, wie umfassend die Religionsgesellschaften durch § 9 II AGG von Diskriminierungsverboten wegen anderer Gründe als der Religion freigestellt werden, manifestiert sich damit vor allem in den Fällen der Loyalitätsverstöße in Form der (praktizierten) Homosexualität.

Arbeitsrechtliche Maßnahmen auf Grund dieses Loyalitätsobliegenheitsverstoßes stellen an sich eine Benachteiligung wegen des verpönten Merkmals der sexuellen Identität dar[609]. Entsprechend wollen Stimmen im Schrifttum hierfür eine Rechtfertigung über § 9 II AGG nur eingeschränkt zu- oder mitunter sogar völlig entfallen lassen[610]. Andere wollen hier eine Rechtfertigung über § 9 II AGG bejahen und sehen in der Norm eine weitestgehende Freistellung vom Diskriminierungsverbot wegen anderer Gründe als der Religion. Begründet wird dies bisweilen mit dem Argument, der Arbeitnehmer sei zwar Anhänger des „richtigen“ Glaubens, verhalte sich aber nicht entsprechend. Andere wollen eine Unterscheidung vornehmen. Die sexuelle Ausrichtung des Arbeitnehmers, an die das Diskriminierungsverbot anknüpft, sei nicht zu beanstanden. Problematisch und Grund für die arbeitsrechtlichen Konsequenzen sei der *Vollzug* der Homosexualität. Diese Vorgehensweise sei nicht verpönt.[611] Die katholische Kirche nimmt eine solche Unterscheidung zwischen der homosexuellen Veranlagung und deren

608 Link, Christoph, ZevKR 50 (2005), 403 (416). Siehe daher zu den Grundzügen dieses Problemfeldes die Ausführungen im Rahmen der Auslegung des Art. 137 III WRV i.V.m. Art. 140 GG oben ab S. 34ff.

609 Daher ist diese Benachteiligung im Rahmen des § 9 II AGG von besonderer Brisanz. Die Auferlegung anderer, nicht unter ein verpöntes Merkmal des AGG fallender Loyalitätsobliegenheiten, beurteilt sich daher nicht anders, als dies vor Inkrafttreten des AGG der Fall war. § 9 II AGG erfasst diese Fälle, z.B. der kirchenrechtswidrigen Wiederheirat, nicht. Siehe oben S. 102.

610 Siehe oben S. 100ff.

611 Siehe oben S. 103ff.

Praktizierung selbst vor[612]. Der Rat der EKD vertritt liberalere Ansichten zur Homosexualität[613]. Diese Unterscheidung zwischen homosexueller Ausrichtung und homosexueller Praxis kann nur als rabulistisch angesehen werden[614]. Das rechtsstaatliche und ethische Gebot, Minderheiten effektiv vor Diskriminierungen zu schützen[615], spricht gegen eine solche Differenzierung. Die katholische Kirche sieht heterosexuelle Eheleute in der Pflicht, die Ehe zu vollziehen, da diese primär auf Fortpflanzung ausgerichtet sei[616]. Von homosexuellen (Lebens-)Partnern das genaue Gegenteil zu verlangen, erscheint widersprüchlich. Zudem ist diese Forderung lebensfern. Es stellt sich die Frage, ob ein kirchlicher Arbeitgeber ernsthaft darauf vertrauen darf, dass ein homosexuell ausgerichteter Arbeitnehmer Zeit

612 Vgl. RATZINGER / BOVONE, in: Verlautbarungen des Apostolischen Stuhls 72, S. 3 (7ff); RATZINGER / AMATO, in: Verlautbarungen des Apostolischen Stuhls 162, S. 3 (7f). PRIMETSHOFER, in: LISTL / SCHMITZ, HdbKathKR, § 86, S. 927 (944) bezeichnet Homosexualität gar als „psycho-sexuelle Anomalie". TRIEBEL, Das europäische Religionsrecht am Beispiel der arbeitsrechtlichen Anti-Diskriminierungsrichtlinie 2000/78/EG, S. 174 betont, die Ansicht der katholischen Kirche könne für die Auslegung der Richtlinie 2000/78/EG kein Kriterium darstellen.

613 Zwar entspricht eine homosexuelle Veranlagung auch nach Ansicht der EKD nicht dem Willen Gottes. Homosexuell veranlagten Personen, die nicht enthaltsam leben wollen, wird empfohlen, der Partnerschaft die selben Werte zugrunde zu legen, die heterosexuelle Eheleute gemeinhin ihrer Partnerschaft zugrunde legen. Anders als die katholische Kirche hält es der Rat der EKD für möglich, dass homosexuelle Pastorinnen bzw. Pastoren (mithin mit dem Verkündungsauftrag unmittelbar verbundene kirchliche *Amtsträger*) das Pfarramt bekleiden. Vgl.: RAT DER EVANGELISCHEN KIRCHE IN DEUTSCHLAND, EKD-Texte Nr. 57: Mit Spannungen leben, S. 40ff. Wenn kirchliche Amtsträger ihr Amt trotz homosexueller Veranlagung ausüben können, so können für privatrechtlich verpflichtete Arbeitnehmer erst recht keine strengeren Regeln gelten.

614 Ebenfalls kritisch zu einem solchen Ansatz: JOUSSEN, RdA 2003, 32 (37f); KEHLEN, Europäische Antidiskriminierung und kirchliches Selbstbestimmungsrecht, S. 101; TRIEBEL, Das europäische Religionsrecht am Beispiel der arbeitsrechtlichen Anti-Diskriminierungsrichtlinie 2000/78/EG, S. 174.

615 PIERLINGS, in: MENZEL / MÜLLER-TERPITZ, Verfassungsrechtsprechung, S. 702 (712f).

616 Umfassend zum katholischen Eheverständnis: PRADER, in: LISTL / SCHMITZ, HdbKathKR, § 83, S. 884 (885ff).

seines (Arbeits-)Lebens enthaltsam leben wird[617]. Darüber hinaus stellt sich die Frage, wie der kirchliche Arbeitgeber von dem Loyalitätsobliegenheitsverstoß Kenntnis erlangen will. Da die homosexuelle Ausrichtung nicht der Anknüpfungspunkt für arbeitsrechtliche Maßnahmen sein soll, sind die Möglichkeiten, den Vollzug der Homosexualität „aufzudecken", begrenzt. Sofern der Mitarbeiter den Vollzug nicht selbst offenlegt, bleibt dem Arbeitgeber nur die Möglichkeit, aus der bekannten homosexuellen Neigung des Arbeitnehmers prima facie auch auf deren Praktizierung zu schließen. Eine andere Möglichkeit besteht in der Mitteilung entsprechender Tatsachen durch einen Dritten gegenüber dem Arbeitgeber[618]. Beide Optionen erscheinen, da es sich beim Vollzug der Homosexualität um einen durch das allgemeine Persönlichkeitsrecht (Art. 2 I GG i.V.m. Art. 1 I GG) geschützten Bereich der Intimsphäre handelt[619], problematisch. Der Bezug zu den Grundrechten des Arbeitnehmers ist offensichtlich.
Die Judikatur des EGMR könnte im Rahmen dieses Problemkreises entscheidenden Einfluss gewinnen.

Damit sind die Stellschrauben, an denen der EGMR mit seiner Rechtsprechung am kirchlichen Individualarbeitsrecht in der Bundesrepublik Deutschland ansetzen kann, offen gelegt.
Auf verfassungsrechtlicher Ebene finden sich Ansatzpunkte im Rahmen der Auslegung des Art. 137 III WRV i.V.m. Art. 140 GG. Ein erster Ansatzpunkt stellt die Frage, was unter den „eigenen Angelegenheiten" der Religionsgesellschaften zu verstehen ist, dar[620]. Insbesondere das diesen „eigenen Angelegenheiten" zuzuordnende kirchliche Dienstrecht im Rahmen privatrechtlich ausgestalteter Arbeitsverhältnisse ist hierbei von Interesse. Die Möglichkeiten der Religionsgesellschaften, ihren Arbeitnehmern Loyalitätsobliegenheiten aufzuerlegen, die bis in die privaten Lebensbereiche des

617 Siehe zu einer ähnlichen Frage, ob ein kirchlicher Arbeitgeber darauf vertrauen kann, dass eine geschiedene 24-jährige Arbeitnehmerin nicht wieder heiraten würde, oben S. 63.
618 Siehe zu einem ähnlichen Fall aus der (älteren) Rechtsprechung des BAG ab S. 71.
619 Vgl. BVerfGE 88, 87 (97).
620 Siehe oben S. 18ff.

Arbeitnehmers hineinwirken, prägt den für diese Untersuchung relevanten Teilbereich der kirchlichen Selbstverwaltungsgarantie.[621] Wie dargestellt ist gerade dieser Punkt Gegenstand von Diskussionen und regelmäßiger Kollisionspunkt zwischen weltlichen und kirchlichen Auffassungen. Hier fügt die Rechtsprechung des EGMR eine weitere Facette hinzu.
Ein weiterer, in der Auslegungsgeschichte des Art. 137 III WRV i.V.m. Art. 140 GG viel diskutierter Punkt dreht sich um die Frage, wann ein „für alle geltendes Gesetz" i.S.d. Vorschrift vorliegt[622]. Die Auslegung der Schrankenformel ist bedeutsam für die Weite des kirchlichen Freiheitsraumes. Denn je extensiver die Schranke interpretiert wird, desto stärker wird der Bereich der „eigenen Angelegenheiten" beschnitten. Klar ist, dass die §§ 1 KSchG und 626 BGB sowie andere zwingende Arbeitnehmerschutzvorschriften „für alle geltende Gesetze" sind[623]. Da die §§ 1 KSchG und 626 BGB dem kirchlichen Selbstbestimmungsrecht jedoch nicht zwingend vorgehen[624], bleibt die Frage offen, wie der Prüfauftrag der Fachgerichte im Rahmen eines Kündigungsschutzprozesses ausgestaltet ist. Der Einfluss des EGMR dürfte in diesem Bereich nicht zu unterschätzen sein.

Die anschaulichen Fälle aus der Rechtsprechung[625] des BAG liefern zahlreiche Beispiele bzgl. möglicher Loyalitätsobliegenheitsverletzungen und deren Beurteilung im Rahmen von Kündigungsschutzverfahren. Sie zeigen, wie das BAG den genannten Prüfauftrag aufgefasst hat. Gleichzeitig lässt sich diese Rechtsprechung in Phasen unterteilen. Einer zunächst arbeitgeberfreundlichen Phase folgte eine Zeit, in denen das BAG die widerstreitenden Interessen von Arbeitnehmer und Arbeitgeber individuell abzuwägen versuchte. Dabei geriet die Rechtsprechung tendenziell arbeitnehmerfreundlich. Erst im Anschluss an BVerfGE 70, 138 folgte

---

621 Siehe oben S. 32ff.

622 Siehe oben S. 45ff.

623 Siehe oben S. 50ff.

624 BVerfGE 53, 366 (400); BVerfGE 66, 1 (22).

625 Siehe oben S. 54ff.

wiederum eine das kirchliche Selbstverständnis betonende Phase[626]. Diese unterschiedlichen Phasen zeigen, wie sich die Beurteilungskriterien im Laufe der Zeit verändert haben. Die Rechtsprechung des EGMR kann auch hier möglicherweise Einfluss nehmen und zu einer erneuten Verschiebung beitragen bzw. den Auftakt für eine vierte Phase darstellen. Die Frage um die Reichweite kirchlicher Selbstbestimmung setzt sich zunächst im Rahmen des § 9 I AGG fort[627]. Hier ist zu bedenken, dass der Gesetzgeber bei der Umsetzung der Richtlinie 2000/78/EG in nationales Recht die verfassungsrechtlichen Vorgaben aus Art. 136ff WRV i.V.m. Art. 140 GG berücksichtigen wollte[628]. Entsprechend finden die oben genannten Diskussionspunkte hier ihre Fortsetzung auf einfachgesetzlicher Ebene.
Ein eigenständiges Problemfeld wird durch § 9 II AGG geschaffen. § 9 II AGG sieht die Möglichkeit der Auferlegung von Loyalitätsobliegenheiten dem Grunde nach noch immer vor. Daraus ergibt sich insbesondere bei der praktizierten Homosexualität ein virulentes Problem[629]. Homosexuelles Verhalten kann einen Loyalitätsobliegenheitsverstoß darstellen. Gleichzeitig drängt sich die Frage nach einer durch das AGG verpönten Diskriminierung wegen der sexuellen Identität auf. Besondere Brisanz erhält diese Fallgruppe dadurch, dass der Obliegenheitsverstoß die Intimsphäre des Arbeitnehmers berührt und für den Arbeitgeber daher im Regelfall nicht ohne Weiteres nachweisbar sein dürfte. Dieses Konfliktpotential eröffnet ein Einfallstor für die Rechtsprechung des EGMR auf einfachgesetzlicher Ebene und stellt damit einen entsprechenden Anknüpfungspunkt dar[630].

---

626 Siehe oben S. 90ff.

627 Siehe oben S. 90ff.

628 Siehe oben S. 91.

629 WEIDENKAFF, in: PALANDT, Bürgerliches Gesetzbuch, § 9 AGG, Rn. 4. Vgl. auch: HANAU / THÜSING, Europarecht und kirchliches Arbeitsrecht, S. 34f.

630 Siehe oben S. 109ff.

C. EGMR Az.: 425/03 „Obst", EGMR Az.: 1620/03 „Schüth" und EGMR Az.: 18136/02 „Siebenhaar" sowie ihre Stellung im Gesamtrechtsgefüge der Bundesrepublik Deutschland

Nachdem die Stellschrauben, an denen die EGMR-Rechtsprechung im Bereich des nationalen kirchlichen Arbeitsrechts ansetzen kann, offen gelegt sind, sind im Folgenden die Einwirkungsmöglichkeiten des EGMR hierauf in den Blick zu nehmen. Es handelt sich dabei sozusagen um die Werkzeuge des EGMR. Abschließend sind die zentralen, jüngsten Urteile des EGMR zu analysieren, um deren Auswirkungen herausarbeiten zu können.

Einleitend ist, vor die Klammer gezogen, die Systematik der EMRK zu skizzieren.
Die EMRK wurde vor dem Hintergrund der Greueltaten des zweiten Weltkrieges mit dem Ziel erschaffen, solche in der Zukunft zu verhindern[631]. Entsprechend wurde die EMRK seitens der Mitgliedsstaaten des Europarats als völkerrechtlicher Vertrag ausgearbeitet, der den Schutz und die Fortentwicklung von Grundfreiheiten und Menschenrechten zum Ziel hat.[632] Solchermaßen soll sie als „Referenzordnung" den nationalen Grundrechtsschutz ergänzen und ggf., wenn der innerstaatliche Rechtsweg erschöpft ist, entsprechenden Rechtsschutz gewähren[633]. Die Konvention liegt gem. Art. 59 I EMRK „für die Mitglieder des Europarats zur Unterzeichnung auf". Die Ratifizierung ist damit nur für Mitglieder des Europarats möglich. Es handelt sich mithin um eine geschlossene Konvention, wobei umgekehrt eine Aufnahme in den Europarat nur möglich ist, wenn der beitrittswillige Staat auch bereit ist, die Konvention nebst Protokollen zu ratifizieren.[634]

631 Vgl. Nußberger, in: Isensee / Kirchhof, HdbStR, Bd. X, § 209, Rn. 24.

632 Frowein, JuS 1986, 845 (845); Meyer-Ladewig, EMRK-Handkommentar, Einleitung, Rn. 1.

633 Schorkopf, in: Grabitz / Hilf / Nettesheim, Das Recht der Europäischen Union, Bd. I, Art. 6 EUV (Stand der Bearbeitung: Jul. 2010), Rn. 12.

634 Meyer-Ladewig, EMRK-Handkommentar, Einleitung, Rn. 1; Uerpmann-Wittzack, DÖV 2005, 152 (154).

Gem. Art. 1 EMRK sind die ratifizierenden Staaten verpflichtet, alle ihrer Hoheitsgewalt unterstehenden Personen in den Genuss der Konventionsrechte und -freiheiten kommen zu lassen. Diese werden originär durch die Konvention geschaffen, sodass die EMRK nicht eine bloße Verpflichtung darstellt, entsprechende innerstaatliche Regelungen zu erlassen.[635] Die Ratifizierung durch die Vertragsstaaten genügt daher, um den Schutz durch die EMRK zu gewährleisten[636]. Damit ist diese für die Vertragsstaaten eine Rechts- und nicht eine bloße Rechtserkenntnisquelle[637].
Das innerstaatliche Recht ist mit der Konvention in Einklang zu bringen[638]. Dies gilt selbst dann, wenn Unionsrecht umgesetzt wird[639]. Die Konventionsstaaten sind jedoch bei der Wahl der (Umsetzungs-)Mittel grundsätzlich frei[640]. Diese Freiheit beinhaltet auch, dass der Vertragsstaat den Rang der EMRK innerhalb der nationalen Normenhierarchie frei bestimmen kann. (Über-)Verfassungsrang beansprucht die EMRK aus sich heraus nicht.[641] Da die EMRK den ratifizierenden Staaten diese weitgehende Freiheit bei der Umsetzung der Konvention belässt, ist die

635 Meyer-Ladewig, EMRK-Handkommentar, Einleitung, Rn. 32.

636 Frowein, JuS 1986, 845 (847).

637 Kingreen, in: Callies / Ruffert, EUV/AEUV-Kommentar, EUV Art. 6, Rn. 22. Diese Unterscheidung ist von Bedeutung, da der normative Gehalt einer Rechtsquelle durch Auslegung zu ermitteln und der Rechtsanwender an diese gebunden ist, während eine Rechtserkenntnisquelle ebendiese Auslegung lenkt, jedoch keine Bindungswirkung für den Adressaten beinhaltet. Vgl. Kingreen, in: Callies / Ruffert, EUV/AEUV-Kommentar, EUV Art. 6, Rn. 7.

638 Nußberger, in: Isensee / Kirchhof, HdbStR, Bd. X, § 209, Rn. 22.

639 Vgl. EGMR EuGRZ 1999, 193 (197); EGMR NJW 2006, 197 (200ff). Grabenwarter / Pabel, Europäische Menschenrechtskonvention, § 4, S. 25f betont, dass sich ein Konventionsstaat seiner Verpflichtungen aus der EMRK nicht durch die Übertragung von Hoheitsrechten auf eine völkerrechtliche Institution entledigen kann. Ähnlich: Meyer-Ladewig, EMRK-Handkommentar, Art. 1, Rn. 14. Hier offenbart sich zudem ein erster Kreuzungspunkt, an dem konventionsrechtliche mit unionsrechtlichen Vorgaben in Berührung kommen bzw. aufeinander abzustimmen sein können.

640 Meyer-Ladewig, EMRK-Handkommentar, Einleitung, Rn. 33; Nußberger, in: Isensee / Kirchhof, HdbStR, Bd. X, § 209, Rn. 47.

641 Wildhaber, EuGRZ 2005, 689 (690).

Konvention vor allem ergebnisorientiert. Das Ziel ist die möglichst effektive und weitreichende „Herstellung von Rechtszuständen, die den Urteilen des Gerichtshofs entsprechen“[642]. Daher liegt auch nach der Rechtsprechung des EGMR die Pflicht, Anwendung und Durchsetzung der Konvention sicherzustellen, primär bei den Mitgliedsstaaten[643]. Der EGMR betrachtet die Konvention als dynamisches Instrument, welches an veränderte sozialethische Bedingungen in den Mitgliedsstaaten anzupassen ist und sich dadurch weiterentwickelt[644]. Entsprechend ist zur Bestimmung des Schutzumfanges der einzelnen Artikel neben dem Normtext vor allem die dazu jeweils ergangene Judikatur des EGMR heranzuziehen[645]. Dieser durch Richterrecht fortentwickelte Schutzumfang der EMRK ist vollumfänglich völkerrechtlich verbindlich[646].

Der EGMR ist gem. Art. 32 EMRK für Staatenbeschwerden i.S.d. Art. 33 EMRK sowie für Individualbeschwerden i.S.d. Art. 34 EMRK zuständig. Letztgenannte eröffnet natürlichen und juristischen Personen die Möglichkeit, den EGMR mit einer behaupteten Verletzung der Konventionsrechte anzurufen[647]. Die Judikate EGMR Az.: 425/03 „Obst“, EGMR Az.: 1620/03 „Schüth“ und EGMR Az.: 18136/02 „Siebenhaar“ beruhen jeweils auf Individualbeschwerden gem. Art. 34 EMRK i.V.m. Art. 32 EMRK[648].

---

642 Wildhaber, EuGRZ 2005, 689 (690).

643 EGMR NJW 2001, 2694 (2699f).

644 Frowein, JuS 1986, 845 (847); Meyer-Ladewig, EMRK-Handkommentar, Einleitung, Rn. 37. Umfassend zur Fortentwicklung der Konvention durch die Rechtsprechung des EGMR: Nußberger, in: Isensee / Kirchhof, HdbStR, Bd. X, § 209, Rn. 33ff, m.w.N. aus der Rechtsprechung des EGMR.

645 Vgl. Rudolf / v. Raumer, AnwBl. 2009, 318 (319ff). Kritisch zur Konventionsfortbildung durch Urteil: Villiger, Handbuch der Europäischen Menschenrechtskonvention, S. 166ff.

646 Meyer-Ladewig, EMRK-Handkommentar, Art. 46, Rn. 17.

647 Holland, ZAP Fach 25, 225 (228); Meyer-Ladewig, EMRK-Handkommentar, Einleitung, Rn. 17.

648 Vgl. EGMR NZA 2011, 277 (277) = EGMR, Urteil v. 23.09.2010, Az.: 425/03 „Obst“, Rn. 1, JURIS; EGMR NZA 2011, 279 (280) = EGMR, Urteil v. 23.09.2010, Az.: 1620/03 „Schüth“, Rn. 1, JURIS; EGMR NZA 2012, 199 (199) = EGMR, Urteil v. 03.02.2011, Az.: 18136/02 „Siebenhaar“, Rn. 1, JURIS.

Gem. Art. 6 II EUV n.F. tritt die EU der EMRK bei. Art. 59 II EMRK stellt das „Gegenstück“ zu Art. 6 II EUV n.F. dar und ermöglicht konventionsseitig den Beitritt der EU zur EMRK[649]. De lege ferenda sind die entsprechenden Beitrittsverträge auszuarbeiten[650] und völkerrechtlich verbindlich zu machen[651]. Bis zu diesem Zeitpunkt verändert sich das Verhältnis der EU zur EMRK nicht[652].

I. Die Einwirkung von EGMR-Judikaten auf die Rechtssysteme der Konventionsstaaten - Insbesondere in der Bundesrepublik Deutschland

Judikate des EGMR können daher auf zweierlei Weise auf das deutsche Recht einwirken. Zum einen ist Art. 46 I EMRK zu beachten, welcher die Verbindlichkeit und Durchführung der EGMR-Rechtsprechung in den Mitgliedsstaaten der Konvention regelt. Entsprechend kann der EGMR auf diesem Wege direkt auf die nationale Rechtsordnung einwirken. Zum anderen rekurriert der EuGH in seinen Urteilen auf solche des EGMR. Damit eröffnet sich für die Judikatur des EGMR ein indirekter Weg über die Rechtsprechung des EuGH, um auf das nationale Recht einwirken zu können. Der Grundrechtsschutz in Europa mit dem Bundesverfassungsgericht auf nationaler und dem EGMR und dem EuGH als auf supranationaler Ebene beteiligte Gerichte ist entsprechend komplex. Zudem sind Wechselwirkungen zwischen der Rechtsprechung der einzelnen Gerichte zu beachten.[653] Im

---

649 Die Blockadehaltung Russlands zu dieser Öffnung wurde erst kürzlich aufgegeben. Vgl. MAYER, FRANZ, JuS 2010, 189 (192).

650 Ausführlich zum gegenwärtigen Stand eines Vertragsentwurfes: LÖRCHER, AuR 2013, 23 (24ff).

651 MEYER-LADEWIG, EMRK-Handkommentar, Einleitung, Rn. 56; SATZGER, Internationales und Europäisches Strafrecht, § 11, S. 198. Gegenwärtig sind allerdings Detailfragen noch ungeklärt. Siehe dazu umfassend: HUBER, ANDREA, Der Beitritt der Europäischen Union zur Europäischen Menschenrechtskonvention, S. 78ff.

652 MEYER-LADEWIG, EMRK-Handkommentar, Einleitung, Rn. 56. Siehe zu dem Verhältnis der EU zur EMRK unten ab S. 143ff.

653 In diesem Zusammenhang wird daher auch vom „Dreieck“ bzw. „Bermudadreieck“ bestehend aus EuGH, EGMR und BVerfG gesprochen. Vgl. jeweils: SCHMAHL, EuR-Beiheft Nr. 1/2008, 7 (7) m.w.N. bzw. SAUER, ZaöRV 2005, 35 (63ff) m.w.N.

Folgenden sind daher zunächst sowohl die direkten als auch die indirekten Einwirkungsmöglichkeiten der EGMR-Judikatur darzustellen. Hierbei sind auch die vom Bundesverfassungsgericht gezogenen, potentiellen Grenzen zu skizzieren.

1. Die unmittelbare Einwirkung der EGMR-Judikatur aufgrund von Art. 46 I EMRK

Gem. Art. 46 I EMRK sind die Hohen Vertragsparteien verpflichtet, endgültige Urteile des EGMR zu befolgen. Art. 46 I EMRK statuiert somit die völkerrechtliche Verbindlichkeit der rechtskräftigen Urteile des EGMR[654]. Weiterhin wird dem verurteilten Staat durch die Norm aufgegeben, die Konventionsverletzung abzustellen und zukünftig sicherzustellen, dass sich gleichartige Verletzungen nicht wiederholen[655]. Der verurteilte Staat kann zudem nicht mehr behaupten, eine Konventionsverletzung läge nicht vor[656].

a) Die allgemeinen Wirkmechanismen von EGMR-Judikaten

Bei Urteilen des EGMR handelt es sich zunächst um Feststellungsurteile[657]. Der Gerichtshof hat nicht die Möglichkeit, Rechtsakte der Konventionsstaaten, gleich welcher Art, zu kassieren[658], sodass ein EGMR-Judikat

---

654 ESSER, StV 2005, 348 (350); KADELBACH, JURA 2005, 480 (484); MEYER-LADEWIG, EMRK-Handkommentar, Art. 46, Rn. 2; SPERBER, EuZA 2011, 407 (414). FAHRIG / STENSLIK, EuZA 2012, 184 (188) erblicken in Art. 46 I EMRK die konventionsrechtliche Parallelvorschrift zu § 31 I BVerfGG.

655 GRABENWARTER / PABEL, Europäische Menschenrechtskonvention, § 16, S. 102; KLEIN, JZ 2004, 1176 (1177); MEYER-LADEWIG, EMRK-Handkommentar, Art. 46, Rn. 3; PEUKERT, in: FROWEIN / PEUKERT, EMRK-Kommentar, Art. 46, Rn. 6; VILLIGER, Handbuch der Europäischen Menschenrechtskonvention, S. 149.

656 MEYER-LADEWIG / PETZOLD, NJW 2005, 15 (16); PEUKERT, in: FROWEIN / PEUKERT, EMRK-Kommentar, Art. 46, Rn. 2.

657 GRABENWARTER / PABEL, KuR 2011, 55 (63); MEYER-LADEWIG, EMRK-Handkommentar, Art. 46, Rn. 23; OKRESEK, EuGRZ 2003, 168 (169).

658 Vgl. ESSER, StV 2005, 348 (349); FROWEIN, JuS 1986, 845 (850); GARLICKI / WESTERDIEK, EuGRZ 2006, 517 (518); GIEGERICH, in: GROTE / MARAUHN, EMRK/GG-Konkordanzkommentar, Kap. 2, Rn. 48; KLEIN, JZ 2004, 1176 (1177); OBERTHÜR, ArbRB 2013, 25 (26); PEUKERT, in: FROWEIN / PEUKERT, EMRK-Kommentar, Art. 46, Rn. 3; POLAKIEWICZ, Die Verpflichtung der Staaten aus den Urteilen des

niemals ein Gestaltungsurteil sein kann[659]. Es kann aber verpflichtenden Charakter haben und, wenn der EGMR von der Möglichkeit Gebrauch macht, eine gerechte Entschädigung i.S.d. Art. 41 EMRK zuzusprechen, ein Leistungsurteil darstellen[660]. Leistungsurteile sind für den verurteilten Staat unproblematisch zu erfüllen, da es sich i.d.R. um die Verpflichtung zur Zahlung eines Geldbetrags handelt. Versuche verurteilter Staaten, sich dieser Verpflichtung gänzlich zu entziehen, sind daher nicht bekannt[661]. Problematischer gestaltet sich die Umsetzung von Feststellungsurteilen[662]. Der verurteilte Staat hat zunächst den Urteilstenor zu beachten[663]. Da der EGMR den staatlichen Akt, durch den die Konvention verletzt wurde, regelmäßig nicht in den Tenor aufnimmt, müssen zur Bestimmung dieses konventionswidrigen Akts die Urteilsgründe hinzugezogen werden[664]. Insbesondere, da dem verurteilten Staat ein Gestaltungsspielraum verbleiben muss[665], können die insoweit erforderlichen Maßnahmen nicht immer klar umrissen werden[666]. Um insoweit Klarheit und Verbindlichkeit zu schaffen, geht der EGMR zuweilen über die bloße Feststellung einer Konventionsverletzung hinaus, indem er die aus seiner Sicht erforderlichen Abhilfemaßnahmen benennt[667]. So hat der EGMR im Fall *Görgülü ./.*

Europäischen Gerichtshofs für Menschenrechte, S. 223; ZULEEG, EuGRZ 2005, 681 (682). So auch STEINBERGER, HRLJ 1985, 402 (407), der in englischer Sprache feststellt: „The Convention has not accorded the organs of the Convention the power to annul, replace or reverse actions of a Contracting Party [...]".

659 MEYER-LADEWIG, EMRK-Handkommentar, Art. 46, Rn. 23; DERS. / PETZOLD, NJW 2005, 15 (16).

660 MEYER-LADEWIG, EMRK-Handkommentar, Art. 46, Rn. 23; OKRESEK, EuGRZ 2003, 168 (169); STÖCKER, NJW 1982, 1905 (1908).

661 PEUKERT, in: FROWEIN / PEUKERT, EMRK-Kommentar, Art. 46, Rn. 1. Zu möglichen Problemen siehe: OKRESEK, EuGRZ 2003, 168 (169).

662 Vgl. FROWEIN, JuS 1986, 845 (850); STÖCKER, NJW 1982, 1905 (1908).

663 PEUKERT, in: FROWEIN / PEUKERT, EMRK-Kommentar, Art. 46, Rn. 1.

664 PEUKERT, in: FROWEIN / PEUKERT, EMRK-Kommentar, Art. 46, Rn. 2. Vgl. auch GARLICKI / WESTERDIEK, EuGRZ 2006, 517 (518).

665 Vgl. RUDOLF / V. RAUMER, AnwBl. 2009, 318 (319); SEIFERT, EuZW 2011, 696 (698).

666 MEYER-LADEWIG, EMRK-Handkommentar, Art. 46, Rn. 4.

667 Vgl. GRABENWARTER / PABEL, KuR 2011, 55 (64).

Deutschland festgelegt, dass der Beschwerdeführer Umgang mit mindestens einem Kind erlangen müsse[668]. In den Fällen *Ilascu u.a. ./. Moldau und Russland* sowie *Assanidze ./. Georgien* hat der EGMR die sofortige Freilassung der Beschwerdeführer aus der Haft angeordnet[669]. Die Möglichkeit, solche Abhilfemaßnahmen festzulegen, lässt sich dogmatisch auf eine „Annexkompetenz" zur bloßen Möglichkeit der Feststellung einer Konventionsverletzung stützen[670]. Diese greift allerdings nur dann, wenn es „sich um eine Dauerverletzung der Konvention handel[t]; der Anordnung [...] grundsätzlich kein rechtskräftiges innerstaatliches Urteil entgegensteh[t] und eine 'Ermessensreduzierung auf null' vorlieg[t]"[671]. Angesichts des Umstands, dass der EGMR innerstaatliche Rechtsakte nicht kassieren kann[672], wird diese Möglichkeit des Gerichtshofs zum Umreißen von Abhilfemaßnahmen positiv bewertet[673]. Allerdings gilt der Grundsatz, wonach dem verurteilten Staat ein Gestaltungsspielraum bei der Umsetzung von EGMR-Urteilen verbleiben muss[674], fort. Dieses sollte vom EGMR beachtet werden, wenn er dem verurteilten Staat Maßnahmen aufgibt, indem er diese nicht starr formuliert.[675]

Weitergehend hat der EGMR seit dem Jahr 2004 ausdrücklich die Möglichkeit, sog. Piloturteile zu sprechen[676]. Bei Sachverhalten, die eine Vielzahl von Fällen betreffen, kann der Gerichtshof dem beklagten Staat

668 EGMR NJW 2004, 3397 (3401).

669 EGMR NJW 2005, 1849 (1854); EGMR NJW 2005, 2207 (2212f). Weitere Beispiele bei: Meyer-Ladewig, EMRK-Handkommentar, Art. 46, Rn. 6.

670 Breuer, EuGRZ 2004, 257 (261); ders., EuGRZ 2004, 445 (448f).

671 Breuer, EuGRZ 2004, 257 (261); ders., EuGRZ 2004, 445 (448f).

672 Siehe oben S. 119.

673 Frowein, in: Frowein / Peukert, EMRK-Kommentar, Art. 46, Rn. 10. Einschränkend Esser, StV 2005, 348 (350), der diese Möglichkeit nur dann für zulässig erachtet, wenn die vom EGMR vorgeschlagene Maßnahme auf nationaler Ebene die einzig mögliche zur Behebung eines Konventionsverstoßes darstellt.

674 Siehe oben S. 120.

675 Vgl. Meyer-Ladewig / Petzold, NJW 2005, 15 (18).

676 Kritisch zur Effektivität von Grundsatzentscheidungen: Tomuschat, EuGRZ 2003, 95 (99).

in einem solchen Piloturteil Maßnahmen aufzeigen, um das Problem, das zumeist ein gesetzgeberisches ist, generell zu lösen.[677] So soll zum einen der EGMR entlastet werden, da er für eine Vielzahl von Fällen nur ein Urteil zu sprechen braucht[678]. Zum anderen soll bei einer Vielzahl vergleichbar gelagerter Fälle schneller Abhilfe geschaffen werden[679].

Erstmals hat der EGMR im Fall *Broniowski ./. Polen* von dieser Möglichkeit Gebrauch gemacht[680]. Der Beschwerdeführer wandte sich an den EGMR, da ihm nach polnischem Recht ein Anspruch auf Enteignungsentschädigung für Grundeigentum, welches nach dem zweiten Weltkrieg zunächst sowjetisch besetzt gewesen war, zustand[681]. Zwar bestand der Anspruch nach polnischem Recht dem Grunde nach, in der Verwaltungspraxis wurde dieser jedoch „illusorisch gemacht und sein[...] Wesensgehalt beseitigt“[682]. Der EGMR erblickte ein Versagen des polnischen Gesetzgebers sowie der Verwaltungspraxis, wovon ca. 80.000 Personen betroffen waren. Entsprechend bezeichnete der EGMR dieses Problem im Urteilstenor[683] ausdrücklich als ein strukturelles.[684] Der EGMR betonte zwar, dass den staatlichen Institutionen, insbesondere in Fällen mit weitreichendem politischem und wirtschaftlichem Gewicht, ein Beurteilungsspielraum zukommen müsse[685].

---

677 FROWEIN, in: FROWEIN / PEUKERT, EMRK-Kommentar, Art. 46, Rn. 12; MEYER-LADEWIG, EMRK-Handkommentar, Art. 46, Rn. 7.

678 BREUER, EuGRZ 2004, 445 (445) betont, dass die Funktionsfähigkeit des EGMR durch eine Vielzahl von Parallelverfahren beeinträchtigt werden könnte, da die Quote solcher Verfahren bei ca. 60 von 100 liegt. Ähnlich MEYER-LADEWIG, EMRK-Handkommentar, Art. 46, Rn. 10.

679 MEYER-LADEWIG, EMRK-Handkommentar, Art. 46, Rn. 7.

680 Weitere Beispiele für Pilotverfahren bei: MEYER-LADEWIG, EMRK-Handkommentar, Art. 46, Rn. 9.

681 Vgl. EGMR NJW 2005, 2521 (2521f).

682 EGMR NJW 2005, 2521 (2528).

683 Die Tenorierung des strukturellen Defizits unterstreicht den besonderen Charakter dieses Verfahrens, da der verurteilte Staat zunächst und vor allem den Urteilstenor zu beachten hat. Siehe dazu oben S. 120.

684 EGMR NJW 2005, 2521 (2529).

685 EGMR NJW 2005, 2521, (2528). Siehe auch oben S. 120.

Der Gerichtshof erkannte jedoch auch, dass aus Art. 46 I EMRK[686] eine Verpflichtung des (polnischen) Staates entspringe, „allgemeine Maßnahmen im staatlichen Bereich“ zu treffen, um dem strukturellen Mangel zu begegnen[687].

Wenn der EGMR eine Beschwerde identifiziert, die sich für das Piloturteilsverfahren anbietet, ergeben sich daraus Konsequenzen. Zunächst wird der EGMR ebenfalls anhängige Parallelverfahren aussetzen. Dies ist die logische Folge, wenn einem Staat in einem Musterverfahren Abhilfemaßnahmen für eine Vielzahl gleich gelagerter Fälle aufgegeben werden sollen.[688] Zu bedenken ist jedoch, dass der EGMR grundsätzlich verpflichtet ist, in der Hauptsache zu entscheiden, wenn die Sachurteilsvoraussetzungen im Beschwerdeverfahren erfüllt sind[689]. Diesem Umstand verdankt die Individualbeschwerde i.S.d. Art. 34 EMRK ihr herausgehobenes Gewicht im System des europäischen Grundrechtsschutzes[690]. Vor diesem Hintergrund enthält die Aussetzung von Parallelverfahren eine gewisse Brisanz, da hierdurch der individuelle Rechtsschutz eingeschränkt wird[691]. Sofern der EGMR die Notwenigkeit von Pilotverfahren nicht zu offensiv mit der eigenen Überlastung begründet[692], wird dieses aber im Interesse einer „umfassenden Lösung“ der strukturellen Probleme[693] bzw. der im allgemeinen Interesse liegenden Erhaltung der Handlungsfähigkeit des

686 Umfassend zur rechtsdogmatischen Grundlage, die angeordnete Abhilfemaßnahme auf Art. 46 I EMRK zu stützen: Breuer, EuGRZ 2004, 445 (448ff).

687 EGMR NJW 2005, 2521 (2529f).

688 Breuer, EuGRZ 2004, 445 (450).

689 Breuer, EuGRZ 2004, 445 (450).

690 Vgl. Tomuschat, EuGRZ 2003, 95 (99f). Ähnlich auch: Voßkuhle, NVwZ 2010, 1 (2).

691 Meyer-Ladewig, EMRK-Handkommentar, Art. 46, Rn. 11.

692 Dieser Begründung kritisch entgegentretend: Breuer, EuGRZ 2004, 445 (451); Grabenwarter / Pabel, Europäische Menschenrechtskonvention, § 16, S. 105; Zupančič, EuGRZ 2004, 483 (484).

693 Meyer-Ladewig, EMRK-Handkommentar, Art. 46, Rn. 11.

Gerichtshofes[694] als angemessener Interessenausgleich angesehen[695]. Die Möglichkeit des EGMR, Piloturteile zu sprechen, wird daher im Ergebnis überwiegend positiv bewertet bzw. als Fortschritt im Rechtsschutzsystem der EMRK angesehen[696].

Ein Urteil des EGMR ist in sachlicher Hinsicht nur bzgl. des angegriffenen Konventionsverstoßes bindend[697]. Art. 46 I EMRK[698] bindet zudem nur den verfahrensbeteiligten Staat[699]. Drittstaaten sind verpflichtet, die eigene Rechtsordnung im Lichte der EGMR-Judikatur zu überprüfen[700].
Ein Staat, auf den sich die Rechtskraftwirkung eines vorangegangenen Urteils nicht erstreckt, hat jedoch die Möglichkeit, ein Verfahren gegen sich selbst abzuwarten, um festzustellen, ob der EGMR seine Spruchpraxis aufrecht erhält[701]. Bei einer bereits gefestigten ständigen Rechtsprechung des EGMR soll hingegen eine Bindung durch Art. 1 EMRK anzunehmen sein. Die Rechtsprechung hat dann Orientierungsfunktion.[702]

---

694 Im Fall der ersten Pilotentscheidung *Broniowski ./. Polen* waren 167 Parallelverfahren anhängig. Vgl. BREUER, EuGRZ 2004, 445 (450).

695 BREUER, EuGRZ 2004, 445 (451).

696 Sich im Ergebnis positiv zum Piloturteilsverfahren äußernd: BREUER, EuGRZ 2004, 445 (450f); CAFLISCH, EuGRZ 2006, 521 (523); MEYER-LADEWIG, EMRK-Handkommentar, Art. 46, Rn. 11.

697 MEYER-LADEWIG, EMRK-Handkommentar, Art. 46, Rn. 20.

698 Art. 46 I EMRK regelt die materielle Rechtskraft. Die formelle Rechtskraft, auf die hier nicht näher einzugehen ist, bestimmt sich nach Maßgabe des Art. 44 i.V.m. Art. 42 EMRK.

699 ESSER, StV 2005, 348 (349); GRABENWARTER / PABEL, KuR 2011, 55 (63); JAEGER, EuGRZ 2005, 193 (199); MEYER-LADEWIG, EMRK-Handkommentar, Art. 46, Rn. 15; NUßBERGER, RdA 2012, 270 (273); REICHOLD, EuZA 2011, 320 (325); RESS, EuGRZ 1996, 350 (350).

700 RESS, EuGRZ 1996, 350 (350). Ähnlich auch: CZERNER, Archiv des Völkerrechts 46 (2008), 345 (347ff).

701 MEYER-LADEWIG, EMRK-Handkommentar, Art. 46, Rn. 18.

702 GRABENWARTER / PABEL, Europäische Menschenrechtskonvention, § 16, S. 106; MEYER-LADEWIG / PETZOLD, NJW 2005, 15 (18); MOSLER, in: MAIER, Europäischer Menschenrechtsschutz, S. 355 (366). Kritisch zum Begriff der Orientierungsfunktion: GRABENWARTER, EuGRZ 2011, 229 (230). RESS, in: FS Mosler, S. 719 (730)

Eine uneingeschränkte Bindungswirkung ist in zeitlicher Hinsicht nur dann gegeben, wenn der zu beurteilende Sachverhalt unverändert geblieben ist. Ändert sich dieser, ist zu überprüfen, ob und inwieweit das Urteil an diese Veränderungen anzupassen ist.[703]
Unter diesem Aspekt bietet das Urteil *Görgülü ./. Deutschland* Angriffsfläche für Kritik. Der EGMR hatte in diesem Judikat festgehalten, dass der Beschwerdeführer Umgang mit mindestens einem Kind erhalten müsse[704]. Jedoch beruht diese Entscheidung auf Tatsachen, die in der Vergangenheit lagen, sodass sich in der Zwischenzeit die entscheidungserhebliche Tatsachenbasis hätte verändert haben können[705]. Dieser Umstand hätte indes eine andere Entscheidung notwendig machen können[706]. Insoweit hatte der EGMR seine Kompetenzen überschritten[707]. In diesem Zusammenhang gewinnt der Grundsatz, wonach der EGMR dem verurteilten Staat einen Ermessensspielraum bei der Umsetzung der Judikate einräumen soll, an Bedeutung[708]. Die aufgegebene Maßnahme hätte daher flexibler formuliert werden sollen[709].

Da der EGMR keine Gestaltungsurteile aussprechen kann und die Urteile innerstaatliche Rechtsakte nicht kassieren können[710], ergeben sich je nach Art der Konventionsverletzung Folgefragen. Problematisch ist im Falle des Ausspruchs eines Feststellungsurteils[711] die konkrete

---

betont, dass diese Orientierungsfunktion klar von einer echten Rechtskraftwirkung zu unterscheiden ist.

703 MEYER-LADEWIG, EMRK-Handkommentar, Art. 46, Rn. 21.

704 EGMR NJW 2004, 3397 (3401). Siehe schon oben S. 121.

705 FROWEIN, in: FROWEIN / PEUKERT, EMRK-Kommentar, Art. 46, Rn. 10; MEYER-LADEWIG, EMRK-Handkommentar, Art. 46, Rn. 35.

706 FROWEIN, in: FROWEIN / PEUKERT, EMRK-Kommentar, Art. 46, Rn. 10 stellt beispielhaft darauf ab, dass eine zwischenzeitlich eingetretene Straffälligkeit des Beschwerdeführers dem EGMR unbekannt geblieben wäre.

707 FROWEIN, in: FROWEIN / PEUKERT, EMRK-Kommentar, Art. 46, Rn. 11.

708 Siehe dazu oben S. 120.

709 Vgl. MEYER-LADEWIG / PETZOLD, NJW 2005, 15 (18).

710 Siehe oben S. 119.

711 Siehe dazu bereits oben S. 120ff.

Reichweite der Befolgungspflicht für den verurteilten Staat[712]. Es lassen sich Fallgruppen bilden.

aa) Konventionsverletzungen durch Verwaltungsakt

Die geringsten Schwierigkeiten bereitet die Befolgungspflicht, wenn die Konventionsverletzung durch einen Verwaltungsakt oder ähnliches (Verwaltungs-)Handeln erfolgt ist[713]. Es genügt, den belastenden Verwaltungsakt aufzuheben. Unter Umständen genügt schon der Verzicht auf eine zwangsweise Durchsetzung.[714] Konfliktträchtiger sind die verbleibenden Fallgruppen.

bb) Konventionsverletzungen durch Gesetz

Bei einer Konventionsverletzung durch Gesetz sind zwei Varianten zu unterscheiden. Zum einen kann einem Urteil oder Verwaltungsakt ein Gesetz zugrunde liegen, das eine gebundene, jedoch konventionsrechtswidrige Rechtsfolge vorsieht. Zum anderen kann ein Gesetz selbst die Konvention verletzen.

Im letztgenannten Fall verbleibt dem Gesetzgeber als Abhilfemöglichkeit lediglich eine Gesetzesänderung[715]. Der EGMR wirkt darauf seinerseits hin[716]. Im Rahmen des durchzuführenden Gesetzgebungsverfahrens trifft den verurteilten Staat die ebenfalls aus Art. 46 I EMRK entspringende Pflicht, das Gesetzgebungsorgan auf die völkerrechtliche Verpflichtung zur Gesetzesänderung hinzuweisen[717]. Die Pflicht zur Gesetzesänderung wird sogar angenommen, wenn Verfassungsrecht betroffen ist[718].

---

712 Okresek, EuGRZ 2003, 168 (169).

713 Meyer-Ladewig, EMRK-Handkommentar, Art. 46, Rn. 27; Peukert, in: Frowein / Peukert, EMRK-Kommentar, Art. 46, Rn. 14.

714 Meyer-Ladewig, EMRK-Handkommentar, Art. 46, Rn. 27.

715 Garlicki / Westerdiek, EuGRZ 2006, 517 (519); Meyer-Ladewig, EMRK-Handkommentar, Art. 46, Rn. 41; Peukert, in: Frowein / Peukert, EMRK-Kommentar, Art. 46, Rn. 7; Ress, EuGRZ 1996, 350 (351).

716 Vgl. EGMR FamRZ 2005, 427 (427).

717 Meyer-Ladewig, EMRK-Handkommentar, Art. 46, Rn. 41.

718 Meyer-Ladewig / Petzold, NJW 2005, 15 (17).

Weniger eindeutig ist der Umfang der Befolgungspflicht, wenn die Konventionsverletzung lediglich auf der Anwendung eines Gesetzes, dass eine konventionswidrige Rechtsfolge vorsieht, beruht. Auch in diesen Fällen wird teilweise eine Pflicht des Staates zur Gesetzesänderung angenommen[719]. Auch wenn Art. 46 I EMRK den Vertragsstaaten die Wahl der Umsetzungsmittel überlasse, folge daraus dennoch nicht die Freiheit, ein Gesetz, das eine konventionsrechtswidrige Rechtsfolge vorsieht, unverändert zu lassen. Dies liefe im Ergebnis auf eine „fortdauernde Verletzung der Konvention“ hinaus.[720] Daran ändere auch Art. 41 EMRK nichts, wonach der EGMR eine gerechte Entschädigung zusprechen kann. Art. 41 EMRK beschreibe einen „Zwischenzustand“. Entsprechend könne dieser nicht zum Ergebnis haben, dass sich ein Vertragsstaat *dauerhaft* seiner Verpflichtung aus Art. 46 I EMRK entziehen kann. Im Ergebnis liefe dies auf eine Pflicht zur Gesetzesanpassung hinaus.[721] Wenn das betreffende Gesetz einer völkerrechtsfreundlichen Auslegung zugänglich ist, wird eine solche Verpflichtung jedoch bisweilen nicht als zwingend angesehen[722].

Festzuhalten bleibt, dass eine Gesetzesänderung erfolgen muss, wenn ein Gesetz selbst die EMRK verletzt. Ob und ggf. wie weitreichend dieses ebenfalls gilt, wenn ein Gesetz eine konventionswidrige Rechtsfolge vorsieht, ist nicht abschließend geklärt. Wenn man in diesem Fall keine Handlungspflicht des Gesetzgebers annehmen will, verbleibt als Alternative lediglich eine völkerrechtsfreundliche Auslegung der betreffenden Rechtsnorm, um der EMRK Geltung zu verschaffen. An dieser Stelle kann zunächst noch offen bleiben, ob und wie diese Frage für die vorliegende Untersuchung zu beantworten ist, da dies entscheidend von der Rezeption der EMRK in der Bundesrepublik Deutschland und auch vom Inhalt der für das kirchliche Individualarbeitsrecht maßgeblichen Judikate des EGMR abhängt.

---

719 Frowein, JuS 1986, 845 (850); Ress, EuGRZ 1996, 350 (352). Im Ergebnis wohl auch: Peukert, in: Frowein / Peukert, EMRK-Kommentar, Art. 46, Rn. 6.

720 Ress, EuGRZ 1996, 350 (352).

721 Ress, EuGRZ 1996, 350 (352).

722 Garlicki / Westerdiek, EuGRZ 2006, 517 (519); Meyer-Ladewig, EMRK-Handkommentar, Art. 46, Rn. 39.

Unabhängig von dieser Diskussion orientieren sich die verurteilten Staaten regelmäßig an den Urteilen des EGMR und ändern das nationale Recht entsprechend[723]. Dadurch verliert diese dogmatische Frage in der Praxis an Brisanz.

cc) Konventionsverletzungen durch Urteil

Grundsätzlich am schwierigsten gestaltet sich die Befolgung von EGMR-Judikaten, wenn die Konventionsverletzung durch ein Gerichtsurteil erfolgt ist[724]. Judikate des EGMR sind nämlich nicht in der Lage, die Rechtskraft eines nationalen Urteils zu durchbrechen. Zudem kann die Exekutive des verurteilten Staates das nationale Urteil nicht selbst aufheben, da insoweit regelmäßig der Gewaltenteilungsgrundsatz entgegensteht. Zur Anordnung der Wiederaufnahme eines Verfahrens fehlt dem EGMR schließlich die Kompetenz.[725] Jedoch hat ein Großteil der Mitgliedsstaaten der EMRK (zumindest für den Strafprozess) Wiederaufnahmetatbestände für den Fall einer Verurteilung durch den EGMR geschaffen[726]. Dieser Umstand entschärft die Problematik der Konventionsverletzung durch Urteil. Wenn aufgrund eines Wiederaufnahmetatbestandes eine erneute Sachentscheidung zu ergehen hat oder wenn in vergleichbar gelagerten Fällen zu entscheiden ist, so sind die nationalen Gerichte fortan an die EGMR-Rechtsprechung gebunden[727]. Das folgt bereits aus der Konzeption der EMRK als dynamisches Instrument, wonach der Schutzumfang der einzelnen Artikel wesentlich durch die Judikatur des EGMR geprägt wird[728].

---

723 Vgl. Garlicki / Westerdiek, EuGRZ 2006, 517 (519f); Ress, EuGRZ 1996, 350 (353).

724 Vgl. Peukert, in: Frowein / Peukert, EMRK-Kommentar, Art. 46, Rn. 14.

725 Meyer-Ladewig, EMRK-Handkommentar, Art. 46, Rn. 28.

726 Peukert, in: Frowein / Peukert, EMRK-Kommentar, Art. 46, Rn. 14. Ress, EuGRZ 1996, 350 (352) erblickt eine Pflicht der Vertragsstaaten, Wiederaufnahmetatbestände in ihre jeweilige Rechtsordnung zu integrieren, da aus Art. 41 EMRK nicht das Gegenteil abgeleitet werden könne. Siehe zu diesem Argument bereits oben S. 127.

727 Meyer-Ladewig, EMRK-Handkommentar, Art. 46, Rn. 29.

728 Siehe dazu oben S. 117.

b) Die Rezeption der EMRK in der Rechtsordnung der Bundesrepublik Deutschland

Die EMRK beansprucht in der Bundesrepublik Deutschland Geltung in Form von einfachem Bundesrecht[729]. Verfassungsrang kommt der EMRK nicht zu[730], wobei die EMRK einen solchen Anspruch auch nicht erhebt[731]. Bei der EMRK handelt es sich nicht um eine allgemeine Regel des Völkerrechts i.S.d. Art. 25 GG[732]. Daher beruht die Geltung der EMRK auf einem förmlichen Transformationsgesetz gem. Art. 59 II GG[733]

729 BVerfGE 74, 358 (370); BVerfGE 82, 106 (114); BVerfGE 111, 307 (317); BVerfGE 128, 326 (367); GRABENWARTER / PABEL, KuR 2011, 55 (65); GRUPP / STELKENS, DVBl. 2005, 133 (134); KIRCHHOF, EuGRZ 1994, 16 (33); KLEIN, JZ 2004, 1176 (1176); OBERTHÜR, ArbRB 2013, 25 (25); PACHE, EuR 2004, 393 (400); REUFELS / MOLLE, KSzW 2012, 3 (3); RICHARDI, Arbeitsrecht in der Kirche, § 7, S. 111; ROX, Schutz religiöser Gefühle, S. 261; SPERBER, EuZA 2011, 407 (415); VOẞKUHLE, NVwZ 2010, 1 (2). Kritisch zu dieser Stellung in der Normenhierarchie: GIEGERICH, in: GROTE / MARAUHN, EMRK/GG-Konkordanzkommentar, Kap. 2, Rn. 47; ZULEEG, EuGRZ 2005, 681 (683).

730 BVerfGE 74, 358 (370); BVerfGE 111, 307 (318). Aus dieser Stellung in der Normenhierarchie folgt auch, dass keine unmittelbare Verfassungsbeschwerde vor dem Bundesverfassungsgericht mit einer behaupteten Verletzung eines durch die EMRK gewährleisteten Menschenrechts möglich ist. Vgl. BVerfGE 10, 271 (274); BVerfGE 34, 384 (395); BVerfGE 41, 126 (149); BVerfGE 64, 135 (157); BVerfGE 74, 102 (128); BVerfGE 111, 307 (317); BVerfG EuGRZ 2004, 317 (318). Vgl. auch: BVerfGE 96, 152 (170).

731 Siehe oben S. 116.

732 MEYER-LADEWIG, EMRK-Handkommentar, Einleitung, Rn. 33. A.A.: BLECKMANN, EuGRZ 1994, 149 (153ff); GIEGERICH, in: GROTE / MARAUHN, EMRK/GG-Konkordanzkommentar, Kap. 2, Rn. 55ff. Würde man die EMRK solchermaßen einstufen, wäre auch eine unmittelbare Verfassungsbeschwerde mit einer behaupteten Konventionsverletzung möglich. Vgl. GIEGERICH, in: GARBENWARTER / HAMMER / PELZL / SCHULEV-STEINDL / WIEDERIN, Allgemeinheit der Grundrechte und Vielfalt in der Gesellschaft, S. 101 (107ff); DERS., in: GROTE / MARAUHN, EMRK/GG-Konkordanzkommentar, Kap. 2, Rn. 51. Zu den Folgeproblemen, die eine Einstufung der EMRK als allgemeine Regel des Völkerrechts mit sich brächte: NUẞBERGER, in: ISENSEE / KIRCHHOF, HdbStR, Bd. X, § 209, Rn. 8.

733 BVerfGE 111, 307 (316f); FROWEIN, JuS 1986, 845 (847); GRUPP / STELKENS, DVBl. 2005, 133 (134); KLEIN, LKV 2003, 74 (75); DERS., JZ 2004, 1176 (1176).

sowie dem Rechtsstaatsprinzip[734]. Alle staatlichen Organe sind im Rahmen ihrer Zuständigkeit an die Konvention gebunden[735]. Nationales Recht ist durch den Rechtsanwender völkerrechtsfreundlich auszulegen. So soll u.a. der EMRK größtmögliche Geltung verschafft werden.[736] Im Unterschied zu anderen (Bundes-)Gesetzen finden daher die allgemeinen Kollisionsregeln[737] bezüglich der EMRK nur in modifizierter Form Anwendung[738]. Hinsichtlich des Lex-posterior-Grundsatzes wird angenommen, dass der Gesetzgeber auch mit zeitlich auf das Zustimmungsgesetz[739] i.S.d. Art. 59 II GG nachfolgenden Normen nicht gegen völkerrechtliche Verpflichtungen verstoßen wolle[740]. Die Regelungen der EMRK sind insoweit gegenüber dem Lex-posterior-Grundsatz resistent bzw. als Lex-specialis gegenüber einem zeitlich nachfolgenden Bundesgesetz anzusehen[741]. Dies gilt jedoch nur, wenn das Ergebnis nach methodisch korrekter Auslegung vertretbar ist[742]. Ein Vorrangautomatismus zugunsten der EMRK existiert nicht.[743]

---

734 GIEGERICH, in: GROTE / MARAUHN, EMRK/GG-Konkordanzkommentar, Kap. 2, Rn. 558ff; MEYER-LADEWIG, EMRK-Handkommentar, Art. 46, Rn. 22.

735 BVerfGE 111, 307 (323). Vgl. auch: GRABENWARTER / PABEL, Europäische Menschenrechtskonvention, § 16, S. 102f und S. 108.

736 KLEIN, LKV 2003, 74 (75); MEYER-LADEWIG, EMRK-Handkommentar, Einleitung, Rn. 33. Vgl. auch: POLAKIEWICZ, Die Verpflichtung der Staaten aus den Urteilen des Europäischen Gerichtshofs für Menschenrechte, S. 227.

737 Insbesondere die Lex-specialis- oder die Lex-posterior-Regel.

738 Vgl. GRUPP / STELKENS, DVBl. 2005, 133 (134).

739 Gesetz über die Konvention zum Schutze der Menschenrechte und Grundfreiheiten vom 07. August 1952, BGBl. II, S. 685.

740 Vgl. BVerfGE 74, 358 (370); VGH Mannheim, NVwZ-Beilage I zu Heft 7/2001, 81 (82); KLEIN, JZ 2004, 1176 (1176).

741 Vgl. BERNHARDT, EuGRZ 1996, 339 (339); KLEIN, JZ 2004, 1176 (1176); PACHE, EuR 2004, 393 (400f); SATZGER, Internationales und Europäisches Strafrecht, § 11, S. 197. Umfassend zur Kollisionsproblematik: GRUPP / STELKENS, DVBl. 2005, 133 (134f)

742 Entsprechend findet die Möglichkeit einer solchen Auslegung seine Grenze, wenn der Gesetzgeber ausdrücklich von der EMRK abweichen will. Vgl. GIEGERICH, in: GROTE / MARAUHN, EMRK/GG-Konkordanzkommentar, Kap. 2, Rn. 45.

743 BVerfGE 111, 307 (329).

Im Lichte dieser Völkerrechtsfreundlichkeit der deutschen Rechtsordnung misst das Bundesverfassungsgericht der EMRK besondere Bedeutung bei. Entsprechend der konventionsrechtlichen Vorgabe[744] wendet es die EMRK in der Form an, welche diese durch die Auslegung des EGMR erlangt hat[745]. Bei der Bestimmung von „Inhalt und Reichweite" nationaler Grundrechte zieht das Bundesverfassungsgericht die Judikatur des EGMR grundsätzlich heran[746]. Das Bundesverfassungsgericht sieht sich generell in der Pflicht, einer fehlerhaften oder unzureichenden Beachtung der völkerrechtlichen Verpflichtungen der Bundesrepublik Deutschland, insbesondere durch die Rechtsprechung, entgegenzutreten[747]. In besonderem Maße soll dies für die Verpflichtungen aus der EMRK gelten[748].
Nach Auffassung des Bundesverfassungsgerichts gelten diese Grundsätze jedoch nicht uneingeschränkt. Bei der Auslegung nationaler Grundrechte darf die EMRK nicht herangezogen werden, wenn dies zu einer „Einschränkung oder Minderung des Grundrechtsschutzes nach dem Grundgesetz führt"[749]. Da gem. Art. 53 EMRK eine Auslegung der Konvention unterbleiben soll, die eine Verkürzung nationaler Grundrechtspositionen zur Folge hätte[750], kann bei korrekter Rechtsanwendung die vom Bundesverfas-

744 Siehe dazu oben S. 117.

745 BVerfGE 111, 307 (319); BVerfGE 128, 326 (367f).

746 BVerfGE 74, 358 (370); BVerfGE 111, 307 (317); BVerfGE 128, 326 (367f); BVerfG EuGRZ 2004, 317 (318). Vgl. auch: BVerfGE 82, 106 (115); BVerfG NJW 2001, 2245 (2246).

747 BVerfGE 58, 1 (34); BVerfGE 59, 63 (89); BVerfGE 109, 13 (23); BVerfGE 111, 307 (328); BVerfGE 128, 326 (368f).

748 Vgl. BVerfGE 111, 307 (328f); BVerfGE 128, 326 (368). GIEGERICH, in: GROTE / MARAUHN, EMRK/GG-Konkordanzkommentar, Kap. 2, Rn. 65 spricht sich in diesem Zusammenhang dafür aus, dass das Bundesverfassungsgericht „die Funktion einer Superrevisionsinstanz in Bezug auf die innerstaatliche Anwendung von Völkerrechtsnormen übernehmen" solle. Kritisch gegenüber einer Rolle des EGMR als Superrevisionsinstanz: GRABENWARTER, FS Jaeger, S. 639 (649); DERS. / PABEL, KuR 2011, 55 (69).

749 BVerfGE 74, 358 (370); BVerfGE 111, 307 (317); BVerfGE 128, 326 (371).

750 Vgl. BVerfGE 128, 326 (371).

sungsgericht skizzierte Konfliktsituation jedoch nicht auftreten.[751] Das Bundesverfassungsgericht hat die Grundsätze zur Berücksichtigung der EMRK als Auslegungshilfe für nationale Grundrechte jüngst im Sinne der Völkerrechtsfreundlichkeit konkretisiert. Es misst der Rechtsprechung des EGMR über den Einzelfall hinaus Bedeutung bei und erkennt eine „faktische Präzedenzwirkung" der EGMR-Judikatur an[752]. Zusätzlich hat das Bundesverfassungsgericht präzisiert, dass es die Entscheidungen des Gerichtshofs als beachtliche Veränderung der Sach- bzw. Rechtslage ansieht, sodass sogar rechtskräftige Entscheidungen des Bundesverfassungsgerichts überwunden werden könnten[753]. Das mögliche Konfliktpotenzial bei der Heranziehung der EMRK als Auslegungshilfe dürfte damit erheblich gemindert worden sein[754].

Weiterhin stehe das Grundgesetz internationaler Integration und völkerrechtlichen Regeln offen gegenüber, was vom Bundesverfassungsgericht aus Art. 23ff GG abgeleitet wird[755]. Es habe sich gegenüber dem Völkerrecht jedoch nicht weitestgehend geöffnet, da gem. Art. 59 II GG erst ein Transformationsgesetz die innerstaatliche Geltung völkerrechtlicher Verträge bewirkt[756]. Völkerrecht gelte zudem nicht ranggleich mit der Verfassung[757]. Entsprechend verzichte das Grundgesetz nicht auf eine Letztentscheidungskompetenz bei der Kontrolle nichtdeutscher Hoheitsakte. Daraus folge eine Freistellung des Gesetzgebers von der Beachtung völkerrechtlicher Verpflichtungen, wenn damit ein Verstoß gegen tragende Verfassungsprinzipien abgewendet werden kann[758]. Dieses „letzte Wort" des Grundgesetzes sei

---

751 Ähnlich: Sperber, EuZA 2011, 407 (415). Nußberger, in: Isensee / Kirchhof, HdbStR, Bd. X, § 209, Rn. 13 erblickt in den Einschränkungen des Bundesverfassungsgerichts eine bloße Rückzugsmöglichkeit für den Einzelfall.

752 BVerfGE 128, 326 (368).

753 BVerfGE 128, 328 (364f).

754 Vgl. auch: Nußberger, in: Isensee / Kirchhof, HdbStR, Bd. X, § 209, Rn. 17.

755 BVerfGE 111, 307 (318). Ähnlich auch: BVerfGE 63, 343 (370).

756 BVerfGE 111, 307 (318).

757 BVerfGE 111, 307 (318). Siehe zur Kritik an dieser normenhierarchischen Einordnung bereits oben S. 129f.

758 BVerfGE 111, 307 (319).

jedoch vor dem Hintergrund des nationalen Souveränitätsverständnisses zu sehen. Dieses stehe einer Einbindung in völkerrechtliche Zusammenhänge nicht entgegen. Eine Integration und Weiterentwicklung werde vielmehr „vorausgesetzt und erwartet".[759]
Eine weitere Einschränkung kann sich dem Bundesverfassungsgericht zufolge ergeben, wenn Judikate des EGMR auf „ein in seinen Rechtsfolgen ausbalanciertes Teilsystem des innerstaatlichen Rechts" treffen, wo gegenläufige Grundrechtspositionen verschiedener Grundrechtsträger einer praktischen Konkordanz zugeführt werden müssen[760]. Nach Auffassung des Bundesverfassungsgerichts wolle der EGMR nicht selbst auf diese Teilsysteme einwirken[761]. Mithin sei es Aufgabe der nationalen Gerichte, die Rechtsprechung des EGMR in die ausdifferenzierten Teilsysteme „einzupassen"[762]. Nationale Behörden und Gerichte müssten sich mit solchen Judikaten des EGMR zwar jedenfalls auseinandersetzen. Da vor dem EGMR lediglich der Beschwerdeführer als Prozesspartei auftrete, könne es aber vorkommen, dass gegenläufige Grundrechtspositionen Dritter nicht genügend Beachtung fänden. Behörden und Gerichte könnten daher in solchen Fällen mit entsprechend tragfähiger Begründung auf die Anwendung der EGMR-Judikatur verzichten.[763]

Diese Einschränkungen des Bundesverfassungsgerichts treffen in der Literatur auf Kritik. Zum einen könne es einen „deutschen Souveränitätsvorbehalt" nicht geben[764], da ein solcher bei der Ratifizierung der EMRK

---

759 BVerfGE 128, 326 (369). NUßBERGER, in: ISENSEE / KIRCHHOF, HdbStR, Bd. X, § 209, Rn. 17 erblickt hierin eine Korrektur der Rechtsprechung des völkerrechtlichen Verhältnisses des Bundesverfassungsgerichts gegenüber dem EGMR. GRABENWARTER / PABEL, KuR 2011, 55 (64) sprechen hingegen von einer Ergänzung und Verfeinerung. Ähnlich: PÖTTERS / KALF, ZESAR 2012, 216 (224).

760 BVerfGE 111, 307 (327).

761 BVerfGE 111, 307 (327).

762 BVerfGE 111, 307 (327). Vgl. auch: BVerfGE 128, 326 (371).

763 BVerfGE 111, 307 (324f).

764 KLEIN, JZ 2004, 1176 (1178); MEYER-LADEWIG, EMRK-Handkommentar, Art. 46, Rn. 33. Ähnlich: ZULEEG, EuGRZ 2005, 681, (684). Kritisch wohl auch KIRCHHOF, EuGRZ 1994, 16 (33) mit der Begründung, dass es eines Vorbehaltes nicht bedürfe,

hätte geltend gemacht werden müssen[765]. Ein Souveränitätsvorbehalt liefe auf einen deutschen „Unilateralismus“ hinaus, der so im Völkerrecht nicht vertretbar sei[766]. Zudem seien auch andere Staaten aufgrund der EGMR-Judikatur zu einer Verfassungsänderung veranlasst worden[767]. Eine entsprechende Verpflichtung treffe ggf. auch die Bundesrepublik Deutschland[768]. Jedenfalls müsse dem Eindruck entgegengewirkt werden, ein Konventionsstaat könne sich unter Berufung auf nationales Verfassungsrecht seiner Verpflichtung aus einem EGMR-Urteil entziehen[769]. Es wäre daher wünschenswert gewesen, die Konventionsrechte weitergehend als dies geschehen ist in das Rechtsstaatsprinzip einzubeziehen[770].
Zum anderen sei nicht stichhaltig, dass EGMR-Judikate, die auf ein sog. ausbalanciertes Teilsystem des innerstaatlichen Rechts treffen, stets eingepasst werden müssten. Ein solches Teilrechtssystem könne nur durch formelles Bundesrecht und nicht bereits durch rangniedrigeres Recht geschaffen werden[771]. Nähme man zudem die normenhierarchische Stellung der EMRK ernst, so könne ein Teilrechtssystem auf Ebene des Bundesrechts ohnehin erst dann als ausbalanciert bezeichnet werden, wenn es gelungen ist, die EMRK in die Regelungssystematik zu inkorporieren[772]. Bei einer solchen Einpassung seien die Vorgaben des EGMR zwingend zu beach-

---

da die EMRK ohnehin voll auf ihre Verfassungsmäßigkeit überprüft werden könne.

765 Esser, StV 2005, 348 (350f). Vgl. auch: Kadelbach, JURA 2005, 480 (485.)

766 Wildhaber, EuGRZ 2005, 743 (744).

767 Meyer-Ladewig / Petzold, NJW 2005, 15 (16 u. 19).

768 So im Ergebnis Esser, StV 2005, 348 (350).

769 Meyer-Ladewig, EMRK-Handkommentar, Art. 46, Rn. 33.

770 Giegerich, in: Grote / Marauhn, EMRK/GG-Konkordanzkommentar, Kap. 2, Rn. 66. Anders Grupp / Stelkens, DVBl. 2005, 133 (140), die eine Möglichkeit des Gesetzgebers, Entscheidungen des EGMR zu ignorieren, bereits bei einfachgesetzlicher Einordnung der EMRK nur für den Fall annehmen wollen, dass das betreffende Urteil keine Konkretisierung der EMRK mehr darstellt.

771 Grupp / Stelkens, DVBl. 2005, 133 (142). Kritisch auch: Kadelbach, JURA 2005, 480 (485).

772 Grupp / Stelkens, DVBl. 2005, 133 (140f).

ten.[773] Da der EGMR dem verurteilten Staat einen Umsetzungsspielraum i.R.d. der Befolgungspflicht des Art. 46 I EMRK belasse[774], könne eine Entscheidung des Gerichtshofs sowohl die Auslegung von Tatbestandsmerkmalen, als auch die Ermessensausübung beeinflussen. Insofern sei die Einpassung vorzunehmen.[775] Im Übrigen bestehe eine Bindung an das Urteil, da der EGMR, anders als das Bundesverfassungsgericht dies annimmt, auch die Interessen Dritter berücksichtige. Der verurteilte Staat könne vom Ergebnis einer solchen Interessenabwägung des EGMR dann nicht mehr abweichen.[776]

Trotz der Kritik an den Vorbehalten des Bundesverfassungsgerichts wird aber insgesamt eine Stärkung des Einflusses der EMRK auf die deutsche Rechtsordnung angenommen[777]. Dies folgt umso mehr aus der Klarstellung des Bundesverfassungsgerichts dahingehend, dass das Grundgesetz eine Integration in supranationale Systeme „voraus[...]setzt und erwartet“[778]. Damit handelt es sich bei den Fragen der Reichweite einer Umsetzungspflicht von EGMR-Judikaten im Ergebnis nicht um verfassungsrechtliche, sondern um politische Problemfälle[779]. Abgesehen von diesen Einschränkungen besteht weitgehend Einigkeit, dass die allgemeinen dogmatischen Grundsätze[780] zur Verpflichtung der Konventionsstaaten aus Art. 46 I EMRK auch in der Bundesrepublik Deutschland Geltung beanspruchen.

---

773 Meyer-Ladewig, EMRK-Handkommentar, Art. 46, Rn. 34. Ähnlich: Esser, StV 2005, 348 (352).

774 Siehe bereits oben S. 116f.

775 Esser, StV 2005, 348 (352).

776 Meyer-Ladewig, EMRK-Handkommentar, Art. 46, Rn. 34.

777 Vgl. Grupp / Stelkens, DVBl. 2005, 133 (134); Esser, StV 2005, 348 (355); Kadelbach, JURA 2005, 480 (485). Ähnlich auch Oberthür, ArbRB 2013, 25 (25), wonach der EMRK-Judikatur im Lichte der Rechtsprechung des Bundesverfassungsgerichts „faktisch [...] ein übergesetzlicher Rang zu[kommt]“.

778 BVerfGE 128, 326 (369). Nußberger, in: Isensee / Kirchhof, HdbStR, Bd. X, § 209, Rn. 17 erblickt hierin eine Korrektur der Rechtsprechung des völkerrechtlichen Verhältnisses des Bundesverfassungsgerichts gegenüber dem EGMR.

779 Wildhaber, EuGRZ 2005, 689 (690ff). Ähnlich auch: Ders., EuGRZ 2005, 743 (743f).

780 Siehe oben S. 119ff.

Dies gilt zunächst hinsichtlich der sachlichen und persönlichen Grenzen der Rechtskraftwirkung[781]. Übereinstimmend mit den allgemeinen dogmatischen Grundsätzen zur zeitlichen Bindungswirkung von EGMR-Urteilen[782] schränkt auch das Bundesverfassungsgericht die Bindung bei veränderter Tatsachenbasis ein. In einem solchen Fall muss der Rechtsanwender analysieren, worin der durch den EGMR festgestellte Konventionsverstoß liegt und sich „gebührend mit ihr [der EGMR-Entscheidung] auseinander setzen“[783].

In der Bundesrepublik Deutschland ergeben sich hinsichtlich der bisweilen problematischen Reichweite der Befolgungspflicht[784] aus Art. 46 I EMRK bei Ausspruch eines reinen Feststellungsurteils durch den EGMR teils abweichende Schwerpunkte.

aa) Konventionsverletzungen durch Verwaltungshandeln / Verwaltungsakt

Verletzt Verwaltungshandeln die Konvention, so ist die Verwaltungspraxis entsprechend konventionsfreundlich zu ändern. Bereits erlassene Verwaltungsakte sind, etwa nach den §§ 48ff VwVfG, aufzuheben bzw. zu widerrufen.[785] Behörden sind angehalten, sich mit den Entscheidungen des EGMR auseinanderzusetzen und diese, wenn erforderlich, insbesondere im Rahmen der Verhältnismäßigkeitsprüfung, zu berücksichtigen[786].

bb) Konventionsverletzungen durch Gesetz

Bei einer Konventionsverletzung durch Gesetz kann dieses entweder durch den Gesetzgeber geändert oder in der Praxis durch den Rechtsanwender

781 Vgl. BVerfG EuGRZ 1985, 654 (656); BVerfGE 111, 307 (320f); BVerfGE 128, 326 (368). Siehe zur Rechtskraftwirkung oben S. 124ff.

782 Siehe oben S. 125ff.

783 BVerfGE 111, 307, (329).

784 Siehe dazu oben S. 125ff.

785 Vgl. BVerfGE 111, 307 (325).

786 BVerfGE 111, 307 (323f). Vgl. auch: BVerfGE 128, 326 (372); BVerfG EuGRZ 2004, 317 (319).

konventionsfreundlich ausgelegt werden[787]. Das Bundesverfassungsgericht statuiert damit keine zwingende Verpflichtung der Legislative, das zugrunde liegende Gesetz zu ändern. Eine nationale Konkretisierung der Befolgungspflicht aus Art. 46 I EMRK im Fall der Konventionsverletzung durch Gesetz[788] ist damit nicht verbunden. Daher gilt auch in der Bundesrepublik Deutschland, dass ein Gesetz, welches selbst konventionswidrig ist, geändert werden muss[789]. Gleichzeitig bleibt offen, wie mit einem Gesetz, dessen Anwendung erst eine konventionswidrige Rechtsfolge vorsieht, zu verfahren ist[790]. Auch in der Bundesrepublik ist das Gesetz entweder völkerrechtsfreundlich auszulegen oder zu ändern. Welcher Alternative der Vorrang zukommt wird nicht einheitlich beantwortet[791].

Da die Besonderheiten des kirchlichen Arbeitsrechts in der Bundesrepublik Deutschland wesentlich auf dem aus Art. 137 III WRV i.V.m. Art. 140 GG entspringenden Selbstbestimmungsrecht und dessen einfachgesetzlichen Ausflüssen fußen[792], ist diese Frage für die vorliegende Untersuchung zu beantworten. Zudem steht mit Art. 137 III WRV i.V.m. Art. 140 GG Verfassungsrecht in Rede. Das Bundesverfassungsgericht entbindet den Gesetzgeber von der Umsetzungspflicht aus Art. 46 I EMRK, wenn damit tragende Verfassungsprinzipien berührt werden[793]. Gerade dieser „Souveränitätsvorbehalt" wird in der Literatur kritisiert[794].

Die Beantwortung der Frage, ob die vorliegend einschlägigen nationalen Normen zu ändern oder völkerrechtsfreundlich auszulegen sind, ist aus der Systematik der EMRK heraus zu beantworten. Die Konvention ist nicht geschaffen worden, um bloß theoretische Rechte zu gewähren. Das Ziel der EMRK ist vielmehr, einen in der Praxis wirksamen und effizienten Men-

787 BVerfGE 111, 307 (325).

788 Siehe dazu oben S. 126ff.

789 Siehe oben S. 126f.

790 Siehe oben S. 127ff.

791 Siehe dazu oben S. 127ff.

792 Siehe oben ab S. 25ff.

793 Vgl. BVerfGE 111, 307 (319).

794 Siehe oben S. 133ff.

schenrechtsschutz zu gewährleisten.[795] Entsprechend soll die möglichst effektive und weitreichende „Herstellung von Rechtszuständen, die den Urteilen des Gerichtshofs entsprechen", erreicht werden[796]. Es ist daher konsequent, dass die EMRK aus sich heraus im jeweiligen Vertragsstaat Gültigkeit erlangt und keine bloße Verpflichtung zur Schaffung solcher Menschenrechte bewirkt[797].

Wenn die EMRK keine Vorgaben macht, wie ein möglichst optimaler Menschenrechtsschutz zu gewährleisten ist, so kann nicht angenommen werden, sie favorisiere eine bestimmte Maßnahme, wenn ein Gesetz eine konventionswidrige Rechtsfolge vorsieht. Ein Vorgabe, ob das betreffende Gesetz zu ändern oder lediglich konventionsgemäß auszulegen ist, kann der Konvention entsprechend nicht entnommen werden. Da die Konvention ergebnisorientiert am Ziel eines möglichst effektiven Menschenrechtsschutzes ausgerichtet ist[798], ist aus dieser Systematik heraus vielmehr die Maßnahme indiziert, die den optimalen Menschenrechtsschutz gewährleistet. Daher kann die Frage, ob ein Gesetz zu ändern oder völkerrechtsfreundlich auszulegen ist, nicht abstrakt beantwortet werden. Ein optimaler Schutzumfang wird nur dann gewährleistet, wenn im konkreten Einzelfall beide Alternativen auf ihre Wirksamkeit hin überprüft werden. Der effektiveren Methode (Gesetzesänderung oder völkerrechtsfreundliche Auslegung) ist der Vorzug zu geben. Das Ergebnis kann in Abhängigkeit vom jeweils betroffenen Gesetz unterschiedlich ausfallen.

Diese Vorgabe wird für die vorliegende Untersuchung zu Grunde gelegt. Daraus ergibt sich, in Abhängigkeit der konkreten Vorgaben des EGMR, ein zweigleisig-paralleler Untersuchungsgang. Dieser Maßstab ist sowohl an Art. 137 III WRV i.V.m. Art. 140 GG als auch an dessen einfachgesetzliche Ausprägung (§ 9 AGG) anzulegen[799].

---

795 Meyer-Ladewig, EMRK-Handkommentar, Art. 1, Rn. 17.

796 Wildhaber, EuGRZ 2005, 689 (690). Siehe schon oben S. 117.

797 Siehe oben S. 116.

798 Vgl. auch zuletzt: BVerfGE 128, 326 (370).

799 Die Konsequenzen für die Rechtsprechung ergeben sich automatisch, da diese die solchermaßen veränderte Rechtslage in ihre Judikatur einfließen lassen muss.

Bedenken, diesen Maßstab vor dem Hintergrund des vom Bundesverfassungsgericht formulierten Souveränitätsvorbehaltes[800] auch an Art. 137 III WRV i.V.m. Art. 140 GG anzulegen, sind im Ergebnis unbegründet. Denn letztlich muss auch Verfassungsrecht änderbar sein, wenn nur so den Vorgaben aus Art. 46 I EMRK optimal nachgekommen werden kann[801]. Die EMRK basiert schließlich auf „der loyalen Mitwirkung der Vertragsstaaten"[802]. Wäre Verfassungsrecht unantastbar, so könnte es vorkommen, dass einfachgesetzliche Normen aufgrund der Judikatur des EGMR zu ändern wären, verfassungsrechtliche Normen hingegen unverändert bleiben könnten[803]. Der EGMR hat beispielsweise mit dem Piloturteilsverfahren ein Instrument in der Hand, um auf strukturelle gesetzgeberische Probleme innerhalb eines Konventionsstaates einzuwirken[804]. Daher ist das geschilderte Problem keinesfalls nur theoretischer Natur. Bezogen auf den vorliegenden Untersuchungsgegenstand wäre es also denkbar, dass § 9 AGG aufgrund eines EGMR-Judikates zu ändern wäre. Gleichzeitig ist § 9 AGG einfachgesetzliche Ausprägung des aus Art. 137 III WRV i.V.m. Art. 140 GG entspringenden Selbstbestimmungsrechts. Änderte man nun die einfachgesetzliche Norm in der Weise, dass diese zwar den konventionsrechtlichen Vorgaben entspricht, könnte sie gleichzeitig nicht mehr den verfassungsrechtlichen Vorgaben entsprechen. Daraus ergäbe sich das Paradoxon, dass die Norm zwar aufgrund des Einflusses der EMRK zu ändern wäre, gleichzeitig aber aufgrund der dann eintretenden Verfassungswidrigkeit nicht geändert werden

800 Siehe oben S. 132.

801 Im Ergebnis so auch: Esser, StV 2005, 348 (350); Meyer-Ladewig, EMRK-Handkommentar, Art. 46, Rn. 33; Wildhaber, EuGRZ 2005, 743 (743f).

802 Nußberger, in: Isensee / Kirchhof, HdbStR, Bd. X, § 209, Rn. 22. Es erscheint daher folgerichtig, dass sich der EGMR in der Rolle einer überstaatlichen Kontrollinstanz sieht, wenn eine mögliche Verletzung der EMRK im Raume steht. Vgl. Fahrig / Stenslik, EuZA 2012, 184 (192f). Kritisch zu dieser Rolle des EGMR: Emmert / Wirtz, ArbRAktuell 2010, 551 (551); Grabenwarter, FS Jaeger, S. 639 (649); ders. / Pabel, KuR 2011, 55 (69).

803 Nußberger, in: Isensee / Kirchhof, HdbStR, Bd. X, § 209, Rn. 3 betont, dass das „Zurücktreten der verfassungsrechtlichen Regelungen aus völkerrechtlicher Sicht eine conditio sine qua non für die Effektivität des Menschenrechtsschutzes ist".

804 Siehe oben S. 121ff.

dürfte, sofern keine Fassung denkbar ist, die beiden Vorgaben gerecht wird. Das würde dazu führen, dass ein Souveränitäts- oder Verfassungsvorbehalt mittelbar auf einfaches Recht durchschlagen könnte. Von einer effektiven und wirksamen Umsetzung der EMRK bliebe wenig übrig, da eine Befolgungspflicht durch diese „Hintertür" auch für einfaches Recht ausgehebelt werden könnte. Daher kann ein Verfassungsvorbehalt nicht durchgreifen, wenn der EMRK optimale Wirksamkeit verschafft werden soll[805].

cc) Konventionsverletzungen durch Urteil

Das Problem, wonach ein EGMR-Judikat nicht die Rechtskraft eines nationalen Urteils durchbrechen kann[806], stellt sich in der Bundesrepublik Deutschland nicht in der dargestellten Deutlichkeit. Denn alle bundesdeutschen Verfahrensordnungen sehen inzwischen eine Wiederaufnahme des Verfahrens vor, wenn das Urteil auf einer durch den EGMR festgestellten Verletzung der Konvention beruht[807]. Für den Strafprozess enthält § 359 Nr. 6 StPO einen Wiederaufnahmetatbestand. Danach ist die Wiederaufnahme eines abgeschlossenen Verfahrens zugunsten des Verurteilten zulässig, wenn der EGMR eine Verletzung der EMRK festgestellt hat und das Urteil auf der Verletzung beruht. Eine vergleichbare Regelung findet sich in § 580 Nr. 8 ZPO. Gemäß dieser Norm findet die Restitutionsklage ebenfalls dann statt, wenn der EGMR eine Konventionsverletzung festgestellt hat und das Urteil auf dieser Verletzung beruht. Die Wiederaufnahme eines Verfahrens führt zur Durchbrechung der Rechtskraft eines Urteils[808]. Da so die durch das endgültige Urteil geschaffene Rechtssicherheit bzw. der Rechtsfrieden zwischen den Parteien erschüttert wird, muss es sich bei allen entsprechenden Tatbeständen um Ausnahmeregelungen handeln. Sie

---

805 Im Ergebnis anders Plum, NZA 2011, 1194 (1198), der, bezogen auf die jüngste Judikatur des EGMR im Bereich des kirchlichen Arbeitsrechts, annimmt, die Rechtsprechung des Bundesverfassungsgerichts bilde den Rahmen, in den sich die EGMR-Judikatur einzufügen habe.

806 Siehe oben S. 128f.

807 Meyer-Ladewig, EMRK-Handkommentar, Art. 46, Rn. 28.

808 Musielak, in: Musielak, ZPO-Kommentar, § 578, Rn. 1.

setzen daher schwerwiegende Verfahrens- oder Inhaltsmängel voraus.[809] Im Rahmen von § 580 Nr. 8 ZPO ist somit erforderlich, dass die angegriffene Entscheidung kausal auf einer vom EGMR festgestellten Verletzung der Konvention beruht[810]. § 580 Nr. 8 ZPO enthält keinen Katalog von konventionsrechtlichen Gewährleistungen, deren Verletzungen den Anwendungsbereich der Restitutionsvorschrift eröffnen[811]. Da die Norm jedoch dem Zweck dient, den Verpflichtungen der Bundesrepublik Deutschland aus Art. 46 I EMRK nachkommen zu können[812], erscheint die Kodifizierung eines starren Anwendungskataloges vor dem Hintergrund des Gebotes, einen möglichst weitreichenden und praktisch effizienten Grundrechtsschutz zu gewährleisten[813], problematisch. Wollte man einzelne Gewährleistungen der EMRK von vornherein dem Anwendungsbereich des § 580 Nr. 8 ZPO entziehen, könnte dies im Ergebnis wiederum auf einen nach hier vertretener Ansicht unzulässigen nationalen Vorbehalt hinauslaufen[814]. Aufgrund des Verweises des § 79 ArbGG auf § 580 Nr.8 ZPO finden diese Grundsätze im arbeitsgerichtlichen Verfahren ebenfalls Anwendung[815]. Hat das nationale Gericht auf dieser Grundlage erneut in der Sache zu entscheiden, so ist die Rechtsprechung des EGMR in diesem Verfahren heranzuziehen[816].

---

809 MUSIELAK, in: MUSIELAK, ZPO-Kommentar, § 578, Rn. 1 und § 580, Rn. 1. Umfassend zu den Begründungsansätzen der Wiederaufnahmetatbestände: BRAUN, in: KRÜGER / RAUSCHER, Münchener Kommentar zur ZPO, Bd. 2, § 580, Rn. 2ff.

810 BRAUN, in: KRÜGER / RAUSCHER, Münchener Kommentar zur ZPO, Bd. 2, § 580, Rn. 78; MUSIELAK, in: MUSIELAK, ZPO-Kommentar, § 580, Rn. 24.

811 BRAUN, in: KRÜGER / RAUSCHER, Münchener Kommentar zur ZPO, Bd. 2, § 580, Rn. 76.

812 MUSIELAK, in: MUSIELAK, ZPO-Kommentar, § 580, Rn. 24.

813 Siehe oben S. 117.

814 Siehe oben S. 139. Kritisch zur Umsetzung von § 580 Nr. 8 ZPO: BRAUN, NJW 2007, 1620 (1620ff); DERS., in: KRÜGER / RAUSCHER, Münchener Kommentar zur ZPO, Bd. 2, § 580, Rn. 75f.

815 Andere Verfahrensordnungen verweisen ebenfalls auf die ZPO. Beispielhaft genannt seien § 153 I VwGO und § 179 I SGG.

816 Vgl. MEYER-LADEWIG, EMRK-Handkommentar, Art. 46, Rn. 29; ZULEEG, EuGRZ 2005, 681 (684). Siehe auch oben S. 128.

Damit ist festzuhalten, dass die Mitgliedsstaaten der EMRK, und damit auch die Bundesrepublik Deutschland, aus Art. 46 I EMRK verpflichtet sind, rechtskräftige Urteile des EGMR zu befolgen. Bei der Wahl der Umsetzungsmittel hat der verurteilte Staat einen gewissen Spielraum[817]. Dies folgt daraus, dass der EGMR regelmäßig reine Feststellungsurteile spricht. Weitergehend bezeichnet der Gerichtshof bisweilen deutlicher, welche Mittel aus seiner Sicht zur Beendigung des Konventionsverstoßes erforderlich sind (z.B. Haftentlassung). Das Piloturteilsverfahren eröffnet dem EGMR noch darüber hinaus die Möglichkeit, gezielt auf die Beseitigung struktureller Probleme hinzuwirken. Entsprechend tenoriert der EGMR in diesen Fällen die erforderlichen Maßnahmen und macht diese damit unmittelbar verbindlich[818]. Insofern ist eine unterschiedlich starke Einengung des Umsetzungsspielraums i.S.e. Stufenverhältnisses anzunehmen, abhängig von der vom EGMR formulierten Bestimmtheit der Abhilfemaßnahmen.
Das Ziel hierbei ist die Schaffung eines möglichst effektiven und weitreichenden Grundrechtsschutzes[819].
Dieses Ziel würde gefährdet, wenn man einen nationalen Verfassungsvorbehalt anerkennen würde. Daher kann aus der normenhierarchischen Stellung der EMRK als einfaches Bundesrecht nicht abgeleitet werden, dass Verfassungsrecht unter gewissen Umständen resistent gegenüber der Judikatur des EGMR ist. Nach hier vertretender Ansicht kann daher auch Art. 137 III WRV i.V.m. Art. 140 GG Angriffsfläche für diese Rechtsprechung bieten. Um einen optimalen Grundrechtsschutz im Fall einer Konventionsverletzung durch Gesetz zu gewährleisten, ist vielmehr zu prüfen, ob eine Normänderung oder eine konventionsfreundliche Auslegung insofern geeigneter ist. Der im Einzelfall effektiveren Variante ist der Vorzug zu geben[820].

817 Siehe oben S. 120.
818 Siehe oben S. 119ff.
819 Siehe oben S. 117.
820 Siehe oben S. 136ff.

2. Die mittelbare Einwirkung der EGMR-Judikatur durch die Rechtsprechung des EuGH

Die Rechtsprechung des EGMR gewinnt, zusätzlich zu den dargestellten direkten Einwirkungsmöglichkeiten, mittelbaren Einfluss durch die Rechtsprechung des EuGH[821]. Der EuGH konnte Grundrechtsschutz zunächst nur aufgrund von richterrechtlicher Rechtsfortbildung gewähren[822]. Die europäischen Gründungsverträge enthielten nämlich zunächst keine Grundrechtsgewährleistungen[823]. Der Vertag von Lissabon beendet diesen Zustand und „[schüttet] nach fast 50 Jahren grundrechtlicher Askese [...] geradezu ein grundrechtliches Füllhorn aus“[824]. Seither ist Art. 6 EUV n.F. eine „Eckvorschrift in den Verträgen“, die das Thema des Grundrechtsschutzes zum Inhalt hat[825]. Daher ist die (Grundrechte-)Rechtsprechung des EuGH seit dem Inkrafttreten des Lissabon-Vertrages im Zusammenhang mit Art. 6 EUV n.F. zu betrachten[826].

Gem. Art. 6 EUV n.F. I erkennt die Union die Rechte, Freiheiten und Grundsätze, die in der Charta der Grundrechte der Europäischen Union niedergelegt sind, an und normiert deren Gleichrangigkeit mit den Grundverträgen der EU[827]. Die Charta der Grundrechte rückt damit in den Rang von

---

821 Jaeger, EuGRZ 2005, 193 (198). Vgl. auch: Sperber, EuZA 2011, 407 (416).

822 Kingreen, in: Callies / Ruffert, EUV/AEUV-Kommentar, EUV Art. 6, Rn. 1. Das Vorhandensein eines grundrechtlichen Prüfungsmaßstabes ist von Bedeutung, da Sekundärrechtsakte andernfalls nicht an einem solchen gemessen werden könnten und damit in einen „grundrechtsfreien Raum [fielen]“. So Lindner, EuR 2008, 786 (786).

823 Kingreen, in: Callies / Ruffert, EUV/AEUV-Kommentar, EUV Art. 6, Rn. 4.

824 So wörtlich Kingreen, in: Callies / Ruffert, EUV/AEUV-Kommentar, EUV Art. 6, Rn. 1.

825 Schorkopf, in: Grabitz / Hilf / Nettesheim, Das Recht der Europäischen Union, Bd. I, Art. 6 EUV (Stand der Bearbeitung: Jul. 2010), Rn. 11.

826 Detailfragen zum Regelungsgehalt von Art. 6 EUV n.F. (wie beispielsweise die Sonderstellung Polens und des Vereinten Königreichs) sind vorliegend nicht in den Blick zu nehmen. Vielmehr wird die Struktur des Art. 6 EUV n.F. im Rahmen dieser Untersuchung nur skizziert.

827 Aus politischen Gründen wurde anstatt eines Grundrechtskatalogs eine Verweisklausel auf einen solchen in die Verträge aufgenommen. Vgl. Folz, in: Vedder / Heintschel v. Heinegg, Europäisches Unionsrecht, Art. 6 EUV, Rn. 3; Weber,

Primärrecht auf[828]. Damit ist erstmals durch den Vertrag von Lissabon die Aufnahme eines geschriebenen Grundrechtskataloges in das Vertragswerk[829] der Europäischen Union erfolgt[830]. Nur erwähnt sei, dass einige Artikel der EuGRC engen Bezug zur EMRK aufweisen. So sind beispielsweise die Art. 7, 9, 10, 11, 12 EuGRC[831] ihren Regelungspendants in der EMRK[832] nachgebildet bzw. maßgeblich auf deren Inhalt gestützt worden[833]. Dies offenbart einen weiteren Kreuzungspunkt von konventionsrechtlichem und unionalem Grundrechtsraum.

Art. 6 II EUV n.F. sieht den zukünftigen Beitritt der EU zur EMRK vor. Die Beitrittsverträge sind de lege ferenda noch auszuarbeiten[834]. Wenn der

---

ALBRECHT, EuZW 2008, 7 (7); LINDNER, EuR 2008, 786 (786).

828 HERDEGEN, in: ISENSEE / KIRCHHOF, HdbStR, Bd. X, § 211, Rn. 4; LINDNER, EuR 2008, 786 (786); PACHE / RÖSCH, EuZW 2008, 519 (519); PÖTTERS / KALF, ZESAR 2012, 216 (220); SCHORKOPF, in: GRABITZ / HILF / NETTESHEIM, Das Recht der Europäischen Union, Bd. I, Art. 6 EUV (Stand der Bearbeitung: Jul. 2010), Rn. 28; SCHROEDER, EuZW 2011, 462 (463); SCHULTE-HERBRÜGGEN, ZEuS 2009, 343 (348); SEIFERT, EuZW 2011, 696 (698). Vgl. auch: FAHRIG / STENSLIK, EuZA 2012, 184 (197).

829 Anders SCHULTE-HERBRÜGGEN, ZEuS 2009, 343 (348), wonach die Charta der Grundrechte zwar dem Primärrecht zuordnet, diese jedoch nicht als Teil der Verträge i.S.d. Art. 1 III EUV n.F. angesehen wird.

830 KINGREEN, in: CALLIES / RUFFERT, EUV/AEUV-Kommentar, EUV Art. 6, Rn. 8; SCHROEDER, EuZW 2011, 462 (463). Ausführlich zur Genese des gesamten Art. 6 EUV n.F.: SCHORKOPF, in: GRABITZ / HILF / NETTESHEIM, Das Recht der Europäischen Union, Bd. I, Art. 6 EUV (Stand der Bearbeitung: Jul. 2010), Rn. 1ff.

831 Schutzbereiche insbesondere dieser Freiheitsrechte können im Rahmen der Interessenabwägung eines Kündigungsschutzprozesses, der auf einem Loyaltätsobliegenheitsverstoß fußt, zu berücksichtigen sein.

832 Es handelt sich, in übereinstimmender Reihenfolge, um die Art. 8, 12, 9, 10 und 11 EMRK.

833 Vgl. BERNSDORFF, in: MEYER, Charta der Grundrechte der Europäischen Union, Art. 7, Rn. 1; DERS., in: MEYER, Charta der Grundrechte der Europäischen Union, Art. 9, Rn. 1; DERS., in: MEYER, Charta der Grundrechte der Europäischen Union, Art. 10, Rn. 1; DERS., in: MEYER, Charta der Grundrechte der Europäischen Union, Art. 11, Rn. 1; DERS., in: MEYER, Charta der Grundrechte der Europäischen Union, Art. 12, Rn. 1.

834 Siehe bereits oben S. 118ff. Detailfragen dieses Beitritts sind im Rahmen dieser Ausarbeitung nicht zu erörtern. Siehe bzgl. des Beitritts der EU zur EMRK: FOLZ, in:

Beitritt erfolgt ist, handelt es sich bei der EMRK auch für die EU bzw. deren Organe um eine verbindliche Rechtsquelle[835]. Somit handelt es sich bei Art. 6 II EUV n.F. um einen in die Zukunft gerichteten Handlungsauftrag[836].

Schließlich erkennt Art. 6 III EUV n.F. die Grundrechte, die sich aus der EMRK und den allgemeinen Verfassungsgrundsätzen der Unionsstaaten ergeben, als allgemeine Grundsätze des Unionsrechts an. Dies führt zu einem „Nebeneinander von kodifiziertem und nichtkodifiziertem Grundrechtskatalog"[837], indem Art. 6 III EUV n.F. die vom EuGH geprägte Entwicklung der Grundrechte als allgemeine Grundsätze des Gemeinschaftsrechts aufgreift[838].

VEDDER / HEINTSCHEL V. HEINEGG, Europäisches Unionsrecht, Art. 6 EUV, Rn. 5ff; SCHORKOPF, in: GRABITZ / HILF / NETTESHEIM, Das Recht der Europäischen Union, Bd. I, Art. 6 EUV (Stand der Bearbeitung: Jul. 2010), Rn. 40ff.

835 SCHULTE-HERBRÜGGEN, ZEuS 2009, 343 (362). Vgl. auch oben S. 116. Siehe dort auch zur Unterscheidung zwischen Rechts- und Rechtserkenntnisquelle.

836 KINGREEN, in: CALLIES / RUFFERT, EUV/AEUV-Kommentar, EUV Art. 6, Rn. 2.

837 KINGREEN, in: CALLIES / RUFFERT, EUV/AEUV-Kommentar, EUV Art. 6, Rn. 15.

838 KINGREEN, in: CALLIES / RUFFERT, EUV/AEUV-Kommentar, EUV Art. 6, Rn. 3; SCHORKOPF, in: GRABITZ / HILF / NETTESHEIM, Das Recht der Europäischen Union, Bd. I, Art. 6 EUV (Stand der Bearbeitung: Jul. 2010), Rn. 51. Kritisch zur Parallelität zweier Grundrechtsregime: CREMER, NVwZ 2003, 1452 (1454ff); GRABENWARTER, EuGRZ 2004, 563 (568f); KINGREEN, EuGRZ 2004, 570 (576); DERS., in: CALLIES / RUFFERT, EUV/AEUV-Kommentar, EUV Art. 6, Rn. 16f; PIETSCH, ZRP 2003, 1 (3f); SCHMITZ, EuR 2004, 691 (698); SCHULTE-HERBRÜGGEN, ZEuS 2009, 343 (354ff); UERPMANN-WITTZACK, DÖV 2005, 152 (154ff). Gegen diese Kritik mit dem Grundsatz der Spezialität argumentierend: FOLZ, in: VEDDER / HEINTSCHEL V. HEINEGG, Europäisches Unionsrecht, Art. 6 EUV, Rn. 13f. HERDEGEN, in: ISENSEE / KIRCHHOF, HdbStR, Bd. X, § 211, Rn. 17 sieht die ungeschriebenen Grundrechte „auf lange Sicht [als] verblassend an".

a) Die Entwicklung des (Grundrechte-)Rechtsschutzes durch den EuGH im europäischen Gemeinschaftsrecht

Die Entwicklung der (Grundrechte-)Rechtsprechung des EuGH ist im Folgenden nachzuzeichnen, wobei vor allem der Einfluss der EMRK in den Blick zu nehmen ist. Außerdem ist die jüngere Rechtsprechung des EuGH im Bereich des Diskriminierungsschutzes von Relevanz[839].

aa) Die Rechtsprechung des EuGH zum Vorrang des Gemeinschaftsrechts

Bereits 1963 hat der EuGH festgestellt, „daß die Gemeinschaft eine neue Rechtsordnung des Völkerrechts darstellt"[840]. Das Gemeinschaftsrecht sei von der Rechtsordnung der Mitgliedsstaaten unabhängig. Der EuGH betonte, dass nicht nur die Mitgliedsstaaten, sondern auch jede Einzelperson Rechtssubjekt dieser Rechtsordnung sei. Somit könne das Gemeinschaftsrecht dem Einzelnen auch unmittelbar Rechte verleihen.[841] Diese Rechtsprechung wurde fortgeführt. Dies geschah, indem der EuGH betonte, dass diese vom EWG-Vertrag geschaffene Rechtsordnung, im Unterschied zu sonstigem Völkerrecht, mit Inkrafttreten in die staatlichen Rechtsordnungen inkorporiert wurde. Durch den damit einhergehenden partiellen Verzicht auf nationale Souveränität sei diese vertraglich geschaffene Rechtsordnung für den Mitgliedsstaat, und damit auch für nationale Gerichte, verbindlich.[842] Nachträgliche einzelstaatliche Vorbehalte seien unzulässig, da das Gemeinschaftsrecht andernfalls in einzelnen Mitgliedsstaaten unterschiedliche Geltung haben könnte. Entsprechend genieße das Gemeinschaftsrecht Vorrang vor innerstaatlichem Recht.[843]

---

839 Die vorliegende Untersuchung fokussiert auf die Rechtsprechungsentwicklung des EuGH und ggf. auf die Reaktionen des Bundesverfassungsgerichts. Daher wird auf bisweilen (sehr kontrovers) diskutierte Detailfragen nur am Rande verwiesen.

840 EuGH, Rs. 26/62 (van Gend & Loos), Slg. 1963, 1 (25).

841 EuGH, Rs. 26/62 (van Gend & Loos), Slg. 1963, 1 (25).

842 EuGH, Rs. 6/64 (Flaminio Costa ./. E.N.E.L.), Slg. 1964, 1251 (1269).

843 EuGH, Rs. 6/64 (Flaminio Costa ./. E.N.E.L.), Slg. 1964, 1251 (1269f).

Nachdem der EuGH solchermaßen die Eigenständigkeit und den Vorrang des Gemeinschaftsrechts herausgearbeitet hatte, konturierte der Gerichtshof diese Rechtsprechung in der Folge. Handlungen von Gemeinschaftsorganen können nach der Rechtsprechung des EuGH nur anhand des Gemeinschaftsrechts beurteilt werden. Würde man zur Beurteilung solcher Handlungen nationales Recht heranziehen, bestünde die Gefahr, dass der Charakter der Gemeinschaftsverträge als autonome Rechtsquelle in Frage gestellt würde.[844] Daher könnten nationale Normen nicht die Gültigkeit von Gemeinschaftshandlungen beeinträchtigen. Dies gelte sogar dann, wenn es sich bei den entgegenstehenden nationalen Normen um Grundrechte oder Verfassungsprinzipien handele.[845] Im Ergebnis hat der EuGH damit den Vorrang des Gemeinschaftsrechts auch gegenüber nationalem Verfassungsrecht bzw. nationalen Grundrechtsgewährleistungen erstreckt. Gleichzeitig hat der Gerichtshof damit in der Literatur vertretene Ansätze[846], mitgliedsstaatliche Grundrechte für das Gemeinschaftsrecht nutzbar zu machen, verworfen. Daraus ergab sich die Notwendigkeit, ein gemeinschaftsrechtliches Grundrechtsregime im Gemeinschaftsrecht zu implementieren.[847] Ansonsten wären „grundrechtsfreie Räume“ im Gemeinschaftsrecht denkbar gewesen[848].

Der EuGH prüfte daher, ob eine dem nationalen Grundrecht vergleichbare Garantie im Gemeinschaftsrecht vorhanden war, deren Einhaltung er zu überwachen hatte. Diese „allgemeinen Rechtsgrundsätze“ schöpfte der EuGH aus den „gemeinsamen Verfassungsüberlieferungen der Mitglieds-

844 EuGH, Rs. 11/70 (Internationale Handelsgesellschaft), Slg. 1970, 1125 (1135).

845 EuGH, Rs. 11/70 (Internationale Handelsgesellschaft), Slg. 1970, 1125 (1135).

846 Siehe zu diesen Ansätzen: PERNICE, Grundrechtsgehalte im Europäischen Gemeinschaftsrecht, S. 212ff m.w.N.

847 BEUTLER, in: v. d. Groeben / SCHWARZE, Kommentar zum EU-/EG-Vertrag, Bd. I, Art. 6 EUV, Rn. 52; KINGREEN, in: CALLIES / RUFFERT, EUV/AEUV-Kommentar, EUV Art. 6, Rn. 5.

848 LINDNER, EuR 2008, 786 (786). Siehe schon oben S. 143.

staaten".[849] Insgesamt legte der EuGH damit das Fundament für eine den Vorrang vor nationalem Verfassungsrecht beanspruchende Grundrechte-Rechtsprechung.

bb) Die Rechtsprechung des Bundesverfassungsgerichts zu den Grenzen der Vorrang-Judikatur des EuGH - „Solange-I"

In Reaktion auf diese Rechtsprechung[850] hielt sich das Bundesverfassungsgericht zunächst eine Prüfoption offen[851]. Zwar schloss es sich der Rechtsprechung des EuGH an, wonach die Gemeinschaftsrechtsordnung eine eigenständige Rechtsordnung bildet[852]. Auch erkannte es die Kompetenz des EuGH an, ausschließlich für die Auslegung des Gemeinschaftsrechts zuständig zu sein[853]. Gleichzeitig verwehrte es dem EuGH, verbindlich über Rechtsfragen des nationalen Rechts zu entscheiden[854]. Einen generellen Vorrang des Gemeinschaftsrechts gegenüber nationalem Verfassungsrecht vermochte es unter Rekurs auf Art. 24 GG ebenfalls nicht zu erblicken. Art. 24 GG finde seine Grenze dort, wo die Identität der Verfassung in Frage gestellt und die sie tragenden Strukturprinzipien aufgehoben würden.[855] Da

---

849 EuGH, Rs. 11/70 (Internationale Handelsgesellschaft), Slg. 1970, 1125 (1135). Ähnlich auch: EuGH, Rs. 29/69 (Stauder), Slg. 1969, 419 (425); EuGH, Rs. 4/73 (Nold), Slg. 1974, 491 (507).

850 Das Verwaltungsgericht Frankfurt am Main hatte zunächst eine Vorabentscheidung des EuGH eingeholt (EuGH, Rs. 11/79 (Internationale Handelsgesellschaft), Slg. 1979, 1125 (1125ff)) und, nachdem der EuGH die Rechtmäßigkeit der in Rede stehenden Verordnung festgestellt hatte, das Bundesverfassungsgericht gem. Art. 100 I GG mit der Frage angerufen, ob die solchermaßen gültige (Sekundärrechts-)Norm mit dem Grundgesetz vereinbar sei. Vgl. BVerfGE 37, 271, (273ff) - sog. „Solange-I-Beschluss".

851 Bergmann, Handlexikon der Europäischen Union, Stichwort: Solange-Beschlüsse des BVerfG; Mayer, in: Grabitz / Hilf / Nettesheim, Das Recht der Europäischen Union, Bd. I, Art. 19 EUV (Stand der Bearbeitung: Jul. 2010), Rn. 79; Voßkuhle, NVwZ 2010, 1 (6).

852 BVerfGE 37, 271 (277f). So auch schon BVerfGE 22, 293 (296); BVerfGE 31, 145 (173f).

853 BVerfGE 37, 271 (277f).

854 BVerfGE 38, 271 (281).

855 BVerfGE 37, 271 (278f). Ausführlich zu der (strittigen) Frage der Ermessensgrenzen des Integrationsgesetzgebers: Randelzhofer, in: Maunz / Dürig, GG-

die EWG zum Zeitpunkt des Solange-I-Beschlusses nach Ansicht des Bundesverfassungsgerichts noch nicht über ein hinreichend demokratisch legitimiertes Gesetzgebungsorgan bzw. keinen geschriebenen Grundrechtskatalog verfügte, sah es insoweit die Grenzen des Art. 24 GG noch für überschritten an[856]. Insbesondere da der Grundrechtsstandard des Gemeinschaftsrechts nicht dem des Grundgesetzes entsprach, sollte letztgenannter sich im Ergebnis durchsetzen[857]. Daraus folgerte das Bundesverfassungsgericht: „Solange der Integrationsprozess der Gemeinschaft nicht so weit fortgeschritten ist, dass das Gemeinschaftsrecht auch einen von einem Parlament beschlossenen und in Geltung stehenden formulierten Grundrechtskatalog enthält, der dem Grundrechtskatalog des Grundgesetzes adäquat ist, ist [...] die Vorlage [...] an das Bundesverfassungsgericht im Normenkontrollverfahren zulässig und geboten, wenn das [vorlegende] Gericht die für es entscheidungserhebliche Vorschrift des Gemeinschaftsrechts in der vom EuGH gegebenen Auslegung für unanwendbar hält, weil und soweit sie mit einem der Grundrechte des Grundgesetzes kollidiert"[858].

Kommentar, Bd. IV Art. 23 - 53a, Art. 24 GG (Stand der Bearbeitung: Dez. 1992), Rn. 68ff.

856 BVerfGE 37, 271 (280f). Mit Inkrafttreten von Art. 23 I S. 1 GG im Jahre 1992 hat sich dieses Problem relativiert bzw. verschoben, da diese sog. Struktursicherungsklausel verfassungsrechtliche Anforderungen an die Europäische Union normiert. Vgl. SCHOLZ, in: MAUNZ / DÜRIG, GG-Kommentar, Bd. IV Art. 23 - 53a, Art. 23 GG (Stand der Bearbeitung: Okt. 2009), Rn. 70ff. mit ausführlichen Erläuterungen.

857 BVerfGE 37, 271 (281).

858 So wörtlich BVerfGE 37, 271 (285). Das (Folge-)Problem, wonach im Normenkontrollverfahren gem. Art. 100 I GG nur deutsche Gesetze vorlagefähig sind, hat das Bundesverfassungsgericht überwunden, indem es auf die *Anwendung* (Regelmäßig wird im Normenkontrollverfahren die *Gültigkeit* einer Norm überprüft. Vgl. MAUNZ, in: MAUNZ / DÜRIG, GG-Kommenatr, Bd. VI Art. 86 - 106b, Art. 93 GG (Stand der Bearbeitung: 1971 (Grundwerk)), Rn. 17.) des Gemeinschaftsrechts durch deutsche Gerichte und Behörden abgestellt und darin die Ausübung grundrechtsgebundener deutscher Staatsgewalt erblickt hat. Vgl. SCHLAICH / KORIOTH, Das Bundesverfassungsgericht, S. 116 m.w.N.

Der Solange-I-Beschluss ist hinsichtlich des dargestellten Teils mit fünf zu drei Richterstimmen ergangen[859]. Das Minderheitenvotum der drei überstimmten Richter entsprach bereits im Wesentlichen der Ansicht des EuGH zum Grundrechtsschutz im gemeinschaftsrechtlichen Bereich[860]. Nach Ansicht der überstimmten Richter konnte bereits zum Zeitpunkt des Solange-I-Beschlusses sekundäres Gemeinschaftsrecht nicht auf dessen Vereinbarkeit mit dem Grundgesetz überprüft werden[861]. Entgegen der Mehrheitsansicht des Zweiten Senates sei bereits zum Beschlusszeitpunkt ein ausreichender Grundrechtsschutz - trotz fehlender Kodifizierung - gewährleistet gewesen[862], der sich strukturell nicht vom nationalen Grundrechtssystem unterschied[863]. Dieser sollte auch als dem nationalen Verfassungsrecht vorgehend angesehen werden können[864], zumal kein Mitgliedsstaat erwarten könne, dass der gemeinschaftsrechtliche Grundrechtsschutz gerade an sein nationalstaatliches Schutzsystem angeglichen sei[865]. Die überstimmten Richter teilten die Auffassung des EuGH, wonach die Geltendmachung nationaler Vorbehalte den europäischen Integrationsprozess gefährden könnte[866]. Entsprechend gab es nach dieser Ansicht auch keinen Grund, einen vermeintlichen „Einbruch“ in Grundrechtsgewährleistungen des Grundgesetzes abzuwehren[867].

---

859 Vgl. BVerfGE 37, 271 (291). Der Solange-I-Beschluss wurde auch in der Literatur unterschiedlich bewertet. Kritisch: ERICHSEN, VerwArch 66 (1975), 177 (177ff); GOLSONG, EuGRZ 1974, 17 (17f); HILF, ZaöRV 1975, 51 (52ff); IPSEN, EuR 1975, 1 (1ff); KLEIN, ZaöRV 1975, 67 (67ff); MEIER, NJW 1974, 1704 (1704f); SCHEUNER, AöR 100 (1975), 30 (49ff). Vermittelnd: ZULEEG, DÖV 1975, 44 (44ff). Zustimmend: CORNILS, in: MENZEL / MÜLLER-TERPITZ, Verfassungsrechtsprechung, S. 252 (258).

860 Vgl. MAYER, in: TERHECHTE, Verwaltungsrecht der Europäischen Union, § 8, Rn. 28; DERS., in: GRABITZ / HILF / NETTESHEIM, Das Recht der Europäischen Union, Bd. I, Art. 19 EUV (Stand der Bearbeitung: Jul. 2010), Rn. 80.

861 BVerfGE 37, 291 (291).

862 BVerfGE 37, 291 (292ff).

863 BVerfGE 37, 291 (296f).

864 BVerfGE 37, 291 (294f).

865 BVerfGE 37, 291 (297).

866 BVerfGE 37, 271 (298).

867 BVerfGE 37, 271 (297).

cc) Die Festigung der Vorrang-Rechtsprechung sowie die Herleitung eines gemeinschaftsrechtlichen Grundrechte-Schutzes durch den EuGH

Seine Rechtsprechung zur Eigenständigkeit und zum Vorrang des Gemeinschaftsrechts festigte der EuGH in der Folge[868]. Der Vorrang des Gemeinschaftsrechts gebiete, dass „Vertragsbestimmungen und die unmittelbar geltenden Rechtsakte der Gemeinschaftsorgane“[869] durch ihr bloßes Inkrafttreten jede kollidierende nationale Norm unanwendbar werden ließen. Gleichzeitig werde das wirksame Zustandekommen nationaler Normen, sofern diese mit dem vorrangigen Gemeinschaftsrecht in Widerspruch träten, aufgrund des Vorrangprinzips verhindert.[870] Darüber hinaus habe der nationale Richter das Gemeinschaftsrecht uneingeschränkt anzuwenden und ihm zu voller Wirksamkeit zu verhelfen. Eine wie auch immer geartete „Gesetzgebungs-, Verwaltungs- oder Gerichtspraxis“ könne dem nicht entgegenstehen. Aus diesem Grund könnten nationale Gerichte aus eigener Kompetenz heraus jede der vollen Wirksamkeit des Gemeinschaftsrechts entgegenstehende Norm außer Acht lassen. Einer Vorlage an das Verfassungsgericht, mit dem Ziel, die in Rede stehende Norm „beseitigen“ zu lassen, bedürfe es nicht.[871] Bis in die Gegenwart hat der EuGH in ständiger Rechtsprechung auf das Simmenthal-Urteil rekurriert[872]. Darüber hinaus

868 VOẞKUHLE, NVwZ 2010, 1 (6) spricht von einer durch den EuGH „angenommenen Herausforderung“, den Grundrechtsschutz auf europäischer Ebene infolge des Solange-I-Beschlusses auszubauen.

869 Mithin Primär- *und* Sekundärrecht.

870 EuGH, Rs. 106/77 (Simmenthal), Slg. 1978, 629 (644).

871 EuGH, Rs. 106/77 (Simmenthal), Slg. 1978, 629 (644f).

872 EuGH, Rs. 811/79 (Amministrazione delle Finanze), Slg. 1980, 2545 (2552f); EuGH, Rs. 249/85 (Albako Margarinefabrik), Slg. 1987, 2354 (2360); EuGH, Rs. C-213/89 (Factortame u.a.), Slg. 1990, I-2433 (2473); EuGH, Rs. 184/89 (Nimz), Slg. 1991, I-297 (321); EuGH, Rs. C-6/90 und 9/90 (Francovich u.a.), Slg. 1991, I-5357 (5414); EuGH, Rs. C-10/97 - C-22/97 (IN.CO.), Slg. 1998, I-6307 (6332f); EuGH, Rs. C-224/97 (Ciola), Slg. 1999, I-2517 (2539); EuGH, Rs. C-65/98 (Eyüp), Slg. 2000, I-4747 (4779); EuGH, Rs. C-118/00 (Larsy), Slg. 2001, I-5063 (5102); EuGH, Rs. C-453/99 (Courage Ltd. u.a.), Slg. 2001, I-6297 (6321f); EuGH, Rs. C-125/01 (Pflücke), Slg. 2003, I-9375 (9406); EuGH, Rs. C-443/03 (Leffler), Slg. 2005, I-

wurde diese Rechtsprechungslinie im Laufe der Zeit um Detailaspekte ergänzt bzw. präzisiert. So soll sich das Gemeinschaftsrecht aufgrund des Vorrangprinzips gegenüber *sämtlichen* nationalen Normen durchsetzen. Daher sind nach der Rechtsprechung des EuGH auch solche Gesetze nicht anzuwenden, die im vorläufigen Rechtsschutzverfahren den Erlass einer einstweiligen Anordnung verhindern und damit nur vorübergehend die volle Wirksamkeit des Gemeinschaftsrechts beeinträchtigen würden.[873] Da nach der Rechtsprechung des EuGH auch Verwaltungshandeln die Wirksamkeit des Gemeinschaftsrechts nicht beeinträchtigen darf, kann sich eine Behörde gegenüber dem Einzelnen auch nicht auf entgegenstehende Verwaltungsvorschriften berufen[874]. Schließlich erstreckt der EuGH den Vorrang-Grundsatz konsequenterweise auch auf gemeinschaftsrechtswidrige Tarifvertragsregelungen[875].

Neben der Vorrang-Rechtsprechung wurden durch den EuGH auch grundrechtliche Gewährleistungen auf europäischer Ebene entwickelt. Bereits in frühen Verfahren hatte der EuGH im Bereich des Diskriminierungsschutzes zu entscheiden[876]. Zudem hat der EuGH herausgearbeitet, dass die „Allgemeinen Grundsätze der Gemeinschaftsrechtsordnung" Grundrechte beinhalten, deren „Wahrung der Gerichtshof zu sichern hat"[877]. Die

9611 (9658); EuGH, Rs. C-295/04 bis C-298/04 (Manfredi u.a.); Slg. 2006, I-6619 (6669); EuGH, Rs. C-432/05 (Unibet Ltd. u.a.), Slg. 2007, I-2271 (2316); EuGH, Rs. C-119/05 (Lucchini SpA), Slg. 2007, I-6199 (6248); EuGH, Rs. C-241/06 (Lämmerzahl), Slg. 2007, I-8415 (8460); EuGH, Rs. C-314/08 (Filipiak), IStR 2009, 892 (895); EuGH, Rs. C-409/06 (Winner Wetten GmbH), NvWZ 2010, 1419 (1420); EuGH, Rs. C-173/09 (Elchinov), EuZW 2010, 907 (909).

873 EuGH, Rs. C-213/89 (Factortame u.a.), Slg. 1990, I-2433 (2473f).

874 EuGH, Rs. 158/80 (Rewe), Slg. 1981, 1805 (1838).

875 EuGH, Rs. 184/89 (Nimz), Slg. 1991, I-297 (321).

876 Vgl. beispielsweise EuGH, Rs. 8/57 (Groupement des Hauts Fourneaux), Slg. 1958, 233 (256ff); EuGH, Rs. 17/61 und 20/61 (Klöckner / Hoesch), Slg. 1962, 653 (691ff).

877 EuGH, Rs. 29/69 (Stauder), Slg. 1969, 419 (425). Damit handelt es sich bei den in der Gemeinschaftsrechtsordnung angelegten Grundrechten um eine durch den EuGH auszulegende Rechtsquelle. Vgl. BEUTLER, in: v. d. Groeben / SCHWARZE, Kommentar zum EU-/EG-Vertrag, Bd. I, Art. 6 EUV, Rn. 56.

inhaltliche Ausgestaltung[878] dieser Grundrechte nimmt der EuGH anhand der „gemeinsamen Verfassungsüberlieferungen der Mitgliedsstaaten" vor[879]. Zusätzlich rekurriert der Gerichtshof auf die EMRK[880], sodass der EuGH den konkreten Gehalt der gemeinschaftsrechtlichen Grundrechte aus diesen zwei gleichwertigen[881] Rechtserkenntnisquellen extrahiert[882]. Durch die Inbezugnahme der EMRK gewinnt die Rechtsprechung des EGMR besondere Bedeutung. Da es sich bei der EMRK um ein dynamisches Instrument handelt, ist der Schutzumfang der einzelnen Konventionsrechte nur unter Berücksichtigung der EGMR-Rechtsprechung zu bestimmen[883]. Der EuGH zieht die Judikatur des EGMR daher in ständiger Rechtsprechung bei der Ausformung und Auslegung der unionalen Grundrechte heran. Er rekurriert dabei umfassend auf den durch den EGMR konkretisierten Inhalt der Konventionsrechte und misst das Handeln der Unionsorgane an dem vorgefundenen Maßstab.[884] Im Ergebnis ist der EuGH auf Ebene

---

878 Auf den konkreten Schutzumfang der einzelnen nach der Rechtsprechung des EuGH herausgearbeiteten Rechte kann im Rahmen dieser Untersuchung nicht eingegangen werden. Siehe hierzu umfassend: BEUTLER, in: v. d. Groeben / SCHWARZE, Kommentar zum EU-/EG-Vertrag, Bd. I, Art. 6 EUV, Rn. 76ff.

879 EuGH, Rs. 11/70 (Internationale Handelsgesellschaft), Slg. 1970, 1125 (1135). Siehe schon oben S. 147.

880 Seit EuGH, Rs. 4/73 (Nold), Slg. 1974, 491 (507).

881 BEUTLER, in: v. d. Groeben / SCHWARZE, Kommentar zum EU-/EG-Vertrag, Bd. I, Art. 6 EUV, Rn. 57. Der EuGH betont indes die besondere Bedeutung der EMRK: EuGH, Rs. C-260/89 (ERT), Slg. 1991, I-2925 (2963f) unter Rekurs auf grundsätzliche dogmatische Erwägungen hierzu in EuGH, Rs. C-222/84 (Johnston), Slg. 1986, 1651 (1682).

882 KINGREEN, in: CALLIES / RUFFERT, EUV/AEUV-Kommentar, EUV Art. 6, Rn. 6.

883 Siehe oben S. 117f.

884 Vgl. nur aus der jüngeren Zeit: EuGH, Rs. C-274/99 P (Connolly), Slg. 2001, I-1611 (1675f); EuGH, Rs. C-465/00, C-138/01 und C-139/01 (ORF u.a.), Slg. 2003, I-4989 (5043ff); EuGH, Rs. C-71/02 (Karner), Slg. 2004, I-3025 (3070f); EuGH, Rs. C-283/05 (ASML), Slg. 2006, I-12041 (12077); EuGH, Rs. C-305/05 (Ordre des barreaux francophones und germanophone u.a.), Slg. 2007, I-5305 (5354); EuGH, Rs. C-266/06 P (Evonik Degussa), WuW/E 2008, 1027 (1028); EuGH, Rs. C-400/10 (McB.), EuGRZ 2010, 741 (745); EuGH, Rs. C-92/09 und C-93/09 (Schecke u. Eifert), EuGRZ 2010, 707 (712); EuGH, Rs. C-145/09 (Tsakouridis), EuGRZ 2010, 716 (721); EuGH, Rs. C-279/09 (DEB), EuZW 2011, 137 (139f); EuGH, Rs. 256/11

des Gemeinschaftsrechts das einzige Organ, welches die Handlungen der übrigen EU-Organe sowohl auf Vereinbarkeit mit den Gemeinschaftsverträgen als auch mit der durch die Rechtsprechung des EGMR konkretisierten EMRK überprüfen kann[885]. Im Unterschied zum Bundesverfassungsgericht, welches die Bindung an die EMRK teilweise einschränkt[886], unterwirft sich der EuGH freiwillig der EMRK und der Judikatur des EGMR. Diese Rechtsprechung sieht der EuGH als bindend an.[887]

dd) Die Selbstbeschränkung der Jurisdiktionskompetenz des Bundesverfassungsgerichts hinsichtlich der Grundrechte-Prüfung von Gemeinschaftsrechtsakten - „Solange-II"

Nachdem das Bundesverfassungsgericht sich im Solange-I-Beschluss zunächst die dargestellte[888] Prüfoption offen gelassen hatte, schränkte es diese in der Folge ein. Das Bundesverfassungsgericht rekurrierte zwar auf seine im Solang-I-Beschluss definierte Schranke des Art. 24 GG[889]. Im Unterschied zum Solange-I-Beschluss, in dem das Bundesverfassungsgericht „den Grundrechtsteil" in Bezug genommen hatte, bezeichnete es im Solange-II-Beschluss „*die Rechtsprinzipien*[890], die dem Grundrechtsteil des Grundgesetzes zugrunde liegen" als Grenze des Art. 24 GG.[891]

(Dereci u.a.), EuZW 2012, 79 (79).

885 Vgl. Ress, EuGRZ 1996, 350 (350).

886 Siehe oben S. 131ff.

887 Giegerich, in: Grote / Marauhn, EMRK/GG-Konkordanzkommentar, Kap. 2, Rn. 67.

888 Siehe oben S. 148ff.

889 Das Bundesverfassungsgericht hatte diese Schranke in einigen auf den Solange-I-Beschluss folgenden Entscheidungen versucht zu konturieren. Vgl. BVerfGE 58, 1 (35ff); BVerfGE 59, 63 (89ff); BVerfG NJW 1983, 1258 (1259); BVerfGE 68, 1 (89ff).

890 Hervorhebung nur hier.

891 BVerfGE 73, 339 (376). Ob hierin eine erste Abschwächung der Solange-I-Rechtsprechung oder lediglich eine den Inhalt nicht bzw. nicht wesentlich verändernde sprachliche Umformulierung zu sehen ist, wird nicht einheitlich beurteilt. Eine Abschwächung erblickend: Herzog, Bitburger Gespräche 21 (1990), 1 (2f); Randelzhofer, in: Maunz / Dürig, GG-Kommentar, Bd. IV Art. 23 - 53a, Art. 24 GG (Stand der Bearbeitung: Dez. 1992), Rn. 75; Streinz, Bundesverfassungsge-

Zu einer anderen Auffassung gelangte das Bundesverfassungsgericht jedoch hinsichtlich des Entwicklungsstandes des europäischen Grundrechtsschutzes. Anders als in der Solange-I-Entscheidung erblickte der erkennende Senat einen inzwischen ausreichend gefestigten Grundrechtsstandard auf gemeinschaftsrechtlicher Ebene.[892] Ausgehend vom Nold-Urteil[893] habe der EuGH in der Folgezeit Grundrechte und rechtsstaatliche Grundsätze herausgearbeitet, die den mitgliedsstaatlichen (Verfassungs-)Gewährleistungen vergleichbar seien[894]. Entscheidend sei, dass die grundsätzliche Haltung des EuGH, effizienten Grundrechtsschutz gewährleisten zu wollen, erkennbar geworden ist. Der aus Sicht des Bundesverfassungsgerichts zum Zeitpunkt der Solange-II-Entscheidung teilweise noch lückenhafte unionale Grundrechtsschutz sollte vor dem Hintergrund dieser Grundhaltung des EuGH indes nicht ins Gewicht fallen.[895] Vielmehr gewährleiste der EuGH aufgrund seiner Verfahrensgrundsätze und der Wirkweise seiner Entscheidungen einen dem des Grundgesetzes vergleichbaren Grundrechtsschutz[896]. Insgesamt sei durch die „normative Verklammerung" der in den mitgliedsstaatlichen Verfassungen und der EMRK enthaltenen Grundrechtsgewährleistungen auf europäischer Ebene den im Solange-I-Beschluss formulierten Anforderungen genüge getan[897]. Insgesamt sei nicht mehr zu erwarten, dass der europäische Grundrechtsschutz unter den zu fordernden Mindeststandard zurückfallen könnte, was bedeutet, dass der „Wesensgehalt" der Grundrechte des Grundgesetzes gewahrt werde.[898] Im Ergebnis schränkte das Bundesverfassungsgericht seine Jurisdiktionskompetenz

---

richtlicher Grundrechtsschutz, S. 67ff und S. 234f; ZULEEG, Bitburger Gespräche 21 (1990), 13 (17). Eine bloß sprachliche Umformulierung erblickend: CORNILS, in: MENZEL / MÜLLER-TERPITZ, Verfassungsrechtsprechung, S. 252 (257); LORENZ, Übertragung von Hoheitsrechten, S. 90f; SCHOLZ, NJW 1990, 941 (943).

892 BVerfGE 73, 339 (378).

893 EuGH, Rs. 4/73 (Nold), Slg. 1974, 491 (491ff).

894 BVerfGE 73, 339 (379ff).

895 BVerfGE 73, 339 (383).

896 BVerfGE 73, 339 (383).

897 BVerfGE 73, 339 (384).

898 BVerfGE 73, 339 (385f).

hinsichtlich der Grundrechte-Prüfung von Gemeinschaftsrechtsakten ein[899] und erklärte solche Richtervorlagen nach Art. 100 I GG für unzulässig indem es feststellte: „Solange die Europäische Gemeinschaft, insbesondere die Rechtsprechung des Gerichtshofs der Gemeinschaften einen wirksamen Schutz der Grundrechte gegenüber der Hoheitsgewalt der Gemeinschaften generell gewährleistet, der dem vom Grundgesetz als unabdingbar gebotenen Grundrechtsschutz im Wesentlichen gleich zu achten ist, zumal den Wesensgehalt der Grundrechte generell verbürgt, wird das BVerfG seine Gerichtsbarkeit über die Anwendbarkeit von abgeleitetem Gemeinschaftsrecht, das als Rechtsgrundlage für ein Verhalten deutscher Gerichte oder Behörden im Hoheitsgebiet der Bundesrepublik Deutschland in Anspruch genommen wird, nicht mehr ausüben und dieses Recht mithin nicht mehr am Maßstab der Grundrechte überprüfen; entsprechende Vorlagen nach Art. 100 I GG sind somit unzulässig“[900].

Diese Rechtsprechung festigte das Bundesverfassungsgericht in weiteren Entscheidungen. Es bestätigte im sog. „Maastricht-Urteil“, dass es die Gewährleistung des Wesensgehaltes der Grundrechte auch zukünftig sicherstellen werde[901]. Das Bundesverfassungsgericht stellte jedoch heraus, dass es sich mit dem EuGH in einem „Kooperationsverhältnis“ sehe[902]. Der EuGH garantiere für jeden Einzelfall Grundrechtsschutz im gesamten Gemeinschaftsgebiet. Daher könne sich das Bundesverfassungsgericht in diesem Bereich auf die „Gewährleistung der unabdingbaren Grundrechtsstandards“ beschränken.[903] Das Bundesverfassungsgericht führte jedoch ebenfalls aus, dass sich die Handlungen der europäischen Organe innerhalb der Grenzen des Unionsvertrages bewegen müssen, da andernfalls die „daraus hervorgehenden Rechtsakte im deutschen Hoheitsbereich nicht verbindlich“

899 Es handelt sich nicht um einen Totalverzicht, sondern um eine Beschränkung auf die Gewährleistung des Wesensgehaltes der Grundrechte. Vgl. Horn, DVBl. 1995, 89 (91); Huber, Peter, EuZW 1997, 517 (519f).

900 BVerfGE 73, 339 (387).

901 BVerfGE 89, 155 (174f).

902 BVerfGE 89, 155 (175).

903 BVerfGE 89, 155 (175).

wären[904]. Die Prüfoption, ob sich europäische Rechtsakte solchermaßen innerhalb der Kompetenzgrenzen des Unionsvertrages bewegen oder daraus ausbrechen (sog. Ultra-vires-Kontrolle), behielt sich das Bundesverfassungsgericht ausdrücklich vor[905]. Im sog. „Bananenmarkt-Beschluss" wurde die vorangegangene Rechtsprechung bestätigt[906]. Darüber hinaus hat es klargestellt, dass die Zulässigkeitsanforderungen für Verfassungsbeschwerden nur dann erfüllt seien, wenn der Beschwerdeführer darlegt und begründet, dass die Rechtsprechung des EuGH unter den erforderlichen, in der Solange-II-Entscheidung definierten, Schutzmaßstab zurückgefallen sei. Es müsse dargelegt werden, dass der „unabdingbar gebotene Grundrechtsschutz generell nicht gewährleistet" sei.[907] Diese Rechtsprechungslinie wurde im sog. „Treibhausgas-Emissionhandel-Beschluss" fortgesetzt. Die Anerkennung des Vorrangs des Gemeinschaftsrechts, die das Bundesverfassungsgericht bisher nur auf gemeinschaftsrechtliche Verordnungen angewendet hatte, hat es in diesem Beschluss zusätzlich auch auf umzusetzende Richtlinien erstreckt.[908] Schließlich hat das Bundesverfassungsgericht seine Rechtsprechung hinsichtlich des Anwendungsvorrangs des Gemeinschaftsrechts jüngst im sog. „Lissabon-Urteil" im Wesentlichen bestätigt[909].

b) Die jüngere Rechtsprechung des EuGH im Bereich des Diskriminierungsschutzes

Neben der Entwicklung des Vorrangprinzips und eines Grundrechte-Regimes im europäischen Gemeinschaftsrecht durch den EuGH ist dessen Judikatur zum Diskriminierungsschutz von Relevanz. Der EuGH hat früh entsprechende Ansätze in seine Rechtsprechung aufgenommen[910]. In den Blick zu

904 BVerfGE 89, 155 (188).

905 BVerfGE 89, 155 (188). Diese Prüfoption stößt in der Literatur auf Kritik. Vgl. dazu: DÖRR, Der europäisierte Rechtsschutzauftrag deutscher Gerichte, S. 130 m.w.N.

906 Vgl. BVerfGE 102, 147 (161ff).

907 BVerfGE 102, 147 (165).

908 BVerfGE 118, 79 (95).

909 Vgl. BVerfGE 123, 267 (335f). Nur angemerkt sei, dass das Lissabon-Urteil ebenfalls kontrovers diskutiert wird. Siehe dazu: STREINZ / OHLER / HERRMANN, Der Vertrag von Lissabon zur Reform der EU, § 2, S. 35f m.w.N.

910 Siehe oben S. 152.

nehmen ist indes nur die jüngere Rechtsprechung des EuGH in diesem Bereich, da diese auf neueren, sekundärrechtlichen Gewährleistungen fußt[911]. Diese kontrovers diskutierte Rechtsprechung des Gerichtshofs im Bereich des Diskriminierungsschutzes hat namentlich Ungleichbehandlungen wegen des Alters als auch der sexuellen Orientierung zum Inhalt.[912] Insbesondere Diskriminierungen wegen der sexuellen Orientierung sind im Bereich des kirchlichen Individualarbeitsrechts von Relevanz, da es sich bei der praktizierten Homosexualität um einen Loyalitätsobliegenheitsverstoß handeln kann[913].

aa) Die Rechtsprechung des EuGH zum Schutz vor Diskriminierungen wegen des Alters

Der sog. „Mangold-Entscheidung" des EuGH lag ein Sachverhalt zugrunde, der auf einem befristeten Arbeitsverhältnis beruhte. Ein 56-jähriger Arbeitnehmer wurde von einem Rechtsanwalt befristet für die Dauer von 8 Monaten eingestellt. Der Arbeitnehmer verklagte den Arbeitgeber vor dem Arbeitsgericht, da er die auf § 14 III TzBfG a.F. gestützte, sachgrundlose Befristung im Lichte von Richtlinie 1999/70/EG und Richtlinie 2000/78/EG für ungültig hielt.[914]

911 Zu nennen sind insbesondere Richtlinie 2000/43/EG (Verbot der Diskriminierung wegen der Rasse oder der ethnischen Herkunft), Richtlinie 2000/78/EG (Verbot der Diskriminierung wegen der Religion / Weltanschauung, Behinderung, des Alters und der sexuellen Orientierung im Arbeitsleben) und Richtlinie 2004/113/EG (Gleichbehandlung von Männern und Frauen beim Zugang zu und bei der Versorgung mit Dienstleistungen).

912 Kingreen, EuR 2010, 338 (338f).

913 Siehe oben S. 71ff sowie S. 100ff.

914 Vgl. EuGH, Rs. C-144/04 (Mangold), Slg. 2005, I-9981 (10026ff). Die Besonderheiten dieses Falles liegen darin begründet, dass der beklagte Rechtsanwalt zuvor Gegner von Altersbefristungen gewesen war und den entscheidungserheblichen Sachverhalt konstruiert hatte, damit dieser auf dem geschilderten Weg dem EuGH zur Entscheidung vorgelegt werden konnte sowie dem Umstand, dass die Umsetzungsfrist der Richtlinie 2000/78/EG zum Entscheidungszeitpunkt des EuGH noch nicht verstrichen war. Vgl. Bauer, NZA 2005, 800 (800ff); Kingreen, EuR 2010, 338 (339f).

Der EuGH stellte zunächst heraus, dass die Richtlinie 2000/78/EG einen „allgemeinen Rahmen zur Bekämpfung der Diskriminierung in Beschäftigung und Beruf aus den dort genannten Gründen“ schaffen wolle, jedoch auch Ausnahmen vorsehe, sofern diese „objektiv und angemessen“ und durch „ein legitimes Ziel [...] gerechtfertigt sind“, wobei die „Mittel [...] angemessen und erforderlich“ sein müssen[915]. Gemessen an diesem Maßstab sei das Ziel des § 14 III TzBfG a.F., älteren Arbeitnehmern die Wiedereingliederung in den Arbeitsmarkt zu erleichtern, an sich legitim[916]. Die Anwendung der Vorschrift liefe jedoch darauf hinaus, dass allen Arbeitnehmern, die das 52. Lebensjahr vollendet hatten, sachgrundlos befristete Arbeitsverträge angeboten werden konnten und zwar unabhängig von der Dauer der vorangehenden Arbeitslosigkeit[917]. Da das Alter in § 14 III TzBfG a.F. das einzige Anknüpfungskriterium für eine sachgrundlose Befristung war, wurde nach Ansicht des EuGH der Rahmen des Angemessenen und Erforderlichen verlassen[918].

Das Problem der zum Entscheidungszeitpunkt noch nicht abgelaufenen Umsetzungsfrist löste der EuGH auf zweierlei Weise. Zum einen betonte er, dass während der Umsetzungsfrist keine Vorschriften erlassen werden dürften, die dem Ziel einer Richtlinie entgegenliefen. Genau dies sei aber der Fall, wenn das maßgebliche Alter vorübergehend von 58 auf 52 Jahre herabgesetzt werde[919]. Zum anderen sei der Gleichbehandlungsgrundsatz nicht in Richtlinie 2000/78/EG selbst verankert. Das Verbot der Diskriminierung wegen u.a. das Alters sei vielmehr als ein allgemeiner Grundsatz des Gemeinschaftsrechts anzusehen[920]. Aufgrund der im sog. „Simmenthal-

915 EuGH, Rs. C-144/04 (Mangold), Slg. 2005, I-9981 (10035f).

916 EuGH, Rs. C-144/04 (Mangold), Slg. 2005, I-9981 (10036).

917 EuGH, Rs. C-144/04 (Mangold), Slg. 2005, I-9981 (10037).

918 EuGH, Rs. C-144/04 (Mangold), Slg. 2005, I-9981 (10037).

919 EuGH, Rs. C-144/04 (Mangold), Slg. 2005, I-9981 (10038f).

920 EuGH, Rs. C-144/04 (Mangold), Slg. 2005, I-9981 (10039f). Die auf Grundlage dieser beiden Ansätze abgeleitete „Vorwirkung“ von Richtlinien war ein überraschender Aspekt der „Mangold-Entscheidung“. Vgl. Pötters / Traut, ZESAR 2010, 267 (268); Preis, NZA 2006, 401 (402); Thüsing, ZIP 2005, 2149 (2150).

Urteil“[921] entwickelten Doktrin, wonach dem Gemeinschaftsrecht zur vollen Wirksamkeit zu verhelfen ist, dürfe § 14 III TzBfG a.F.[922] als diesem Grundsatz entgegenlaufende Rechtsnorm nicht angewandt werden[923].

In einem weiteren Fall hatte der EuGH zu entscheiden, ob eine nationale Regelung, nach der vor Vollendung des 18. Lebensjahres absolvierte Dienstzeiten unter gewissen Umständen unberücksichtigt bleiben können, gemeinschaftsrechtswidrig sei. Nach dem österreichischen Vertragsbedienstetengesetz (VBG) sollten bei der Bemessung der Bezüge solche Dienstzeiten außer Acht bleiben, sodass vor Vollendung des 18. Lebensjahres geleistete Dienstzeiten nicht zu einer höheren Eingruppierung des Beschäftigten führten. Der Kläger sah hierin eine ungerechtfertigte Benachteiligung wegen des Alters. Nur aufgrund dieses Aspektes erhielt er ein geringeres Entgelt als eine Kollegin, die zwar eine gleichlange Dienstzugehörigkeit, jedoch ein um wenige Monate höheres Lebensalter aufwies.[924]
Eine solche Regelung, die den Erwerb von Berufserfahrung vor Vollendung des 18. Lebensjahres unberücksichtigt lässt, stellt nach Ansicht des EuGH eine unmittelbare Diskriminierung wegen des Alters dar[925]. Zwar sehe Richtlinie 2000/78/EG grundsätzlich die Möglichkeit vor, eine solche Be-

921 Siehe dazu oben S. 151ff.

922 Diese Norm fiel nach Ansicht des EuGH in den Geltungsbereich das Gemeinschaftsrechts, da hiermit Richtlinie 1999/70/EG in nationales Recht umgesetzt wurde. Vgl. EuGH, Rs. C-144/04 (Mangold), Slg. 2005, I-9981 (10040).

923 EuGH, Rs. C-144/04 (Mangold), Slg. 2005, I-9981 (10040f). Die Folge war die unbefristete Gültigkeit der auf diesen Befristungstatbestand gestützten Befristungen, was bereits im Vorfeld der Entscheidung als möglich angesehen wurde. Vgl. Schlachter, RdA 2004, 352 (356f) m.w.N. Die Mangold-Entscheidung traf in der Literatur auf deutliche Kritik. Vgl. beispielhaft statt vieler: Bauer / Arnold, NJW 2006, 6 (8); Preis, NZA 2006, 401 (406f); Reichold, ZESAR 2006, 55 (58); Steiner, NZA 2008, 73 (76); Streinz / Herrmann, RdA 2007, 165 (168); Willemsen, NZA 2011, 258 (261). Die Aufrechterhaltung der Kritik erscheint im Lichte des Lissabon-Vertrages in einigen Punkten fraglich. Vgl. Pötters / Traut, ZESAR 2010, 267 (271).

924 Vgl. EuGH, Rs. C-88/08 (Hütter), EuGRZ 2009, 331 (331f).

925 EuGH, Rs. C-88/08 (Hütter), EuGRZ 2009, 331 (333).

nachteiligung zu rechtfertigen. Die Ziele des österreichischen Gesetzgebers seien dazu auch an sich geeignet. Allerdings seien diese widersprüchlich, da Schüler einerseits veranlasst werden sollten, eine allgemeinbildende anstatt einer berufsbildenden Schule zu besuchen und andererseits die bevorzugte Einstellung von Personen mit Berufserfahrung gegenüber solchen mit allgemeiner Sekundarschulbildung gefördert werden sollte.[926] Der Regelung fehle „innere Kohärenz“[927].

Insbesondere im sog. „Kücükdeveci-Urteil“ griff der EuGH die „Mangold-Entscheidung“[928] auf und entwickelte diese fort[929]. Das LAG Düsseldorf erblickte in § 622 II S. 2 BGB eine Altersdiskriminierung, da hiernach Beschäftigungszeiten vor Vollendung des 25. Lebensjahres[930] bei der Bestimmung der nach Dauer der Beschäftigung ansteigend gestaffelten Kündigungsfristen des § 622 I BGB außer Acht zu lassen sind. Entsprechend hat das LAG Düsseldorf den EuGH mit der Frage angerufen, ob diese Dis-

---

926 EuGH, Rs. C-88/08 (Hütter), EuGRZ 2009, 331 (334).

927 EuGH, Rs. C-88/08 (Hütter), EuGRZ 2009, 331 (334). Insoweit wird die Entscheidung als lehrreich erachtet, da sie aufzeige, dass die Rechtsprechung des EuGH ebendiese Kohärenz zum Ziel habe. Vgl. KINGREEN, EuR 2010, 338 (341f).

928 Neben dem „Hütter-Urteil“ hatte der EuGH noch in weiteren Fällen von Altersdiskriminierung zu entscheiden, ohne hierbei jedoch die „Mangold-Rechtsprechung“ zu konkretisieren. Vgl. etwa EuGH, Rs. C-411/05 (Palacios de la Villa); Slg. 2007, I-8531 (8531ff); EuGH, Rs. C-388/07 (Age Concern England), Slg. 2009, I-1569 (1569ff); EuGH, Rs. C-229/08 (Wolf), Slg. 2010, I-1 (1ff); EuGH, Rs. C-341/08 (Petersen), Slg. 2010, I-47 (47ff).

929 Nur aufgezählt sei die Rechtsprechung des EuGH zum Schutz vor Altersdiskriminierung nach dem „Kücükdeveci-Urteil“: EuGH, Rs. C-246/09 (Bulicke), NZA 2010, 869 (869ff); EuGH, Rs. C-45/09 (Rosenbladt), NZA 2010, 1167 (1167ff); EuGH, Rs. C-499/08 (Andersen), NZA 2010, 1341 (1341ff); EuGH, Rs. C-250/09 und C-268/09 (Georgiev), NZA 2011, 29 (29ff); EuGH, Rs. C-109/09 (Deutsche Lufthansa), NZA 2011, 397 (397ff); EuGH, Rs. C-159/10 und C-160/10 (Fuchs), NVwZ 2011, 1249 (1249ff); EuGH, Rs. C-297/10 und C-298/10 (Hennigs), NZA 2011, 1100 (1100ff); EuGH, Rs. C-447/09 (Prigge), NZA 2011, 1039 (1039ff). Insbesondere Altersgrenzen waren immer wieder Gegenstand dieser Entscheidungen. Vgl. dazu ausführlich: BAYREUTHER, NJW 2011, 19 (19ff); THÜSING / PÖTTERS, ZIP 2011, 1886 (1886ff).

930 Insoweit besteht eine Parallele zum „Hütter-Urteil“ des EuGH. Siehe oben S. 160f.

kriminierung anhand des unionalen Primärrechts (wie im „Mangold-Urteil" jedenfalls angedeutet) oder anhand der sekundärrechtlichen Richtlinie 2000/78/EG zu beurteilen sei.[931]
Der EuGH bestätigte die Mangold-Rechtsprechung dahingehend, dass es sich bei dem Verbot der Altersdiskriminierung um einen allgemeinen Grundsatz des Unionsrechts handelt. Richtlinie 2000/78/EG lege diesen Grundsatz daher nicht selbst fest, sondern konkretisiere ihn.[932] Weiterhin wurde die Gleichrangigkeit der Charta der Grundrechte und der Gemeinschaftsverträge gem. Art. 6 I EUV herausgestellt und betont, dass Art. 21 EuGRC eine Diskriminierung wegen des Alters ebenfalls pönalisiere[933].
§ 622 II S. 2 BGB enthält nach Ansicht des EuGH eine Diskriminierung wegen des Alters, da sie Mitarbeiter mit gleichlanger Betriebszugehörigkeit in Abhängigkeit ihres Eintrittsalters unterschiedlich behandele[934]. Letztendlich konnte diese Ungleichbehandlung auch nicht gerechtfertigt werden. Zwar verfüge der nationale Gesetzgeber über einen weiten Ermessensspielraum im Bereich der Arbeitsmarkt- und Sozialpolitik[935]. Das Ziel des Gesetzgebers, Arbeitgebern eine größere „personalwirtschaftliche Flexibilität zu verschaffen", indem Belastungen bei der Freisetzung junger Arbeitnehmer reduziert werden, werde jedoch verfehlt. Denn die Beschäftigungszeit vor Vollendung des 25. Lebensjahres werde auch dann nicht berücksichtigt, wenn der Arbeitnehmer nach langer Beschäftigungsdauer in höherem Alter freigesetzt werde[936]. Mithin sei diese Regelung mit dem Unionsrecht nicht vereinbar[937]. Aufgrund des Gebotes, dem Unionsrecht

931 EuGH, Rs. C-555/07 (Kücükdeveci), EuGRZ 2010, 62 (63f).

932 EuGH, Rs. C-555/07 (Kücükdeveci), EuGRZ 2010, 62 (64f).

933 EuGH, Rs. C-555/07 (Kücükdeveci), EuGRZ 2010, 62 (64). Als Quintessenz der „Kücükdeveci-Entscheidung" wird hieraus abgeleitet, dass nach Ablauf der Umsetzungsfrist einer Richtlinie deren Regelungsbereich „ohne weiteres auf das nationale Recht anzuwenden" ist, sodass der Anwendungsbereich des Unionsrechts nicht nur auf nationale Umsetzungsakte beschränkt ist. Vgl. PÖTTERS / TRAUT, ZESAR 2010, 267 (269f).

934 EuGH, Rs. C-555/07 (Kücükdeveci), EuGRZ 2010, 62 (65).

935 EuGH, Rs. C-555/07 (Kücükdeveci), EuGRZ 2010, 62 (65).

936 EuGH, Rs. C-555/07 (Kücükdeveci), EuGRZ 2010, 62 (65).

937 EuGH, Rs. C-555/07 (Kücükdeveci), EuGRZ 2010, 62 (66).

volle Wirksamkeit zu verschaffen sowie des Umstandes, dass § 622 II S. 2 BGB aufgrund des eindeutigen Wortlautes nicht unionsrechtskonform ausgelegt werden könne, sei die Norm nicht zur Anwendung zu bringen[938].

Das Bundesverfassungsgericht hatte schließlich zu entscheiden, ob es sich bei der „Mangold-Entscheidung" des EuGH[939] um einen ausbrechenden Rechtsakt handelt. Beschwerdeführerin war ein Unternehmen aus der Automobilzuliefererbranche, welches in gewissem Umfang von den (damaligen) Möglichkeiten des § 14 III TzBfG a.F., sachgrundlos befristete Arbeitsverträge mit Arbeitnehmern, die das 52. Lebensjahr vollendet hatten, abzuschließen, Gebrauch gemacht hatte. Die Revision des Arbeitnehmers vor dem Bundesarbeitsgericht war erfolgreich, nachdem dieser in den Vorinstanzen mit seinem Begehren, die Unwirksamkeit der Befristung festzustellen, erfolglos blieb. Das Bundesarbeitsgericht sah sich an die „Mangold-Entscheidung" des EuGH gebunden und hielt § 14 III TzBfG a.F. somit für nicht anwendbar. Eine Pflicht, den EuGH erneut anzurufen, vermochte das Bundesarbeitsgericht aufgrund der Eindeutigkeit des EuGH-Urteils nicht zu erkennen. Die Beschwerdeführerin hingegen erblickte in dem „Mangold-Urteil" einen ausbrechenden Rechtsakt und folglich eine Verletzung ihrer (Grund-)Rechte durch den insoweit vorbehaltlosen Richterspruch des Bundesarbeitsgerichts.[940]
Im Ergebnis erblickte das Bundesverfassungsgericht in der „Mangold-Entscheidung" keinen ausbrechenden Rechtsakt[941]. Zunächst sei eine

---

938 EuGH, Rs. C-555/07 (Kücükdeveci), EuGRZ 2010, 62 (66f). Die Reaktionen der Literatur auf dieses Ergebnis waren kontrovers. Zustimmend: Joost, EWiR 2010, 179 (180); Preis / Temming, NZA 2010, 185 (198); Schubert, EuZW 2010, 180 (181). Kritisch: Link, Lara, NJW 2010, 430 (430f); Thüsing, RdA 2010, 187 (187). Sich für das Verwerfungsmonopol des Bundesverfassungsgerichts aussprechend: Mörsdorf, NJW 2010, 1046 (1049); Stenslik, RdA 2010, 247 (249); Wackerbarth / Kreße, EuZW 2010, 252 (253ff) - jeweils beispielhaft statt mehrerer.

939 Siehe hierzu oben S. 158ff.

940 Siehe ausführlich zum Sachverhalt und zum Verfahrensgang: BVerfGE 126, 286 (287ff).

941 Ein solches Ergebnis im Vorfeld des Bundesverfassungsgerichtsbeschlusses prognostizierend: Pötters / Traut, ZESAR 2010, 267 (275).

Ultra-vires-Kontrolle nur in Koordination mit den Unionsorganen und damit „zurückhaltend und europarechtsfreundlich“ durchzuführen[942]. Daher müsse dem EuGH im Vorabentscheidungsverfahren gem. Art. 267 AEUV vor der Feststellung der Unabwendbarkeit des Unionsrechts Gelegenheit zur Vertragsauslegung gegeben werden[943]. Weiterhin komme nicht jeder Kompetenzverstoß der Unionsorgane für eine Ultra-vires-Kontrolle in Betracht. Vielmehr muss der Kompentenzverstoß *offensichtlich* das Prinzip der begrenzten Einzelermächtigung verletzen und *erheblich* ins Gewicht fallen.[944] Rechtsfortbildungen durch den EuGH hat das Bundesverfassungsgericht für zulässig und sogar notwendig erklärt[945]. Hierbei spricht es dem EuGH methodische „Eigenarten“ und sogar einen gewissen Fehlerspielraum zu, um die supranationale Integration nicht zu gefährden. Sogar unerhebliche „Verschiebung[en] im Kompetenzgefüge“ seien in Einzelfällen hinzunehmen, sofern diese nicht schwerwiegend sind.[946]

Hieran gemessen handele es sich bei der „Mangold-Entscheidung“ nicht um eine das Kompetenzgefüge verletzende Rechtsfortbildung, obwohl dem Bundesverfassungsgericht die Beziehung der zentralen Argumente des EuGH zueinander (Verstoß von § 14 III TzBfG a.F. sowohl gegen einen allgemeinen Grundsatz des Gemeinschaftsrechts als auch gegen Art. 6 RL 2000/78EG) unklar blieb[947]. Im Ergebnis konnte sogar dahinstehen, ob

942 BVerfGE 126, 286 (303ff).

943 BVerfGE 126, 286 (304).

944 BVerfGE 126, 286 (304f). Hervorhebungen nur hier. Das Minderheiten-Votum des mit 6:2 Richterstimmen ergangenen Beschlusses sieht hierin eine Überspannung der Eurparechtsfreundlichkeit. Es sei nicht ersichtlich, weshalb eine irgendwie qualifizierte Kompetenzüberschreitung erforderlich sein soll. Die Kompetenzverteilung sei vielmehr bei jeder Verletzung in Frage gestellt, wobei auch von einzelnen kleineren Überschreitungen die Gefahr einer schleichenden Kompetenzverschiebung ausgehe. Vgl. BVerfGE 126, 286 (322f).

945 Dies ist konsequent, da es in der Solange-Rechtsprechung das Fehlen eines Grundrechtskataloges zunächst als Begründung für seine Prüfkompetenz gegenüber Gemeinschaftsrechtsakten herangezogen und später diese Kompetenz aufgrund des (richterrechtlich geprägten) Grundrechtsschutzes durch den EuGH eingeschränkt hatte. Siehe ausführlich oben S. 148ff.

946 BVerfGE 126, 286 (305ff).

947 Vgl. BVerfGE 126, 286 (308f). Diesbezüglich hat der EuGH im „Kücükdeveci-

ein entsprechender allgemeiner Grundsatz des Verbotes der Altersdiskriminierung überhaupt ableitbar ist, da der EuGH auf dessen Grundlage jedenfalls keine ins Gewicht fallende Kompetenzverschiebung vorgenommen habe[948]. Auch die vom EuGH angenommene Vorwirkung der Richtlinie 2000/78/EG bei noch nicht abgelaufener Umsetzungsfrist verstoße nicht gegen die dargestellten Kriterien[949].

bb) Die Rechtsprechung des EuGH zum Schutz vor Diskriminierungen wegen der sexuellen Ausrichtung

Die sog. „Maruko-Entscheidung“ hatte eine Regelung aus dem Bereich der Hinterbliebenenversorgung eines Zusatzversorgungssystems zum Gegenstand. Die Satzung der Versorgungsanstalt der deutschen Bühnen sah eine Witwen- bzw. Witwerrente im Fall des Versterbens eines Ehegatten vor. Der Kläger des Ausgangsverfahrens beantragte nach dem Versterben seines Lebenspartners nach dem LPartG eine entsprechende Leistung bei der Versorgungsanstalt. Der Antrag wurde mit der Begründung abgelehnt, ein solcher Anspruch sei für Lebenspartner nicht vorgesehen. Der Kläger erblickte hierin nach der erfolgten Gleichstellung von Lebenspartnerschaft und Ehe eine Diskriminierung wegen der sexuellen Ausrichtung. Das vorlegende Gericht hatte den EuGH u.a. mit der Frage angerufen, ob der Geltungsbereich der Richtlinie 2000/78/EG eröffnet sei und ggf. eine Diskriminierung i.S.d. Richtlinie vorläge.[950]

Urteil“ klargestellt, dass es sich bei der Richtlinie 2000/78/EG um eine sekundärrechtliche Konkretisierung des allgemeinen Grundsatzes zum Schutz vor Diskriminierungen handelt. Siehe oben S. 161ff.

948 BVerfGE 126, 286 (312f).

949 Vgl. BVerfGE 126, 286 (311). Auch die letztgenannten Aspekte treffen auf Kritik seitens der überstimmten Richter. Ein allgemeines gemeinschaftsrechtliches Diskriminierungsverbot wegen des Alters lasse sich nicht tragfähig ableiten. Zudem lasse sich der Gedanke einer Vorwirkung von Richtlinien nur durch die unzulässige Kumulation dieser dogmatischen Ansätze herleiten und beschneide damit Ultra-vires die Freiheitsräume der Mitgliedsstaaten. Vgl. BVerfGE 126, 286 (326ff).

950 EuGH, Rs. C-267/06 (Maruko), Slg. 2008, I-1757 (1790ff).

Entgegen der Meinung der VddB[951] war der EuGH der Ansicht, dass das durch Tarifvertrag geschaffene Betriebsrentensystem dem Anwendungsbereich der Richtlinie unterfalle[952]. Der EuGH stellte zudem heraus, dass der Gleichbehandlungsgrundsatz des Art. 2 RL 2000/78/EG jede unmittelbare und mittelbare Diskriminierung wegen der in Art. 1 RL 2000/78/EG genannten Gründe verbiete, sofern kein Rechtfertigungsgrund vorliege[953]. Das vorlegende Gericht führte aus, dass sich die Bundesrepublik Deutschland für eine institutionelle Trennung von Ehe und eingetragener Lebenspartnerschaft entschieden habe, wobei letztgenannte inhaltlich schrittweise den Regelungen der Ehe angepasst werden solle[954]. Indem die in Rede stehenden Hinterbliebenenversorgung Versorgungsleistungen nur für Eheleute vorsehe und Lebenspartner nach dem LPartG gänzlich ausschließe, liege nach Ansicht des EuGH eine Ungleichbehandlung vor. Entsprechend sei eine unmittelbare Diskriminierung wegen der sexuellen Ausrichtung anzunehmen, sofern sich überlebende Ehegatten und überlebende Lebenspartner in einer vergleichbaren Situation hinsichtlich der Hinterbliebenenversorgung befänden. Diese Vergleichbarkeitsprüfung obliege dem vorlegenden Gericht.[955]
Das Bundesverfassungsgericht hat schließlich[956] unter Rekurs auf die „Maruko-Entscheidung“ in den vergleichbaren Regelungen eines anderen

951 EuGH, Rs. C-267/06 (Maruko), Slg. 2008, I-1757 (1804).

952 EuGH, Rs. C-267/06 (Maruko), Slg. 2008, I-1757 (1807).

953 EuGH, Rs. C-267/06 (Maruko), Slg. 2008, I-1757 (1812).

954 EuGH, Rs. C-267/06 (Maruko), Slg. 2008, I-1757 (1812f).

955 EuGH, Rs. C-267/06 (Maruko), Slg. 2008, I-1757 (1813). Das vorlegende Gericht hat diese Vergleichbarkeit im Ergebnis bejaht. Vgl. VG München, Urteil v. 30.10.2008, Az.: M 12 K 08.1484, JURIS. Die Entscheidung des EuGH traf im Ergebnis überwiegend auf Zustimmung. Beispielhaft statt mehrerer: Bieback, ZESAR 2008, 296 (299f); Bruns, NJW 2008, 1929 (1931); Lembke, NJW 2008, 1631 (1632). Der EuGH hat diese Aspekte der „Maruko-Entscheidung“ in der Folge bestätigt: EuGH, Rs. C-147/08 (Römer), NJW 2011, 2187 (2189f).

956 Zunächst hatte das Bundesverfassungsgericht die Nichtgewährung eines Familienzuschlages für eingetragene Lebenspartner nicht als Ungleichbehandlung wegen der sexuellen Ausrichtung angesehen. Auch im Lichte der „Maruko-Entscheidung“ des EuGH sei dies nicht anders zu beurteilen, da sich Lebenspartner und Eheleute insofern nicht in einer vergleichbaren Situation befänden. Vgl. BVerfG NJW 2008, 2325 (2326f).

Versorgungssystems eine Diskriminierung wegen der sexuellen Ausrichtung erblickt[957]. Gegenstand der Verfassungsbeschwerde war „die Ungleichbehandlung von Ehe und eingetragener Lebenspartnerschaft im Bereich der betrieblichen Hinterbliebenenversorgung für die Arbeitnehmer des öffentlichen Dienstes nach der Satzung der Versorgungsanstalt des Bundes und der Länder (VBL)“[958]. Weder tarifvertraglich noch durch die Satzung der VBL (VBLS) wurden, auch nach Inkrafttreten des LPartG und eines entsprechend angepassten § 46 IV SGB VI, Hinterbliebenenleistungen für eingetragene Lebenspartner vorgesehen[959].

Dem in einer eingetragenen Lebenspartnerschaft lebenden Beschwerdeführer wurde folglich in einer Mitteilung über die Höhe bereits erworbener Rentenanwartschaften ein auf Grundlage von Steuerklasse I berechneter Anwartschaftsbetrag mitgeteilt. Der Beschwerdeführer blieb mit seinem Feststellungsbegehren, für die Rentenberechnung sei die Steuerklasse III maßgeblich, sowie, dass seinem Lebenspartner im Fall seines Todes eine Hinterbliebenenrente zustehe, in allen Instanzen erfolglos. Hierin lag nach Ansicht des Beschwerdeführers ein Verstoß gegen Art. 3 I GG, der auch nicht durch Art. 6 I GG gerechtfertigt war.[960]

Das Bundesverfassungsgericht schloss sich der Ansicht des EuGH, wonach eine Diskriminierung wegen der sexuellen Ausrichtung gegeben ist, wenn Eheleute und Lebenspartner in einem Hinterbliebenenversorgungssystem unterschiedlich behandelt werden, an. Gleichzeitig betonte es, dass eine solche Ungleichbehandlung, die auch § 38 VBLS enthalte, nur dann gerechtfertigt sein könne, wenn die Unterschiede in beiden Formen der Partnerschaft erheblich seien.[961] Die Rechtfertigungsanforderungen würden zusätzlich noch gesteigert, da die VBL zwar den Regelungskomplex des § 46 IV SGB VI an sich übernommen hatte, jedoch nur *zu Lasten*[962] der Leistungs-

957 BVerfGE 124, 199 (199ff).
958 BVerfGE 124, 199 (200).
959 BVerfGE 124, 199 (206).
960 BVerfGE 124, 199 (208ff).
961 BVerfGE 124, 199 (222).
962 Hervorhebung nur hier.

empfänger angenommen hatte, bei der eingetragenen Lebenspartnerschaft handele es sich um eine Versorgungsgemeinschaft[963]. Als Rechtfertigung für diese Ungleichbehandlung genüge der bloße Verweis auf den besonderen Schutz der Ehe nicht, der es dem Gesetzgeber ermögliche, diese gegenüber anderen Formen des (Zusammen-)Lebens zu begünstigen[964]. Die Nichtberücksichtigung überlebender Lebenspartner in dem in Rede stehende Hinterbliebenenversorgungssystem bedürfe daher eines über „die abstrakte Förderung der Ehe hinausgehenden sachlichen Rechtfertigungsgrundes"[965]. Gemessen an diesem Maßstab konnte das Bundesverfassungsgericht kein Differenzierungskriterium erkennen, dass den solchermaßen gesteigerten Rechtfertigungsanforderungen genügen konnte. Die Lebenszuschnitte sowohl von Ehen als auch von Lebenspartnerschaften seien im Hinblick auf partnerschaftliche Zuwendung, Unterhaltsverpflichtungen sowie Versorgungsbedarf wegen Kindererziehungsphasen nicht so verschieden, dass die genannte Ungleichbehandlung zu rechtfertigen wäre. Diese könne nur durch eine Erstreckung der Hinterbliebenenversorgung des § 38 VBLS auf überlebende Lebenspartner beseitigt werden.[966]

II. Die Einwirkung von EGMR-Judikaten auf das Rechtssystem der Bundesrepublik Deutschland - Zusammenfassung

Zusammenfassend lässt sich festhalten, dass die Rechtsprechung des EGMR in zweierlei Weise auf das deutsche Recht einwirken kann.

Zunächst ist jeder Mitgliedsstaat, mithin auch die Bundesrepublik Deutschland, aufgrund von Art. 46 I EMRK völkerrechtlich verpflichtet, rechtskräftige Urteile des EGMR zu befolgen und die dem Urteil zugrunde liegende Konventionsverletzung abzustellen[967].

963 BVerfGE 124, 199 (223). Gem. § 38 VBLS endete der Anspruch auf eine Witwen- oder Witwerrente auch dann, wenn der Berechtigte anstatt einer neuen Ehe eine Lebenspartnerschaft einging.

964 BVerfGE 124, 199 (224f).

965 BVerfGE 124, 199 (226f).

966 BVerfGE 124, 199 (227ff).

967 Siehe oben S. 119ff. Zu den Urteilswirkungen, den möglichen Problemen bei der Umsetzung der Urteile sowie zu den Möglichkeiten des EGMR, die Umsetzungs-

Obwohl die EMRK in der Bundesrepublik Deutschland im Range einfachen Bundesrechts steht, kommt ihr aufgrund der Völkerrechtsfreundlichkeit des deutschen Rechtssystems bzw. des Grundgesetzes eine besondere Bedeutung zu. Das Bundesverfassungsgericht zieht die durch die Rechtsprechung des EGMR konkretisierte EMRK bei der inhaltlichen Ausgestaltung der Grundrechte grundsätzlich heran. Allerdings gilt dies nach Ansicht des Bundesverfassungsgerichts nicht vorbehaltlos, sodass es Einschränkungen der völkerrechtlichen Bindung vornimmt.[968] Nach hier vertretener Ansicht kann ein nationaler Verfassungsvorbehalt jedoch nicht durchgreifen, da ansonsten das Ziel, einen möglichst effektiven und weitreichenden Grundrechtsschutz durch die EMRK zu gewährleisten, gefährdet wäre[969]. Folglich stellen sich die je nach Fallgruppe (Konventionsverletzung durch Verwaltungsakt, Gesetz oder Urteil)[970] unterschiedlichen Folgeprobleme in der Bundesrepublik Deutschland nicht in voller Deutlichkeit[971]. Die in diesem Zusammenhang umstrittene Frage, ob ein Gesetz, welches eine konventionsrechtswidrige Rechtsfolge vorsieht, geändert werden oder lediglich konventionsfreundlich ausgelegt werden muss, lässt sich vor diesem Hintergrund ebenfalls beantworten. Um eine optimale Entfaltung der Gewährleistungen der EMRK sicherzustellen, sind in einem solchen Fall beide Alternativen auf ihre Auswirkungen zu untersuchen. Der im jeweiligen Einzelfall optimalen Lösung ist der Vorzug zu geben. Dies kommt dem Ziel des EGMR, praktisch wirksame und nicht bloß theoretische Rechte zu gewähren[972], am nächsten.
Im Ergebnis hält der EGMR damit aufgrund der dargestellten Wirkung des Art. 46 I EMRK ein Werkzeug in der Hand, mittels dessen er durch seine

maßnahmen zu konkretisieren siehe oben S. 120ff.

968 Siehe oben S. 131ff. Siehe dort auch zur Kritik an diesen Einschränkungen.

969 Siehe oben S. 136ff.

970 Siehe oben S. 126ff.

971 Das deutsche Recht ermöglicht sowohl Widerruf bzw. Rücknahme von Verwaltungsakten, als auch nach allen Verfahrensordnungen die Wiederaufnahme des Gerichtsverfahrens. Den Gesetzgeber trifft eine Pflicht zur Gesetzesänderung jedenfalls dann, wenn ein Gesetz selbst die EMRK verletzt. Siehe oben S. 136ff.

972 Siehe oben S. 138f.

Urteile direkt und effektiv auf das Rechtssystem in der Bundesrepublik Deutschland einzuwirken kann. Somit ist es denkbar, dass bei entsprechender Vorgabe durch die jüngste EGMR-Judikatur entweder die konkrete Textfassung oder aber die Auslegungsansätze sowohl von Art. 137 III WRV i.V.m. Art. 140 GG als auch von § 9 AGG angepasst werden müssen.

Zusätzlich gewinnt die Rechtsprechung des EGMR mittelbar Einfluss durch die Rechtsprechung des EuGH[973]. Das Bundesverfassungsgericht übt seine Jurisdiktionskompetenz gegenüber Gemeinschaftsrechtsakten inzwischen nur noch in einem Kooperationsverhältnis mit dem EuGH aus[974]. Dies ist bedeutsam, da sich den Judikaten des EGMR durch diesen „Umweg" über die Rechtsprechung des EuGH eine zwar nur mittelbare, aber wirksame Einwirkungsmöglichkeit auf das deutsche Recht eröffnet. Denn einem wie auch immer gearteten Verfassungs- oder Souveränitätsvorbehalt begegnet die EGMR-Judikatur auf diesem Weg nicht. Sie wird sozusagen durchgereicht. Dieser Umstand spricht zusätzlich gegen einen nationalen Verfassungsvorbehalt gegenüber der Rechtsprechung des EGMR, da dieses Hindernis im Ergebnis umschifft werden kann.
Dieser „Umweg" öffnet sich für die Rechtsprechung des EGMR jedoch nur, wenn der EuGH gem. Art. 19 EUV überhaupt zuständig ist[975]. Für die im Rahmen dieser Untersuchung relevanten Sachverhalte, die in den Regelungsbereich von § 9 AGG fallen, ist dies unproblematisch[976] der Fall,

---

973 Anders als das Bundesverfassungsgericht, welches Souveränitätsvorbehalte gegenüber der EGMR-Judikatur geltend macht, bindet sich der EuGH freiwillig an die Rechtsprechung des EGMR. Gleichzeitig setzt sich das europäische Gemeinschaftsrecht aufgrund der vom EuGH geprägten Vorrang-Rechtsprechung auch gegenüber nationalem Verfassungsrecht durch. Siehe oben S. 146ff.

974 Siehe oben S. 156ff.

975 Voraussetzung ist, dass der zu entscheidende Sachverhalt einen europarechtlichen Bezug aufweist, mithin der Anwendungsbereich des Europarechts eröffnet ist. Vgl. Pötters / Traut, ZESAR 2010, 267 (268) m.w.N.

976 Vgl. Sperber, EuZA 2011, 407 (416). Restriktive Stimmen in der Literatur sehen den Anwendungsbereich der Unionsgrundrechte nur dann eröffnet, wenn ein als solcher bezeichneter Umsetzungsakt vorliegt. Vgl. Bauer / Arnold, NJW 2008, 3377 (3379); Thüsing, RdA 2008, 51 (52); ders., ZESAR 2009, 26 (27). Dies ist im

da mit dem AGG die Richtlinie 2000/78/EG in nationales Recht umgesetzt wurde[977].
Im Zusammenhang mit Richtlinie 2000/78/EG gewinnt die Rechtsprechung des EuGH zur Altersdiskriminierung Bedeutung. Nach Ansicht des EuGH handelt es sich beim Verbot der Diskriminierung wegen des Alters um einen primärrechtlich verankerten allgemeinen Grundsatz des Gemeinschaftsrechts[978]. Die Richtlinie 2000/78/EG konkretisiere diesen allgemeinen Grundsatz lediglich[979]. Dieser Ansatz eröffnet den Anwendungsbereich des Unionsrechts prinzipiell für sämtliche nationale Rechtsnormen, die, jedenfalls nach Ablauf der Umsetzungsfrist[980], den Anwendungsbereich einer Richtlinie berühren.[981] Es erscheint daher nicht ausgeschlossen, dass bei Vorliegen eines entsprechenden (Diskriminierungs-)Sachverhalts auch Art. 137 III WRV i.V.m. Art. 140 GG vom Anwendungsbereich des Unionsrechts erfasst wird[982]. Da gem. Art. 6 I EUV n.F. die Gewährleistungen der EuGRC nunmehr dem Primärrecht zugerechnet werden, ist der Kritik an der „Mangold-Rechtsprechung“ zudem teilweise der Boden entzogen worden[983].

Insgesamt ist daher bezüglich der vorliegend einschlägigen Untersuchungsgegenstände ein mittelbarer Einfluss der Rechtsprechung des EGMR auf das nationale Recht durch die Rechtsprechung des EuGH gegeben.

Fall des AGG gegeben.

977 Siehe oben S. 90ff.

978 EuGH, Rs. C-144/04 (Mangold), Slg. 2005, I-9981 (10039f).

979 EuGH, Rs. C-555/07 (Kücükdeveci), EuGRZ 2010, 62 (64f).

980 Im „Mangold-Urteil“ stellte die noch nicht abgelaufene Umsetzungsfrist für den EuGH kein Hindernis dar. Vgl. EuGH, Rs. C-144/04 (Mangold), Slg. 2005, I-9981 (10038ff).

981 Pötters / Traut, ZESAR 2010, 267 (269f).

982 Art. 137 III WRV i.V.m. Art. 140 GG stellt schon aufgrund des Alters der Vorschrift keinen Umsetzungsakt einer unionalen Richtlinie dar. Insoweit erweitert die Rechtsprechung des EuGH den Anwendungsbereich des Unionsrechts im Vergleich zu restriktiven Ansätzen, die diesen nur bei expliziten Umsetzungsakten als eröffnet sehen.

983 Vgl. Pötters / Traut, ZESAR 2010, 267 (271).

Verbessert wird dieser Einfluss zudem durch die formell gestärkte Stellung der EuGRC im europäischen Grundrechtesystem[984].

Zu bedenken ist jedoch, dass der EuGH die jüngste Rechtsprechung des EGMR im Bereich des kirchlichen Arbeitsrechts noch nicht aufgegriffen hat. Wie eine Rezeption dieser Urteile durch den EuGH im Detail aussehen würde, kann daher zur Zeit nur Gegenstand von Spekulationen sein. Fest steht hingegen, dass der EuGH dem nationalen Gesetzgeber bei einer zulässigen Rechtfertigung von Diskriminierungen jedenfalls im Bereich der Arbeitsmarkt- und Sozialpolitik einen weiten Ermessensspielraum einräumt[985]. Gleichzeitig werden sich widersprechende Ziele jedoch nicht toleriert, wie insbesondere das „Hütter-Urteil" zeigt[986]. Bei der Frage, ob eine Diskriminierung wegen der sexuellen Ausrichtung vorliegt, stellt der EuGH auf die Vergleichbarkeit der Lebenssituation von Eheleuten und Lebenspartnern ab[987]. Diese Aspekte sind zu berücksichtigen, wenn der Einfluss der EGMR-Judikatur vor allem im Regelungsbereich des § 9 II AGG untersucht wird. Denn sowohl die Unterscheidung zwischen homosexueller Ausrichtung und homosexueller Praxis als auch die unterschiedlichen Lebensanforderungen insbesondere der katholischen Kirche an Eheleute und gleichgeschlechtliche Lebenspartner[988] scheint diesen Kriterien auf den ersten Blick diametral entgegen zu stehen.

Primär ist es die Rechtsprechung des EGMR als solche, die über Art. 46 I EMRK den dargestellten direkten Einfluss auf das Rechtssystem der Bundesrepublik Deutschland ausübt. Als Folge der hier vertretenen Ansicht, wonach ein nationaler Verfassungsvorbehalt nicht geltend gemacht werden kann, genügt dieser direkte Einfluss der EMRK aufgrund der völkerrechtlichen Verpflichtung der Bundesrepublik Deutschland, um in

---

984 Vgl. Terhechte, JuS 2008, 403 (405). Zurückhaltender: Hanau, NZA 2010, 1 (6).

985 Siehe oben S. 162.

986 Siehe oben S. 160ff.

987 Siehe oben S. 166.

988 Siehe oben S. 110ff.

durchgreifendem Maße auf das nationale kirchliche Arbeitsrecht einzuwirken. Der mögliche „Umweg" über den EuGH kann daher als „doppelter Boden" verstanden werden, der den direkten Einfluss zusätzlich absichert. Diese Absicherungsfunktion durch den EuGH ist aufgrund der Klarheit der dargestellten Rechtsprechungslinien des EuGH jedoch keineswegs schwach bzw. unbedeutend. Sie stärkt den Einfluss vielmehr durch eigene Impulse[989], die im Rahmen der Untersuchung einzubeziehen sind.

III. Die jüngste EGMR-Judikatur im Bereich des kirchlichen Individualarbeitsrechts der Bundesrepublik Deutschland

Damit ist dargestellt, wie die Judikatur des EGMR grundsätzlich auf das deutsche Rechtssystem einwirken kann. Die Punkte im Bereich des kirchlichen Arbeitsrechts, an denen der EGMR ansetzen kann, liegen ebenfalls offen. Abschließend sind die konkreten Vorgaben des EGMR für diesen Bereich herauszuarbeiten, um die Auswirkungen dieser Judikatur ableiten zu können.

1. Analyse von EGMR Az.: 425/03 „Obst"

Dem Urteil EGMR Az.: 425/03 „Obst" lag die fristlose Kündigung eines der Mormonenkirche angehörenden leitenden Angestellten zugrunde. Dieser hatte eine ehebrecherische Sexualbeziehung unterhalten. Nach dem Selbstverständnis der Mormonenkirche ist der Ehebruch ein schwerwiegender Loyalitätsobliegenheitsverstoß. Daher könne dieser nach Ansicht der Mormonenkirche eine fristlose Kündigung rechtfertigen, zumal dem Mitarbeiter die Schwere seines Verstoßes bewusst gewesen sei.
Das BAG sah die strengen moralischen Normen der Mormonenkirche aufgrund ihres Selbstbestimmungsrechts aus Art. 137 III WRV i.V.m. Art. 140 GG als gegeben an. Der Loyalitätsobliegenheitsverstoß konnte daher „an sich" einen Grund zur fristlosen Kündigung gem. § 626 I BGB darstellen. Die Interessenabwägung, bei der das BAG das Recht des Arbeitnehmers auf informationelle Selbstbestimmung aus Art. 2 I GG i.V.m. Art. 1 I GG mit

989 Zu nennen sind hier die Kriterien, die der EuGH an die Rechtfertigung von Diskriminierungen anlegt.

dem Selbstbestimmungsrecht der Mormonenkirche aus Art. 137 III WRV i.V.m. Art. 140 GG abgewogen hatte, fiel zugunsten des Arbeitgebers aus, zumal es eine Beichte nach mormonischem Selbstverständnis nicht gibt. Aufgrund der exponierten Stellung des Mitarbeiters konnte der kirchliche Arbeitgeber im Ergebnis die Einhaltung der ehelichen Treuevorschriften unter Glaubwürdigkeitsaspekten erwarten.[990]

a) Vortrag des Beschwerdeführers

Der Beschwerdeführer erblickte in der Bestätigung der Kündigung durch die Arbeitsgerichte sowie der Nichtannahme seiner Verfassungsbeschwerde durch das Bundesverfassungsgericht[991] eine Verletzung von Art. 8 I EMRK[992]. Nach seiner Auffassung sei die vom BAG vorgenommene Interessenabwägung unzureichend gewesen. Diese führe zu einem „Rechtsprechungs-Automatismus zugunsten der Kirchen“. Im Lichte von Art. 8 I EMRK dürfe das Selbstbestimmungsrecht der Religionsgesellschaften nicht dazu führen, dass diese ihre Beschäftigten zur Befolgung von Glaubenssätzen auch im privaten Bereich zwingen könnten. Die Rechtsprechungstendenz der Arbeitsgerichte führe dazu, dass diese lediglich den Willen des kirchlichen Arbeitgebers umsetzten. Die Folge sei, dass sich Arbeitgeber und Arbeitsgerichte mehr und mehr in das Privatleben der Beschäftigten einmischen.[993] Zudem betonte der Beschwerdeführer, dass seine persönliche Ansicht hinsichtlich der Schwere seines Loyalitätsobliegenheitsverstoßes von der des Arbeitgebers abweiche und er bei Vertragsschluss aufgrund des strukturellen Machtgefälles keine Möglichkeit gehabt habe, eine entsprechende Klausel abzuwehren[994].

---

990 Die Rechtssache war zuvor Gegenstand von BAG NZA 1998, 145 (145ff). Siehe daher zu dieser Entscheidung ausführlich bereits oben S. 79ff.

991 BVerfG, Beschluss vom 27. Juni 2002, Az.: 2 BvR 356/99, unveröffentlicht.

992 EGMR NZA 2011, 277 (277) = EGMR, Urteil v. 23.09.2010, Az.: 425/03 „Obst“, Rn. 28, JURIS.

993 EGMR NZA 2011, 277 (277) = EGMR, Urteil v. 23.09.2010, Az.: 425/03 „Obst“, Rn. 31, JURIS.

994 EGMR, Urteil v. 23.09.2010, Az.: 425/03 „Obst“, Rn. 32, JURIS.

b) Stellungnahmen von Bundesregierung und kirchlichem Arbeitgeber

Die Bundesregierung verwies in ihrer Stellungnahme darauf, dass die Mormonenkirche nicht zur öffentlichen Gewalt zähle, sodass eine „Verfehlung“ der Arbeitsgerichte lediglich unter dem Aspekt einer Schutzpflicht des Staates beurteilt werden könne. Bei deren Ausgestaltung sei der staatliche Spielraum weit, da es im religiösen Bereich keinen gemeinsamen Standard der Konventionsstaaten gebe.[995] Die Abwägung im Rahmen des Kündigungsschutzprozesses habe auch nach Ansicht der Bundesregierung anhand der vom Bundesverfassungsgericht in BVerfGE 70, 138 geprägten Vorgaben zu erfolgen. Da die Arbeitsgerichte bei der Interessenabwägung die Art der Stellung, die Dauer der Betriebszugehörigkeit, das Lebensalter, die Schwere des Loyalitätsobliegenheitsverstoßes sowie die Tatsache, dass der Beschwerdeführer freiwillig ein Arbeitsverhältnis mit der Mormonenkirche eingegangen sei, berücksichtigt hatten, liege kein Abwägungsfehler vor[996].
Die Mormonenkirche schloss sich dieser Auffassung im Wesentlichen an[997].

c) Würdigung durch den EGMR

Der EGMR stellte zunächst heraus, dass es sich bei dem Begriff des Privatlebens i.S.d. Art. 8 I EMRK um einen weit gefassten, offenen Begriff handelt. Dieser umfasse nach Ansicht des Gerichtshofs auch das Recht, Beziehungen zu anderen Menschen zu entwickeln und zu unterhalten, worin auch die sexuelle Identität sowie das Sexualleben inbegriffen seien.[998] Art. 8 I EMRK enthalte neben der Pflicht, das Individuum vor staatlichen Eingriffen zu schützen (negative Verpflichtung des Konventionsstaats) auch die Pflicht, Schutzvorkehrungen zu treffen, die ein „ausgewogenes Gleichgewicht“ der

995 EGMR NZA 2011, 277 (277f) = EGMR, Urteil v. 23.09.2010, Az.: 425/03 „Obst“, Rn. 34, JURIS.

996 EGMR NZA 2011, 277 (278) = EGMR, Urteil v. 23.09.2010, Az.: 425/03 „Obst“, Rn. 36, JURIS.

997 EGMR NZA 2011, 277 (278) = EGMR, Urteil v. 23.09.2010, Az.: 425/03 „Obst“, Rn. 37f, JURIS.

998 EGMR NZA 2011, 277 (278) = EGMR, Urteil v. 23.09.2010, Az.: 425/03 „Obst“, Rn. 39, JURIS.

betroffenen Interessen herstellen (positive Verpflichtung). Diese Schutzvorkehrungen könnten „bis in die Beziehungen zwischen Einzelnen untereinander" hineinreichen.[999] Allerdings komme dem Konventionsstaat nach der Rechtsprechung des EGMR unter zweierlei Gesichtspunkten ein erweiterter Gestaltungsspielraum zu. Zum einen sei der Gestaltungsspielraum zur Erfüllung der positiven Verpflichtung aus Art. 8 I EMRK dann besonders weit, wenn „innerhalb der Mitgliedsstaaten des Europarats kein [...] Konsens über die in Rede stehenden Interessen oder über die besten Mittel zu ihrem Schutz" besteht[1000]. Zum anderen sei der Gestaltungsspielraum auch dann ein weiter, wenn eine praktische Konkordanz widerstreitender Interessen herzustellen ist[1001]. Der EGMR machte in diesem Zusammenhang deutlich, dass die Religionsgesellschaften sich ihrerseits auf den Schutz von Art. 9 EMRK i.V.m. Art. 11 EMRK berufen könnten. Als Kernbestand werde eine durch Art. 9 EMRK geschützte „unverzichtbare Autonomie" zugunsten der Religionsgesellschaften gewährt. Diese sei in einer pluralistischen Gesellschaft unverzichtbar. Folglich seien religiöses Bekenntnis und dessen Ausdruck nur in „extremen Ausnahmefällen" einer Rechtmäßigkeitskontrolle durch staatliche Stellen zugänglich.[1002] Vor diesem Hintergrund knüpfte der EGMR seine Prüfung, ob der dem Beschwerdeführer staatlich gewährte Schutzumfang ausreichend war, an die von den Arbeitsgerichten vorgenommene Interessenabwägung an[1003]. Nach Ansicht des EGMR genüge die

999 EGMR NZA 2011, 277 (278) = EGMR, Urteil v. 23.09.2010, Az.: 425/03 „Obst", Rn. 41, JURIS.

1000 EGMR NZA 2011, 277 (278) = EGMR, Urteil v. 23.09.2010, Az.: 425/03 „Obst", Rn. 42, JURIS. Grabenwarter, EuGRZ 2011, 229 (231) erblickt in dem Hinweis auf das Nichtvorliegen eines europäischen Standards ein festes Argumentationsmuster des EGMR, mittels dessen dem Mitgliedsstaat ein weiter Beurteilungsspielraum zugestanden wird.

1001 EGMR NZA 2011, 277 (278) = EGMR, Urteil v. 23.09.2010, Az.: 425/03 „Obst", Rn. 42, JURIS.

1002 EGMR NZA 2011, 277 (278) = EGMR, Urteil v. 23.09.2010, Az.: 425/03 „Obst", Rn. 44, JURIS.

1003 EGMR NZA 2011, 277 (278) = EGMR, Urteil v. 23.09.2010, Az.: 425/03 „Obst", Rn. 43, JURIS.

deutsche Arbeits- und Verfassungsgerichtsbarkeit *„ganz allgemein“*[1004] den Schutzpflichten, die einen Konventionsstaat treffen. Der Beschwerdeführer habe nämlich dadurch die Möglichkeit gehabt, die Rechtmäßigkeit der Kündigung überprüfen und eine Abwägung der widerstreitenden Interessen vornehmen zu lassen.[1005]
Bei der Überprüfung der Interessenabwägung blieb beanstandungsfrei, dass sich das BAG auf die vom Bundesverfassungsgericht in BVerfGE 70, 138 formulierten Grundsätze bezogen hatte[1006]. Der EGMR vollzog die Interessenabwägung des BAG nach. Hierbei stellte er fest, dass das BAG die Frage der Verwertbarkeit der Information über den wiederholten Ehebruch darauf gestützt und bejaht hatte, dass der Beschwerdeführer dies aus „eigenem Antrieb“ offenbart hatte[1007]. Weiterhin erkannte der EGMR, dass nach Ansicht des BAG die Kündigung erforderlich war, um die Glaubwürdigkeit der Mormonenkirche sicherzustellen, zumal der Beschwerdeführer eine exponierte Stellung bekleidete. Der Schaden des Beschwerdeführers hingegen sei, gemessen an den Kriterien Lebensalter, Dauer der Betriebszugehörigkeit sowie Kenntnis der Schwere seines Loyalitätsobliegenheitsverstoßes „gering“ gewesen[1008]. Bei der Frage, ob die Kündigung auf die Arbeitsvertragsbedingungen gestützt werden konnte und ob diese gem. § 626 BGB rechtmäßig war, wurden nach Ansicht des EGMR alle Aspekte herangezogen und „eingehend und umfassend“ abgewogen[1009]. Dass den Belangen der Mormonenkirche i.E. das Übergewicht beigemessen wurde, verstoße nach Ansicht des EGMR nicht gegen die EMRK, zumal die Arbeitsgerichte dafür

1004 Hervorhebung nur hier.

1005 EGMR NZA 2011, 277 (278) = EGMR, Urteil v. 23.09.2010, Az.: 425/03 „Obst“, Rn. 45, JURIS.

1006 EGMR NZA 2011, 277 (278) = EGMR, Urteil v. 23.09.2010, Az.: 425/03 „Obst“, Rn. 46, JURIS.

1007 EGMR NZA 2011, 277 (279) = EGMR, Urteil v. 23.09.2010, Az.: 425/03 „Obst“, Rn. 47, JURIS.

1008 EGMR NZA 2011, 277 (279) = EGMR, Urteil v. 23.09.2010, Az.: 425/03 „Obst“, Rn. 48, JURIS.

1009 EGMR NZA 2011, 277 (279) = EGMR, Urteil v. 23.09.2010, Az.: 425/03 „Obst“, Rn. 49, JURIS.

Sorge trügen, dass keine übersteigerten Loyalitätsanforderungen formuliert würden[1010]. Im Ergebnis wurde der Beschwerdeführer keinen überzogenen Anforderungen unterworfen, zumal er der Einbeziehung der Loyalitätsobliegenheiten in den Arbeitsvertrag selbst zugestimmt hatte. Einer wie auch immer gearteten Ausstrahlungswirkung seines Verhaltens in die Öffentlichkeit bedurfte es daher nicht.[1011] Ein Verstoß gegen Art. 8 I EMRK wurde daher nicht angenommen[1012].

d) Eigene Stellungnahme zum Judikat EGMR Az.: 425/03 „Obst"

Zwar handelt es sich bei EGMR Az.: 425/03 „Obst" um ein Feststellungsurteil[1013]. Jedoch wird Art. 8 I EMRK i.E. als nicht verletzt angesehen, sodass der EGMR auch keine aus seiner Sicht erforderlichen Abhilfemaßnahmen in die Urteilsgründe oder gar den Tenor aufgenommen hat[1014]. Ein strukturelles gesetzgeberisches Problem, wofür sich ein Piloturteilsverfahren anbieten würde[1015], dürfte auch im Fall einer Verletzung von Art. 8 I EMRK nicht vorgelegen haben. Denn die Bundesrepublik Deutschland hat nach Ansicht des EGMR seiner aus Art. 8 I EMRK erwachsenden Schutzpflicht Genüge getan, indem es eine Arbeits- und Verfassungsgerichtsbarkeit installiert hat[1016]. Diese erlaubt grundsätzlich, dass der Einzelne die Wahrung seiner (Grund-)Rechtspositionen richterlich überprüfen lassen kann.

Dennoch lässt sich zunächst festhalten, dass der EGMR das Verhalten des Beschwerdeführers, eine außereheliche sexuelle Beziehung aufzunehmen,

---

1010 EGMR NZA 2011, 277 (279) = EGMR, Urteil v. 23.09.2010, Az.: 425/03 „Obst", Rn. 49, JURIS.

1011 EGMR NZA 2011, 277 (279) = EGMR, Urteil v. 23.09.2010, Az.: 425/03 „Obst", Rn. 50f, JURIS.

1012 EGMR NZA 2011, 277 (279) = EGMR, Urteil v. 23.09.2010, Az.: 425/03 „Obst", Rn. 52, JURIS.

1013 Siehe zu den Wirkmechanismen von EGMR-Urteilen oben S. 119ff.

1014 Siehe zu diesem qualitativen Stufenverhältnis oben S. 142.

1015 Siehe oben S. 121ff.

1016 Richardi, Arbeitsrecht in der Kirche, § 7, S. 111 spricht von einem durch den EGMR ausgesprochenen „Kompliment" hinsichtlich der nationalen Rechtsschutzmöglichkeiten.

dem Schutzbereich des Art. 8 I EMRK zurechnet[1017]. Damit steht dieser nicht von vornherein schutzlos. Gleichzeitig betont der EGMR jedoch auch die gegenläufigen Rechtspositionen, die der Mormonenkirche aus Art. 9 EMRK i.V.m. Art. 11 EMRK zuwachsen[1018]. Deshalb sind diese Interessen zum Ausgleich zu bringen, wofür der Konventionsstaat Sorge zu tragen hat. Hierbei ist, in Übereinstimmung mit der Ansicht der Bundesregierung, ein weiter Gestaltungsspielraum eröffnet[1019]. Wenn zudem hervorgehoben wird, dass Art. 9 EMRK eine „unverzichtbare Autonomie" zugunsten der Religionsgesellschaften gewährt und religiöses Bekenntnis und dessen Ausdruck nur in „extremen Ausnahmefällen"[1020] einer Rechtmäßigkeitskontrolle zu unterziehen sind, so ist dies mit der Rechtsprechung des Bundesverfassungsgerichts in BVerfGE 70, 138 vergleichbar[1021]. Insoweit kann von einer Bestätigungsfunktion der EGMR-Judikatur gesprochen werden[1022]. Nach dieser Rechtsprechung ist es allein den Religionsgesellschaften möglich, verbindlich festzulegen, „was die Glaubwürdigkeit der Kirche und ihrer Verkündung erfordert, was spezifisch kirchliche Aufgaben sind, was Nähe zu ihnen bedeutet, welches die wesentlichen Grundsätze der Glaubens- und Sittenlehre sind und was als - gegebenenfalls schwerer - Verstoß gegen diese anzusehen ist"[1023]. Dies beschreibt einen Autonomierahmen. Gleichzeitig wird den Arbeitsgerichten aufgegeben, die Einhaltung von „Grundprinzipien der Rechtsordnung" zu überwachen[1024],

1017 Vgl. GRABENWARTER, FS Jaeger, S. 639 (643); DERS. / PABEL, KuR 2011, 55 (62f).

1018 RICHARDI, Arbeitsrecht in der Kirche, § 7, S. 111. Vgl. auch: GRABENWARTER, FS Jaeger, S. 639 (643f); DERS. / PABEL, KuR 2011, 55 (60ff).

1019 Zur Begründung siehe oben S. 176. Wie bereits festgestellt, genügt das Arbeits- und Verfassungsgerichtssystem der Bundesrepublik Deutschland diesen Anforderungen des EGMR.

1020 EGMR NZA 2011, 277 (278) = EGMR, Urteil v. 23.09.2010, Az.: 425/03 „Obst", Rn. 44, JURIS.

1021 Vgl. GRABENWARTER, FS Jaeger, S. 639 (646); DERS. / PABEL, KuR 2011, 55 (61f).

1022 NUßBERGER, in: ISENSEE / KIRCHHOF, HdbStR, Bd. X, § 209, Rn. 64; REICHOLD, EuZA 2011, 320 (325f).

1023 So wörtlich BVerfGE 70, 138 (168).

1024 BVerfGE 70, 138 (168). Das Bundesverfassungsgericht nennt das allgemeine Willkürverbot (Art. 3 III GG), die guten Sitten (§ 138 I BGB) und den ordre public was letztlich eine Rechtmäßigkeitskontrolle in Ausnahmefällen darstellt. Damit scheinen die Grundtendenzen der Rechtsprechung von EGMR und Bundesverfassungsgericht zunächst übereinzustimmen[1025].

Mithin verwundert es nicht, dass der EGMR den Rekurs des BAG auf die genannte Rechtsprechung des Bundesverfassungsgerichts gebilligt hat. Damit hat sich der Gerichtshof zugleich gegen die Ansicht des Beschwerdeführers, wonach dieser, abweichend vom Selbstverständnis seines kirchlichen Arbeitgebers, im Ehebruch keinen schwerwiegenden, die Kündigung rechtfertigenden Loyalitätsobliegenheitsverstoß erblickt, gestellt. Nach alledem ist die Interessenabwägung i.R.d. § 626 BGB der logisch richtige Anknüpfungspunkt für den EGMR, anhand derer die Verletzung von Art. 8 I EMRK geprüft bzw. der Interessenausgleich zwischen den Interessen des Beschwerdeführers mit denen der Mormonenkirche hergestellt wird.
Der EGMR hat zwar keinen Verstoß gegen die EMRK erblickt, indem diese Interessenabwägung zugunsten des kirchlichen Arbeitgebers ausfiel. Jedoch hat der EGMR ausdrücklich die für jede Seite streitenden Punkte im Rahmen dieser Abwägung nachvollzogen. Dem kirchlichen Arbeitgeber hat er, nach den bisherigen Feststellungen folgerichtig, zugestanden, den Ehebruch als einen schwerwiegenden Loyalitätsobliegenheitsverstoß anzusehen. Auf Seiten des Beschwerdeführers hat der Gerichtshof ausdrücklich die Art der bekleideten Position, das Lebensalter, die Dauer der Beschäftigung, die Kenntnis vom Loyalitätsobliegenheitsverstoß (als Dauertatbestand) sowie daraus abgeleitet den „begrenzten Schaden", der aus der Kündigung

---

(jetzt Art. 6 EGBGB). Melot de Beauregard, NZA-RR 2012, 225 (230) betont, dass das Bundesverfassungsgericht damit keine einzelnen Freiheitsrechte als Grenze des Selbstbestimmungsrechts benennt, sodass die Schnittmenge dieser Rechtsprechung mit der des EGMR geringer als hier angenommen ausfällt.

1025 Im Ergebnis so auch: Fahrig / Stenslik, EuZA 2012, 184 (193); Grabenwarter, FS Jaeger, S. 639 (646); ders. / Pabel, KuR 2011, 55 (61f und 66); Hammer, AuR 2011, 278 (282); Pötters, EzA § 611 BGB 2002, Kirchliche Arbeitnehmer, Nr. 21, S. 15 (20); Reichold, KuR 2011, 199 (203); ders., EuZA 2011, 320 (321); Reufels / Molle, KSzW 2012, 3 (5); Richardi, Arbeitsrecht in der Kirche, § 7, S. 111.

resultiert, berücksichtigt. Da das BAG „alle“ Tatsachen „eingehend und umfassend abgewogen“ hatte, stellte es keinen Konventionsverstoß dar, den kirchlichen Interessen das Übergewicht zuzumessen[1026].

Dies, sowie der Umstand, dass der EGMR selbst Überlegungen zu Teilen dieser Abwägung angestellt hat[1027], verdeutlicht, dass der Interessenabwägung entscheidendes Gewicht zukommt[1028]. Zumindest dieses Judikat deutet darauf hin, dass eine pauschale, die Interessen des kirchlichen Arbeitgebers einseitig betonende Interessenabwägung nicht den Anforderungen des EGMR genügt[1029]. Das ergibt sich nicht zuletzt daraus, dass der EGMR angemerkt hat, „alle“ Tatsachen „eingehend und umfassend abgewogen“ vorgefunden zu haben[1030]. Indem der Gerichtshof sich solchermaßen mit der Position des Mitarbeiters auseinandersetzt, deutet er eine vorzunehmende Abstufung der Loyalitätsobliegenheiten an. Denn würden für alle Mitarbeiter uneingeschränkt und unabgestuft die gleichen Loyalitätsobliegenheiten gelten, bedürfte es dieser Überlegungen nicht[1031]. Hierin liegt ein Unterschied zur Rechtsprechung des Bundesverfassungsgerichts, wonach es allein Aufgabe der Kirchen sei, über das „Ob“ und „Wie“[1032] von abgestuften Loyalitätsobliegenheiten zu befinden[1033]. Somit hat das Judikat EGMR Az.: 425/03 „Obst“, obwohl keine Verletzung der

1026 EGMR NZA 2011, 277 (279) = EGMR, Urteil v. 23.09.2010, Az.: 425/03 „Obst“, Rn. 49, JURIS.

1027 Der EGMR stellte heraus, dass der Arbeitnehmer aufgrund der individualvertraglichen Einbeziehung der Loyalitätsobliegenheiten sowie des Umstandes, dass er in der Mormonenkirche aufwuchs und eine exponierte Stellung bekleidete, keinen unannehmbaren Verpflichtungen unterworfen wurde. Vgl. EGMR NZA 2011, 277 (279) = EGMR, Urteil v. 23.09.2010, Az.: 425/03 „Obst“, Rn. 50, JURIS.

1028 Vgl. Hammer, AuR 2011, 278 (283f); Reufels / Molle, KSzW 2012, 3 (5).

1029 Vgl. auch: Kotthaus, ArbRB 2010, 294 (294).

1030 Vgl. EGMR NZA 2011, 277 (279) = EGMR, Urteil v. 23.09.2010, Az.: 425/03 „Obst“, Rn. 49, JURIS.

1031 Im Ergebnis wohl ebenso Melot de Beauregard, NZA-RR 2012, 225 (230), der dies jedoch als Kritikpunkt am Judikat EGMR Az.: 425/03 „Obst“ erachtet.

1032 Im Hinblick auf die Rechtsprechung des Bundesverfassungsgerichts ebenfalls mit diesem Begriffspaar operierend: Fahrig / Stenslik, EuZA 2012, 184 (192); Joussen, RdA 2011, 173 (174); Marré, ThGl 78 (1988), 397 (404).

1033 Vgl. BVerfGE 70, 138 (168).

EMRK festgestellt wurde, das Potential, die Diskussion um eine zwingend vorzunehmende Abstufung von Loyalitätsobliegenheiten neu zu beflügeln.

2. Analyse von EGMR Az.: 1620/03 „Schüth“

In der Rechtssache EGMR Az.: 1620/03 „Schüth“ wurde dem Organisten und Chorleiter einer katholischen Kirchengemeinde fristgemäß gekündigt. Der Loyalitätsobliegenheitsverstoß bestand in einer außerehelich unterhaltenen Beziehung, aus der auch ein Kind hervorgegangen war. Der kirchliche Mitarbeiter hatte seine neue Lebensgefährtin zwar nicht geheiratet[1034], lebte mir ihr und dem gemeinsamen Kind jedoch in einer faktischen Familiengemeinschaft.[1035] Das Arbeitsgericht Essen hielt die Kündigung in erster Instanz noch für sozial nicht gerechtfertigt. Zum einen war es der Ansicht, dass die vom Arbeitnehmer bekleidete Position keine gesteigerten Loyalitätsanforderungen nach sich ziehe. Zum anderen seien die Kündigungsfolgen schwerwiegend, da der Arbeitnehmer nach vierzehn Beschäftigungsjahren in seinem Beruf als Organist auf dem weltlichen Arbeitsmarkt chancenlos sei.[1036]

Das BAG hob im Nachgang die Entscheidung des LAG Köln auf und verwies die Rechtssache zurück, da das LAG Köln keine Feststellungen zu der Frage getroffen hatte, ob vor Ausspruch der Kündigung ein klärendes Gespräch geführt worden war. Es stellte jedoch fest, dass die in den Arbeitsvertrag einbezogenen Art. 4 und 5 GrO verbindliche Maßstäbe zur Beurteilung

1034 Eine Wiederheirat ist nach katholischem Eheverständnis nicht möglich und damit ein schwerwiegender Verstoß gegen die katholische Moral- und Sittenlehre. Entsprechende Fälle waren immer wieder Gegenstand arbeitsgerichtlicher Entscheidungen. Siehe dazu oben ab S. 54ff.

1035 Die Rechtssache war zuvor Gegenstand von BAG NZA 2000, 208 (208ff). Siehe zu dieser Entscheidung bereits oben S. 80.

1036 Vgl. EGMR NZA 2011, 279 (280) = EGMR, Urteil v. 23.09.2010, Az.: 1620/03 „Schüth“, Rn. 16, JURIS. Tatsächlich wurde der Beschwerdeführer später bloß als Chorleiter im Nebenamt von einer evangelischen Kirchengemeinde beschäftigt. Eine hauptamtliche Anstellung in dieser Position ist aufgrund entsprechender kirchenrechtlicher Vorschriften Mitgliedern der evangelischen Kirchen vorbehalten. Vgl. EGMR NZA 2011, 279 (280) = EGMR, Urteil v. 23.09.2010, Az.: 1620/03 „Schüth“, Rn. 28 u. 39, JURIS.

des Loyalitätsobliegenheitsverstoßes enthielten, wonach das Verhalten des Arbeitnehmers „an sich“ eine Kündigung rechtfertigen könne.[1037] Nach Zurückverweisung hatte die Kirchengemeinde vor dem LAG Düsseldorf obsiegt. Das LAG führte aus, dass die Kündigung wahrscheinlich dazu führen würde, dass der Arbeitnehmer seinen Beruf nicht mehr ausüben und seinen Unterhaltsverpflichtungen nicht mehr (vollständig) nachkommen könne. Obwohl der Mitarbeiter keinen gesteigerten Loyalitätsanforderungen unterliege, weise seine Tätigkeit eine große Nähe zum Verkündungsauftrag auf, sodass unter Glaubwürdigkeitsaspekten eine weitere Zusammenarbeit nicht möglich sei. Entsprechend fiel die Interessenabwägung zugunsten des kirchlichen Arbeitgebers aus.[1038] Die Beschwerde zum BAG gegen die Nichtzulassung der Revision wurde als unzulässig verworfen[1039]. Die Verfassungsbeschwerde wurde nicht zur Entscheidung angenommen[1040].

a) Vortrag des Beschwerdeführers

Nach Ansicht des Beschwerdeführers wurde ihm nur deswegen gekündigt, weil er eine außereheliche Beziehung unterhalte, was seine Rechte aus Art. 8 I EMRK verletze[1041].

Der Beschwerdeführer begründete seine Ansicht mit vergleichbaren Argumenten wie der Beschwerdeführer in der Rechtssache EGMR Az.: 425/03 „Obst“. Er ging ebenfalls von einer unzureichenden Abwägung der gegenläufigen Interessen aus, die zu einem Rechtsprechungsautomatismus zugunsten der Kirchen führten[1042]. Auch trug er vor, dass Art. 8 I EMRK die Entscheidung, ein Lebensmodell aufzugeben, um ein anderes wählen zu können,

1037 Siehe oben S. 80.

1038 Vgl. EGMR NZA 2011, 279 (280) = EGMR, Urteil v. 23.09.2010, Az.: 1620/03 „Schüth“, Rn. 25, JURIS.

1039 Vgl. EGMR NZA 2011, 279 (280) = EGMR, Urteil v. 23.09.2010, Az.: 1620/03 „Schüth“, Rn. 29, JURIS.

1040 BVerfG, Beschluss vom 8. Juli 2002, Az.: 2 BvR 1160/00, unveröffentlicht.

1041 EGMR NZA 2011, 279 (280) = EGMR, Urteil v. 23.09.2010, Az.: 1620/03 „Schüth“, Rn. 43, JURIS

1042 EGMR NZA 2011, 279 (280) = EGMR, Urteil v. 23.09.2010, Az.: 1620/03 „Schüth“, Rn. 46, JURIS.

schütze. Die Befolgungspflicht der Glaubenssätze könne nicht bis in den privaten Bereich hineinreichen.[1043] Die Rechtsprechungstendenz der Arbeitsgerichte liefe auf eine zunehmende Einmischung von kirchlichen Arbeitgebern und Arbeitsgerichten in den privaten Bereich hinaus, wobei die Arbeitsgerichte vor allem den Willen des kirchlichen Arbeitgebers durchsetzen würden[1044]. Aufgrund des strukturellen Machtgefälles habe auch der Beschwerdeführer in der Rechtssache EGMR Az.: 1620/03 „Schüth" die individualvertragliche Einbeziehung der Loyalitätsobliegenheiten in den Arbeitsvertrag nicht verhindern können. Die Grundordnung sei jedoch ohnehin erst nach Abschluss des Arbeitsvertrages in Kraft getreten.[1045]

Zwar erkannte der Beschwerdeführer die besondere Rolle der Kirchenmusik in der Liturgie an. Er sei jedoch kein kirchlicher Amtsträger oder in einer Position mit pastoraler Verantwortung tätig, sodass er keinen gesteigerten Loyalitätsobliegenheiten unterworfen sei.[1046] Zudem habe er nicht aus feindseliger Gesinnung gegen kirchliche Sittengrundsätze verstoßen, sondern stelle im Gegenteil die katholische Lehre nicht in Frage. Die Trennung von seiner Ehefrau sei „schicksalhaft" gewesen. Auf eine Wiederheirat habe er zudem verzichtet. Zu einem abstinenten Leben könne er jedoch nicht verpflichtet werden.[1047] Die Kündigung stelle nach alledem eine zu einschneidende Konsequenz dar[1048].

1043 EGMR, Urteil v. 23.09.2010, Az.: 1620/03 „Schüth", Rn. 46, JURIS.

1044 EGMR NZA 2011, 279 (280) = EGMR, Urteil v. 23.09.2010, Az.: 1620/03 „Schüth", Rn. 46, JURIS.

1045 EGMR NZA 2011, 279 (280) = EGMR, Urteil v. 23.09.2010, Az.: 1620/03 „Schüth", Rn. 47, JURIS.

1046 EGMR NZA 2011, 279 (280) = EGMR, Urteil v. 23.09.2010, Az.: 1620/03 „Schüth", Rn. 47, JURIS.

1047 EGMR NZA 2011, 279 (280) = EGMR, Urteil v. 23.09.2010, Az.: 1620/03 „Schüth", Rn. 47, JURIS.

1048 EGMR, Urteil v. 23.09.2010, Az.: 1620/03 „Schüth", Rn. 47, JURIS.

b) Stellungnahmen von Bundesregierung und kirchlichem Arbeitgeber

Die Bundesregierung war wiederum der Ansicht, eine Verletzung der EMRK komme nur unter dem Blickwinkel einer Schutzpflichtverletzung in Betracht, da die katholische Kirche nicht „öffentliche Gewalt“ sei. Ebenfalls habe sich die Interessenabwägung i.R.d. Kündigungsschutzprozesses, bei der insbesondere die Art der Beschäftigung des Beschwerdeführers sowie die Schwere des Loyalitätsobliegenheitsverstoßes berücksichtigt wurden[1049], an den durch BVerfGE 70, 138 geprägten Kriterien zu orientieren[1050]. Der Arbeitnehmer habe den Arbeitsvertrag freiwillig unterzeichnet und sei sich der beruflichen Folgen, die sein privates Verhalten nach sich zöge, bewusst gewesen. Letztlich habe der Beschwerdeführer zudem einen neuen Arbeitsplatz gefunden.[1051]

Die katholische Diözese Essen schloss sich der Auffassung der Bundesregierung an und stellte zudem heraus, dass die im Rahmen der Liturgie für die Auswahl der Musik zuständige Person dem Verkündungsauftrag sehr wohl nahe stehe. Daher obliege die Auswahl dieser Person allein der Kirche, und zwar anhand eigener Kriterien und sittlicher Anforderungen.[1052]

c) Würdigung durch den EGMR

Die grundsätzlichen Überlegungen des EGMR im Fall EGMR Az.: 1620/03 „Schüth“ stimmen mit denen in EGMR Az.: 425/03 „Obst“ überein[1053]. Auch in der Rechtssache EGMR Az.: 1620/03 „Schüth“ stellte der EGMR

1049 EGMR NZA 2011, 279 (280) = EGMR, Urteil v. 23.09.2010, Az.: 1620/03 „Schüth“, Rn. 51, JURIS.

1050 Vgl. EGMR NZA 2011, 279 (280) = EGMR, Urteil v. 23.09.2010, Az.: 1620/03 „Schüth“, Rn. 50, JURIS.

1051 EGMR, Urteil v. 23.09.2010, Az.: 1620/03 „Schüth“, Rn. 51, JURIS.

1052 Vgl. EGMR NZA 2011, 279 (280) = EGMR, Urteil v. 23.09.2010, Az.: 1620/03 „Schüth“, Rn. 52, JURIS.

1053 Siehe daher zu diesen grundsätzlichen Überlegungen ausführlich oben S. 175ff. Ebenfalls zu dieser Einschätzung gelangend: Grabenwarter, FS Jaeger, S. 639 (640f); ders. / Pabel, KuR 2011, 55 (58); Kotthaus, ArbRB 2010, 294 (294); Melot de Beauregard, NZA-RR 2012, 225 (229); Plum, NZA 2011, 1194 (1196); Reichold, EuZA 2011, 320 (323).

heraus, dass das Verhalten des Beschwerdeführers dem Grunde nach dem Schutzbereich des Art. 8 I EMRK unterfällt, und dass die Katholische Kirche ihrerseits vor staatlichen Eingriffen durch Art. 9 EMRK i.V.m. Art. 11 EMRK geschützt wird. Zudem genüge die bestehende Arbeits- und Verfassungsgerichtsbarkeit den Anforderungen, die an die staatlichen Schutzpflichten zu stellen sind, wenn widerstreitende Interessen zu einem Ausgleich zu bringen sind. Auch der Rekurs des BAG auf BVerfGE 70, 138 blieb dem Grunde nach beanstandungsfrei.[1054] Der EGMR stellte zunächst heraus, dass die Grundordnung des kirchlichen Dienstes, entgegen der Ansicht des Beschwerdeführers, wirksamer Bestandteil des Arbeitsvertrages geworden sei. Sie sei in den ersten Stationen des Verfahrensgangs sogar zu seinen Gunsten berücksichtigt worden.[1055] Zudem stelle es „an sich" kein Problem dar, dass die Arbeitsgerichte das Verhalten des Beschwerdeführers anhand der Vorgaben der Grundordnung bewertet hatten und somit den Standpunkt des kirchlichen Arbeitgebers als maßgeblich erachten[1056].
Allerdings habe das Landesarbeitsgericht, nachdem die Rechtssache vom BAG zurückverwiesen worden war, lediglich festgestellt, dass die Tätigkeit des Beschwerdeführers, auch wenn diese nicht Art. 5 III GrO unterfalle, eine große Nähe zum Verkündungsauftrag aufweise, sodass ihn die Kirchengemeinde nicht ohne Glaubwürdigkeitsverlust weiter beschäftigen könne[1057]. Die Arbeitsgerichte hätten es hingegen unterlassen, das faktische Familienleben des Beschwerdeführers und den daraus erwachsenen Schutzanspruch zu berücksichtigen. Im Rahmen der Interessenabwägung sei dieser Aspekt daher auch unberücksichtigt geblieben, sodass die Interessen des kirchlichen Arbeitgebers nur mit dem Interesse des Beschwerdeführers am Erhalt seines Arbeitsplatzes abgewogen wurden. Der Achtungsanspruch ge-

1054 Vgl. EGMR NZA 2011, 279 (281) = EGMR, Urteil v. 23.09.2010, Az.: 1620/03 „Schüth", Rn. 53ff, JURIS.

1055 EGMR NZA 2011, 279 (281) = EGMR, Urteil v. 23.09.2010, Az.: 1620/03 „Schüth", Rn. 64, JURIS.

1056 EGMR NZA 2011, 279 (281f) = EGMR, Urteil v. 23.09.2010, Az.: 1620/03 „Schüth", Rn. 68, JURIS.

1057 EGMR NZA 2011, 279 (281) = EGMR, Urteil v. 23.09.2010, Az.: 1620/03 „Schüth", Rn. 66, JURIS.

genüber dessen durch Art. 8 I EMRK geschützten Privatleben sei nicht in die Interessenabwägung einbezogen worden. Nach Ansicht des EGMR ist in diesem Zusammenhang ebenfalls von Belang, dass der Arbeitnehmer aufgrund des Lohnsteuerkartensystems keine Möglichkeit gehabt hatte, Änderungen seines Personenstandes (Familienstand, Anzahl der Kinder) zu verheimlichen[1058]. Dem Arbeitgeber wurde der Loyalitätsobliegenheitsverstoß daher zwingend bekannt, unabhängig von einer öffentlichen Ausstrahlungswirkung.[1059] Damit ist auch im Fall EGMR Az.: 1620/03 „Schüth" die von den Arbeitsgerichten vorgenommene Interessenabwägung Anknüpfungspunkt der Prüfung durch den EGMR.

Nach Ansicht des EGMR hätte bei der Abwägung der widerstreitenden Interessen zudem eine eingehendere Prüfung erfolgen müssen, ob der Arbeitnehmer tatsächlich gesteigerten Loyalitätsobliegenheiten unterworfen war. Wenn es einem Arbeitgeber möglich sei, von seinen Beschäftigten die Einhaltung besonderer Loyalitätsobliegenheiten zu erwarten, so dürfe die Frage, ob ein Verstoß vorliegt, nicht einer bloß eingeschränkten gerichtlichen Überprüfung unterliegen. Der Verhältnismäßigkeitsgrundsatz gebiete es, dass die Art der Stelle in die Interessenabwägung eingezogen werde. Das Landesarbeitsgericht hatte aus Sicht des EGMR hingegen diese Frage der Nähe zum Verkündungsauftrag nicht geprüft, sondern sich bloß der Sichtweise der Kirchengemeinde angeschlossen.[1060]

Es sei zwar möglich, durch die Einbeziehung von Loyalitätsobliegenheiten in den Arbeitsvertrag „bis zu einem gewissen Grad" das Recht auf Achtung des Privatlebens einzuschränken. Dies gelte jedoch nicht, wenn der Kern der Privatsphäre erfasst werde, wie dies bei einer Verpflichtung zu sexueller Enthaltsamkeit der Fall sei. Insbesondere gelte dies nicht, wenn der Mit-

---

1058 Die Angabe der Religionszugehörigkeit als solche auf der Lohnsteuerkarte verletzt nach Ansicht des EGMR hingegen keine Rechte aus der EMRK. Vgl. EGMR NVwZ 2011, 1503 (1504ff).

1059 EGMR NZA 2011, 279 (281) = EGMR, Urteil v. 23.09.2010, Az.: 1620/03 „Schüth", Rn. 67, JURIS.

1060 EGMR NZA 2011, 279 (282) = EGMR, Urteil v. 23.09.2010, Az.: 1620/03 „Schüth", Rn. 69, JURIS.

arbeiter keinen gesteigerten Loyalitätsobliegenheiten unterworfen sei.[1061] Schließlich prüfte der EGMR, ob besondere Umstände des Einzelfalls hinreichend berücksichtigt wurden. So fiel für den Gerichtshof ins Gewicht, dass der Beschwerdeführer nach vierzehn Beschäftigungsjahren nicht etwa durch öffentlichkeitswirksames Verhalten den Standpunkt der Kirche angegriffen hat, sondern der Loyalitätsobliegenheitsverstoß dem Kernbereich privater Lebensführung zuzurechnen war. Er berücksichtigte außerdem besonders, dass die Ausbildung als Kirchenmusiker ein besonderes Gepräge aufweist, was die Arbeitsmarktchancen deutlich reduziert. Da (außer durch das erstinstanzliche Arbeitsgericht) nicht dargelegt wurde, dass diese Aspekte im Rahmen der Interessenabwägung berücksichtigt wurden, stand das Abwägungsergebnis der Arbeitsgerichte nicht im Einklang mit der EMRK.[1062]

d) Eigene Stellungnahme zum Judikat EGMR Az.: 1602/03 „Schüth“

Auch bei EGMR Az.: 1620/03 „Schüth“ handelt es sich um ein Feststellungsurteil[1063]. Anders als in der Rechtssache EGMR Az.: 425/03 „Obst“ wurde jedoch eine Verletzung von Art. 8 I EMRK festgestellt. Dies verpflichtet die Bundesrepublik Deutschland gem. Art. 46 I EMRK, Konventionsverstöße dieser Art zukünftig zu unterbinden[1064]. Die Annahme, dass bei einer Verletzung von Art. 8 I EMRK jedenfalls kein strukturelles gesetzgeberisches Problem vorliegt[1065], wird durch EGMR Az.: 1620/03 „Schüth“ bestätigt. Zum einen stellt der EGMR auch in diesem Judikat heraus, dass die Bundesrepublik Deutschland der aus Art. 8 I EMRK erwachsenden Schutzpflicht durch die Schaffung von Arbeits- und Verfassungsgerichtsbarkeit genügt. Zum anderen hätte sich bei schwerwiegenden bzw. strukturellen Problemen angeboten, die aus Sicht des EGMR

1061 EGMR NZA 2011, 279 (282) = EGMR, Urteil v. 23.09.2010, Az.: 1620/03 „Schüth“, Rn. 71, JURIS.

1062 EGMR NZA 2011, 279 (282) = EGMR, Urteil v. 23.09.2010, Az.: 1620/03 „Schüth“, Rn. 72ff, JURIS.

1063 Siehe zu den Wirkmechanismen von EGMR-Urteilen oben S. 119ff.

1064 Wie diese Abhilfe auszusehen hat, wird im Folgenden untersucht werden.

1065 Siehe zu dieser Annahme oben S. 178f.

notwendigen Abhilfemaßnahmen in die Urteilsgründe aufzunehmen bzw. im Fall eines Piloturteilsverfahrens sogar zu tenorieren[1066]. Dass der EGMR von diesen Möglichkeiten keinen Gebrauch gemacht hat, unterstreicht, dass es sich vorliegend nicht um ein strukturelles Problem handelt[1067]. Gegen die Annahme eines strukturellen Defizits spricht zudem, dass die individualvertragliche Einbeziehung der Grundordnung des kirchlichen Dienstes und damit die Art, wie die Loyalitätsobliegenheiten verbindlich gemacht werden, an sich ebenfalls beanstandungsfrei geblieben ist[1068]. Allerdings betont der EGMR, dass der Verzicht auf Privatsphäre aufgrund von Loyalitätsobliegenheiten nur „bis zu einem gewissen Grad“[1069] möglich ist. Im konkreten Fall war es daher unzulässig, den Mitarbeiter zu sexueller Enthaltsamkeit zu verpflichten, da insoweit der Kern des Privatlebens[1070] erfasst wurde und der Mitarbeiter nach Ansicht des EGMR keinen gesteigerten Loyalitätsobliegenheiten unterworfen war[1071]. Damit nimmt der EGMR eine inhaltliche Überprüfung der Loyaliätsobliegenheiten vor. Dies steht der Rechtsprechung des Bundesverfassungsgerichts entgegen, wonach *allein* die Religionsgesellschaften berufen sind, die zur Wahrung ihrer Glaubwürdigkeit erforderlichen Verhaltensanforderungen im privaten

1066 Im letztgenannten Fall hätten die anhängigen Parallelverfahren sogar ausgesetzt werden müssen. Siehe oben S. 123ff.

1067 Die grundsätzlichen Überlegungen des EGMR zur Eröffnung der jeweils betroffenen Schutzbereiche sowie dazu, wie diese gegenläufigen Interessen grundsätzlich zum Ausgleich zu bringen sind, stimmen mit denen in EGMR Az.: 425/03 „Obst“ überein. Entsprechend wird insoweit an dieser Stelle auf die entsprechenden Ausführungen zum Judikat EGMR Az.: 425/03 „Obst“ verwiesen. Siehe dazu oben S. 178ff. So auch: Plum, NZA 2011, 1194 (1196); Reichold, EuZA 2011, 320 (323).

1068 Vgl. EGMR NZA 2011, 279 (281) = EGMR, Urteil v. 23.09.2010, Az.: 1620/03 „Schüth“, Rn. 64, JURIS.

1069 EGMR NZA 2011, 279 (282) = EGMR, Urteil v. 23.09.2010, Az.: 1620/03 „Schüth“, Rn. 71, JURIS.

1070 Kritisch gegenüber dieser Wertung des EGMR: Grabenwarter, FS Jaeger, S. 639 (647).

1071 EGMR NZA 2011, 279 (282) = EGMR, Urteil v. 23.09.2010, Az.: 1620/03 „Schüth“, Rn. 71, JURIS.

Bereich zu formulieren[1072]. Im Ergebnis spricht dieses Urteil des EGMR daher für eine voll gerichtlich überprüfbare Abstufung der Loyalitätsobliegenheiten nach Verkündungsnähe[1073], wobei deren Inhalt sodann ebenfalls voll gerichtlich überprüfbar ist, wenn der Kernbereich grundrechtlich geschützter Positionen betroffen wird. Hierfür spricht auch, dass der EGMR sich der Sichtweise des Bundesverfassungsgerichts anschließt, wonach das privatrechtliche Arbeitsverhältnis eines kirchlichen Mitarbeiters nicht dem Statusverhältnis eines Kirchenbeamten angenähert werden darf[1074]. Das legt nahe, dass eine solche Annäherung dann erfolgt bzw. erfolgen kann, wenn die gerichtliche Kontrolle der Abstufung von Loyalitätsobliegenheiten unterbleibt und zugleich ein Kernbereich grundrechtlich geschützter Positionen erfasst wird.

Wie in EGMR Az.: 425/03 „Obst" knüpfte der Gerichtshof auch in EGMR Az.: 1620/03 „Schüth" die Prüfung der Verletzung von Art. 8 I EMRK wesentlich an die vom BAG vorgenommene Interessenabwägung an. Dass das BAG hierbei grundsätzlich die Rechtsprechung des Bundesverfassungsgerichts in Bezug genommen hat, blieb ohne Beanstandung. Jedoch war die konkrete Abwägung aus Sicht des EGMR in mehreren Punkten lückenhaft[1075].

Zunächst fand der Umstand, dass der Beschwerdeführer keinen herausgehobenen Loyalitätsobliegenheiten unterworfen war und dennoch der Kernbereich des Privatlebens erfasst wurde[1076], nicht ausreichend Beachtung. Daraus folgte die Beanstandung, dass das BAG den Interessen

---

1072 Vgl. BVerfGE 70, 138 (166ff); Hammer, AuR 2011, 278 (283); Reichold, KuR 2011, 199 (203); Sperber, EuZA 2011, 407 (412).

1073 Mayer, Udo, dbr 2010, 19 (19); Sperber, EuZA 2011, 407 (412). A.A.: Grabenwarter, FS Jaeger, S. 639 (647f); ders. / Pabel, KuR 2011, 55 (67f); Pötters / Kalf, ZESAR 2012, 216 (219).

1074 EGMR NZA 2011, 279 (282) = EGMR, Urteil v. 23.09.2010, Az.: 1620/03 „Schüth", Rn. 70, JURIS.

1075 Im Ergebnis so auch: Joussen, RdA 2011, 173 (175); Mayer, Udo, dbr 2010, 19 (20f); Plum, NZA 2011, 1194 (1196); Reichold, KuR 2011, 199 (203); ders., EuZA 2011, 320 (327); Reufels / Molle, KSzW 2012, 3 (5).

1076 Siehe dazu bereits oben S. 189.

des kirchlichen Arbeitgebers lediglich das Interesse des Arbeitnehmers am Erhalt seines Arbeitsplatzes gegenübergestellt hatte. Vielmehr hätte zusätzlich das Interesse des Arbeitnehmers auf Wahrung seiner Privatsphäre beachtet werden müssen, zumal es sich hierbei faktisch um eine neue Familienstruktur handelte. Ins Gewicht fiel dabei, dass der Arbeitnehmer seinen Loyalitätsobliegenheitsverstoß aufgrund des Lohnsteuerkartensystems[1077] nicht verheimlichen konnte. Gleichzeitig wurde berücksichtigt, dass es sich nicht um einen „öffentlichkeitswirksamen" Verstoß handelte. Schließlich wurden nach Ansicht des EGMR die Folgen der Kündigung nicht ausreichend beachtet.[1078]

Die Berücksichtigung dieser Aspekte zeigt, dass der EGMR es nicht bei einer bloß kursorischen und formelhaften Interessenabwägung belässt. Vielmehr werden zunächst in quantitativer Hinsicht die im konkreten Fall einschlägigen Aspekte zusammengetragen.[1079] Damit steigt schon durch eine lückenhafte Zusammenstellung des Abwägungsmaterials die Gefahr einer Verletzung konventionsrechtlich geschützter Interessen. Zudem nimmt der EGMR auch eine qualitative Differenzierung vor. Der Vergleich von EGMR Az.: 425/03 „Obst" und EGMR Az.: 1620/03 „Schüth" offenbart, dass der Gerichtshof unterscheidet, ob sich der Mitarbeiter seinem kirchlichen Arbeitgeber freiwillig und aus eigenem Antrieb anvertraut oder

---

1077 Wohl kritisch zur Berücksichtigung dieses Umstandes: MELOT DE BEAUREGARD, NZA-RR 2012, 225 (229).

1078 Siehe oben S. 186ff. Insgesamt kritisch zum Ergebnis der Abwägung im Fall EGMR Az.: 1620/03 „Schüth": RICHARDI, Arbeitsrecht in der Kirche, § 7, S. 112. GRABENWARTER, FS Jaeger, S. 639 (648); DERS. / PABEL, KuR 2011, 55 (68); REICHOLD, EuZA 2011, 320 (327) halten es für denkbar, dass der EGMR im Fall EGMR Az.: 1620/03 „Schüth" anders entschieden hätte, wenn die nationalen Gerichte eine umfassendere Abwägung vorgenommen hätten. Dem EGMR zustimmend: MAYER, UDO, dbr 2010, 19 (20f); SPERBER, EuZA 2011, 407 (411).

1079 So im Ergebnis auch: HAMMER, AuR 2011, 278 (283); KOTTHAUS, ArbRB 2010, 294 (294); MAYER, UDO, dbr 2010, 19 (21); PLUM, NZA 2011, 1194 (1197). Kritisch zum Kontrollumfang des EGMR: GRABENWARTER, FS Jaeger, S. 639 (649f); DERS. / PABEL, KuR 2011, 55 (68f).

ob der Loyalitätsobliegenheitsverstoß unfreiwillig offengelegt wird[1080]. Insbesondere im Hinblick auf die Diskriminierung wegen der sexuellen Ausrichtung i.R.d. § 9 II AGG ist dies von Relevanz. Hierbei ist mit der Intimsphäre ebenfalls ein Kernbereich des Privatlebens tangiert. Damit wird auch für diese Fallgruppe zu berücksichtigen sein, wie der Arbeitgeber von dem Loyalitätsobliegenheitsverstoß Kenntnis erlangt[1081]. Darüber hinaus zeigt der Vergleich von EGMR Az.: 425/03 „Obst" und EGMR Az.: 1620/03 „Schüth", dass neben der Folgenbetrachtung in der Späre des Arbeitnehmers (Chancen auf dem Arbeitsmarkt)[1082] auch die Folgen auf Seiten des kirchlichen Arbeitgebers in den Blick genommen werden. Hier ist u.a. von Relevanz, ob der Verstoß öffentlichkeitswirksam erfolgt ist oder es sich um einen internen Vorfall handelt[1083]. Beiden Sachverhalten ist hingegen gemein, dass die Loyalitätsobliegenheitsverstöße bloß auf persönlichem Unvermögen der Mitarbeiter diese zu befolgen beruhen und nicht auf gewollt kirchenfeindlichem Verhalten[1084]. Im Ergebnis rückt der EGMR damit eine umfassende, die beiderseitigen Positionen ausgewogen beachtende Interessenabwägung in den Mittelpunkt.[1085]

3. Analyse von EGMR Az.: 18136/02 „Siebenhaar"

Der Rechtssache EGMR Az.: 18136/02 „Siebenhaar" lag eine außerordentliche Kündigung gem. § 626 I BGB zugrunde. Die Beschwerdeführerin war als Erzieherin mit Gruppenleitungsfunktion in einer Kindertagesstätte einer evangelischen Kirchengemeinde beschäftigt. Sie war römisch-katholischen Glaubens. Der Loyalitätsobliegenheitsverstoß bestand in dem

---

1080 Anders: Grabenwarter / Pabel, KuR 2011, 55 (67); Sperber, EuZA 2011, 407 (414), wonach der Aspekt der Freiwilligkeit bzw. Unfreiwilligkeit der Offenbarung des Loyalitätsobliegenheitsverstoßes nicht bzw. nur im konkreten Einzelfall von Belang ist.

1081 Siehe zu diesem Problem bereit oben S. 110f.

1082 Kritisch gegenüber diesem Kriterium: Grabenwarter, FS Jaeger, S. 639 (650).

1083 Im Ergebnis so wohl auch: Mayer, Udo, dbr 2010, 19 (20f).

1084 Dies wäre nach hier vertretener Ansicht etwa beim grundlosen Kirchenaustritt der Fall.

1085 Vgl. Grabenwarter, FS Jaeger, S. 639 (647); Kotthaus, ArbRB 2010, 294 (294); Plum, NZA 2011, 1194 (1197).

Engagement der Beschwerdeführerin für die „Universale Kirche / Bruderschaft der Menschheit", deren Lehre mitunter deutliche Abweichungen von derjenigen der evangelischen Kirche aufweist[1086]. Durch einen anonymen Hinweis wurde der kirchliche Arbeitgeber hierauf, sowie auf die Tatsache, dass die Beschwerdeführerin auch Einführungskurse für die „Universale Kirche" (sog. „Primary-Lessons") anbot, aufmerksam gemacht. Der Arbeitgeber erklärte nach einer Anhörung der Beschwerdeführerin daraufhin die außerordentliche Kündigung.[1087]
Das Arbeitsgericht Pforzheim nahm unter Rekurs auf BVerfGE 70, 138 einen Loyalitätsobliegenheitsverstoß an, der, aufgrund der wirksam in den Arbeitsvertrag einbezogenen Arbeitsrechtsregelungen der evangelischen Landeskirche, „an sich" geeignet war, einen Grund zur außerordentlichen Kündigung darzustellen. Es sah die Auffassung des kirchlichen Arbeitgebers, wonach die Lehren der „Universale Kirche / Bruderschaft der Menschheit" unvereinbar mit denen der evangelischen Kirche seien, als maßgeblich an. Im Rahmen der Interessenabwägung berücksichtigte das Arbeitsgericht, dass die Arbeitnehmerin nicht nur passives Mitglied der Vereinigung war, sondern werbend nach außen auftrat und Einführungskurse durchführte, sowie, dass die Beschäftigungsdauer mit dem kirchlichen Arbeitgeber kurz war.[1088]
Das Landesarbeitsgericht Baden-Württemberg gab der Berufung der Arbeitnehmerin statt. Nach dessen Ansicht berechtigte der Loyalitätsobliegenheitsverstoß nicht zu einer außerordentlichen Kündigung, da nach dem Selbstverständnis der evangelischen Kirche eine solche nur bei einem *groben*[1089] Loyalitätsobliegenheitsverstoß in Frage komme[1090]. Es war nach

1086 Die Entscheidung war zuvor Gegenstand von BAG NZA 2001, 1136 (1136ff). Siehe hierzu bereits oben ab S. 81.

1087 EGMR NZA 2012, 199 (199) = EGMR, Urteil v. 03.02.2011, Az.: 18136/02 „Siebenhaar", Rn. 11f, JURIS.

1088 EGMR NZA 2012, 199 (199) = EGMR, Urteil v. 03.02.2011, Az.: 18136/02 „Siebenhaar", Rn. 14, JURIS.

1089 Hervorhebung nur hier.

1090 Im Umkehrschluss folgt daraus, dass das Landesarbeitsgericht den Loyalitätsobliegenheitsverstoß nicht als „grob" beurteilt. Damit nimmt es, nach der Rechtsprechung des Bundesverfassungsgerichts in BVerfGE 70, 138 unzulässigerweise, selbst eine Bewertung hingehen der Schwere des Verstoßes vor und setzt sich insoweit über

Ansicht des LAG zumutbar, die Arbeitnehmerin bis zum Ablauf der ordentlichen Kündigungsfrist weiter zu beschäftigen.[1091]
Das BAG hob das Urteil des LAG Baden-Württemberg auf[1092], da nicht alle entscheidungserheblichen Umstände berücksichtigt wurden. Bei der Frage, ob die Glaubenssätze von evangelischer Kirche und „Universaler Kirche / Bruderschaft der Menschheit" in Einklang zu bringen seien, hielt das BAG im Lichte von BVerfGE 70, 138 das Selbstverständnis des kirchlichen Arbeitgebers für maßgeblich, wonach keine Kohärenz beider Glaubenslehren zu erzielen sei[1093]. Das BAG berücksichtigte zudem, dass die Arbeitnehmerin missionarisch tätig war und insoweit die Glaubwürdigkeit des kirchlichen Arbeitgebers im Verhältnis zur Öffentlichkeit und insbesondere im Verhältnis zu den Eltern der Kindergartenkinder gefährdet war. Die Interessenabwägung, in deren Rahmen das BAG auch das junge Alter der Arbeitnehmerin, die kurze Beschäftigungsdauer sowie den Umstand, dass die Mitgliedschaft in der „Universalen Kirche / Bruderschaft der Menschheit" bei Arbeitsvertragsschluss verschwiegen wurde, berücksichtige, fiel zugunsten des kirchlichen Arbeitgebers aus.[1094]
Die gegen das Urteil des BAG gerichtete Verfassungsbeschwerde wurde nicht zu Entscheidung angenommen[1095].

a) Vortrag der Beschwerdeführerin

Nach Ansicht der Beschwerdeführerin verletzten „die Modalitäten der Abwägung"[1096] durch das Bundesarbeitsgericht ihre Rechte aus Art. 9

---

das Selbstverständnis der evangelischen Kirche hinweg.

1091 EGMR NZA 2012, 199 (199) = EGMR, Urteil v. 03.02.2011, Az.: 18136/02 „Siebenhaar", Rn. 15, JURIS.

1092 EGMR NZA 2012, 199 (199) = EGMR, Urteil v. 03.02.2011, Az.: 18136/02 „Siebenhaar", Rn. 16, JURIS.

1093 Siehe bereits oben S. 81.

1094 Vgl. EGMR, Urteil v. 03.02.2011, Az.: 18136/02 „Siebenhaar", Rn. 16f, JURIS.

1095 Vgl. BVerfG NZA 2002, 609 (609).

1096 EGMR, Urteil v. 03.02.2011, Az.: 18136/02 „Siebenhaar", Rn. 22, JURIS.

EMRK[1097]. Die Verletzung ihrer Religionsfreiheit erfolge zum einen durch die staatliche Arbeitsgerichtsbarkeit. Zum anderen erfolge die Verletzung durch die evangelische Kirche selbst, da diese den Status einer öffentlich-rechtlichen Körperschaft inne habe. Schließlich rügte die Beschwerdeführerin die öffentliche Finanzierung und die Monopolstellung der Kirchen in Deutschland.[1098]

Die außerordentliche Kündigung der Beschwerdeführerin habe keine gesetzliche Grundlage im deutschen Recht, da § 626 BGB eine solche nur bei schwerwiegenden Verfehlungen, etwa einer strafrechtlichen Verurteilung, rechtfertige. Sie hingegen habe sich am Arbeitsplatz „tadellos"[1099] verhalten[1100]. Zudem sei die Interessenabwägung willkürbehaftet. Die Kirchen genössen stets einen größeren Schutz als die Arbeitnehmer. Hingegen müssten Individualgrundrechte dem Selbstbestimmungsrecht aus Art. 137 III WRV i.V.m. Art. 140 GG vorgehen, da letzteres nur aus Individualgrundrechten abgeleitet sei.[1101] Außerdem behauptete die Beschwerdeführerin, keine verkündungsnahe Position zu bekleiden, sodass sie auch keinen gesteigerten Loyalitätsobliegenheiten unterworfen werden könne. Letztere seien durch die Schrankenformel des Art. 9 II EMRK nicht gedeckt, sofern dadurch die Mitgliedschaft in einer anderen religiösen Organisation verboten würde. Schließlich behauptete die Beschwerdeführerin, ihren Glauben nicht öffentlichkeitswirksam zu praktizieren.[1102]

1097 EGMR NZA 2012, 199 (199f) = EGMR, Urteil v. 03.02.2011, Az.: 18136/02 „Siebenhaar", Rn. 22, JURIS.

1098 EGMR NZA 2012, 199 (199) = EGMR, Urteil v. 03.02.2011, Az.: 18136/02 „Siebenhaar", Rn. 25, JURIS.

1099 EGMR, Urteil v. 03.02.2011, Az.: 18136/02 „Siebenhaar", Rn. 26, JURIS.

1100 EGMR NZA 2012, 199 (199) = EGMR, Urteil v. 03.02.2011, Az.: 18136/02 „Siebenhaar", Rn. 26, JURIS.

1101 EGMR NZA 2012, 199 (199f) = EGMR, Urteil v. 03.02.2011, Az.: 18136/02 „Siebenhaar", Rn. 27, JURIS.

1102 EGMR NZA 2012, 199 (200) = EGMR, Urteil v. 03.02.2011, Az.: 18136/02 „Siebenhaar", Rn. 28f, JURIS.

b) Stellungnahmen von Bundesregierung und kirchlichem Arbeitgeber

Vergleichbar wie in den Urteilen EGMR Az.: 425/03 „Obst“ und EGMR Az.: 1620/03 „Schüth“ stellte die Bundesregierung heraus, dass die evangelische Kirche nicht „öffentliche Gewalt“ sei, sodass eine Verletzung der EMRK nur unter dem Blickwinkel einer Schutzpflichtverletzung seitens des Staates in Betracht komme. Darüber hinaus merkte die Bundesregierung an, dass eine Einschränkung der Religions- und Bekenntnisfreiheit möglich sei, wenn nur so ein friedliches Nebeneinander verschiedener religiöser Gruppen in der Gesellschaft möglich sei.[1103] Die Beschwerdeführerin habe schließlich die Möglichkeit gehabt, die Arbeitsgerichte anzurufen. Hierbei habe ein Ausgleich der Interessen zweier Rechtsinhaber erfolgen müssen, wobei die Arbeitsgerichte im Lichte von BVerfGE 70, 138 die vom kirchlichen Arbeitgeber definierten Loyalitätsanforderungen zu berücksichtigen hatten.[1104] Die Interessenabwägung der Arbeitsgerichte als solche hielt die Regierung für korrekt, da eine Mitgliedschaft in der „Universalen Kirche / Bruderschaft der Menschheit“ mit den beruflichen Pflichten, die aus der Anstellung bei der evangelischen Kirche erwachsen, unvereinbar sei[1105]. Sie entspreche im Übrigen nicht den Erwartungen der Eltern der Kindergartenkinder[1106]. Entgegen der Ansicht der Beschwerdeführerin hob die Regierung hervor, dass die Kirchen bei der Vergabe von Fördermitteln nicht gegenüber anderen Erbringern sozialer Dienstleistungen bevorzugt würden[1107].
Die Evangelische Landeskirche in Baden sowie die EKD schlossen sich im Wesentlichen der Argumentationslinie der Bundesregierung an. Sie führten zusätzlich an, dass ihr organisatorischer Aufbau und die daraus resultierenden Anforderungen an die Mitglieder vom Staat akzeptiert werden müss-

1103 EGMR NZA 2012, 199 (200) = EGMR, Urteil v. 03.02.2011, Az.: 18136/02 „Siebenhaar“, Rn. 30, JURIS.
1104 EGMR NZA 2012, 199 (200) = EGMR, Urteil v. 03.02.2011, Az.: 18136/02 „Siebenhaar“, Rn. 31, JURIS.
1105 EGMR NZA 2012, 199 (200) = EGMR, Urteil v. 03.02.2011, Az.: 18136/02 „Siebenhaar“, Rn. 32, JURIS.
1106 EGMR, Urteil v. 03.02.2011, Az.: 18136/02 „Siebenhaar“, Rn. 32, JURIS.
1107 EGMR, Urteil v. 03.02.2011, Az.: 18136/02 „Siebenhaar“, Rn. 33, JURIS.

ten[1108]. Bei einer abweichenden Anschauung könnten Individuen den Arbeitgeber zudem wechseln, während die Kirche ihre Anschauung nicht ohne Identitätsverlust ändern könne[1109].

c) Würdigung durch den EGMR

Der Schutzbereich der Religionsfreiheit des Art. 9 I EMRK umfasst nach der Auslegung des EGMR zunächst die innere religiöse Überzeugung. Darüber hinaus beinhalte sie neben der Freiheit, diese zu bekennen auch das Recht, „andere Menschen beispielsweise durch Unterricht zu überzeugen".[1110] Art. 9 II EMRK eröffne jedoch die Möglichkeit, diese Freiheit zu beschränken, sofern dies erforderlich ist, um die friedliche Koexistenz verschiedener religiöser Gruppen zu gewährleisten[1111]. In ähnlicher Weise wie in den Fällen EGMR Az.: 425/03 „Obst" und EGMR Az.: 1620/03 „Schüth"[1112] stellte der EGMR heraus, dass auch Art. 9 EMRK neben der Verhinderung staatlicher Eingriffe auch an den Konventionsstaat adressierte Schutzpflichten beinhalte[1113]. Der staatliche Ermessensspielraum sei hierbei weit gesteckt[1114]. Ebenfalls vergleichbar den Judikaten EGMR Az.: 425/03 „Obst" und EGMR Az.: 1620/03 „Schüth" beschrieb der EGMR den Schutzrahmen zugunsten der Religionsgesellschaften aus Art. 9 EMRK i.V.m. Art. 11 EMRK[1115].

1108 EGMR NZA 2012, 199 (200) = EGMR, Urteil v. 03.02.2011, Az.: 18136/02 „Siebenhaar", Rn. 34, JURIS.

1109 EGMR, Urteil v. 03.02.2011, Az.: 18136/02 „Siebenhaar", Rn. 34, JURIS.

1110 EGMR NZA 2012, 199 (200) = EGMR, Urteil v. 03.02.2011, Az.: 18136/02 „Siebenhaar", Rn. 36, JURIS.

1111 EGMR NZA 2012, 199 (200) = EGMR, Urteil v. 03.02.2011, Az.: 18136/02 „Siebenhaar", Rn. 36, JURIS.

1112 So im Ergebnis auch: Grabenwarter, FS Jaeger, S. 639 (640f); ders. / Pabel, KuR 2011, 55 (60); Kotthaus, ArbRB 2011, 66 (66); Plum, NZA 2011, 1194 (1197).

1113 EGMR NZA 2012, 199 (200) = EGMR, Urteil v. 03.02.2011, Az.: 18136/02 „Siebenhaar", Rn. 38, JURIS.

1114 EGMR NZA 2012, 199 (200) = EGMR, Urteil v. 03.02.2011, Az.: 18136/02 „Siebenhaar", Rn. 39, JURIS. Die Begründung des EGMR entspricht derjenigen in EGMR Az.: 425/03 „Obst". Siehe zum Begründungsansatz daher S. 176.

1115 EGMR NZA 2012, 199 (200f) = EGMR, Urteil v. 03.02.2011, Az.: 18136/02 „Siebenhaar", Rn. 40ff, JURIS. Siehe zum konventionsrechtlichen Schutz der Religions-

Entsprechend knüpfte der Gerichtshof auch in EGMR Az.: 18136/02 „Siebenhaar" die Prüfung des Konventionsverstoßes an die Abwägung der gegenläufigen Interessen an[1116]. Die Arbeits- und Verfassungsgerichtsbarkeit genügt auch nach diesem Judikat den Anforderungen, um diese Interessenabwägung grundsätzlich rechtsfehlerfrei durchführen zu können. Der Rekurs der Arbeitsgerichte auf die Rechtsprechung des Bundesverfassungsgerichts in BVerfGE 70, 138 wurde wiederum nicht beanstandet.[1117]

Die eigentliche Interessenabwägung, bei der das Bundesarbeitsgericht das Interesse der Beschwerdeführerin auf Weiterbeschäftigung mit dem Interesse des kirchlichen Arbeitgebers, in der Öffentlichkeit und insbesondere gegenüber den Eltern der Kindergartenkinder glaubwürdig zu bleiben, abgewogen hatte[1118], wurde vom EGMR nicht beanstandet[1119]. Das Bundesarbeitsgericht berücksichtigte hierbei, dass die Arbeitnehmerin „bei der Anhörung vor ihrer Kündigung eine starre Haltung einnahm"[1120]. Außerdem wurde die kurze Beschäftigungsdauer und das junge Alter der Arbeitnehmerin berücksichtigt[1121]. Nicht beanstandet wurde weiterhin, dass das Bundesarbeitsgericht bei der Beantwortung der Frage, ob die Mitgliedschaft in der „Universalen Kirche / Bruderschaft der Menschheit" einen Loyalitätsobliegenheitsverstoß darstellt, im Lichte von BVerfGE 70, 138

---

gesellschaften bereits oben S. 176.

1116 EGMR NZA 2012, 199 (200) = EGMR, Urteil v. 03.02.2011, Az.: 18136/02 „Siebenhaar", Rn. 40, JURIS.

1117 EGMR NZA 2012, 199 (201) = EGMR, Urteil v. 03.02.2011, Az.: 18136/02 „Siebenhaar", Rn. 42f, JURIS.

1118 EGMR NZA 2012, 199 (201) = EGMR, Urteil v. 03.02.2011, Az.: 18136/02 „Siebenhaar", Rn. 44, JURIS.

1119 Vgl. EGMR NZA 2012, 199 (201) = EGMR, Urteil v. 03.02.2011, Az.: 18136/02 „Siebenhaar", Rn. 45, JURIS. So auch: Kotthaus, ArbRB 2011, 66 (66); Plum, NZA 2011, 1194 (1197).

1120 EGMR NZA 2012, 199 (201) = EGMR, Urteil v. 03.02.2011, Az.: 18136/02 „Siebenhaar", Rn. 44, JURIS.

1121 EGMR NZA 2012, 199 (201) = EGMR, Urteil v. 03.02.2011, Az.: 18136/02 „Siebenhaar", Rn. 44, JURIS.

maßgeblich auf die Ansicht des kirchlichen Arbeitgebers abgestellt hat[1122]. Diese von der evangelischen Kirche formulierten Loyalitätsobliegenheiten seien angemessen, um die Glaubwürdigkeit der Kirche in der Öffentlichkeit und ggü. den Eltern der Kindergartenkinder zu schützen[1123]. Dass dadurch das außerdienstliche Verhalten der Arbeitnehmerin erfasst wurde, war für den EGMR ohne Belang[1124]. Zudem war der Gerichtshof der Ansicht, dass die Beschwerdeführerin bei Vertragsschluss um die Unvereinbarkeit ihrer Mitgliedschaft in der „Universalen Kirche / Bruderschaft der Menschheit" mit den Loyalitätsobliegenheiten ihres Arbeitgebers gewusst hatte[1125].
Die von der Beschwerdeführerin ebenfalls geltend gemachte Verletzung von Art. 14 EMRK scheiterte an dem nicht erschöpften Rechtsweg, da in der Verfassungsbeschwerde zum Bundesverfassungsgericht ausschließlich eine Verletzung von Art. 4 I GG und Art. 12 I GG gerügt wurde[1126].

d) Eigene Stellungnahme zum Judikat EGMR Az.: 18136/02 „Siebenhaar"

Auch bei EGMR Az.: 18136/02 „Siebenhaar" handelt es sich um ein Feststellungsurteil[1127], wobei Art. 9 EMRK als nicht verletzt angesehen wurde. Somit hat der EGMR auch keine erforderlichen Abhilfemaßnahmen herausgearbeitet. Da der Gerichtshof auch in diesem Judikat die vorhandene Arbeits- und Verfassungsgerichtsbarkeit als ausreichend zur Erfüllung der staatlichen Schutzpflichten aus der EMRK angesehen hat, spricht auch dieses Urteil gegen das Vorliegen eines strukturellen gesetzgeberischen Defizits, sofern die EMRK als verletzt angesehen worden wäre.

1122 EGMR NZA 2012, 199 (201) = EGMR, Urteil v. 03.02.2011, Az.: 18136/02 „Siebenhaar", Rn. 45, JURIS.

1123 EGMR NZA 2012, 199 (201f) = EGMR, Urteil v. 03.02.2011, Az.: 18136/02 „Siebenhaar", Rn. 46, JURIS.

1124 EGMR NZA 2012, 199 (201) = EGMR, Urteil v. 03.02.2011, Az.: 18136/02 „Siebenhaar", Rn. 46, JURIS.

1125 EGMR NZA 2012, 199 (201) = EGMR, Urteil v. 03.02.2011, Az.: 18136/02 „Siebenhaar", Rn. 46, JURIS.

1126 EGMR NZA 2012, 199 (202) = EGMR, Urteil v. 03.02.2011, Az.: 18136/02 „Siebenhaar", Rn. 49ff, JURIS.

1127 Siehe zu den Wirkmechanismen von EGMR-Urteilen oben S. 119ff.

Ein bedeutender Unterschied der Rechtssache EGMR Az.: 18136/02 „Siebenhaar“ im Vergleich mit den beiden Judikaten EGMR Az.: 425/03 „Obst“ und EGMR Az.: 1620/03 „Schüth“ besteht in der Art des Loyalitätsobliegenheitsverstoßes. Bei den letztgenannten handelte es sich um Ehebruchtatbestände, mithin um Sachverhalte, die die Privat- bzw. Intimsphäre der Arbeitnehmer berühren. Die Beschwerdeführerin des Falles EGMR Az.: 18136/02 „Siebenhaar“ trat hingegen öffentlich werbend für eine der Glaubenslehre des kirchlichen Arbeitgebers widersprechenden religiöse Gruppierung auf. Damit handelt es sich hierbei um einen, jedenfalls aus Sicht des kirchlichen Arbeitgebers, kirchenfeindlichen Akt, wohingegen in den anderen Fällen die Glaubenslehren des Arbeitgebers zumindest nicht offensiv in Frage gestellt wurden.
Der EGMR sah den Schutzbereich des Art. 9 I EMRK auch in diesem Fall als eröffnet an, worunter auch das werbende Auftreten für eine Glaubensgemeinschaft zu fassen ist. Folglich steht die Beschwerdeführerin trotz ihres kirchenfeindlichen Verhaltens nicht von vornherein schutzlos. Der evangelischen Kirche kommt der Schutz von Art. 9 EMRK i.V.m. Art. 11 EMRK zugute, wobei die Argumentationslinien von EGMR und Bundesverfassungsgericht, wie auch bereits in den Urteilen EGMR Az.: 425/03 „Obst“ und EGMR Az.: 1620/03 „Schüth“, Parallelen aufweisen[1128]. Dass die Arbeitsgerichte ihre Rechtsprechung auf BVerfGE 70, 138 stützten, wurde folglich wiederum nicht bemängelt. Gleichzeitig widersprach der EGMR damit der Ansicht der Beschwerdeführerin, die grundsätzlichen Modalitäten der Abwägung sowie die gesamtgesellschaftliche Stellung der Religionsgesellschaften würden ihre Rechte aus der EMRK verletzen[1129].
Folglich knüpfte der EGMR die Prüfung des Konventionsverstoßes wiederum an die Interessenabwägung i.R.d. § 626 BGB an. Damit ist zugleich klargestellt, dass die Ansicht der Beschwerdeführerin, ihre Kündigung entbehre einer gesetzlichen Grundlage, nicht haltbar ist. Dass der EGMR wieder-

1128 Siehe dazu ausführlich die Ausführungen im Rahmen der Analyse des Urteils EGMR Az.: 425/03 „Obst“ ab S. 179ff.

1129 Siehe dazu oben S.194.

um prüft, ob die Interessenabwägung „eingehend und umfassend“[1130] vorgenommen wurde, verdeutlicht die herausgehobene Bedeutung dieses Prüfungspunktes[1131].

Die eigentliche Interessenabwägung durch das BAG hat der EGMR gebilligt und Art. 9 EMRK damit als nicht verletzt angesehen[1132]. Anders als im Fall EGMR Az.: 1620/03 „Schüth“ genügte es, dass das Interesse der Arbeitnehmerin am Erhalt ihres Arbeitsplatzes mit desjenigen des kirchlichen Arbeitgebers auf Wahrung seiner Glaubwürdigkeit in der Öffentlichkeit, insbesondere gegenüber den Eltern der Kindergartenkinder, abgewogen wurde. Darüber hinaus wurde vom BAG das Alter und die Beschäftigungsdauer der Arbeitnehmerin, sowie der Umstand, dass die Beschwerdeführerin ihre Mitgliedschaft in der „Universalen Kirche / Bruderschaft der Menschheit“ bei Vertragsschluss unerwähnt ließ, berücksichtigt. Einer zusätzlichen Einbeziehung des Interesses der Arbeitnehmerin auf freie Religionsausübung bedurfte es nicht. Explizite Überlegungen hinsichtlich der zukünftigen Arbeitsmarktchancen der Beschwerdeführerin wurden nicht angestellt. Im Hinblick auf die Berufsausbildung und das Lebensalter steht die Beschwerdeführerin, anders als der die Beschwerde führende ausgebildete Kirchenmusiker im Fall EGMR Az.: 1620/03 „Schüth“, nicht schlechter als jede(r) andere Erzieher(in) in einem nicht konfessionell geprägten Kindergarten. Damit sind die Anforderungen, die der EGMR im Fall EGMR Az.: 18136/02 „Siebenhaar“ an die im Rahmen der Interessenabwägung zu berücksichtigenden Aspekte stellt, geringer ausgeprägt. Der EGMR stellt zudem keine Überlegungen an, wie weitgehend die Religionsfreiheit im aktuellen Fall arbeitsvertraglich eingeschränkt werden kann, wozu der Vortag der Beschwerdeführerin hätte Anlass geben können[1133]. Im Fall des Verzichts auf Privatsphäre hat der EGMR diese Überlegung in den anderen beiden Judikaten angestellt. Betrachtet man zunächst die Art, wie der Ar-

---

1130 EGMR NZA 2012, 199 (201) = EGMR, Urteil v. 03.02.2011, Az.: 18136/02 „Siebenhaar“, Rn. 45, JURIS.

1131 Im Ergebnis so auch: Fahrig / Stenslik, EuZA 2012, 184 (194).

1132 Ähnlich auch: Kotthaus, ArbRB 2011, 66 (66); Plum, NZA 2011, 1194 (1197).

1133 Vgl. oben S. 195.

beitgeber vom Loyalitätsobliegenheitsverstoß Kenntnis erlangt hat, ist in EGMR Az.: 18136/02 „Siebenhaar" kein Grund erkennbar, anders zu verfahren als in EGMR Az.: 1620/03 „Schüth". Denn auch im erstgenannten Fall wurde dem Arbeitgeber der Loyalitätsobliegenheitsverstoß ohne den Willen der Arbeitnehmerin, nämlich durch einen anonymen Hinweis, zur Kenntnis gebracht. Im Fall EGMR Az.: 1620/03 „Schüth" hatte u.a. diese Unfreiwilligkeit[1134] den EGMR zu einer sehr umfangreichen Berücksichtigung der Interessen des Arbeitnehmers veranlasst[1135].

Daraus folgt, dass, neben der durch den Arbeitnehmer bekleideten Position[1136] und der Art und Weise wie der Loyalitätsobliegenheitsverstoß offen gelegt wird, auch die Form des Verstoßes für den EGMR von Relevanz ist[1137]. Wie bereits dargestellt liegt dem Fall EGMR Az.: 18136/02 „Siebenhaar" ein kirchenfeindliches Verhalten der Arbeitnehmerin zugrunde[1138]. Der EGMR stellte bei der Bewertung des Interessenabwägung durch die Arbeitsgerichte nämlich auch heraus, dass die Arbeitnehmerin um die Unvereinbarkeit ihrer Mitgliedschaft in der „Universalen Kirche / Bruderschaft der Menschheit" mit den Anforderungen des kirchlichen Arbeitgebers wusste. Die Beschwerdeführerin trug selbst vor, dass sie den Arbeitsplatz nicht angeboten bekommen hätte, wenn sie vor Vertragsschluss auf ihr Engagement in der „Universalen Kirche / Bruderschaft der Menschheit" hingewiesen hätte[1139]. Dieser Hintergrund erklärt den geringfügig verminderten

---

1134 Aufgrund des Lohnsteuerkartensystems hatte der Beschwerdeführer keine Möglichkeit, den Loyalitätsobliegenheitsverstoß gegenüber seinem Arbeitgeber geheim zu halten. Vgl. EGMR NZA 2011, 279 (281) = EGMR, Urteil v. 23.09.2010, Az.: 1620/03 „Schüth", Rn. 67, JURIS.

1135 Siehe oben S. 187.

1136 Für SALAMON, ArbRAktuell 2011, 611 (611) ist in der Praxis die vom Arbeitnehmer bekleidete Position von erheblicher Bedeutung.

1137 Vgl. auch PLUM, NZA 2011, 1194 (1200), der „das Bewusstsein des Arbeitnehmers für die begangene Loyalitätspflichtverletzung" als ein maßgebliches Kriterium ansieht. Undifferenzierter: FAHRIG / STENSLIK, EuZA 2012, 184 (187), wonach stets das Recht des Arbeitnehmers auf Achtung des Privatlebens zu berücksichtigen sein soll.

1138 Siehe oben S. 200.

1139 Vgl. EGMR, Urteil v. 03.02.2011, Az.: 18136/02 „Siebenhaar", Rn. 29, JURIS.

Prüfungsumfang des EGMR im vorliegenden Fall von kirchenfeindlichem Verhalten[1140]. Zudem hebt der EGMR neben dem allgemeinen Glaubwürdigkeitsschutz der evangelischen Kirche gegenüber der Öffentlichkeit den besonderen Schutz der Glaubwürdigkeit gegenüber den Eltern der Kindergartenkinder hervor.[1141]

4. Fazit zur jüngsten Judikatur des EGMR im Bereich des kirchlichen Individualarbeitsrechts

Eine Gesamtschau der jüngsten Urteile des EGMR im Bereich des kirchlichen Arbeitsrechts erlaubt es, die Vorgaben des Gerichtshofs herauszuarbeiten.

Zunächst ist festzuhalten, dass alle drei Urteile gegen das Vorhandensein eines strukturellen gesetzgeberischen Defizits sprechen[1142]. Der EGMR sah die Bundesrepublik Deutschland jeweils als verpflichtet an, Vorkehrungen zu treffen, um die widerstreitenden konventionsrechtlich geschützten Interessen zu einem wirksamen Ausgleich zu bringen[1143]. Indem ein funktionierendes Arbeits- und Verfassungsgerichtssystem zur Verfügung steht, wird dieser Pflicht genüge getan[1144]. Der Einzelne hat grundsätzlich die Möglichkeit, die Gerichte mit seinem Fall zu befassen. Läge ein schwerwiegendes Problem vor, hätte zudem die Möglichkeit bestanden, in den Urteilsgründen Abhilfemaßnahmen zu formulieren. Noch weitergehend hätte das Piloturteilsverfahren zur Verfügung gestanden[1145]. Dass der EGMR in den drei

1140 Reichold, KuR 2011, 199 (202) spricht von einem „aktiven Verstoß" der Beschwerdeführerin.

1141 EGMR NZA 2012, 199 (201f) = EGMR, Urteil v. 03.02.2011, Az.: 18136/02 „Siebenhaar", Rn. 46, JURIS.

1142 Vgl. Grabenwarter, FS Jaeger, S. 639 (645f); ders. / Pabel, KuR 2011, 55 (64).

1143 Vgl. EGMR NZA 2011, 277 (278) = EGMR, Urteil v. 23.09.2010, Az.: 425/03 „Obst", Rn. 45, JURIS; EGMR NZA 2011, 279 (281) = EGMR, Urteil v. 23.09.2010, Az.: 1620/03 „Schüth", Rn. 59, JURIS; EGMR NZA 2012, 199 (201) = EGMR, Urteil v. 03.02.2011, Az.: 18136/02 „Siebenhaar", Rn. 42, JURIS.

1144 Dies ebenfalls herausstellend: Grabenwarter, FS Jaeger, S. 639 (645f); ders. / Pabel, KuR 2011, 55 (63); Plum, NZA 2011, 1194 (1197); Reichold, EuZA 2011, 320 (322f).

1145 Siehe zu dieser Abstufung oben S. 142.

einschlägigen Verfahren von diesen Möglichkeiten keinen Gebrauch gemacht hat, zeigt zusätzlich, dass kein strukturelles Problem vorliegt.
Folglich verwundert es nicht, dass der EGMR den Rekurs der Arbeitsgerichte auf die Grundsatzrechtsprechung des Bundesverfassungsgerichts in BVerfGE 70, 138 jeweils billigt[1146]. In Teilen stimmt die Rechtsprechung des EGMR sogar mit der des Bundesverfassungsgerichts überein[1147]. Auch der EGMR betont die bedeutende Stellung der Religionsgesellschaften in einer pluralistischen Gesellschaft und formuliert zu deren Gunsten einen großzügigen Freiheitsraum[1148]. Die individualvertragliche Einbeziehung[1149] bzw. Begründung von Loyalitätsobliegenheiten, beispielsweise in Form der Grundordnung des kirchlichen Dienstes, wurde nicht bemängelt[1150]. Damit ist es auch nach der Rechtsprechung des EGMR *grundsätzlich* möglich, Mitarbeiter zur Befolgung von Glaubenssätzen im privaten Bereich zu verpflichten. Den etwaigen gegenteiligen Ansichten der Beschwerdeführer hat sich der Gerichtshof damit entgegengesetzt.
Die Rechtsprechung des EGMR weicht jedoch in anderen Punkten von der des Bundesverfassungsgerichts ab. So nimmt der Gerichtshof eine Prüfung vor, ob die auferlegten Loyalitätsobliegenheiten im Einzelfall angemessen sind[1151]. Anders als das Bundesverfassungsgericht, das insoweit den Reli-

---

1146 Vgl. EGMR NZA 2011, 277 (278) = EGMR, Urteil v. 23.09.2010, Az.: 425/03 „Obst“, Rn. 46, JURIS; EGMR NZA 2011, 279 (281) = EGMR, Urteil v. 23.09.2010, Az.: 1620/03 „Schüth“, Rn. 60, JURIS; EGMR NZA 2012, 199 (201) = EGMR, Urteil v. 03.02.2011, Az.: 18136/02 „Siebenhaar“, Rn. 43, JURIS.

1147 Siehe oben S. 179. Fahrig / Stenslik, EuZA 2012, 184 (193) erblicken in dieser grundsätzlichen Bestätigung der Rechtsprechung des Bundesverfassungsgerichts eine Stärkung des kirchlichen Selbstbestimmungsrechts. Anders wohl: Emmert / Wirtz, ArbRAktuell 2010, 551 (551); Mayer, Udo, dbr 2010, 19 (19), die eine teilweise Einschränkung erblicken.

1148 Vgl. EGMR NZA 2011, 277 (278) = EGMR, Urteil v. 23.09.2010, Az.: 425/03 „Obst“, Rn. 44, JURIS; EGMR NZA 2011, 279 (281) = EGMR, Urteil v. 23.09.2010, Az.: 1620/03 „Schüth“, Rn. 58, JURIS; EGMR NZA 2012, 199 (200f) = EGMR, Urteil v. 03.02.2011, Az.: 18136/02 „Siebenhaar“, Rn. 41, JURIS.

1149 Siehe zur individualvertraglichen Einbeziehung oben S. 30ff.

1150 Ähnlich auch: Mayer, Udo, dbr 2010, 19 (20).

1151 Siehe dazu jeweils bereits oben ausführlich S. 177, S. 186 und S. 198. Leinemann, FA 2010, 321 (321) spricht u.a. wegen dieser Abweichung davon, dass es der EGMR gionsgesellschaften überlässt, über Inhalt und Reichweite sowie eine evtl. Abstufung nach bekleideter Position zu entscheiden[1152], prüft der EGMR den Einzelfall umfassend.[1153]

Primär erfolgt diese Überprüfung anhand der Art des Loyalitätsobliegenheitsverstoßes und der konkret bekleideten Position des Mitarbeiters. In den Fällen EGMR Az.: 425/03 „Obst“ und EGMR Az.: 1620/03 „Schüth“ arbeitete der EGMR heraus, dass ein (arbeitsvertraglicher) Verzicht auf die durch Art. 8 I EMRK geschützte Privatsphäre grundsätzlich möglich ist[1154]. Insbesondere im Fall EGMR Az.: 1620/03 „Schüth“ wurde nach Ansicht des EGMR ein Kernbereich der Privat- bzw. Intimsphäre erfasst[1155]. Der Beschwerdeführer, der mit seiner neuen Lebensgefährtin in einer faktischen Familienbeziehung lebt, auf eine Wiederheirat jedoch bewusst ver-

---

mit dem Bundesverfassungsgericht und dem BAG „gleichzeitig aufgenommen“ habe, was einen „bedenklichen Belagerungszustand“ der Gerichte zur Folge habe. GRABENWARTER, FS Jaeger, S. 639 (649); DERS. / PABEL, KuR 2011, 55 (69) kritisieren den Umfang der Kontrolle durch den EGMR.

1152 Es findet bloß eine Kontrolle dahingehend statt, dass das Beschäftigungsverhältnis nicht „klerikalisiert“ wird. Vgl. BVerfGE 70, 138 (166).

1153 Im Ergebnis so auch: GRABENWARTER, FS Jaeger, S. 639 (647); DERS. / PABEL, KuR 2011, 55 (67); HAMMER, AuR 2011, 278 (284); REICHOLD, KuR 2011, 199 (203); REUFELS / MOLLE, KSzW 2012, 3 (5f); SPERBER, EuZA 2011, 407 (412); WORTMANN, ArbRB 2011, 52 (53f). Vgl. zu dieser Differenzierung auch PLUM, NZA 2011, 1194 (1197), der nur „auf den ersten Blick“ eine Diskrepanz beim Umfang der gerichtlichen Kontrolle ausmachen will. FAHRIG / STENSLIK, EuZA 2012, 184 (193) billigen den Kirchen auch weiterhin eine „Einschätzungsprärogative“ bei der Festlegung von Loyalitätsobliegenheiten zu, sehen diese jedoch gleichzeitig in der Pflicht, die Obliegenheiten auf eine Vereinbarkeit mit den Vorgaben des EGMR hin zu überprüfen. GRABENWARTER, EuGRZ 2011, 229 (230) stellt fest, dass der EGMR den Arbeitsgerichten ein strengeres Prüfprogramm vorgibt als das Bundesverfassungsgericht. Für HAMMER, AuR 2011, 278 (284) sind die Konsequenzen für das kirchliche Arbeitsrecht weitreichend, da der EGMR in allen Entscheidungen einen Abwägungsvorrang zugunsten der kirchlichen Positionen ablehne.

1154 Vgl. EGMR NZA 2011, 277 (279) = EGMR, Urteil v. 23.09.2010, Az.: 425/03 „Obst“, Rn. 51, JURIS; EGMR NZA 2011, 279 (282) = EGMR, Urteil v. 23.09.2010, Az.: 1620/03 „Schüth“, Rn. 71, JURIS.

1155 Vgl. EGMR NZA 2011, 279 (282) = EGMR, Urteil v. 23.09.2010, Az.: 1620/03 „Schüth“, Rn. 71, JURIS.

zichtet hatte, hätte den Loyalitätsobliegenheitsverstoß nur vermeiden können, indem er nach der Trennung von seiner Ehefrau Zeit seines Lebens enthaltsam gelebt hätte. Ein solch weitreichender Verzicht auf Privat- bzw. Intimsphäre ist nach der Rechtsprechung des EGMR zu weitgehend[1156], wohingegen die nationalen Arbeitsgerichte dies als möglich angesehen hatten. Im Fall EGMR Az.: 425/03 „Obst", in dem der Beschwerdeführer lediglich eine außereheliche Sexualbeziehung unterhielt, befand der EGMR die auferlegten strengen Loyalitätsobliegenheiten jedoch für annehmbar[1157]. Dies zeigt, dass der EGMR eine inhaltliche Überprüfung der auferlegten Loyalitätsobliegenheiten vornimmt, und zwar weitergehend, als dies die nationalen Arbeitsgerichte im Lichte von BVerfGE 70, 138 tun[1158]. Eine solche gerichtliche Inhaltsprüfung wird für das nationale Recht von Teilen der Literatur gefordert[1159]. Jedoch wird diese Prüfung vom EGMR nicht isoliert vorgenommen. Der Gerichtshof untersucht zusätzlich die vom Arbeitnehmer bekleidete Position. In der Rechtssache EGMR Az.: 425/03 „Obst" wurden die Loyalitätsobliegenheiten auch deswegen als mit der EMRK vereinbar eingestuft, weil der Beschwerdeführer eine herausgehobene, öffentlichkeitswirksame Stelle bekleidete[1160]. Auch aufgrund dieser exponierten Tätigkeit beurteilte der EGMR die konkreten Loyalitätsobliegenheiten als angemessen, um die Glaubwürdigkeit der Mormonenkirche zu bewahren.[1161] Die Stellung des Beschwerdeführers im Judikat EGMR Az.: 1620/03 „Schüth" sah der EGMR hingegen nicht als so exponiert an, dass diesem, wie geschehen, weitestreichende Loyalitätsobliegenheiten auferlegt werden konnten. Mit dieser Einschätzung widersprach der EGMR zudem dem Vortrag des kirchlichen Arbeitgebers, der den Beschwerdeführer aufgrund seines Mitwirkens in der

---

1156 Im Ergebnis so wohl auch: PLUM, NZA 2011, 1194 (1197).

1157 Vgl. EGMR NZA 2011, 277 (279) = EGMR, Urteil v. 23.09.2010, Az.: 425/03 „Obst", Rn. 51, JURIS.

1158 Vgl. auch: MAYER, UDO, dbr 2010, 19 (20f); PLUM, NZA 2011, 1194 (1197); REICHOLD, KuR 2011, 199 (203).

1159 Siehe oben S. 35ff.

1160 Vgl. MAYER, UDO, dbr 2010, 19 (19).

1161 Vgl. EGMR NZA 2011, 277 (278f) = EGMR, Urteil v. 23.09.2010, Az.: 425/03 „Obst", Rn. 46ff, JURIS.

liturgischen Gestaltung der Gottesdienste als verkündungsnah eingesetzten Mitarbeiter ansah.[1162]

Im Ergebnis bedeutet dies, dass der EGMR eine objektive Inhaltsüberprüfung der Loyalitätsobliegenheiten vornimmt[1163]. Maßgebliches Kriterium für die mögliche Reichweite der Obliegenheiten ist die Verkündungsnähe des Mitarbeiters[1164]. Je geringer der Mitarbeiter am Verkündungsauftrag teilhat, desto strenger fällt der Maßstab aus, an dem die Loyalitätsobliegenheiten überprüft werden[1165]. Die Judikate EGMR Az.: 425/03 „Obst“ und EGMR Az.: 1620/03 „Schüth“ sprechen damit für eine voll gerichtliche Überprüfbarkeit der Loyalitätsobliegenheiten in Abhängigkeit von der ebenfalls voll überprüfbaren Verkündungsnähe des Mitarbeiters. Anders gewendet bedeutet dies, dass Loyalitätobliegenheiten zukünftig zwingend anhand der Verkündungsnähe der Tätigkeit abzustufen sind.[1166] Darüber hinaus ist, als zusätzliches Kriterium, von Relevanz, wie der kirchliche Arbeitgeber von dem Loyalitätsobliegenheitsverstoß Kenntnis erlangt[1167]. Sowohl im Fall EGMR Az.: 1620/03 „Schüth“, als auch im Fall EGMR Az.: 18136/02

1162 Vgl. EGMR NZA 2011, 279 (282) = EGMR, Urteil v. 23.09.2010, Az.: 1620/03 „Schüth“, Rn. 69ff, JURIS.

1163 Ähnlich wohl auch: SPERBER, EuZA 2011, 407 (412); WORTMANN, ArbRB 2011, 52 (54). A.A.: PLUM, NZA 2011, 1194 (1199); PÖTTERS / KALF, ZESAR 2012, 216 (219); REICHOLD, EuZA 2011, 320 (328). Wohl ebenfalls a.A.: GRABENWARTER, FS Jaeger, S. 639 (648); DERS. / PABEL, KuR 2011, 55 (67f); RICHARDI, Arbeitsrecht in der Kirche, § 7, S. 112.

1164 Vgl. REICHOLD, KuR 2011, 199 (203).

1165 So auch: MAYER, UDO, dbr 2010, 19 (19). A.A.: PLUM, NZA 2011, 1194 (1200), der nach wie vor das kirchliche Selbstverständnis bei der Abstufung von Loyalitätsobliegenheiten heranziehen will und hier im Lichte von BVerfGE 70, 138 auch keine Einbruchstelle für die Judikatur des EGMR im deutschen Recht erblickt. Differenzierend: FAHRIG / STENSLIK, EuZA 2012, 184 (194), wo zwar von einer „umfassenden Güterabwägung“ ausgegangen wird, dem kirchlichen Selbstverständnis dabei jedoch ein „besonderes Gewicht“ beigemessen wird.

1166 Ähnlich wohl auch: WORTMANN, ArbRB 2011, 52 (54). A.A.: GRABENWARTER, FS Jaeger, S. 639 (648); DERS. / PABEL, KuR 2011, 55 (67); PLUM, NZA 2011, 1194 (1199). Wohl ebenfalls a.A.: PÖTTERS, EzA § 611 BGB 2002, Kirchliche Arbeitnehmer, Nr. 21, S. 15 (22); PÖTTERS / KALF, ZESAR 2012, 216 (219); RICHARDI, Arbeitsrecht in der Kirche, § 7, S. 112.

1167 Wohl a.A.: GRABENWARTER / PABEL, KuR 2011, 55 (67).

„Siebenhaar“ gelangte dem Arbeitgeber der Loyalitätsobliegenheitsverstoß ohne den Willen des Arbeitnehmers zur Kenntnis. Der Beschwerdeführer im Fall EGMR Az.: 1620/03 „Schüth“ hatte aufgrund des Lohnsteuerkartensystems keine Möglichkeit, dem Arbeitgeber seine neue faktische Familiensituation vorzuenthalten[1168]. Diesen Umstand ließ der EGMR bei der Beantwortung der Frage, ob eine Schutzpflichtverletzung durch die Bundesrepublik Deutschland hinsichtlich konventionsrechtlich geschützter Interessen vorliegt, einfließen. Die Rechtssache EGMR Az.: 18136/02 „Siebenhaar“ zeigt jedoch, dass die Unfreiwilligkeit der Kenntniserlangung nicht in jedem Fall zugunsten des Arbeitnehmers zu berücksichtigen ist. In diesem Fall handelte es sich um kirchenfeindliches Verhalten einer mit Leitungsfunktionen betrauten Beschäftigten[1169]. Dieser Fall zeigt, dass das Geheimhaltungsinteresse des Mitarbeiters jedenfalls dann, wenn er sich offensiv gegen die Lehren des kirchlichen Arbeitgebers stellt, nicht schützenswert ist[1170].
Schließlich nimmt der EGMR die Folgen einer Kündigung in den Blick, wobei neben Lebensalter und Beschäftigungsdauer auch die Art der Ausbildung berücksichtigt wird. Der Fall EGMR Az.: 1620/03 „Schüth“ zeigt, dass die Folgen der Kündigung (Arbeitsmarktchancen, Erfüllung von Unterhaltspflichten) jedenfalls dann zu berücksichtigen sind, wenn der Arbeitnehmer eine kirchenspezifische Ausbildung genossen hat und damit auf dem weltlichen Arbeitsmarkt nahezu ohne Chancen ist[1171].

1168 Siehe oben S. 187.

1169 Siehe oben S. 200.

1170 Anders wohl FAHRIG / STENSLIK, EuZA 2012, 184 (187), die die Privat- und Intimsphäre des Arbeitnehmers stets berücksichtigen wollen.

1171 Ähnliche Abwägungskriterien herausarbeitend: HAMMER, AuR 2011, 278 (284); PLUM, NZA 2011, 1194 (1200); DERS., RdA 2012, 373 (375). Vgl. auch: HAMMER, Chefarzt-Kündigung im katholischen Krankenhaus - Wiederverheiratete in kirchlichen Einrichtungen dürfen aufatmen, <http://www.lto.de/recht/hintergruende/h/chefarzt-kuendigung-im-katholischen-krankenhaus-wiederverheiratete-in-kirchlichen-einrichtungen-duerfen-aufatmen/>; KOTTHAUS, ArbRB 2010, 294 (294); MAYER, UDO, dbr 2010, 19 (21); REICHOLD, EuZA 2011, 320 (327); SPERBER, EuZA 2011, 407 (414); WORTMANN, ArbRB 2011, 52 (54). Anders GRABENWARTER / PABEL, KuR 2011, 55 (67), wonach die jüngste EGMR-Judikatur noch keinen „Katalog von Kriterien [...] enthält“.

Die genannten Punkte berücksichtigt der EGMR bei der Herstellung einer praktischen Konkordanz der konventionsrechtlich geschützten Interessen sowohl des Arbeitnehmers als auch des Arbeitgebers. Der Gerichtshof prüft, ob das mit der Kündigungsschutzklage befasste Arbeitsgericht diese Aspekte im Rahmen der Interessenabwägung ausreichend beachtet. Der Umfang der vom EGMR vorgenommenen Prüfung verdeutlicht, dass zukünftig die konkreten Umstände des Einzelfalls zu berücksichtigen sind[1172]. Es verbietet sich daher jede schematische Prüfung im Rahmen des Kündigungsschutzprozesses[1173], da jedes Defizit die Gefahr einer Konventionsverletzung in sich birgt[1174].

Es bleibt nunmehr zu überprüfen, wie sich diese Vorgaben auf die inhaltliche Interpretation des Selbstbestimmungsrechts aus Art. 137 III WRV i.V.m. Art. 140 GG auswirken. Außerdem sind die Auswirkungen auf die Auslegung des § 9 AGG sowie die Konsequenzen für die Rechtsprechungspraxis der Arbeitsgerichte in den Blick zu nehmen. In methodischer Hinsicht ist hierbei zu bedenken, dass sich die Vorgaben des EGMR nicht auf die Interessenabwägung im Rahmen von Kündigungsschutzprozessen beschränken lassen. So ist die Frage, welche Loyalitätsobliegenheiten einem Mitarbeiter in Abhängigkeit von der Verkündungsnähe seiner Tätigkeit auferlegt werden können, bereits bei der Frage, ob „an sich" ein Kündigungsgrund vorliegt, relevant[1175]. Diese Differenzierung ist bei der folgenden Herausarbeitung der Auswirkungen der einschlägigen Judikatur des EGMR ebenfalls vorzunehmen.

1172 Fahrig / Stenslik, EuZA 2012, 184 (194); Grabenwarter, FS Jaeger, S. 639 (647); Joussen, RdA 2011, 173 (175f); Kotthaus, ArbRB 2010, 294 (294); Mayer, Udo, dbr 2010, 19 (21); Nußberger, RdA 2012, 270 (275); Plum, NZA 2011, 1194 (1200); Reichold, EuZA 2011, 320 (328); Sperber, EuZA 2011, 407 (418); Wortmann, ArbRB 2011, 52 (54).

1173 Vgl. Joussen, RdA 2011, 173 (175).

1174 Vgl. Fahrig / Stenslik, EuZA 2012, 184 (195f), die in schematischen Prüfungen der Fachgerichte das Konfliktpotenzial mit der EGMR-Rechtsprechung erblicken.

1175 Plum, NZA 2011, 1194 (1199).

D. Die Auswirkungen der jüngsten EGMR-Judikatur auf das kirchliche Individualarbeitsrecht in der Bundesrepublik Deutschland

Sowohl die Stellschrauben, an denen der EGMR im nationalen kirchlichen Arbeitsrecht ansetzen kann, als auch die Werkzeuge, die dem Gerichtshof zur Verfügung stehen, sind offengelegt. Auch die Vorgaben, die sich aus der jüngsten Judikatur des EGMR ergeben, sind herausgearbeitet. Nunmehr sind die konkreten Auswirkungen auf das durch Art. 137 III WRV i.V.m. Art. 140 GG gewährleistete kirchliche Selbstbestimmungsrecht abzuleiten. Gleiches gilt für § 9 AGG als einfachgesetzlichem Ausfluss dieser Verfassungsgewährleistung. Schließlich ist, sofern durch die EGMR-Judikatur induzierte Veränderungen im Bereich dieses Normkomplexes eintreten, zu prognostizieren, wie sich die Rechtsprechung der Arbeitsgerichte verändern wird, um mit den solchermaßen veränderten dogmatischen Grundlagen im Einklang zu bleiben.
An dieser Stelle ist hervorzuheben, dass die herauszuarbeitenden Auswirkungen auf der Prämisse eines europarechtsfreundlichen nationalen Rechtssystems fußen. Wie bereits dargestellt, sind mit dem EGMR und dem EuGH auf europäischer sowie dem Bundesverfassungsgericht auf nationaler Ebene drei unterschiedliche Gerichte mit der Sicherstellung von Grundrechts- und Diskriminierungsschutz befasst. Erschwerend kommt hinzu, dass sich das Bundesverfassungsgericht gegenüber den europäischen Gerichten unterschiedlich positioniert. Während es sich in Grundrechtsfragen mit dem EuGH in einem „Kooperationsverhältnis" sieht[1176], macht es gegenüber der Rechtsprechung des EGMR Verfassungsvorbehalte geltend[1177]. Der EuGH unterwirft sich schließlich freiwillig der EGMR-Judikatur[1178]. Insofern ist es gerechtfertigt, das Beziehungsgeflecht der drei Gerichte als „Bermudadrei-

1176 BVerfGE 89, 155 (175). Siehe auch oben S. 156.

1177 Vgl. BVerfGE 74, 358 (370); BVerfGE 111, 307 (317). Gleichzeitig betont das Bundesverfassungsgericht die Wichtigkeit der EGMR-Rechtsprechung für die Ausformung nationaler Grundrechte. Siehe auch oben S. 131ff.

1178 Siehe oben S. 153ff mit Nachweisen aus der Rechtsprechung des EuGH.

eck" zu bezeichnen[1179]. Eine erfolgreiche Einpassung der EGMR-Judikatur in das deutsche Recht erfordert daher die Herstellung eines größtmöglichen Gleichklangs der Rechtsprechungslinien. Ein nationaler Verfassungsvorbehalt kann nach hier vertretener Ansicht gegenüber der Judikatur des EGMR nicht geltend gemacht werden. Mittels des „Umwegs" über die Rechtsprechung des EuGH lässt sich dieser nämlich im Ergebnis aushebeln.[1180] Daher wird die Annahme zugrunde gelegt, dass auch Verfassungsrecht im Lichte der EGMR-Rechtsprechung änderbar sein muss. Insbesondere vor dem Hintergrund der thematischen Verzahnung von Grundrechts- bzw. Diskriminierungsschutz im Einflussbereich der beteiligten Gerichte muss die Herstellung größtmöglicher Kohärenz das Ziel sein.[1181] Darüber hinaus liefe jede Uneinigkeit der beteiligten Gerichte auf Grundrechtsebene diesem Ziel entgegen[1182]. Einen starren Rahmen, etwa in Anbetracht von § 31 I BVerfGG[1183], kann es in diesem Kontext folglich nicht geben. Es bestünde Gefahr, der völkerrechtlichen Verpflichtung der Bundesrepublik Deutschland, die diese mit der Ratifikation der EMRK eigegangen ist[1184], zuwider zu laufen. Das Ziel ist, i.S.d. EMRK, vielmehr die Herstellung eines optimalen Grundrechtsschutzes[1185].

I. Die Auswirkungen auf Art. 137 III WRV i.V.m. Art. 140 GG

Das Selbstbestimmungsrecht aus Art. 137 III WRV i.V.m. Art. 140 GG ermöglicht es den Religionsgesellschaften und deren (Unter-)Einrichtungen,

1179 So Sauer, ZaöRV 2005, 35 (63ff) m.w.N.

1180 Siehe zur Begründung dieses Ansatzes ausführlich oben S. 139ff. Im Ergebnis vergleichbar: Sperber, EuZA 2011, 407 (417).

1181 Der Versuch, eine entsprechende Kohärenz auf europäischer Ebene herzustellen, wird auf europäischer Ebene bereits unternommen. Der angestrebte Beitritt der EU zur EMRK dient letztlich diesem Ziel. Vgl. Nußberger, in: Isensee / Kirchhof, HdbStR, Bd. X, § 209, Rn. 19.; Sperber, EuZA 2011, 407 (417).

1182 Sperber, EuZA 2011, 407 (417).

1183 Im Ergebnis so Plum, NZA 2011, 1194 (1198).

1184 Siehe oben S. 116ff.

1185 Siehe oben S. 116. Hammer, AuR 2011, 278 (285) betont, die vom EGMR herausgearbeiteten Vorgaben könnten problemlos ins nationale Recht übertragen werden, sodass an dieser Stelle kein Konflikt zwischen Verfassungs- und Völkerrecht bestehe.

ihre „eigenen Angelegenheiten“ innerhalb der Grenzen der „für alle geltenden Gesetze“ ohne staatliche Einmischung oder Aufsicht zu „ordnen“ und zu „verwalten“. Die inhaltliche Interpretation dieser Begriffe unterlag, auch beeinflusst durch gesellschaftlichen Wandel, stetigen Veränderungen[1186]. Zuletzt vermochte es die Rechtsprechung des Bundesverfassungsgerichts in BVerfGE 70, 138, einen Entwicklungsimpuls, speziell auch für den Teilbereich des kirchlichen Dienstrechts in Form privatrechtlicher Arbeitsverhältnisse, zu setzen[1187]. Die hierin aufgestellten und teilweise kontrovers diskutierten Vorgaben stellen insbesondere für die Rechtsprechung der Arbeitsgerichte eine Richtschnur dar[1188]. Da die Judikatur des EGMR in Teilaspekten abweicht[1189], wirkt sich eine Einpassung auf das Verständnis von Art. 137 III WRV i.V.m. Art. 140 GG aus.

1. Die Auswirkungen auf die Auslegung der Begriffe „ordnen“ und „verwalten“

Durch die Begriffe „ordnen“ und „verwalten“ wird der Inhalt des Selbstbestimmungsrechts vollständig umfasst. Hierdurch wird den Religionsgesellschaften eine eigene Rechtssetzungs- und Verwaltungsbefugnis eingeräumt, um diesen innerkirchlichen Bereich auszugestalten.[1190]

Auf diese grundlegende Gewährleistung nimmt die jüngste Judikatur des EGMR im Bereich des kirchlichen Arbeitsrechts keinen Einfluss. Der Umstand, dass diese Rechtsprechung im Bereich des Individualarbeitsrechts ergangen ist, zeigt bereits, dass diese nur einen Teilbereich der Gewährleistungen von Art. 137 III WRV i.V.m. Art. 140 GG erfasst. Zwingende Rückschlüsse auf andere Teilbereiche lassen sich daher nicht ziehen. Der EGMR betont zudem selbst, dass die Religionsgesellschaften einen wichtigen Faktor für das Funktionieren einer pluralistischen Gesellschaft darstellen. Daher sei die Einräumung eines weiten Freiheitsraums zugunsten der Kirchen nicht

---

1186 Siehe zu dieser Entwicklung und den kontroversen Auslegungsansätzen oben ab S. 13.

1187 Siehe oben ab S. 20.

1188 Siehe oben S. 73ff. Vgl. auch: Pötters / Kalf, ZESAR 2012, 216 (216).

1189 Siehe oben S. 204ff.

1190 Siehe oben S. 16ff.

zu beanstanden[1191]. Die unbestrittene[1192] Gewährleistung der grundsätzlichen Rechtssetzungs- und Verwaltungsbefugnis zugunsten der Kirchen wird daher durch den EGMR nicht beeinträchtigt.

2. Die Auswirkungen auf die Auslegung der „eigenen Angelegenheiten“

Voraussetzung für die Eröffnung des Freiheitsraums aus Art. 137 III WRV i.V.m. Art. 140 GG zugunsten der Religionsgesellschaften ist jedoch die Zugehörigkeit des betroffenen Regelungsbereichs zu den „eigenen Angelegenheiten“[1193]. Die Gestaltung des kirchlichen Dienstes mittels privatrechtrechtlicher Arbeitsverhältnisse stellt eine Fallgruppe[1194] dar, die diesem Bereich zuzurechnen ist[1195].

Insbesondere nach der Rechtsprechung des Bundesverfassungsgerichts wird den Religionsgesellschaften aufgrund dieser Zuordnung ermöglicht, dem Dienst in der Kirche das Leitbild einer Dienstgemeinschaft zugrunde zu legen[1196] und den Mitarbeitern die Befolgung von Loyalitätsobliegenheiten auch im Privatleben aufzugeben[1197]. Die konkrete Reichweite dieser kirchlichen Befugnisse wird kontrovers diskutiert. Restriktive Stimmen erachten die durch das Bundesverfassungsgericht geprägten Möglichkeiten als zu weitgehend.[1198] Gleichzeitig regen auch dem Bundesverfassungsgericht im Grunde zustimmende Literaturmeinungen Modifikationen dieser Rechtsprechung an. Die Argumente erscheinen teilweise untereinander

---

1191 Vgl. EGMR NZA 2011, 277 (278) = EGMR, Urteil v. 23.09.2010, Az.: 425/03 „Obst“, Rn. 44, JURIS; EGMR NZA 2011, 279 (281) = EGMR, Urteil v. 23.09.2010, Az.: 1620/03 „Schüth“, Rn. 58, JURIS; EGMR NZA 2012, 199 (200f) = EGMR, Urteil v. 03.02.2011, Az.: 18136/02 „Siebenhaar“, Rn. 41, JURIS.

1192 Hesse, in: Listl / Pirson, HdbStKirchR, Bd. I, § 17, S. 521 (535) m.w.N.

1193 Siehe oben S. 18.

1194 Eine Übersicht weiterer Fallgruppen findet sich bei: v. Campenhausen / de Wall, Staatskirchenrecht, §14, S. 104ff.

1195 Siehe oben S. 25.

1196 BVerfGE 53, 366 (403f); BVerfGE 70, 138 (165).

1197 Vgl. BVerfGE 53, 366 (403f); BVerfGE 70, 138 (165f). Siehe auch oben S. 26.

1198 Siehe zu dieser Diskussion oben ab S. 35.

austauschbar, sodass klar abgrenzbare Streitstände nicht formuliert werden können.[1199]

Zunächst bindet der Leitbegriff der Dienstgemeinschaft sämtliche Beschäftigte im Kirchendienst. Gem. Art. 1 GrO wirken alle Mitarbeiter kirchlicher Einrichtungen an der Verwirklichung des Sendungsauftrages mit.[1200] Insbesondere, da der Mitarbeiter freiwillig ein Vertragsverhältnis mit einem kirchlichen Arbeitgeber eingeht, kann die bloße Zugehörigkeit zur Dienstgemeinschaft nach hier vertretener Ansicht auf alle Mitarbeiter im Kirchendienst erstreckt werden. Ein Mindestmaß an persönlicher Identifizierung und Übereinstimmung mit den durch den Leitbegriff der Dienstgemeinschaft verkörperten christlichen Werten kann von jedem dieser Mitarbeiter erwartet werden.[1201] Auch wird der Mitarbeiter dem Bundesverfassungsgericht zufolge in persona nicht vollständig erfasst[1202]. Ihm verbleibt ein „kirchenfreier“ Kern privater Lebensgestaltung.

Die Rechtsprechung des EGMR vermag an diesem Ergebnis nichts zu ändern[1203]. Der Gerichtshof betont seinerseits, dass den Religionsgesellschaften eine „unverzichtbare Autonomie“ eingeräumt werde. Zudem könne ein religiöses Bekenntnis nur in „extremen Ausnahmefällen“ einer Rechtmäßigkeitskontrolle unterzogen werden. Ein solcher Freiheitsrahmen sei für eine pluralistische Gesellschaft unverzichtbar.[1204] Insoweit stimmen die Rechtsprechungslinien von Bundesverfassungsgericht und EGMR überein, da auch der EGMR einen großzügigen Freiheitsraum zugunsten der Religionsgesellschaften formuliert[1205]. Der Gerichtshof hat sich damit den pauschalen Ansichten der Beschwerdeführer, die Kirchen mischten

1199 Siehe oben S. 42ff.

1200 Siehe oben S. 27ff.

1201 Siehe oben S. 32.

1202 BVerfGE 70, 138 (166).

1203 Ähnlich auch: Reichold, KuR 2011, 199 (203); ders., EuZA 2011, 320 (325f).

1204 Vgl. EGMR NZA 2011, 277 (278) = EGMR, Urteil v. 23.09.2010, Az.: 425/03 „Obst“, Rn. 44, JURIS; EGMR NZA 2011, 279 (281) = EGMR, Urteil v. 23.09.2010, Az.: 1620/03 „Schüth“, Rn. 58, JURIS; EGMR NZA 2012, 199 (200f) = EGMR, Urteil v. 03.02.2011, Az.: 18136/02 „Siebenhaar“, Rn. 41, JURIS.

1205 Siehe oben S. 179.

sich in unzumutbarer Weise immer stärker in die private Lebensgestaltung ein[1206], entgegengestellt. Eine *grundsätzliche* Bindung der Mitarbeiter an zentrale Glaubenssätze ist damit möglich[1207].
Diese grundsätzliche Bindung entspricht im Ergebnis dem hier vertretenen Verständnis einer Bindung aller Mitarbeiter in einer Dienstgemeinschaft[1208]. Versteht man die Bindung an die Grundsätze der Dienstgemeinschaft (d.h. das „Ob" einer Bindung) als eine erste Stufe, die den kirchlichen Dienst von jedem beliebigen anderen Arbeitsverhältnis unterscheidet, so muss den Religionsgesellschaften diese Bindung aller Mitarbeiter ermöglicht sein. Andernfalls bliebe von einem unverzichtbaren Autonomierahmen, den auch der EGMR zugunsten kirchlicher Arbeitgeber vorsieht, nichts übrig.
Die Rechtsprechung des EGMR verleiht daher im Ergebnis auch solchen Ansichten kein zusätzliches Gewicht, die sich hinsichtlich des Schutzumfangs von Art. 137 III WRV i.V.m. Art. 140 GG streng am Tendenzschutzgedanken des § 118 I BetrVG orientieren. Hiernach wären bereits nur solche Mitarbeiter Teil einer Dienstgemeinschaft, die anhand der Kriterien des § 118 I BetrVG als Tendenzträger einzustufen wären. Dies würde einen Teil der Belegschaft aus der Dienstgemeinschaft ausklammern.[1209] Zudem kann nicht verlangt werden, die Religionsgesellschaften mögen sich nur solcher Aufgaben annehmen, die mit eindeutig tendenzgebundenem Personal zu bewältigen wären[1210], obgleich sich so die beschriebene Aufspaltung der Belegschaft vermeiden ließe. Indem der EGMR den Religionsgesellschaften, vergleichbar dem Bundesverfassungsgericht, eine „unverzichtbare Autonomie" zuspricht, wird derartig restriktiven Ansichten der Boden entzogen. Damit bleibt es auch in Ansehung der jüngsten Rechtsprechung des Gerichtshofs bei der Möglichkeit, *alle* Mitarbeiter im Kirchendienst an das Leitbild der Dienstgemeinschaft zu binden und ihnen damit ein

1206 Vgl. EGMR NZA 2011, 277 (277) = EGMR, Urteil v. 23.09.2010, Az.: 425/03 „Obst", Rn. 31f, JURIS; EGMR NZA 2011, 279 (280) = EGMR, Urteil v. 23.09.2010, Az.: 1620/03 „Schüth", Rn. 46f, JURIS.

1207 Siehe oben S. 204.

1208 Siehe oben S. 31.

1209 Siehe oben S. 39ff.

1210 Vgl. Struck, NZA 1991, 249 (253).

Mindestmaß an Übereinstimmung mit dem christlichen Charakter des Dienstes in der Kirche abzuverlangen.

Über die Möglichkeit hinaus, dem kirchlichen Dienst das Leitbild einer Dienstgemeinschaft zugrunde zu legen, können kirchliche Arbeitgeber ihren Mitarbeitern arbeitsvertraglich Loyalitätsobliegenheiten auferlegen. Diese reichen mitunter bis in private Lebensbereiche der Mitarbeiter hinein.[1211] Das Selbstbestimmungsrecht aus Art. 137 III WRV i.V.m. Art. 140 GG ermöglicht es nach der Rechtsprechung des Bundesverfassungsgerichts allein den Kirchen, verbindlich darüber zu befinden „was die Glaubwürdigkeit der Kirche und ihrer Verkündung erfordert, was spezifisch kirchliche Aufgaben sind, was Nähe zu ihnen bedeutet, welches die wesentlichen Grundsätze der Glaubens- und Sittenlehre sind und was als - gegebenenfalls schwerer - Verstoß gegen diese anzusehen ist“[1212]. Die Religionsgesellschaften können hiernach letztverbindlich über das „Ob“ und „Wie“[1213] einer Abstufung dieser Obliegenheiten entscheiden[1214]. Für die arbeitsrechtliche Praxis liegt hier der Schwerpunkt, wenn kirchliches Selbstbestimmungsrecht und weltliches Kündigungsschutzrecht aufeinanderprallen[1215].
Aufgrund der praktischen Bedeutung verwundert es nicht, dass die Rechtsprechung des EGMR hier einen Ansatzpunkt findet[1216]. Der Gerichtshof formuliert in einigen Punkten abweichende Kriterien, indem er die Angemessenheit der Loyalitätsobliegenheiten im Einzelfall prüft[1217]. Eine solche

1211 Siehe oben S. 32ff.

1212 So wörtlich: BVerfGE 70, 138 (168).

1213 Im Hinblick auf die Rechtsprechung des Bundesverfassungsgerichts ebenfalls mit diesem Begriffspaar operierend: Fahrig / Stenslik, EuZA 2012, 184 (192).

1214 BVerfGE 70, 138 (168). Siehe dazu sowie zur Kritik an diesem Ansatz ausführlich oben ab S. 34.

1215 Siehe oben S. 32ff.

1216 Vgl. auch Hammer, AuR 2011, 278 (281).

1217 Vgl. EGMR NZA 2011, 277 (278f) = EGMR, Urteil v. 23.09.2010, Az.: 425/03 „Obst“, Rn. 46ff, JURIS; EGMR NZA 2011, 279 (281f) = EGMR, Urteil v. 23.09.2010, Az.: 1620/03 „Schüth“, Rn. 66ff, JURIS; EGMR NZA 2012, 199 (201) = EGMR, Urteil v. 03.02.2011, Az.: 18136/02 „Siebenhaar“, Rn. 44ff, JURIS. Siehe auch oben S. 177, S. 186 und S. 198. Melot de Beauregard, NZA-RR 2012, 225

Einzelfallprüfung lässt auch die Rechtsprechung des Bundesverfassungsgerichts noch zu, wenn es den Fachgerichten einen Sicherstellungsauftrag dahingehend erteilt, dass der Beschäftigte in seiner privaten Lebensführung nicht vollständig von den Loyalitätsobliegenheiten ergriffen und das Beschäftigungsverhältnis nicht „klerikalisiert“ wird[1218]. Anders als das Bundesverfassungsgericht, das die Religionsgesellschaften über das „Ob“ und „Wie“ einer Abstufung von Loyalitätsobliegenheiten entscheiden lässt, prüft der EGMR die Angemessenheit der Loyalitätsobliegenheiten im Einzelfall anhand der vom Mitarbeiter bekleideten Position[1219]. Je exponierter die Position des Beschwerdeführers in der kirchlichen Organisation angelegt ist, desto weitergehende Loyalitätsobliegenheiten können auferlegt werden. Insbesondere das Judikat EGMR Az.: 1620/03 „Schüth“ zeigt, dass weitreichende Beschränkungen der Privat- und Intimsphäre nicht zulässig sind, wenn der Mitarbeiter nicht in herausgehobener Position am Verkündungsauftrag teilhat[1220]. Daraus folgt eine zwingend vorzunehmende Abstufung der Loyalitätsobliegenheiten anhand der vom Mitarbeiter bekleideten Position. Im Unterschied zum Bundesverfassungsgericht überlässt der EGMR es hierbei nicht allein den Kirchen, festzulegen, ob eine Position als verkündungsnah einzustufen ist[1221].

Überträgt man diese Vorgaben, insbesondere aus den Urteilen EGMR Az.: 425/03 „Obst“ und EGMR Az.: 1620/03 „Schüth“, auf die Auslegung

---

(230) betont, der EGMR „schieße damit über das Ziel hinaus“.

1218 Vgl. BVerfGE 70, 138 (166). Joussen, RdA 2011, 173 (174f) erblickt in der Entscheidung des Bundesverfassungsgerichts ebenfalls eine „sorgfältige Abwägung der betroffenen Interessen“. Ähnlich: Grabenwarter, FS Jaeger, S. 639 (645f); ders. / Pabel, KuR 2011, 55 (66) wonach sich die Vorgaben des EGMR zur Abwägungspflicht in das bestehende Rechtsschutzsystem einfügen bzw. das bestehende Rechtsschutzsystem den Vorgaben genügt.

1219 Vgl. auch: Sperber, EuZA 2011, 407 (412).

1220 Vgl. EGMR NZA 2011, 279 (282) = EGMR, Urteil v. 23.09.2010, Az.: 1620/03 „Schüth“, Rn. 71, JURIS. Siehe auch oben S. 189.

1221 Vgl. EGMR NZA 2011, 277 (279) = EGMR, Urteil v. 23.09.2010, Az.: 425/03 „Obst“, Rn. 50, JURIS; EGMR NZA 2011, 279 (282) = EGMR, Urteil v. 23.09.2010, Az.: 1620/03 „Schüth“, Rn. 71, JURIS; EGMR NZA 2012, 199 (201f) = EGMR, Urteil v. 03.02.2011, Az.: 18136/02 „Siebenhaar“, Rn. 46, JURIS.

des Art. 137 III WRV i.V.m. Art. 140 GG in Bezug auf die „eigenen Angelegenheiten“, so kann nicht mehr angenommen werden, die Religionsgesellschaften könnten auch zukünftig über das „Ob“ und „Wie“ einer Abstufung von Loyalitätsobliegenheiten gänzlich unabhängig entscheiden[1222]. Als Konsequenz aus der EGMR-Judikatur sind diese zukünftig vielmehr anhand der Verkündungsnähe des Mitarbeiters abzustufen[1223]. Beide Kriterien sind voll gerichtlich überprüfbar[1224]. Die nach hier vertretener Ansicht völkerrechtliche Verbindlichkeit der Vorgabe[1225] lässt insoweit keinen Abweichungsspielraum.

3. Die Auswirkungen auf die Auslegung der „für alle geltenden Gesetze“

Das nicht schrankenlos gewährte kirchliche Selbstbestimmungsrecht findet seine Grenze in den „für alle geltenden Gesetzen“. Die Auslegungsansätze zu dieser Formel variierten im Laufe der Zeit deutlich.[1226] Arbeitsrechtliche bzw. kündigungsschutzrechtliche Normen wie § 1 KSchG und § 626 BGB sind nach der aktuellen Rechtsprechung des Bundesverfassungsgerichts als „für alle geltende Gesetze“ einzuordnen[1227]. Dass diese Normen im Rahmen eines Kündigungsschutzprozesses von den Fachgerichten zu berücksichtigen sind, ist insgesamt unumstritten[1228]. Die vor diesem Hintergrund aufge-

1222 Im Ergebnis so wohl auch: MUNSONIUS, DÖV 2012, 93 (97); SPERBER, EuZA 2011, 407 (412); WORTMANN, ArbRB 2011, 52 (53f). A.A.: JOUSSEN, RdA 2011, 173 (176); PÖTTERS, EzA § 611 BGB 2002, Kirchliche Arbeitnehmer, Nr. 21, S. 15 (22); DERS. / KALF, ZESAR 2012, 216 (219); RICHARDI, Arbeitsrecht in der Kirche, § 7, S. 112, wo kein grundsätzlicher Anpassungsbedarf des kirchlichen Arbeitsrechts an die Vorgaben des EGMR gesehen wird.

1223 So auch: MAYER, UDO, dbr 2010, 19 (21). Im Ergebnis wohl auch: REICHOLD, KuR 2011, 199 (203).

1224 A.A.: PLUM, NZA 2011, 1194 (1199).

1225 Siehe oben S. 140.

1226 Siehe zu diesen Ansätzen oben ab S. 45.

1227 Vgl. BVerfGE 70, 138 (166f).

1228 Vgl. BVerfGE 70, 138 (166f); V. CAMPENHAUSEN / UNRUH, in: V. MANGOLDT / KLEIN / STARCK, Kommentar zum GG, Bd. 3: Art. 83 - 146, Art. 137 WRV, Rn. 79; V. CAMPENHAUSEN / DE WALL, Staatskirchenrecht, § 21, S. 182; MÜCKL, in: ISENSEE / KIRCHHOF, HdbStR, Bd. VII, § 160, Rn. 44. Gleiches ergibt sich nach hier stellte Prognose, die Rechtsprechung des EGMR werde hieran *grundsätzlich* nichts ändern[1229], wird durch die Judikate EGMR Az.: 425/03 „Obst“, EGMR Az.: 1620/03 „Schüth“ und EGMR Az.: 18136/02 „Siebenhaar“ im Ergebnis bestätigt. Dies ergibt sich daraus, dass der EGMR die Pflicht postuliert, Schutzvorkehrungen zu treffen, die ein „ausgewogenes Gleichgewicht“ zwischen den konventionsrechtlich geschützten Interessen herstellen[1230]. Das Arbeitsgerichtssystem der Bundesrepublik Deutschland erfüllt diese Anforderungen, da der Einzelne die Möglichkeit hat, die Rechtmäßigkeit einer Kündigung überprüfen zu lassen.[1231] Da nach Ansicht des Gerichtshofs eine Kontrollinstanz vorhanden sein muss, die die Rechtmäßigkeit einer durch einen kirchlichen Arbeitgeber ausgesprochenen Kündigung überprüfen kann, spricht diese Rechtsprechung jedenfalls nicht gegen die Einordnung der §§ 1 KSchG und 626 BGB als „für alle geltende Gesetze“ i.S.d. Art. 137 III WRV i.V.m. Art. 140 GG. Folglich setzt die Judikatur des EGMR auch keinen Impuls, der die Auslegung der Schrankenformel von der allgemeinen Meinung abweichend beeinflusst[1232].

Damit ist noch nicht geklärt, wie der Prüfauftrag der Arbeitsgerichte im Rahmen eines Kündigungsschutzprozesses ausgestaltet ist. Nach der Rechtsprechung des Bundesverfassungsgerichts kann die Anwendung der §§ 1 KSchG und 626 BGB den besonderen Charakter des kirchlichen Dienstes nicht in Frage stellen[1233]. Die Zugehörigkeit dieses Dienstes zu den

---

vertretener Ansicht. Siehe dazu oben ab S. 50.

1229 Siehe oben S. 53.

1230 Vgl. EGMR NZA 2011, 277 (278) = EGMR, Urteil v. 23.09.2010, Az.: 425/03 „Obst“, Rn. 41, JURIS; EGMR NZA 2011, 279 (281) = EGMR, Urteil v. 23.09.2010, Az.: 1620/03 „Schüth“, Rn. 55, JURIS; EGMR NZA 2012, 199 (200) = EGMR, Urteil v. 03.02.2011, Az.: 18136/02 „Siebenhaar“, Rn. 38, JURIS.

1231 Vgl. EGMR NZA 2011, 277 (278) = EGMR, Urteil v. 23.09.2010, Az.: 425/03 „Obst“, Rn. 45, JURIS; EGMR NZA 2011, 279 (281) = EGMR, Urteil v. 23.09.2010, Az.: 1620/03 „Schüth“, Rn. 59, JURIS; EGMR NZA 2012, 199 (201) = EGMR, Urteil v. 03.02.2011, Az.: 18136/02 „Siebenhaar“, Rn. 42, JURIS.

1232 Im Ergebnis so wohl auch: RICHARDI, Arbeitsrecht in der Kirche, § 7, S. 112.

1233 BVerfGE 70, 138 (165).

„eigenen Angelegenheiten" darf im Ergebnis nicht aufgehoben werden[1234]. Daraus resultiert die Frage, wie der Rechtsschutzanspruch des Einzelnen und die kirchlichen Freiheitsgarantien zu einem Ausgleich zu bringen sind[1235]. Das Bundesverfassungsgericht misst dem Selbstverständnis der Religionsgesellschaften hierbei besonderes Gewicht bei[1236]. Aufgabe der Arbeitsgerichte ist es danach lediglich, den Loyalitätsobliegenheitsverstoß durch Subsumtion unter die Vorgaben des kirchlichen Arbeitgebers festzustellen[1237].

Die Rechtsprechung des EGMR sorgt zunächst für eine inhaltliche Kontrolle bzw. Abstufung der Loyalitätsobliegenheiten in Abhängigkeit von der durch den Mitarbeiter konkret bekleideten Position[1238].
Darüber hinaus spricht sich die Judikatur des Gerichtshofs für eine umfassende Interessenabwägung im Einzelfall aus[1239]. So hatte der EGMR in den Blick genommen, wie der Arbeitgeber vom Loyalitätsobliegenheitsverstoß des Mitarbeiters Kenntnis erlangt hatte, sowie, ob das Verhalten eine Ausstrahlungswirkung auf die Öffentlichkeit hatte. Weiterhin werden die Folgen der Kündigung betrachtet, wobei neben Lebensalter, Beschäftigungsdauer und zu erfüllenden Unterhaltspflichten auch die Arbeitsmarktchancen einbezogen werden. Hinsichtlich der Arbeitsmarktchancen wird berücksichtigt, ob die Ausbildung des Mitarbeiters ein spezifisch kirchliches Gepräge aufweist und ob dies dazu führt, dass der Mitarbeiter auf kirchliche

1234 BVerfGE 53, 366 (392); BVerfGE 70, 138 (165).

1235 Siehe oben S. 53.

1236 Vgl. BVerfGE 53, 366 (401); BVerfGE 66, 1 (22); BVerfGE 70, 138 (167).

1237 BVerfGE 70, 138 (167f).

1238 Siehe oben S. 219.

1239 Vgl. auch: Grabenwarter, FS Jaeger, S. 639 (647); ders. / Pabel, KuR 2011, 55 (67); Hammer, AuR 2011, 278 (284f); Joussen, RdA 2011, 173 (175f); Kotthaus, ArbRB 2010, 294 (294); dies., ArbRB 2011, 66 (66); Mayer, Udo, dbr 2010, 19 (19 u. 21); Pötters, EzA § 611 BGB 2002, Kirchliche Arbeitnehmer, Nr. 21, S. 15 (23); Reichold, KuR 2011, 199 (206); Reufels / Molle, KSzW 2012, 3 (5f); Sperber, EuZA 2011, 407 (418); Stöhr, AuR 2012, 451 (451); Wortmann, ArbRB 2011, 52 (53f). Kritisch zu diesem Kontrollumfang der EGMR-Rechtsprechung: Grabenwarter, FS Jaeger, S. 639 (649); ders. / Pabel, KuR 2011, 55 (68f).

Arbeitgeber angewiesen bleibt.[1240] Die Berücksichtigung dieser Kriterien durch den EGMR deutet zunächst auf einen zukünftig erweiterten Prüfauftrag der Fachgerichte hin[1241]. Es ist jedoch zu bedenken, dass diese Kriterien für den Gerichtshof im Rahmen der Interessenabwägung relevant werden. Um die Auswirkungen dieser Vorgaben herausarbeiten zu können, ist zunächst deren dogmatisch korrekter Anknüpfungspunkt im Rahmen der materiell-rechtlichen Prüfung einer Kündigungsschutzklage zu bestimmen[1242].

Eine Interessenabwägung wird in der arbeitsgerichtlichen Praxis sowohl bei der Überprüfung einer auf § 626 I BGB gestützten außerordentlichen Kündigung, als auch bei der Prüfung der Sozialwidrigkeit einer Kündigung gem. § 1 II KSchG vorgenommen. § 626 I BGB ordnet diese aufgrund des eindeutigen Normtextes ausdrücklich an. Auch im Rahmen der Prüfung des § 1 KSchG wird eine solche Interessenabwägung mehrheitlich für notwendig erachtet[1243]. Es ist daher möglich, die vom EGMR herausgearbeiteten Kriterien[1244] im Rahmen der Interessenabwägung eines Kündigungsschutzprozesses zu berücksichtigen. Die Rechtsprechung des

---

1240 Siehe zur Herleitung dieser Kriterien oben S. 207ff. Ähnliche Abwägungskriterien herausarbeitend: HAMMER, AuR 2011, 278 (284); PLUM, NZA 2011, 1194 (1200); DERS., RdA 2012, 373 (375). Vgl. auch: HAMMER, Chefarzt-Kündigung im katholischen Krankenhaus - Wiederverheiratete in kirchlichen Einrichtungen dürfen aufatmen, <http://www.lto.de/recht/hintergruende/h/chefarzt-kuendigung-im-katholischen-krankenhaus-wiederverheiratete-in-kirchlichen-einrichtungen-duerfen-aufatmen/>; KOTTHAUS, ArbRB 2010, 294 (294); MAYER, UDO, dbr 2010, 19 (20f); SPERBER, EuZA 2011, 407 (414); WORTMANN, ArbRB 2011, 52 (54). Anders GRABENWARTER / PABEL, KuR 2011, 55 (67), wonach die Rechtsprechung des EGMR nicht die Herausarbeitung entsprechender Kriterien zulässt.

1241 HAMMER, AuR 2011, 278 (284f). Vgl. auch: FAHRIG / STENSLIK, EuZA 2012, 184 (194).

1242 Siehe oben S. 209.

1243 BUFALICA, in: DÄUBLER / HJORT / SCHUBERT / WOLMERATH, HK-ArbR, § 1 KSchG, Rn. 54; LINCK, in: SCHAUB, Arbeitsrechts-Handbuch, § 130, Rn. 30; OETKER, in: MÜLLER-GLÖGE / PREIS / SCHMIDT, Erfurter Kommentar, § 1 KSchG, Rn. 82, jeweils m.w.N.

1244 Siehe oben S. 207ff.

Gerichtshofs sorgt insofern für eine Konkretisierung, als dass zukünftig das im Einzelfall relevante Abwägungsmaterial in die Interessenabwägung einzustellen ist[1245]. Eine bloß formelhafte bzw. schematische Abwägung wird den Vorgaben nicht gerecht und birgt die Gefahr, konventionsrechtlich geschützte Interessen nicht genügend zu berücksichtigen.[1246] Dies kann zu einer erneuten Verletzung der EMRK führen[1247] und ist daher aufgrund des Gebotes, effektiven Menschenrechtsschutz zu gewährleisten[1248], zu vermeiden. Versteht man die Vorgaben des Bundesverfassungsgerichts, ein Beschäftigungsverhältnis dürfe nicht „klerikalisiert" werden[1249], in der Weise, dass damit eine Abwägung zwischen kirchlichem Selbstbestimmungsrecht und den Belangen des Arbeitnehmers vorzunehmen ist[1250], so sorgt die jüngste Judikatur des EGMR in diesem Bereich nicht für eine Erweiterung des arbeitsgerichtlichen Prüfauftrags. Sie hat vielmehr eine begrüßenswerte Klarstellungsfunktion[1251].

Im Rahmen eines Kündigungsschutzprozesses ist der Interessenabwägung jedoch die Prüfung vorgeschaltet, ob der Sachverhalt „an sich" einen Kündigungsgrund darstellt[1252]. Nach den Vorgaben des Bundesverfassungsgerichts haben die Arbeitsgerichte hierbei die Aufgabe, einen Loyalitätsobliegenheitsverstoß festzustellen, indem sie unter die vom kirchlichen Arbeitgeber vorgefundenen Loyalitätsobliegenheiten subsumieren[1253].

1245 Vgl. HAMMER, AuR 2011, 278 (284f); JOUSSEN, RdA 2011, 173 (176); KOTTHAUS, ArbRB 2010, 294 (294).

1246 Vgl. FAHRIG / STENSLIK, EuZA 2012, 184 (194f).

1247 Siehe oben S. 119f.

1248 Siehe oben S. 137.

1249 BVerfGE 70, 138 (166).

1250 Vgl. JOUSSEN, RdA 2011, 173 (176); RÜFNER, in: LISTL / PIRSON, HdbStKirchR, Bd. II, § 66, S. 901 (904); VOGLER, RdA 1993, 257 (259ff).

1251 Ähnlich: JOUSSEN, RdA 2011, 173 (176).

1252 Vgl. zu § 626 BGB: GRIEBELING, in: DÄUBLER / HJORT / SCHUBERT / WOLMERATH, HK-ArbR, § 626 BGB, Rn. 49; LINCK, in: SCHAUB, Arbeitsrechts-Handbuch, § 127, Rn. 41, jeweils m.w.N. Vgl. zu § 1 KSchG: OETKER, in: MÜLLER-GLÖGE / PREIS / SCHMIDT, Erfurter Kommentar, § 1 KSchG, Rn. 64 m.w.N.

1253 BVerfGE 70, 138 (167f).

Wie bereits herausgearbeitet wurde, ist hierbei zukünftig keinesfalls mehr allein die kirchliche Vorgabe maßgeblich. Die Loyalitätsobliegenheiten sind vielmehr in Abhängigkeit der bekleideten Position abzustufen[1254]. Diese Abstufung ist zudem voll gerichtlich überprüfbar[1255]. Der Prüfauftrag der Fachgerichte wird insoweit durch die jüngste Rechtsprechung des EGMR erweitert[1256]. Halten die arbeitgeberseitig formulierten Loyalitätsobliegenheiten dieser Überprüfung stand, verbleibt es dabei, dass das Verhalten des Arbeitnehmers hieran zu messen ist. Das Urteil EGMR Az.: 18136/02 „Siebenhaar“ zeigt, dass hierbei von Relevanz ist, ob der Arbeitnehmer bewusst bzw. kirchenfeindlich gegen die Glaubenslehren seines Arbeitgebers verstößt oder ob er trotz grundsätzlicher Akzeptanz der Lehren diese lediglich nicht umsetzen kann. Bewusst kirchenfeindliches Verhalten des Arbeitnehmers wird also auch im Lichte der Rechtsprechung des EGMR regelmäßig „an sich“ einen Kündigungsgrund darstellen[1257]. Im Ergebnis kollidiert ein solchermaßen moderat erweiterter Prüfauftrag der Arbeitsgerichte nicht mit den Vorgaben des Bundesverfassungsgerichts[1258]. Der EGMR sorgt mit seiner Rechtsprechung für eine maßvolle Erweiterung des gerichtlichen Prüfumfangs, wenn die Frage zu beantworten ist, ob „an sich“ ein geeigneter Kündigungsgrund vorliegt[1259]. Im Rahmen der Interessenabwägung hat die Judikatur des Gerichtshofs Klarstellungsfunktion, indem konkretisiert wird, wie diese Abwägung zu erfolgen hat. Insofern ist die Feststellung, es bestehe nur „auf den ersten Blick“ eine

---

1254 Siehe oben S. 218.

1255 Siehe oben S. 219.

1256 Im Ergebnis so auch: Mayer, Udo, dbr 2010, 19 (20f). A.A.: Reichold, EuZA 2011, 320 (328).

1257 Siehe oben S. 202ff. Ähnlich Plum, NZA 2011, 1194 (1200), der „das Bewusstsein des Arbeitnehmers für die begangene Loyalitätspflichtverletzung“ ebenfalls als vom EGMR berücksichtigtes Kriterium ansieht.

1258 Vgl. Grabenwarter, FS Jaeger, S. 639 (652); ders. / Pabel, KuR 2011, 55 (66). Einen Widerspruch zur Rechtsprechung des Bundesverfassungsgerichts erblickend: Hammer, AuR 2011, 278 (284); Wortmann, ArbRB 2011, 52 (53f).

1259 Im Ergebnis ähnlich: Fahrig / Stenslik, EuZA 2012, 184 (195); Hammer, AuR 2011, 278 (284f); Kotthaus, ArbRB 2010, 294 (294); Mayer, Udo, dbr 2010, 19 (19); Wortmann, ArbRB 2011, 52 (54).

Diskrepanz beim Umfang der gerichtlichen Kontrolle[1260], zutreffend. Denn die vom EGMR herausgearbeiteten Aspekte lassen sich allesamt mit der Rechtsprechung des Bundesverfassungsgerichts in Einklang bringen[1261]. Es bedarf daher keiner Bemühung des § 31 I BVerfGG, um die Wirkung der EGMR-Judikatur einzugrenzen[1262]. Zum einen wäre ein solcher Versuch angesichts der Europarechtsfreundlichkeit des Grundgesetzes nach hier vertretener Meinung ohnehin problematisch, da ein nationaler Verfassungsvorbehalt im Ergebnis gegenüber der Rechtsprechung des EGMR nicht geltend gemacht werden kann.[1263] Zum anderen sind die Auswirkungen der Rechtsprechung des EGMR im Bereich des kirchlichen Individualarbeitsrechts nicht so tiefgreifend[1264], dass kein Einklang mit den Vorgaben des Bundesverfassungsgerichts erzielt werden könnte[1265]. Das Bundesverfassungsgericht überlässt es zwar den Religionsgesellschaften, unabhängig von staatlicher Einflussnahme über das „Ob“ und „Wie“ einer Abstufung von Loyalitätsobliegenheiten verbindlich zu entscheiden[1266]. Allerdings kann dies nicht so verstanden werden, dass eine Abstufung gänzlich unzulässig wäre. Denn auch das Bundesverfassungsgericht schützt die Mitarbeiter im Kirchendienst vor überzogenen Anforderungen, wenn es verhindern will, dass das Beschäftigungsverhältnis „klerikalisiert“ wird[1267]. Letztlich dient eine Abstufung von Loyaliätsobliegenheiten diesem Ziel. Zudem sehen sowohl katholische als auch evangelische Kirche(n) eine entsprechende

1260 PLUM, NZA 2011, 1194 (1197).

1261 PÖTTERS, EzA § 611 BGB 2002, Kirchliche Arbeitnehmer, Nr. 21, S. 15 (22). Vgl. auch: FAHRIG / STENSLIK, EuZA 2012, 184 (195).

1262 Eine solche Begrenzung vornehmend: PLUM, NZA 2011, 1194 (1198). So wohl auch: PÖTTERS / KALF, ZESAR 2012, 216 (224).

1263 Siehe oben S. 140.

1264 Ähnlich auch: FAHRIG / STENSLIK, EuZA 2012, 184 (195).

1265 Bereits die Bezeichnung der bundesverfassungsgerichtlichen Vorgaben als „Abwägungslehre“ zeigt, dass auch hiernach die im Einzelfall wiederstreitenden Interessen einem Ausgleich zuzuführen sind. Vgl. V. CAMPENHAUSEN / UNRUH, in: V. MANGOLDT / KLEIN / STARCK, Kommentar zum GG, Bd. 3: Art. 83 - 146, Art. 137 WRV, Rn. 46.

1266 BVerfGE 70, 138 (168).

1267 BVerfGE 70, 138 (166).

Abstufung grundsätzlich vor[1268]. Dies zeigt, dass die Formulierung des Bundesverfassungsgerichts nicht als grenzenloser Freibrief aufgefasst wird. Die Rechtsprechung des EGMR verleiht der Feststellung „daß von der Köchin einer Großküche nicht die selben Obliegenheiten einzufordern sind wie von einer Pastorin“[1269] insofern wünschenswerten Nachdruck.

Die vom EGMR inhaltlich präzisierte Interessenabwägung kollidiert nicht mit den nationalen Vorgaben. Auch die Rechtsprechung des Bundesverfassungsgerichts ermöglicht eine Abwägung zwischen kirchlicher Selbstbestimmung und grundrechtlich geschützten Positionen des Arbeitnehmers[1270]. Die Rechtsprechung des EGMR präzisiert die Ausgestaltung dieser Vorgabe damit lediglich. Damit ist eine Einpassung der Vorgaben des EGMR im Rahmen der Auslegung des Art. 137 III WRV i.V.m. Art. 140 GG im Ergebnis möglich[1271]. Der anzustrebende Gleichklang der Rechtsprechungslinien[1272] kann erzielt werden, ohne dass ein nationaler Vorbehalt geltend gemacht werden müsste.

4. Zur Notwendigkeit einer Änderung von Art. 137 III WRV i.V.m. Art. 140 GG

Die Frage, ob bei einem durch Auslegung einer Norm zu behebenden EMRK-Verstoß die zu Grunde liegende Norm geändert werden muss oder ob eine veränderte Auslegungspraxis genügt, wird nicht einheitlich beantwortet[1273]. Für die vorliegende Untersuchung wird diese Frage aus der Systematik der EMRK heraus beantwortet. Die Konvention will einen möglichst effekti-

1268 Siehe für die katholische Kirche: Art. 4 GrO. Siehe für die EKD: § 4 LoyaliätsRL. Vgl. auch: Grabenwarter, FS Jaeger, S. 639 (645); ders. / Pabel, KuR 2011, 55 (56f); Joussen, RdA 2011, 173 (174); Reichold, EuZA 2011, 320 (326); Wortmann, ArbRB 2011, 52 (53).

1269 So wörtlich bei: v. Campenhausen / de Wall, Staatskirchenrecht, § 21, S. 181.

1270 Rüfner, in: Listl / Pirson, HdbStKirchR, Bd. II, § 66, S. 901 (904); Vogler, RdA 1993, 257 (259ff).

1271 Im Ergebnis so auch: Hammer, AuR 2011, 278 (285).

1272 Siehe oben S. 212ff.

1273 Siehe oben S. 136f.

ven und weitreichenden Menschenrechtsschutz gewährleisten. Da durch die Konvention keine der Alternativen bevorzugt wird, ist in jedem Einzelfall zu prüfen, ob eine konventionsfreundliche Auslegung oder eine Gesetzesänderung die effektivere Methode zur Herstellung konventionsgemäßer Zustände darstellt.[1274]

Nachdem die Auswirkungen der jüngsten EGMR-Rechtsprechung herausgearbeitet sind, bleibt daher zu klären, ob dies zu einer Änderung von Art. 137 III WRV i.V.m. Art. 140 GG führen muss.

Art. 137 III WRV i.V.m. Art. 140 GG beschreibt das kirchliche Selbstbestimmungsrecht vollumfänglich[1275]. Die Möglichkeiten, die kirchlichen Arbeitgebern im Rahmen privatrechtlich ausgestalteter Arbeitsverhältnisse eröffnet werden, stellen nur einen Ausschnitt des gesamten Inhalts des Selbstbestimmungsrechts dar[1276]. Die Rechtsprechung des EGMR nimmt folglich auch nur auf diesen Ausschnitt Bezug. Die weiteren dem Selbstbestimmungsrecht zuzurechnenden Gewährleistungen zugunsten der Kirchen müssen von der Norm jedoch weiterhin abgebildet werden. Diese Verfassungsnorm weist daher einen hohen Abstraktionsgrad auf[1277]. Diese „Ausfüllungsbedürftigkeit der staatskirchenrechtlichen Normen" garantiert letztlich, dass die Trennung von staatlicher und kirchlicher Sphäre nicht unzulässigerweise aufgehoben wird[1278].

Die im Laufe der Jahrzehnte laufend veränderten Auslegungstendenzen der einzelnen Tatbestandsmerkmale[1279] zeigen zudem, dass die Norm, beein-

---

1274 Siehe oben S. 137f.

1275 Vgl. KORIOTH, in: MAUNZ / DÜRIG, GG-Kommentar, Band VII Art. 107 - 146, Art. 137 WRV (Stand der Bearbeitung: Febr. 2003), Rn. 17. Siehe auch oben S. 16ff.

1276 Weitere Fallgruppen, die zu den „eigenen Angelegenheiten" zählen, sind: Lehre und Kultus, Kirchenverfassung und -organisation einschl. der freien Ämterverleihung, Ausbildung der Geistlichen, Normierung der Rechte und Pflichten der Kirchenmitglieder, Vermögensverwaltung, karitatives Wirken. Vgl. v. CAMPENHAUSEN / DE WALL, Staatskirchenrecht, § 14, S. 104ff.

1277 Vgl. umfassend zur verfassungsrechtlichen Gewährleistung von Art. 137 III WRV i.V.m. Art. 140 GG: HESSE, in: LISTL / PIRSON, HdbStKirchR, Bd. I, § 17, S. 521 (522ff).

1278 v. CAMPENHAUSEN, in: LISTL / PIRSON, HdbStKirchR, Bd. I, § 2, S. 47 (51).

1279 Siehe hierzu oben ab S. 18.

flusst durch gesellschaftlichen Wandel, immer wieder angepasst und inhaltlich verändert wurde. Von „sinnvariierenden“[1280] Formeln zu sprechen ist daher zutreffend. Gerade diese Möglichkeit zeigt die Wichtigkeit einer abstrakt gehaltenen verfassungsrechtlichen Verankerung des kirchlichen Selbstbestimmungsrechts.

Eine Änderung des § 137 III WRV i.V.m. Art. 140 GG ist daher nicht indiziert. Das Risiko, nur um einer inhaltlichen Klarstellung im Bereich des kirchlichen Individualarbeitsrechts willen, durch eine Änderung die Flexibilität und Abstraktheit der Norm aufzugeben, ist zu groß[1281]. Der Nutzen einer möglichen Klarstellungsfunktion für das kirchliche Individualarbeitsrecht überwiegt nicht den Preis, auf andere Teilbereiche des Selbstbestimmungsrechts grundlegend einzuwirken.

II. Die Auswirkungen auf § 9 AGG

Auf einfachgesetzlicher Ebene setzt sich die Diskussion um die Reichweite der kirchlichen Selbstbestimmungsrechte im Rahmen des § 9 AGG fort. Das AGG transformiert die Antidiskriminierungsrichtlinie 2000/78/EG in nationales Recht[1282]. Der Gesetzgeber sah sich hierbei an die verfassungsrechtlichen Vorgaben aus Art. 136ff WRV i.V.m. Art. 140 GG gebunden[1283]. Art. 4 II RL 2000/78/EG erlaubt die Beibehaltung bereits bestehender Ungleichbehandlungen wegen der Religion oder Weltanschauung[1284], sodass dieses gesetzgeberische Motiv den Vorgaben der Richtlinie nicht zuwider läuft. Die Auswirkungen der Judikatur des EGMR auf die Auslegung von Art. 137 III WRV i.V.m. Art. 140 GG beeinflussen daher auch die Diskussionen im Rahmen von § 9 AGG. Gleichzeitig stellt § 9 AGG einen Spezialtatbestand zur Rechtfertigung von Diskriminierungen ausschließlich wegen der

1280 So HECKEL, JOHANNES, VerwArch 37 (1932), 280 (282) in Bezug auf das „für alle geltende Gesetz“.

1281 MÜCKL, in: ISENSEE / KIRCHHOF, HdbStR, Bd. VII, § 159, Rn. 24 erblickt in dieser Flexibilität den Grund für die lange Geltungsdauer der Norm.

1282 BT-Drucks. 16/1780, S. 30.

1283 BT-Drucks. 16/1780, S. 35.

1284 Vgl. MEINEL / HEYN / HERMS, AGG Arbeitsrechtlicher Kommentar, § 9, Rn. 2.

Religion oder Weltanschauung dar[1285]. Dies ist zu bedenken, wenn die für die Auslegung des abstrakt formulierten Art. 137 III WRV i.V.m. Art. 140 GG herausgearbeiteten Ergebnisse auf § 9 AGG übertragen werden.

1. Die Auswirkungen auf die Auslegung von § 9 I AGG

Der Wortlaut des § 9 I AGG ist, wie bereits dargestellt, Gegenstand von Diskussionen. Dieser scheint Diskriminierungen wegen der Religion bzw. Weltanschauung in großzügigerem Maße zuzulassen als dies von Art. 4 II RL 2000/78/EG vorgesehen ist.[1286] Restriktive Stimmen in der Literatur treten daher für eine enge Auslegung von § 9 I AGG ein[1287], während Vertreter der Gegenposition die Abweichung des § 9 I AGG von der Vorgabe der Richtlinie für unbeachtlich halten[1288].

Soweit die Vertreter der jeweiligen Positionen ihre Argumentationslinien mit dem Inhalt bzw. der mangelnden Rechtsverbindlichkeit der „Amsterdamer Kirchenerklärung"[1289] untermauern, kann der Streit als vom europäischen Gesetzgeber entschieden angesehen werden. Mit Inkrafttreten des Vertrages von Lissabon am 01.09.2009 ist diese Erklärung in Art. 17 I AEUV primärrechtlich verankert worden[1290]. Der europäische Gesetzgeber ist zudem mit Art. 17 III AEUV inhaltlich über die „Amsterdamer Kirchenerklärung" hinausgegangen und hat die Rechtsposition der Religionsgemeinschaften noch gestärkt. Eines Rekurses auf die Urteile EGMR Az.: 425/03 „Obst", EGMR Az.: 1620/03 „Schüth" und EGMR Az.: 18136/02 „Siebenhaar" bedarf es daher nicht, um festzuhalten, dass die rechtsverbindlich gewordene „Amsterdamer Kirchenerklärung" zunächst für eine weite Auslegung des § 9 I AGG streitet[1291].

Die Judikatur des EGMR bzw. die hierdurch beeinflusste Auslegung von Art. 137 III WRV i.V.m. Art. 140 GG hat jedoch eine Klarstellungsfunktion

1285 Siehe oben S. 91.

1286 Siehe oben S. 92.

1287 Siehe oben S. 93ff.

1288 Siehe oben S. 95ff.

1289 Siehe dazu oben S. 105ff.

1290 Siehe oben S. 106.

1291 Siehe oben S. 106.

für die verbleibenden kontrovers diskutierten Aspekte[1292]. Wenn vertreten wird, eine Ungleichbehandlung wegen der Religion oder Weltanschauung könne nur dann als gerechtfertigt angesehen werden, wenn ein konkreter Tätigkeitsbezug besteht, sodass es neben einem konfessionell geprägten auch einen nicht solchermaßen geprägten Dienst geben muss, so kann dieser Meinung nicht gefolgt werden. Diese Ansicht läuft im Ergebnis auf eine Aufspaltung der Dienstgemeinschaft hinaus. Eine solche Aufspaltung ist mit dem besonderen Charakter des kirchlichen Dienstes unvereinbar[1293]. Da der EGMR die Auslegung des Bundesverfassungsgerichts zur Reichweite des kirchlichen Selbstbestimmungsrechts grundsätzlich nicht beanstandet hat und hierin insbesondere kein strukturelles Defizit auszumachen vermochte[1294], kann nicht angenommen werden, der Gerichtshof würde auf eine solche Aufspaltung abzielen. Im Gleichklang mit den hinsichtlich der Auslegung von Art. 137 III WRV i.V.m. Art. 140 GG herausgearbeiteten Ergebnissen ist es den Religionsgesellschaften auch im Rahmen von § 9 I AGG möglich, über das „Ob" einer konfessionellen Bindung aller Mitarbeiter frei zu entscheiden.

Aus der jüngsten Judikatur des EGMR ergibt sich jedoch, dass Loyalitätsobliegenheiten zukünftig anhand der Verkündungsnähe der bekleideten Position abzustufen sind. Diese Abstufung kann zudem gerichtlich überprüft werden.[1295] Übertragen auf die Auslegung des § 9 I AGG folgt daraus, dass die Religionsgesellschaften nicht abschließend über die Rechtmäßigkeitsanforderungen einer Ungleichbehandlung entscheiden

---

1292 Vgl. MAYER, UDO, dbr 2010, 19 (19).

1293 Siehe oben S. 30.

1294 Vgl. EGMR NZA 2011, 277 (278f) = EGMR, Urteil v. 23.09.2010, Az.: 425/03 „Obst", Rn. 45ff, JURIS; EGMR NZA 2011, 279 (281) = EGMR, Urteil v. 23.09.2010, Az.: 1620/03 „Schüth", Rn. 59ff, JURIS; EGMR NZA 2012, 199 (201) = EGMR, Urteil v. 03.02.2011, Az.: 18136/02 „Siebenhaar", Rn. 42ff, JURIS.

1295 Siehe oben S. 219.

können[1296]. Das kirchliche Selbstverständnis kann hierfür in Anbetracht der vom EGMR postulierten objektiven Überprüfbarkeit der Abstufung von Loyalitätsobliegenheiten nicht allein maßgeblich sein. Entsprechend ist auch bei der Frage, wann eine gerechtfertigte berufliche Anforderung vorliegt, die eine Ungleichbehandlung wegen der Religion rechtfertigen kann, eine Abstufung vorzunehmen. Auch hierbei bietet es sich an, die zu bekleidende Position als Anknüpfungspunkt zu wählen[1297]. Zieht man als Differenzierungskriterium die Verkündungsnähe der Tätigkeit heran[1298], so ergibt sich wiederum ein Gleichklang von verfassungsrechtlicher Gewährleistung aus Art. 137 III WRV i.V.m. Art. 140 GG und dessen einfachgesetzlicher Ausprägung in Form von § 9 I AGG. Das „Wie" dieser Abstufung der Rechtmäßigkeitsanforderungen erfährt dadurch eine Objektivierung und kann entsprechend gerichtlich überprüft werden. Eine solche Abstufung wird von den mitgliederstärksten Kirchen in Deutschland bereits vorgenommen[1299].

Das Ergebnis kann jedoch nicht als bloßer Tendenzschutz verstanden werden[1300]. Eine solche Sichtweise würde mit der auch vom EGMR betonten besonderen Bedeutung der Religionsgesellschaften für eine plu-

---

1296 So bereits vor den Richtersprüchen des EGMR: WANK, NZA Sonderbeilage zu Heft 22/2004, 16 (23); WEDDE, in: DÄUBLER / BERTZBACH, AGG Handkommentar, § 9, Rn. 41f. Ähnlich auch bereits vor Inkrafttreten des AGG: TRIEBEL, Das europäische Religionsrecht am Beispiel der arbeitsrechtlichen Anti-Diskriminierungsrichtlinie 2000/78/EG, S. 172.

1297 Vgl. BUDDE, AuR 2005, 353 (357).

1298 So BELLING, in: WESTERMANN / GRUNEWALD / MAIER-REIMER, Erman BGB Kommentar, Bd. I, § 9 AGG, Rn. 6; WEDDE, in: DÄUBLER / BERTZBACH, AGG Handkommentar, § 9, Rn. 41 und Rn. 52.

1299 Vgl. für die katholische Kirche: Art. 3 GrO. Vgl. für die EKD: § 3 LoyalitätsRL. Eine derartige Abstufung wird auch von Vertretern einer weiten Auslegung des § 9 I AGG befürwortet. Vgl.: BELLING, in: WESTERMANN / GRUNEWALD / MAIER-REIMER, Erman BGB Kommentar, Bd. I, § 9 AGG, Rn. 9; RICHARDI, in: FS Link, S. 143 (150).

1300 So BUDDE, AuR 2005, 353 (353); SCHLIEMANN, in: FS Richardi, S. 959 (976f). Einen Tendenzschutz bereits vor Erlass der Richtlinie 2000/78/EG prognostizierend: SCHLIEMANN, NZA 2003, 407 (411).

ralistische Gesellschaft[1301] kollidieren. Der EGMR hat sich zudem der Sichtweise des Bundesverfassungsgerichts zur inhaltlichen Bestimmung des Selbstbestimmungsrechts grundsätzlich angeschlossen[1302]. Da es sich nicht um einen bloßen Tendenzschutz handelt, kann die Beschäftigung anderskonfessioneller Mitarbeiter diesen auch nicht entfallen lassen bzw. mindern[1303]. Die Entscheidung über die Beschäftigung solcher Mitarbeiter unterfällt daher auch in Ansehung der jüngsten EGMR-Rechtsprechung dem kirchlichen Selbstbestimmungsrecht[1304].

Legt man § 9 I AGG in dieser Weise aus, so wirkt sich die Rechtsprechung des EGMR auf die zu § 9 I AGG vertretenen Auslegungsansätze insgesamt vermittelnd aus. Dadurch, dass der Gerichtshof die vom Bundesverfassungsgericht zu Art. 137 III WRV i.V.m. Art. 140 GG entwickelten Grundsätze zwar weitgehend billigt, den Religionsgesellschaften aber gleichzeitig keinen „Blankoscheck" zur beliebigen Formulierung von Loyalitätsobliegenheiten ausstellt[1305], muss dies analog auch bei der Frage, wann eine gerechtfertigte berufliche Anforderung i.S.d. § 9 I AGG vorliegt, gelten. Wenn Anhänger einer weiten Auslegung dieser Norm vertreten, durch § 9 I AGG ändere sich nichts an den durch das Bundesverfassungsgericht in BVerfGE 70, 138 aufgestellten Grundsätzen, so ist dies im Hinblick auf EGMR Az.: 425/03 „Obst", EGMR Az.: 1620/03 „Schüth" und EGMR Az.: 18136/02 „Siebenhaar" nicht haltbar. Wie dargelegt können die Kirchen fortan nicht mehr allein darüber entscheiden, wann eine gerechtfertigte berufliche Anforderung vorliegt. Auch im Rahmen des § 9 I AGG ist hierbei eine

1301 Vgl. EGMR NZA 2011, 277 (278) = EGMR, Urteil v. 23.09.2010, Az.: 425/03 „Obst", Rn. 44, JURIS; EGMR NZA 2011, 279 (281) = EGMR, Urteil v. 23.09.2010, Az.: 1620/03 „Schüth", Rn. 58, JURIS; EGMR NZA 2012, 199 (200f) = EGMR, Urteil v. 03.02.2011, Az.: 18136/02 „Siebenhaar", Rn. 41, JURIS.

1302 Vgl. EGMR NZA 2011, 277 (278f) = EGMR, Urteil v. 23.09.2010, Az.: 425/03 „Obst", Rn. 46ff, JURIS; EGMR NZA 2011, 279 (281) = EGMR, Urteil v. 23.09.2010, Az.: 1620/03 „Schüth", Rn. 60ff, JURIS; EGMR NZA 2012, 199 (201) = EGMR, Urteil v. 03.02.2011, Az.: 18136/02 „Siebenhaar", Rn. 43ff, JURIS.

1303 So im Ergebnis aber SCHLIEMANN, NZA 2003, 407 (413), noch vor Inkrafttreten des AGG.

1304 Siehe zur Beschäftigung anderskonfessioneller Mitarbeiter oben S. 30.

1305 Siehe oben S. 219.

gerichtlich überprüfbare Abstufung vorzunehmen, die sich an der konkreten zu bekleidenden Position orientieren muss. Gleichzeitig reduziert sich der kirchliche Freiheitsrahmen aber nicht auf einen reinen Tendenzschutz, wie dies von Anhängern einer engen Auslegung des § 9 I AGG vertreten wird.

2. Die Auswirkungen auf die Auslegung von § 9 II AGG

§ 9 II AGG ermöglicht es den Religionsgesellschaften weiterhin, als Ergänzung zu § 9 I AGG[1306], von ihren Mitarbeitern die Einhaltung spezifischer Loyalitätsobliegenheiten zu verlangen. Damit unterscheidet sich § 9 II AGG hinsichtlich des Regelungsgehalts von § 9 I AGG[1307]. Inhaltlich sind die Parallelen zur Frage der Reichweite des Selbstbestimmungsrechts aus Art. 137 III WRV i.V.m. Art. 140 GG im Rahmen des kirchlichen Individualarbeitsrechts, insbesondere zur Notwendigkeit einer Abstufung der Loyalitätsobliegenheiten[1308] offensichtlich. Die neueste Rechtsprechung des EGMR in diesem Bereich lässt sich daher auch im Rahmen von § 9 II AGG nutzbar machen.

Problematisch ist vor allem die Frage, ob § 9 II AGG eine Ungleichbehandlung wegen anderer durch das AGG verpönter Merkmale rechtfertigen kann, wenn der Mitarbeiter einer entsprechenden Loyalitätsobliegenheit unterliegt. Insbesondere homosexuelles Verhalten kann einen Verstoß gegen eine Loyaliätsobliegenheit darstellen, während eine hierauf gestützte arbeitsrechtliche Maßnahme gleichzeitig grundsätzlich eine Diskriminierung wegen der sexuellen Ausrichtung darstellt.[1309] Die Fallgruppe des homosexuellen Verhaltens weist daher eine besondere Brisanz auf, welche durch die Rechtsprechung des EGMR noch stärker in den Fokus rückt. Anknüpfungspunkt für arbeitsrechtliche Maßnahmen ist, vor allem nach der Sichtweise der katholischen Kirche, nicht die homosexuelle Ausrichtung

1306 BT-Drucks. 16/1780, S. 35.

1307 Vgl. Stein, Axel, in: Wendeling-Schröder / Stein, AGG-Kommentar, § 9, Rn. 47.

1308 Vgl. Link, Christoph, ZevKR 50 (2005), 403 (416).

1309 Siehe oben S. 100.

des Mitarbeiters als solche. Vielmehr stellt bloß der *Vollzug* dieser Ausrichtung einen Loyalitätsobliegenheitsverstoß dar.[1310] Daher erlangt die Art und Weise, wie der Arbeitgeber von dem Loyaliätsobliegenheitsverstoß Kenntnis erlangt, Bedeutung. Nach kirchlichem Verständnis kann die bloße Offenbarung der homosexuellen Neigung durch den Arbeitnehmer schon keinen Verstoß gegen Loyalitätsobliegenheiten darstellen. Darüber hinaus anzunehmen, ein Arbeitnehmer würde seinem Arbeitgeber jeden homosexuellen Einzelakt, und damit den *Vollzug* der Homosexualität, offenbaren, erscheint lebensfremd. Regelmäßig hat der kirchliche Arbeitgeber daher nur die Möglichkeit, aus der bekannten homosexuellen Neigung des Arbeitnehmers prima facie auch die Praktizierung anzunehmen, sofern nicht Dritte entsprechende Tatsachen mitteilen. Beides ist im Hinblick auf die schutzwürdige Intimsphäre des Arbeitnehmers problembehaftet.[1311]

Die neueste Rechtsprechung des EGMR beeinflusst die Auflösung dieses Problemfeldes entscheidend. Der Gerichtshof berücksichtigt bei der Interessenabwägung die Art und Weise, wie der Arbeitgeber vom Loyalitätsobliegenheitsverstoß Kenntnis erlangt hat. Insbesondere die im Fall EGMR Az.: 1620/03 „Schüth" vom EGMR herausgestellten Aspekte lassen sich auf die Fallgruppe des Vollzuges der Homosexualität übertragen. Im Fall EGMR Az.: 1620/03 „Schüth" war es dem Beschwerdeführer aufgrund des Lohnsteuerkartensystems unmöglich, dem Arbeitgeber seine neue faktische Familiensituation vorzuenthalten. Diese Tatsache hat die Würdigung des Falles durch den EGMR entscheidend beeinflusst. Es war abwägungsfehlerhaft, dem Interesse des kirchlichen Arbeitgebers an der Wahrung seiner Glaubwürdigkeit lediglich das Interesse des Arbeitnehmers auf Wahrung seines Arbeitsplatzes gegenüberzustellen. Vielmehr hätte sein Interesse hinsichtlich der Achtung seines durch Art. 8 EMRK geschützten Privatlebens ebenfalls Berücksichtigung finden müssen.[1312]

1310 Siehe ausführlich oben S. 109f.

1311 Siehe oben S. 110f.

1312 EGMR NZA 2011, 279 (281) = EGMR, Urteil v. 23.09.2010, Az.: 1620/03 „Schüth", Rn. 67, JURIS.

Diese Vorgabe lässt sich ohne Weiteres auf die Fallgruppe der praktizierten Homosexualität übertragen. Sofern der Arbeitnehmer den Vollzug nicht von sich aus offenbart, ist dessen Privat- bzw. Intimsphäre in vergleichbarer Weise vor Eingriffen zu schützen. Im Fall der unfreiwilligen Offenbarung hat der Arbeitnehmer ebenfalls keine Möglichkeit, den Loyalitätsobliegenheitsverstoß geheim zu halten. Das Judikat EGMR Az.: 1620/03 „Schüth“ zeigt, dass eine so weitreichende Loyalitätsbindung jedenfalls dann nicht gerechtfertigt werden kann, wenn der Mitarbeiter nicht in exponierter Position, mithin verkündungsnah, eingesetzt ist[1313]. An diesem Ergebnis vermag auch das Judikat EGMR Az.: 18136/02 „Siebenhaar“ nichts zu ändern. Der Arbeitgeber wurde zwar auch in diesem Fall durch einen anonymen Hinweis, also ohne den Willen der Arbeitnehmerin, auf das kündigungsrelevante Verhalten hingewiesen[1314]. Dennoch hat der EGMR lediglich das Interesse der Arbeitnehmerin am Erhalt des Arbeitsplatzes in die Interessenabwägung einbezogen[1315]. Im Unterschied zu EGMR Az.: 1620/03 „Schüth“ war das Verhalten der Arbeitnehmerin jedoch als kirchenfeindlicher Akt einzustufen. Dies hat den EGMR zu einer weniger umfangreichen Prüfung veranlasst.[1316] Das Bewusstsein der Mitarbeiterin für die Schwere des begangenen Verstoßes führte damit letztlich zu einem reduzierten Schutzumfang[1317]. Da sich praktizierte Homosexualität nicht als bewusst kirchenfeindliches Verhalten einstufen lässt, ist die in der Rechtssache EGMR Az.: 18136/02 „Siebenhaar“ vorgenommen Beschränkung nicht auf diese Fallgruppe übertragbar.

Das Urteil EGMR Az.: 425/03 „Obst“ ändert an diesem Ergebnis nichts. Im Unterschied zu den anderen Judikaten hat sich der Arbeitnehmer in

1313 Vgl. EGMR NZA 2011, 279 (282) = EGMR, Urteil v. 23.09.2010, Az.: 1620/03 „Schüth“, Rn. 71, JURIS.

1314 EGMR NZA 2012, 199 (199) = EGMR, Urteil v. 03.02.2011, Az.: 18136/02 „Siebenhaar“, Rn. 11, JURIS.

1315 Vgl. EGMR NZA 2012, 199 (201) = EGMR, Urteil v. 03.02.2011, Az.: 18136/02 „Siebenhaar“, Rn. 44f, JURIS.

1316 Siehe oben S. 201ff.

1317 Vgl. auch Plum, NZA 2011, 1194 (1200).

diesem Fall freiwillig gegenüber seinem Arbeitgeber offenbart[1318]. Der Mitarbeiter war nach Feststellung des EGMR in der Mormonenkirche aufgewachsen und kannte deren religiöse Grundsätze genau[1319]. Daher war ihm bekannt, dass es eine Beichte zur Erlangung seelsorgerischen Beistands in der Mormonenkirche nicht gibt. Mithin konnte der Arbeitnehmer nicht erwarten, dass sein „Beichtgespräch“ anders bewertet wird, als wenn er sich ohne „Beichtvorsatz“, und damit freiwillig, gegenüber den Vertretern der Kirche eingelassen hätte.

In Ansehung der jüngsten EGMR-Rechtsprechung kann daher zukünftig der *unfreiwillig* offenbarte Vollzug der Homosexualität eine Kündigung grundsätzlich nicht mehr rechtfertigen[1320]. Nimmt man die Verpflichtung der Bundesrepublik Deutschland aus Art. 46 I EMRK ernst, sind künftig Konventionsverletzungen der Art, wie sie dem Fall EGMR Az.: 1620/03 „Schüth“ zugrunde liegen, zu verhindern. Das kann nur gelingen, wenn man den durch Art. 8 EMRK gewährleisteten Schutz der Privat- und Intimsphäre ernst nimmt. Regelmäßig wird daher im Fall des Vollzugs der Homosexualität das Schutzinteresse des Arbeitnehmers höher zu gewichten sein als das Interesse des kirchlichen Arbeitgebers an der Einhaltung der Loyalitätsobliegenheiten und damit am Erhalt der Glaubwürdigkeit. Dies ergibt sich schon daraus, dass ein Arbeitnehmer, der die einzelnen homosexuellen Kontakte nicht offenbart, die Glaubwürdigkeit des kirchlichen Arbeitgebers nicht erschüttert, da regelmäßig niemand davon Kenntnis erlangt. Sollte der Arbeitgeber im Einzelfall dennoch ohne Willen des Mitarbeiters Kenntnis erlangen, kann der Schutz der Privat- und Intimsphäre des Arbeitgebers und damit auch die Einhaltung der Verpflichtung der Bundesrepublik Deutschland aus der EMRK nur gewährleistet werden,

---

1318 Vgl. Grabenwarter / Pabel, KuR 2011, 55 (58).

1319 EGMR NZA 2011, 277 (279) = EGMR, Urteil v. 23.09.2010, Az.: 425/03 „Obst“, Rn. 50, JURIS.

1320 Joussen, RdA 2011, 173 (177) erblickt, ohne Differenzierung zwischen freiwillig und unfreiwillig offenbartem Vollzug der Homosexualität, jedenfalls einen erhöhten Begründungsaufwand bei auf diesen Loyalitätsobliegenheitsverstoß gestützten Kündigungen.

wenn eine evtl. ausgesprochene Kündigung als ungerechtfertigt bzw. sozialwidrig eingestuft wird.

Die Rechtsprechung des EuGH zum Diskriminierungsschutz[1321] sichert dieses Ergebnis zusätzlich ab[1322]. Zum einen macht der EuGH deutlich, dass Diskriminierungen im Geltungsbereich der Richtlinie 2000/78/EG nur dann gerechtfertigt werden können, wenn der Rechtfertigungstatbestand innere Kohärenz aufweist und insbesondere widerspruchsfrei begründet ist[1323]. Ob die lebensfremde Trennung von homosexueller Ausrichtung und homosexueller Praxis[1324] diesen Ansprüchen genügt, ist fraglich. Denn die Forderung der katholischen Lehrmeinung, heterosexuelle Eheleute seien zum Vollzug der Ehe verpflichtet, während von homosexuellen Lebenspartnern das Gegenteil verlangt wird, ist widersprüchlich[1325]. Sollte es insofern an einem Rechtfertigungstatbestand fehlen, würde eine Rechtfertigung sowohl von unmittelbaren als auch mittelbaren Diskriminierungen wegen der sexuellen Ausrichtung scheitern[1326]. Es ist zu erwarten, dass sich der EuGH bei der Beantwortung dieser Fragen von der Rechtsprechung des EGMR leiten bzw. beeinflussen lässt, wenn er mit einem derartigen Sachverhalt konfrontiert wird[1327]. Folglich ist ein entsprechender Rückhalt für die jüngste Judikatur des EGMR gegeben[1328].

Einschränkend ist lediglich zu bedenken, dass der EGMR in seiner jüngsten Rechtsprechung zum kirchlichen Individualarbeitsrecht alle im konkreten

1321 Siehe oben ab S. 157.

1322 Sachverhalte, die dem Anwendungsbereich des AGG unterfallen, begründen die Zuständigkeit des EuGH gem. Art. 19 EUV und eröffnen so diesen „Umweg“ für die EGMR-Rechtsprechung. Siehe oben S. 170.

1323 Vgl. EuGH, Rs. C-88/08 (Hütter), EuGRZ 2009, 331 (334). Siehe auch oben S. 160f.

1324 Siehe oben S. 109ff.

1325 Siehe oben S. 110f.

1326 Vgl. EuGH, Rs. C-267/06 (Maruko), Slg. 2008, I-1757 (1812). Damit würde sich auch die Beantwortung der Frage erübrigen, ob die Diskriminierung wegen praktizierter Homosexualität im Rahmen von § 9 II AGG als mittelbare oder unmittelbare Diskriminierung einzustufen ist. Siehe oben S. 101ff.

1327 Siehe oben S. 171.

1328 Siehe oben S. 173.

Einzelfall relevanten Aspekte in die Interessenabwägung einfließen lässt[1329]. Es erscheint daher nicht ausgeschlossen, dass in besonders gelagerten Ausnahmefällen der unfreiwillig offenbarte Vollzug der Homosexualität eine Kündigung rechtfertigen kann[1330]. So könnte eine besondere Loyalitätsbindung eines Mitarbeiters aufgrund der konkret bekleideten, exponierten Position dazu führen, dass das Glaubwürdigkeitsinteresse des kirchlichen Arbeitgebers im Ergebnis ausnahmsweise überwiegt. Den Regelfall kann dies jedoch nicht darstellen.

Fraglich ist jedoch, ob dieser Grundsatz auch bei *freiwilliger* Offenbarung des Vollzugs der Homosexualität Gültigkeit beansprucht. In diesem Fall verzichtet der Arbeitnehmer teilweise auf den Schutz seiner Privat- und Intimsphäre. Das Schutzsystem der EMRK ermöglicht grundsätzlich einen solchen Verzicht[1331]. EGMR Az.: 425/03 „Obst“ zeigt, dass die Loyalitätsbindung bei freiwilliger Offenbarung des Verstoßes auch bis in die Privatsphäre hineinreichen kann, ohne dass dies mit den Vorgaben der EMRK kollidiert[1332]. Zudem kann die katholische Lehrmeinung zur Homosexualität[1333] jedenfalls bei Arbeitnehmern im Dienst der Kirche als bekannt vorausgesetzt werden. Einem Mitarbeiter, der von sich aus den Vollzug der Homosexualität preisgibt, muss daher bewusst sein, dass damit ein nach Ansicht des Arbeitgebers kündigungsrelevantes Verhalten kundgetan wird. In Anlehnung an EGMR Az.: 425/03 „Obst“ gilt dies jedenfalls dann, wenn der Mitarbeiter in exponierter Position tätig ist. Ob dies auch für nicht verkündungsnah eingesetzte Arbeitnehmer gilt, lässt sich aus den Judikaten EGMR Az.: 425/03 „Obst“, EGMR Az.: 1620/03 „Schüth“ und EGMR Az.: 18136/02 „Siebenhaar“ nicht ableiten. Daher ist

---

1329 Siehe oben S. 207ff.

1330 Ähnlich Joussen, RdA 2011, 173 (177), jedoch ohne Differenzierung zwischen freiwillig und unfreiwillig offenbartem Vollzug der Homosexualität.

1331 Vgl. EGMR NZA 2011, 279 (282) = EGMR, Urteil v. 23.09.2010, Az.: 1620/03 „Schüth“, Rn. 71, JURIS.

1332 Vgl. EGMR NZA 2011, 277 (279) = EGMR, Urteil v. 23.09.2010, Az.: 425/03 „Obst“, Rn. 50f, JURIS.

1333 Siehe oben S. 110.

allen homosexuellen Mitarbeitern im Kirchendienst von einer freiwilligen Offenbarung des Vollzugs dieser Ausrichtung abzuraten, um nicht den insoweit bestehenden Schutz durch die EMRK zu verlieren.
Die Auferlegung anderer, nicht unter ein verpöntes Merkmal des AGG fallender Loyalitätsobliegenheiten, beurteilt sich nicht anders als dies vor Inkraftreten des AGG der Fall war[1334]. Daher sind für die Beurteilung der Frage, welche weiteren Loyalitätsobliegenheiten zulässigerweise auferlegt werden können, die im Rahmen der Auslegung von Art. 137 III WRV i.V.m. Art. 140 GG herausgearbeiteten Grenzen zu beachten[1335].

3. Zur Notwendigkeit einer Änderung von § 9 AGG

Abschließend bleibt zu klären, ob § 9 AGG aufgrund der herausgearbeiteten Erkenntnisse einer Änderung bedarf. Anders als bei dem generell gefassten Art. 137 III WRV i.V.m. Art. 140 GG handelt es sich bei § 9 AGG um eine spezielle Vorschrift zum Diskriminierungsschutz[1336]. Mithin kann die Antwort auf die Frage zur Notwendigkeit einer Umformulierung des § 9 AGG möglicherweise anders als i.R.v. Art. 137 III WRV i.V.m. Art. 140 GG ausfallen. Dies gilt umso mehr, als die sprachliche Fassung von § 9 AGG allgemein kritisiert wird[1337]. Es ist zwischen den beiden Absätzen der Norm zu differenzieren, da es sich um jeweils unterschiedliche Rechtfertigungsgründe handelt[1338].

Der Wortlaut von § 9 I AGG steht in der Kritik, da die sprachliche Fassung einerseits hinter der Vorgabe von Art. 4 II RL 2000/78/EG zurückzublei-

1334 Vgl. Belling, NZA 2004, 885 (887); ders., in: Westermann / Grunewald / Maier-Reimer, Erman BGB Kommentar, Bd. I, § 9 AGG, Rn. 10; Joussen, RdA 2003, 32 (38). Beide anhand des Beispiels einer kirchenrechtswidrigen Eheschließung. Ähnlich auch: Triebel, Das europäische Religionsrecht am Beispiel der arbeitsrechtlichen Anti-Diskriminierungsrichtlinie 2000/78/EG, S. 178f.

1335 Siehe dazu vollumfänglich die Ausführungen ab S. 214.

1336 Siehe zum Regelungsgehalt des AGG oben ab S. 90.

1337 Siehe oben S. 92 und S. 95.

1338 Vgl. Stein, Axel, in: Wendeling-Schröder / Stein, AGG-Kommentar, § 9, Rn. 47.

ben scheint. Andererseits postuliert der Wortlaut ein Alternativverhältnis zweier Rechtfertigungsgründe, wenn dieser eine Ungleichbehandlung durch eine Religions- oder Weltanschauungsgemeinschaft für zulässig erklärt, die „im Hinblick auf ihr Selbstbestimmungsrecht *oder*[1339] nach der Art der Tätigkeit eine gerechtfertigte berufliche Anforderung darstellt".[1340] Aufgrund dieser alternativen Formulierung steht § 9 I AGG der Annahme, die Kirchen könnten auf der Grundlage ihres Selbstbestimmungsrechts allein bestimmen, was insoweit „gerechtfertigte berufliche Anforderungen" seien, zumindest sprachlich nicht entgegen[1341].

Es wurde bereits aufgezeigt, dass die im Rahmen von § 9 I AGG relevante Frage, wann eine „gerechtfertigte berufliche Anforderung" vorliegt, nicht mehr allein von den Religionsgesellschaften beantwortet werden kann. Im Lichte der jüngsten EGMR-Judikatur ist auch diesbezüglich eine gerichtlich überprüfbare Abstufung vorzunehmen, die sich an der Verkündungsnähe der Position zu orientieren hat.[1342] Da die Religionsgesellschaften über die im Rahmen von § 9 I AGG relevanten Rechtfertigungskriterien insofern nicht abschließend entscheiden können, erscheint die aktuelle sprachliche Fassung der Norm, welche ein Alternativverhältnis von Rechtfertigungsgründen festschreibt, auf der einen Seite als zu weitgehend.

Gleichzeitig ist zu bedenken, dass auch der EGMR den Religionsgesellschaften aufgrund von Art. 9 i.V.m. Art. 11 EMRK einen weitreichenden Freiheitsrahmen zuspricht[1343]. Zudem erkennt der Gerichtshof die vom Bundesverfassungsgericht in BVerfGE 70, 138 geprägte inhaltliche Reich-

---

1339 Hervorhebung durch den Verfasser.

1340 Siehe oben S. 92ff.

1341 Vgl. Adomeit / Mohr, Allgemeines Gleichbehandlungsgesetz (AGG), § 9, Rn. 15; Deinert, EuZA 2009, 332 (340f); Richardi, Arbeitsrecht in der Kirche, § 6, S. 84. Ähnlich: Bauer / Göpfert / Krieger, Allgemeines Gleichbehandlungsgesetz, § 9, Rn. 14; Mohr / v. Fürstenberg, BB 2008, 2122 (2124) wonach der Wortlaut der Norm klarstelle, dass kein objektiver Maßstab anzulegen sei.

1342 Siehe oben S. 230.

1343 Vgl. EGMR NZA 2011, 277 (278) = EGMR, Urteil v. 23.09.2010, Az.: 425/03 „Obst", Rn. 41ff, JURIS; EGMR NZA 2011, 279 (281) = EGMR, Urteil v. 23.09.2010, Az.: 1620/03 „Schüth", Rn. 58, JURIS; EGMR NZA 2012, 199 (200f) = EGMR, Urteil v. 03.02.2011, Az.: 18136/02 „Siebenhaar", Rn. 41, JURIS.

weite des Selbstbestimmungsrechts im Wesentlichen an[1344]. Berücksichtigt man diese verfassungsrechtlichen Gewährleistungen aus Art. 137 III WRV i.V.m. Art. 140 GG, als auch deren *grundsätzliche* Billigung durch die Rechtsprechung des EGMR, so ist eine gänzlich vom Selbstverständnis der Religionsgesellschaften losgelöste, objektive Bestimmung gerechtfertigter beruflicher Anforderungen auf der anderen Seite nicht indiziert.
Vielmehr ist die Frage, wann eine solche Anforderung i.S.v. § 9 I AGG vorliegt, in einem ersten Schritt aus dem Selbstverständnis der Religionsgesellschaften heraus zu beantworten. Diese haben insoweit anhand der Verkündungsnähe der Tätigkeit abgestufte Kriterien aufzustellen. In einem zweiten Schritt müssen diese abgestuften beruflichen Anforderungen zusätzlich einer gerichtlichen Kontrolle standhalten.[1345] Daraus folgt, dass sich statt eines alternativ formulierten § 9 I AGG, wonach eine Ungleichbehandlung durch eine Religionsgesellschaft gerechtfertigt ist, die „im Hinblick auf ihr Selbstbestimmungsrecht oder nach der Art der Tätigkeit eine gerechtfertigte berufliche Anforderung darstellt", eine kumulative sprachliche Fassung anbietet[1346].

§ 9 II AGG räumt den Religionsgesellschaften auch weiterhin das Recht ein, von ihren Beschäftigten die Einhaltung spezifischer Loyalitätsobliegenheiten verlangen zu können. Die Frage, ob dies auch Benachteiligungen wegen anderer Gründe als der Religion rechtfertigt, manifestiert sich in der Fallgruppe der praktizierten Homosexualität. Loyalitätsobliegenheitsverstöße aus dieser Fallgruppe können in Anbetracht der neuesten Rechtsprechung

1344 Vgl. EGMR NZA 2011, 277 (278) = EGMR, Urteil v. 23.09.2010, Az.: 425/03 „Obst", Rn. 44ff, JURIS; EGMR NZA 2011, 279 (281) = EGMR, Urteil v. 23.09.2010, Az.: 1620/03 „Schüth", Rn. 58ff, JURIS; EGMR NZA 2012, 199 (200f) = EGMR, Urteil v. 03.02.2011, Az.: 18136/02 „Siebenhaar", Rn. 41ff, JURIS.

1345 Siehe bereits oben ausführlich S. 230f.

1346 Belling, in: Westermann / Grunewald / Maier-Reimer, Erman BGB Kommentar, Bd. I, § 9 AGG, Rn. 6 betont, dass ein solcher Lösungsansatz ohne eine sprachliche Änderung der Norm nicht denkbar erscheint. Für Greiner, MedR 2012, 688 (690) spricht bereits der Wortlaut von Art. 4 II RL 2000/78/EG „für ein kumulatives Verständnis der Rechtfertigungsgründe".

des EGMR nur unter strengen Voraussetzungen arbeitsrechtliche Maßnahmen rechtfertigen. Dies ist auf das ebenfalls schutzwürdige Interesse des Arbeitnehmers vor Eingriffen in seine Privat- und Intimsphäre zurückzuführen.[1347] Daraus lässt sich jedoch i.R.v. § 9 II AGG nicht die allgemeine Unzulässigkeit von Diskriminierungen aus anderen Gründen als der Religion ableiten. Die Rechtsprechung des EGMR vermag daher auch über die spezielle Fallgruppe der praktizierten Homosexualität hinaus keine Lösungsvorgabe zu dieser Diskussion zu leisten. Da es insoweit an dieser eindeutigen Vorgabe fehlt, lässt sich aus der Rechtsprechung des Gerichtshofs nicht der Schluss ziehen, dass die Norm einer entsprechenden Änderung bedarf. Dies gilt umso mehr, als der EGMR die Auslegung des Bundesverfassungsgerichts zu Art. 137 III WRV i.V.m. Art. 140 GG, auf dem auch § 9 II AGG fußt, grundsätzlich billigt[1348].

III. Die Auswirkungen auf die Rechtsprechung der Arbeitsgerichte

Schließlich werden die im Bereich des kirchlichen Individualarbeitsrechts ergangenen Urteile des EGMR die Spruchpraxis der Fachgerichte beeinflussen[1349]. Dies folgt schon daraus, dass die Arbeitsgerichte die verfassungsrechtlichen Vorgaben aus Art. 137 III WRV i.V.m. Art. 140 GG sowie aus dem einfachgesetzlichen § 9 AGG bei der Urteilsfindung zu berücksichtigen haben[1350]. Folglich müssen die durch EGMR Az.: 425/03 „Obst“, EGMR Az.: 1620/03 „Schüth“ und EGMR Az.: 18136/02 „Siebenhaar“ beeinflussten Auslegungsansätze zu diesen Vorschriften auch

---

1347 Siehe oben ausführlich ab S. 233.

1348 Siehe oben S. 241.

1349 Mayer, Udo, dbr 2010, 19 (19); Reufels / Molle, KSzW 2012, 3 (6); Roßbruch, PflR 2012, 164 (166). Grabenwarter, EuGRZ 2011, 229 (230) und Hammer, AuR 2011, 278 (284f) stellen fest, dass der EGMR den Arbeitsgerichten ein strengeres Prüfprogramm vorgibt als das Bundesverfassungsgericht. Dieses verneinend: Pötters, EzA § 611 BGB 2002, Kirchliche Arbeitnehmer, Nr. 21, S. 15 (21); ders. / Kalf, ZESAR 2012, 216 (218).

1350 Vgl. zuletzt BAG NZA 2012, 443 (443ff).

in der arbeitsgerichtlichen Praxis zu Veränderungen führen[1351]. Die Rechtsprechung des BAG verlief in Phasen, die sich durch mehr oder weniger arbeitnehmerfreundliche Urteilsfindungen voneinander abgrenzen[1352]. Zuletzt kehrte das BAG, beeinflusst durch die Vorgaben des Bundesverfassungsgerichts in BVerfGE 70, 138, zu einer das kirchliche Selbstverständnis in den Mittelpunkt rückenden Rechtsprechungspraxis zurück. Die Interessen der Arbeitnehmer wurden im Rahmen der Interessenabwägung hierbei zumeist nur zurückhaltend berücksichtigt.[1353]

In einem ersten Judikat, in dem das BAG bereits die neueste Rechtsprechung des EGMR einbezogen hatte, berücksichtigte es die gegen die soziale Rechtfertigung der Kündigung streitenden Aspekte wieder mit stärkerem Gewicht[1354]. Dieses Urteil scheint damit auf den ersten Blick die Rechtsprechung des BAG aus der arbeitnehmerfreundlichen Phase wieder aufzugreifen. Es bleibt zu untersuchen, ob dieses Judikat des BAG bereits vollumfänglich die Vorgaben des EGMR umsetzt oder ob noch Umsetzungsdefizite bestehen.
Auffällig ist an diesem jüngsten Urteil des BAG zunächst, dass der Abwägung der beiderseitigen Interessen ein bedeutenderer Stellenwert beigemessen wird als dies in der Phase nach BVerfGE 70, 138 überwiegend der Fall gewesen war[1355]. Zwar erblickte das BAG in der Wiederheirat eines an einem katholischen Krankenhaus beschäftigten Chefarztes einen schwerwiegenden Loyalitätsobliegenheitsverstoß[1356]. Es stellte jedoch auch

1351 Joussen, RdA 2011, 173 (176) betont, die Vorgaben des EGMR seien bereits Bestandteil des arbeitsgerichtlichen Prüfprogramms, sodass die Judikatur des Gerichtshofs lediglich dessen Einhaltung anmahne. Ähnlich: Reichold, EuZA 2011, 320 (328).

1352 Siehe oben S. 86ff.

1353 Siehe oben S. 73ff. Fahrig / Stenslik, EuZA 2012, 184 (195) sprechen von einer „schematischen Prüfungsweise“. Ähnlich Mayer, Udo, dbr 2010, 19 (20), der von „heruntergedimmten Menschenrechten“ spricht.

1354 Vgl. BAG NZA 2012, 443 (445ff). Greiner, MedR 2012, 688 (689) erblickt hierin den „innovativen Kern der Entscheidung“.

1355 Vgl. Sperber, AuR 2012, 451 (452).

1356 BAG NZA 2012, 443 (447).

umfassende Überlegungen an, die für eine Fortsetzung des Arbeitsverhältnisses stritten[1357]. Die Vornahme einer umfassenden Interessenabwägung entspricht der Vorgehensweise des EGMR[1358]. Eine Gesamtschau der jüngsten Urteile des Gerichtshofs im Bereich des kirchlichen Individualarbeitsrecht zeigt, dass dieser stets die im konkreten Einzelfall einschlägigen Aspekte bei der Herstellung einer Konkordanz der jeweils konventionsrechtlich geschützten Interessen herstellt[1359]. Die nationalen Arbeitsgerichte sind damit zukünftig gehalten, ebenfalls eine umfassende Interessenabwägung unter Einbeziehung sämtlicher im Einzelfall relevanter Aspekte vorzunehmen[1360]. Ein Unterschreiten dieses Prüfmaßstabes kann zu einer erneuten Verletzung der EMRK führen[1361]. Entsprechend ist es konsequent und folgerichtig, dass das BAG wieder stärkeres Gewicht auf die Abwägung der im konkreten Einzelfall relevanten Interessen legt[1362].
Dennoch bleibt das BAG hinter den Vorgaben des EGMR zurück. Bei der Frage, ob der Loyalitätsobliegenheitsverstoß „an sich" einen Kündigungsgrund darstellt, rekurriert das BAG nach wie vor auf die seitens des kirchlichen Arbeitgebers formulierten Maßstäbe[1363]. Das Gericht betont, dass es die Verfassungsgarantie aus Art. 137 III WRV i.V.m. Art. 140 GG allein den Kirchen vorbehält, die maßgeblichen Loyalitätsanforderungen zu formulieren[1364]. Außerdem könnten allein die Kirchen über eine mögliche Abstufung dieser Anforderungen befinden.[1365] Diese Sichtweise entspricht

1357 BAG NZA 2012, 443 (447). Siehe umfangreich zu dieser Interessenabwägung bereits oben S. 84ff. Siehe dort auch zu den aus dem Urteil resultierenden Folgeproblemen.

1358 So auch: Plum, RdA 2012, 373 (375); Stöhr, AuR 2012, 451 (451).

1359 Siehe oben S. 204ff.

1360 Im Ergebnis so auch: Fahrig / Stenslik, EuZA 2012, 184 (196). Vgl. auch: Plum, NZA 2011, 1194 (1200).

1361 Siehe zu diesem Wirkmechanismus der EMRK oben S. 119ff.

1362 Sperber, AuR 2012, 451 (452). Vgl. auch: Pötters, EzA § 611 BGB 2002, Kirchliche Arbeitnehmer, Nr. 21, S. 15 (18f).

1363 Zustimmend: Reichold / Hartmeyer, AP § 1 KSchG 1969 Nr. 92.

1364 Darin ebenfalls ein zukünftig zu berücksichtigendes Problem erblickend: Sperber, AuR 2012, 451 (452).

1365 Vgl. BAG NZA 2012, 443 (446); Böckel, KuR 2012, 126 (126).

der Vorgabe des Bundesverfassungsgerichts in BVerfGE 70, 138[1366]. Soweit sich das BAG damit auch im Einklang mit der aktuellen Rechtsprechung des EGMR wähnt[1367], kann dieser Ansicht nicht gefolgt werden. Das Gericht nimmt hier offenbar an, die Rechtsprechung des EGMR stimme mit der des Bundesverfassungsgerichts in BVerfGE 70, 138 überein[1368]. Teilweise ist diese Annahme zwar zutreffend[1369]. Es wird jedoch übersehen, dass sich die Rechtsprechungslinien von Bundesverfassungsgericht und EGMR in Einzelaspekten unterscheiden[1370]. Zudem ist zu berücksichtigen, dass der EGMR die abweichenden Kriterien vollständig im Rahmen der Interessenabwägung abbildet[1371]. Die Prüfung des EGMR, ob die auferlegten Loyalitätsobliegenheiten im Einzelfall angemessen sind, betrifft nicht erst die Interessenabwägung. Sie ist vielmehr bereits bei der Frage, ob „an sich" ein Kündigungsgrund vorliegt, relevant.[1372] Da sich der EGMR der Rechtsprechung des Bundesverfassungsgerichts zum Inhalt des Selbstbestimmungsrechts grundsätzlich anschließt[1373], verbleibt den Kirchen auch zukünftig die Möglichkeit, Loyalitätsobliegenheiten aus ihrem Selbstverständnis heraus zu formulieren. Der Gerichtshof sorgt mit seiner Judikatur jedoch dafür, dass die Angemessenheit der Anforderungen einer effektiven Kontrolle zugänglich gemacht wird. Im Ergebnis kann daher zukünftig überprüft werden, ob die Loyalitätsanforderungen im Einzelfall angemessen sind oder ob diese grundrechtlich geschützte Positionen des Arbeitnehmers zu weitgehend beschneiden. Die maßgebliche Folge der EGMR-Rechtsprechung ist daher, dass Loyalitätsobliegenheiten zukünftig

---

1366 Vgl. BVerfGE 70, 138 (166ff).

1367 Vgl. BAG NZA 2012, 443 (446).

1368 Vgl. BAG NZA 2012, 443 (446).

1369 Siehe oben S. 179.

1370 Siehe oben S. 204.

1371 Siehe oben S. 209.

1372 Vgl. Plum, NZA 2011, 1194 (1199); Reichold / Hartmeyer, AP § 1 KSchG 1969 Nr. 92.

1373 Vgl. EGMR NZA 2011, 277 (278f) = EGMR, Urteil v. 23.09.2010, Az.: 425/03 „Obst", Rn. 44ff, JURIS; EGMR NZA 2011, 279 (281) = EGMR, Urteil v. 23.09.2010, Az.: 1620/03 „Schüth", Rn. 58ff, JURIS; EGMR NZA 2012, 199 (200f) = EGMR, Urteil v. 03.02.2011, Az.: 18136/02 „Siebenhaar", Rn. 41ff, JURIS.

anhand der Verkündungsnähe der bekleideten Position abzustufen sind. Diese Abstufung ist zudem voll gerichtlich überprüfbar.[1374]

Hätte sich das BAG von diesen Vorgaben leiten lassen, wäre die Angemessenheit der Loyalitätsanforderungen im vorliegenden Fall der kirchenrechtswidrigen Wiederheirat des Chefarztes eingehender zu untersuchen gewesen[1375]. Die bloße Feststellung, allein die Kirchen könnten über eine mögliche Abstufung entscheiden[1376], ist in Gegenwart der jüngsten Judikatur des EGMR nicht mehr ausreichend. Es wäre zu fragen gewesen, ob die Position des Chefarztes in solcher Weise exponiert war, dass diese die Auferlegung unabgestufter Loyalitätsobliegenheiten erforderte. Dies wäre nur dann der Fall gewesen, wenn ohne die Beschneidung der grundrechtlich bzw. durch die EMRK geschützten Positionen das Interesse des kirchlichen Arbeitgebers an der Wahrung seiner äußeren Glaubwürdigkeit gefährdet gewesen wäre[1377]. Insbesondere das Judikat EGMR Az.: 425/03 „Obst" zeigt jedoch, dass dies dann angenommen werden kann, wenn der Arbeitnehmer in leitender Position tätig und sich zugleich der kirchlichen Moralanforderungen bewusst ist.[1378] Da es sich bei der Position des Chefarztes um eine herausgehobene Stelle mit Leitungsfunktion handelt[1379], wäre die Angemessenheit der auferlegten Loyalitätsanforderungen auch unter Zugrundelegung der Kriterien des EGMR als angemessen zu beurteilen[1380].

1374 Siehe zur Begründung dieses Ansatzes bereits oben S. 207ff. Im Ergebnis wohl ähnlich: FAHRIG / STENSLIK, EuZA 2012, 184 (197). A.A.: GREINER, MedR 2012, 688 (689); REICHOLD, EuZA 2011, 320 (328).

1375 A.A.: PÖTTERS, EzA § 611 BGB 2002, Kirchliche Arbeitnehmer, Nr. 21, S. 15 (18); DERS. / KALF, ZESAR 2012, 216 (219). PLUM, RdA 2012, 373 (375) erblickt in der Prüfung des BAG bereits die Andeutung einer entsprechenden Prüfung.

1376 Vgl. BAG NZA 2012, 443 (446).

1377 Im Ergebnis ebenfalls kritisch zur Prüfung der Frage der äußeren Glaubwürdigkeit: PÖTTERS, EzA § 611 BGB 2002, Kirchliche Arbeitnehmer, Nr. 21, S. 15 (18); STÖHR, AuR 2012, 451 (451).

1378 Vgl. EGMR NZA 2011, 277 (279) = EGMR, Urteil v. 23.09.2010, Az.: 425/03 „Obst", Rn. 47f, JURIS.

1379 Vgl. BAG NZA 2012, 443 (447).

1380 Im Ergebnis so auch: SPERBER, AuR 2012, 451 (452); STÖHR, RdA 2012, 376 (377).

Somit läge auch bei vollumfänglicher Berücksichtigung der Kriterien des EGMR „an sich" ein Kündigungsgrund vor.
Insgesamt bleibt festzuhalten, dass das BAG in seinem jüngsten Urteil die Vorgaben des EGMR bereits teilweise umsetzt, indem es der Interessenabwägung wieder stärkeres Gewicht beimisst[1381]. Zukünftig ist darüber hinaus infolge der Rechtsprechung des Gerichtshofs zu prüfen, ob die Loyalitätsobliegenheiten im Einzelfall in Abhängigkeit von der Verkündungsnähe der Tätigkeit angemessen sind[1382]. Wenn diese Vorgaben von den Fachgerichten vollumfänglich umgesetzt werden, nähert sich der Prüfumfang der Fachgerichte wieder desjenigen zur Zeit der arbeitnehmerfreundlichen Phase vor BVerfGE 70, 138 an[1383]. Diese Phase war ebenfalls dadurch gekennzeichnet, dass die Interessenabwägung umfassend die Besonderheiten des Einzelfalls berücksichtigte. Außerdem wurde geprüft, ob die auferlegten Loyalitätsobliegenheiten im konkreten Fall angemessen waren bzw. ob diese einer Abstufung bedurft hätten.[1384] Daher ist zu prognostizieren, dass das jüngste Urteil des BAG im Bereich des kirchlichen Individualarbeitsrechts den Beginn einer neuen Rechtsprechungsphase der Fachgerichte markieren wird[1385]. Diese wird, vergleichbar der arbeitnehmerfreundlichen Phase vor

1381 Kritisch zur Interessenabwägung des BAG: Pötters, EzA § 611 BGB 2002, Kirchliche Arbeitnehmer, Nr. 21, S. 15 (18); ders. / Kalf, ZESAR 2012, 216 (219); Reichold / Hartmeyer, AP § 1 KSchG 1969 Nr. 92; Stöhr, AuR 2012, 451 (451); ders., RdA 2012, 376 (377). Der Interessenabwägung des BAG im Ergebnis zustimmend: Greiner, MedR 2012, 688 (689). Differenzierend: Plum, RdA 2012, 373 (375); Roßbruch, PflR 2012, 164 (164).

1382 Eine solche Prüfung bereits im Ansatz in BAG NZA 2012, 443 erblickend: Plum, RdA 2012, 373 (375).

1383 So im Ergebnis auch: Fahrig / Stenslik, EuZA 2012, 184 (197). Ähnlich Roßbruch, PflR 2012, 164 (165), der darin die Fortsetzung dieser Rechtsprechungslinie erblickt. Einer solchen Entwicklung kritisch gegenüberstehend: Melot de Beauregard, NZA-RR 2012, 225 (230).

1384 Vgl. oben S. 87ff.

1385 So im Ergebnis wohl auch: Hammer, Chefarzt-Kündigung im katholischen Krankenhaus - Wiederverheiratete in kirchlichen Einrichtungen dürfen aufatmen, <http://www.lto.de/recht/hintergruende/h/chefarzt-kuendigung-im-katholischen-krankenhaus-wiederverheiratete-in-kirchlichen-einrichtungen-duerfen-aufatmen/>; Plum, RdA 2012, 373 (375f); Sperber, AuR 2012, 451 (452); Stöhr, AuR 2012,

BVerfGE 70, 138, die Individualinteressen des jeweiligen Arbeitnehmers wieder stärker berücksichtigen und damit ebenfalls arbeitnehmerfreundlicher ausfallen als dies zuletzt der Fall gewesen ist[1386]. Die Gefahr, kirchliche Arbeitgeber würden in Folge dessen vor Gericht behandelt als trügen sie „Skurrilitäten oder abständige Privatmeinungen vor“[1387], besteht nicht. Denn der EGMR erkennt die Bedeutung der Religionsgesellschaften in einer pluralistischen Gesellschaft an und formuliert zu ihren Gunsten einen weiten Freiheitsrahmen[1388]. Diese können daher auch weiterhin darüber befinden, welche Dienste es in ihren Einrichtungen geben und wie dieser Dienst ausgestaltet werden soll[1389] . Eine Reduzierung auf einen bloßen Tendenzschutz sieht der EGMR nicht vor. Im Ergebnis wird das veränderte Prüfprogramm der Fachgerichte mithin dafür Sorge tragen, dass das privatrechtliche Arbeitsverhältnis tatsächlich in praxi nicht „klerikalisiert“[1390] wird.

Diese grundsätzlichen Vorgaben hat der EGMR wesentlich anhand der Fälle EGMR Az.: 425/03 „Obst“ und EGMR Az.: 1620/03 „Schüth“ herausgearbeitet. Das kündigungsrelevante Verhalten betraf jeweils die kirchlichen Moralvorstellungen von Ehe und Familie[1391]. Das Urteil EGMR Az.: 18136/02 „Siebenhaar“ zeigt, dass der Gerichtshof bei der Betrachtung aller im Einzelfall relevanten Aspekte auch die Art des Loyalitätsobliegen-

---

451 (451). A.A.: Greiner, MedR 2012, 688 (691).

1386 Im Ergebnis ähnlich: Fahrig / Stenslik, EuZA 2012, 184 (196f). Kritisch gegenüber dieser Entwicklungstendenz: Melot de Beauregard, NZA-RR 2012, 225 (230f).

1387 v. Campenhausen / de Wall, Staatskirchenrecht, § 21, S. 182.

1388 Vgl. EGMR NZA 2011, 277 (278) = EGMR, Urteil v. 23.09.2010, Az.: 425/03 „Obst“, Rn. 41, JURIS; EGMR NZA 2011, 279 (281) = EGMR, Urteil v. 23.09.2010, Az.: 1620/03 „Schüth“, Rn. 58, JURIS; EGMR NZA 2012, 199 (200f) = EGMR, Urteil v. 03.02.2011, Az.: 18136/02 „Siebenhaar“, Rn. 41, JURIS.

1389 Siehe dazu grundlegend oben ab S. 27.

1390 Diesen Begriff prägend: BVerfGE 70, 138 (166).

1391 Vgl. EGMR NZA 2011, 277 (277) = EGMR, Urteil v. 23.09.2010, Az.: 425/03 „Obst“, Rn. 9, JURIS; EGMR NZA 2011, 279 (280) = EGMR, Urteil v. 23.09.2010, Az.: 1620/03 „Schüth“, Rn. 11ff, JURIS.

heitsverstoßes in den Blick nimmt. Der Umstand, dass die Arbeitnehmerin in diesem Fall werbend für eine andere Glaubensorganisation und damit kirchenfeindlich auftrat, führte dazu, dass der Gerichtshof die Belange der Arbeitnehmerin im Rahmen der Interessenabwägung geringer berücksichtigte[1392]. Da insoweit auch die Form des Loyalitätsobliegenheitsverstoßes bei der Beurteilung durch die Fachgerichte zukünftig eine Rolle spielen muss[1393], sind entsprechende Fallgruppen zu bilden, um die jeweiligen Besonderheiten herausstellen zu können. Eine Gesamtschau der dem BAG in der Vergangenheit zur Entscheidung vorgelegten kündigungsrelevanten Sachverhalte[1394] lässt erkennen, dass diese über die unterschiedlichen Rechtsprechungsphasen hinweg vergleichbar geblieben sind. Die Loyalitätsobliegenheitsverstöße sind daher in die Fallgruppen „Verstoß gegen kirchliches Eherecht", „kirchenfeindliches Verhalten bzw. Kirchenaustritt" sowie „(praktizierte) Homosexualität" zu unterteilen.

1. Die Fallgruppe „Verstoß gegen kirchliches Eherecht"

Fälle von Verstößen gegen kirchliches Eherecht beschäftigten das BAG im Bereich des kirchlichen Arbeitsrechts von Beginn an. Das erste Judikat des BAG, die „Anstreicher Entscheidung", gehört zu dieser Fallgruppe[1395]. Gleiches gilt für die erst ca. 20 Jahre später gesprochene Folgeentscheidung[1396] sowie für das jüngste Urteil des BAG zum kirchlichen Arbeitsrecht[1397].

Es verwundert nicht, dass Sachverhalte aus dieser Fallgruppe die Arbeitsgerichte wiederkehrend beschäftigen. Das kirchliche und insbesondere das katholische Eherecht enthält Verbote, die dem weltlichen Eherecht nicht be-

1392 Siehe oben S. 201ff.

1393 Vgl. auch PLUM, NZA 2011, 1194 (1200), der „das Bewusstsein des Arbeitnehmers für die begangene Loyalitätspflichtverletzung" als das maßgebliche Kriterium ansieht.

1394 Siehe oben ab S. 54.

1395 Vgl. BAGE 2, 279 (279ff).

1396 Vgl. BAGE 30, 247 (247ff).

1397 Vgl. BAG NZA 2012, 443 (443ff).

kannt sind[1398]. Im Fall der Wiederheirat entsteht ein Spannungsverhältnis, da das Grundgesetz nicht nur die erste, sondern auch weitere Ehen einer Person dem Schutz des Art. 6 I GG unterstellt, während die katholische Ehelehre von der Unauflösbarkeit der ersten Ehe ausgeht[1399]. Der Ausgleich dieser unterschiedlichen Positionen bereitet Probleme. Sollen staatliche und kirchliche Rechtsordnung „wie Haken und Öse"[1400] ineinandergreifen, so kann nicht erwartet werden, dass sich das kirchliche einem weltlichen Eherecht vollumfänglich unterordnet, obwohl dieses der eigene Ehelehre widerspricht[1401]. In diesem Fall läge eine vollständige Verdrängung der kirchlichen Position vor. Dies ist zu vermeiden[1402].

Das BAG hat während der arbeitnehmerfreundlichen Phase vor BVerfGE 70, 138 versucht, einen Ausgleich dieser Interessen herbeizuführen. In der „Passauer Entscheidung"[1403] arbeitete das Gericht erstmals Kriterien heraus, anhand derer eine Abstufung der Loyalitätsobliegenheiten nach Verkündungsnähe der Tätigkeit vorgenommen werden konnte. Auf dieser Grundlage ließ sich schließlich ein Schema zur Beurteilung vergleichbar gelagerter Fälle entwickeln[1404].

In den Folgeentscheidungen stellte das BAG heraus, dass Loyalitätsobliegenheiten nicht die private Lebensführung sämtlicher Mitarbeiter gänzlich umfassen dürfen, sondern diese nur insoweit auferlegt werden können, wie die Glaubwürdigkeit es erfordert[1405]. Das Gericht stellte zudem umfangreiche Interessenabwägungen an, um die Besonderheiten des

---

1398 RICHARDI, Arbeitsrecht in der Kirche, § 7, S. 124.

1399 RICHARDI, Arbeitsrecht in der Kirche, § 7, S. 124f. Vgl. auch: PRADER, in: LISTL / SCHMITZ, HdbKathKR, § 83, S. 884 (895f).

1400 v. NELL-BREUNING, AuR 1979, 1 (3).

1401 So aber wohl: STRUCK, NZA 1991, 249 (255f).

1402 Vgl. HOLLERBACH, in: CARLEN, Trennung von Kirche und Staat, S. 21 (30); KORIOTH, in: MAUNZ / DÜRIG, GG-Kommentar, Band VII Art. 107 - 146, Art. 137 WRV (Stand der Bearbeitung: Febr. 2003), Rn. 47.

1403 Vgl. BAGE 34, 195 (198f). Der Sachverhalt dieser Entscheidung unterfällt ebenfalls der Fallgruppe „Verstoß gegen kirchliches Eherecht".

1404 STRUCK, NZA 1991, 249 (250).

1405 BAGE 45, 250 (255); BAGE 47, 144 (153f); BAGE 47, 292 (301); BAG NJW 1984, 1917 (1917f).

jeweiligen Einzelfalls angemessen abbilden zu können[1406]. Erst beeinflusst durch die Rechtsprechung des Bundesverfassungsgerichts, wonach allein die Religionsgesellschaften berufen seien, über die Abstufung von Loyalitätsobliegenheiten zu befinden und ggf. die maßgeblichen Kriterien zu formulieren[1407], änderte das BAG seine Spruchpraxis entsprechend[1408]. Das Bundesverfassungsgericht hatte die Frage nach dem Ausgleich von weltlichen und kirchlichen Positionen damit vorübergehend i.S.d. Religionsgesellschaften beantwortet[1409]. Gleichwohl blieb auch bei Kritikern der arbeitnehmerfreundlichen Rechtsprechung des BAG die Erkenntnis haften, dass das kirchliche Eherecht nicht mit absolutem Anspruch jeden Mitarbeiter erfassen könne[1410].

Die Rechtsprechung des EGMR greift diese Abgrenzungsfrage wieder auf und führt sie einer abweichenden Lösung zu. Sowohl EGMR Az.: 425/03 „Obst“ als auch EGMR Az.: 1620/03 „Schüth“ sind der Fallgruppe „Verstoß gegen kirchliches Eherecht“ zuzuordnen[1411]. Es wurde bereits herausgearbeitet, dass der EGMR in diesen Fällen eine inhaltliche Überprüfung der Loyalitätsobliegenheiten anhand der Verkündungsnähe der Tätigkeit vornimmt[1412]. In diesem Punkt bleibt die jüngste Rechtsprechung des BAG noch hinter den Vorgaben des Gerichtshofs zurück[1413]. Zudem nimmt der EGMR eine umfangreiche Interessenabwägung im Einzelfall

---

1406 Siehe dazu bereits oben S. 63ff.

1407 BVerfGE 70, 138 (168).

1408 Siehe oben ab S. 73.

1409 Vgl. Richardi, Arbeitsrecht in der Kirche, § 6, S. 95f, wonach die vom Bundesverfassungsgericht bestätigte „Regelungsautonomie aufgrund des Selbstbestimmungsrechts [...] die religiöse Dimension des kirchlichen Dienstes [sichert].“

1410 Vgl. Dütz, NZA-Beil. 1/1986, 11 (14f); ders., NJW 1990, 2025 (2029); Joussen, RdA 2011, 173 (176); Rüfner, in: FS Rechtswissenschaftliche Fakultät Köln, S. 797 (804f). Wohl auch: Richardi, Arbeitsrecht in der Kirche, § 7, S. 125.

1411 Vgl. EGMR NZA 2011, 277 (277) = EGMR, Urteil v. 23.09.2010, Az.: 425/03 „Obst“, Rn. 9, JURIS; EGMR NZA 2011, 279 (280) = EGMR, Urteil v. 23.09.2010, Az.: 1620/03 „Schüth“, Rn. 11ff, JURIS.

1412 Siehe oben S. 207.

1413 Siehe oben S. 244.

vor[1414]. Dies bedeutet, dass der EGMR einen ähnlichen Ansatz zum Ausgleich von kirchlichem und weltlichem Eherecht wählt, wie dies das BAG während der arbeitnehmerfreundlichen Phase getan hat.

Die Rechtsprechung des BAG wird sich, was die Beurteilung von Verstößen gegen das kirchliche Eherecht betrifft, damit vor dem Hintergrund der neuesten Rechtsprechung des EGMR wieder arbeitnehmerfreundlicher entwickeln. Es ist eine Annäherung an die eigene Rechtsprechungslinie vor dem Richterspruch des Bundesverfassungsgerichts in BVerfGE 70, 138 zu erwarten[1415]. Dies ist die zwingende Folge der sich aus Art. 46 I EMRK ergebenden Bindungswirkung von EGMR-Urteilen[1416]. Da ein Verfassungsvorbehalt hiergegen nicht geltend gemacht werden kann[1417], wird BVerfGE 70, 138 einer solchen Anpassung der Rechtsprechung durch das BAG nicht entgegen stehen. Insbesondere aus EGMR Az.: 1620/03 „Schüth" lassen sich Grenzen zur Zulässigkeit von Loyalitätsobliegenheiten im Bereich des kirchlichen Eherechts ableiten. In diesem Fall war der katholische Mitarbeiter nach Ansicht des EGMR aufgrund seiner Position keinen gesteigerten Loyalitätsanforderungen unterworfen[1418]. Gleichzeitig hatte er nach der Trennung von seiner Ehefrau auf eine standesamtliche Wiederheirat verzichtet. Jedoch war aus der Beziehung zu seiner neuen Lebensgefährtin, mit der er in eheähnlicher Gemeinschaft zusammenlebte, ein Kind hervorgegangen. Der Arbeitgeber hatte von diesem Loyalitätsobliegenheitsverstoß nur aufgrund des Lohnsteuerkartensystems erfahren, weshalb dem Arbeitnehmer gleichzeitig eine Geheimhaltung unmöglich blieb.[1419] Es war daher nach Ansicht des EGMR abwägungsfehlerhaft, lediglich das Bestandsschutzinteresse des Arbeitnehmers zu berücksichtigen.

1414 Siehe oben S. 204ff.

1415 Vgl. auch Fey, ZMV 2011, 274 (274), der im Rahmen dieser Fallgruppe zukünftig ebenfalls eine eingehende Interessenabwägung für erforderlich hält.

1416 Siehe zu dieser Bindungswirkung oben ab S. 119.

1417 Siehe oben S. 139f.

1418 Vgl. EGMR NZA 2011, 279 (282) = EGMR, Urteil v. 23.09.2010, Az.: 1620/03 „Schüth", Rn. 69ff, JURIS.

1419 Vgl. EGMR NZA 2011, 279 (281) = EGMR, Urteil v. 23.09.2010, Az.: 1620/03 „Schüth", Rn. 67, JURIS.

Denn zu lebenslanger sexueller Enthaltsamkeit konnte der keinen gesteigerten Loyalitätsobliegenheiten unterworfene Mitarbeiter nicht wirksam verpflichtet werden.[1420]
Daraus lässt sich für die zukünftige Rechtsprechungsentwicklung ableiten, dass der bloße Ehebruch jedenfalls bei solchen Mitarbeitern, die keinen gesteigerten Loyalitätsanforderungen unterworfen sind, nur unter besonderen Umständen eine Kündigung rechtfertigen kann[1421]. Denn eine Verpflichtung zu lebenslanger sexueller Enthaltsamkeit scheitert am Verhältnismäßigkeitsgrundsatz[1422]. Da zudem ein schützenswertes Geheimhaltungsinteresse des Mitarbeiters besteht, wird regelmäßig erst die tatsächliche Wiederheirat eine Kündigung rechtfertigen können. Der Mitarbeiter verzichtet in diesem Fall freiwillig auf sein Geheimhaltungsinteresse und macht den Loyalitätsobliegenheitsverstoß aus eigenem Antrieb publik. Der Fall EGMR Az.: 425/03 „Obst“ zeigt jedoch, dass dies für Mitarbeiter in exponierter Position anders zu beurteilen ist. In solchen Fällen genügt bereits der fortgesetzte Ehebruch, um eine Kündigung zu rechtfertigen[1423]. Die jüngste Rechtsprechung des BAG weist in dieser Hinsicht noch Entwicklungspotenzial auf. Es ist nicht ersichtlich, dass diese Vorgaben des EGMR bereits berücksichtigt werden. Wenn das BAG anführt, das ehelose Zusammenleben stelle einen gleichwertigen Verstoß zur Wiederheirat dar[1424], ist dies im konkret zu beurteilenden Fall im Ergebnis zwar vertretbar. Denn der Mitarbeiter war in diesem Fall als Chefarzt gesteigerten Loyalitätsanforderungen unterworfen[1425]. Jedoch

1420 Vgl. EGMR NZA 2011, 279 (282) = EGMR, Urteil v. 23.09.2010, Az.: 1620/03 „Schüth“, Rn. 69ff, JURIS.

1421 Ähnlich: JOUSSEN, RdA 2011, 173 (177), der einen erhöhten Begründungsaufwand bei auf diesen Loyalitätsobliegenheitsverstoß gestützten Kündigungen ausmacht, da jedenfalls die Rechte des Arbeitnehmers aus Art. 6 GG einzubeziehen seien. A.A.: PÖTTERS, EzA § 611 BGB 2002, Kirchliche Arbeitnehmer, Nr. 21, S. 15 (19).

1422 Vgl. EGMR NZA 2011, 279 (282) = EGMR, Urteil v. 23.09.2010, Az.: 1620/03 „Schüth“, Rn. 69, JURIS.

1423 Siehe oben S. 173ff.

1424 Vgl. BAG NZA 2012, 443 (447).

1425 Siehe oben S. 246.

lässt das BAG die notwendige Unterscheidung von fortgesetztem Ehebruch und tatsächlicher Wiederheirat in Abhängigkeit von der Position des Mitarbeiters noch vermissen. Bedingt durch die jüngste Rechtsprechung des EGMR ist noch eine Weiterentwicklung der Spruchpraxis des BAG zu erwarten.

2. Die Fallgruppe „Homosexualität"

Strukturell weist die Fallgruppe der (praktizierten) Homosexualität Parallelen zu den Fällen von Verstößen gegen kirchliches Eherecht auf. Das staatliche Recht will Diskriminierungen gleichgeschlechtlicher Paare beseitigen. Diesen wird durch das Lebenspartnerschaftsgesetz daher eine rechtlich der Ehe teilweise angenäherte Form des Zusammenlebens ermöglicht.[1426] Die praktizierte Homosexualität[1427] verstößt gleichzeitig, insbesondere nach katholischem Verständnis, gegen kirchliche Moralvorstellungen und stellt damit einen Loyalitätsobliegenheitsverstoß dar. Folglich besteht auch bei dieser Fallgruppe ein Spannungsfeld zwischen staatlichem und kirchlichem Recht, welches eines Ausgleichs bedarf.

Das BAG zieht die einschlägigen Normen des AGG im Rahmen der Prüfung der sozialen Rechtfertigung einer Kündigung heran, wenn der kündigungsrelevante Sachverhalt eine Benachteiligung i.S.v. §§ 1ff AGG darstellt[1428]. Die Kündigung eines Mitarbeiters wegen (vollzogener) Homosexualität stellt an sich eine Benachteiligung wegen der sexuellen Identität dar, was gem. §§ 1, 7 AGG unzulässig ist. Außerdem kann hierin auch eine Diskriminierung wegen der Religion zu erblicken sein, wenn gleichzeitig gegen eine korrespondierende Loyalitätsobliegenheit verstoßen wird[1429]. Folglich kann die Rechtsprechung das Spannungsverhältnis zwischen

---

1426 Beck, NJW 2001, 1894 (1895f).

1427 Siehe zur Differenzierung zwischen homosexueller Ausrichtung und homosexueller Praxis oben S. 109ff.

1428 Vgl. zuletzt für den Bereich des kirchlichen Arbeitsrechts: BAG NZA 2012, 443 (446).

1429 Vgl. Kehlen, Europäische Antidiskriminierung und kirchliches Selbstbestimmungsrecht, S. 195.

weltlichen und kirchlichen Moralvorstellungen nur unter Rückgriff auf die dogmatischen Grundsätze des AGG auflösen. Die inhaltliche Reichweite insbesondere des § 9 II AGG ist jedoch umstritten[1430].

Es wurde bereits herausgearbeitet, dass die Rechtsprechung des EGMR entscheidend zur Lösung dieses Meinungskonflikts beiträgt[1431]. Da der maßgebliche Loyalitätsobliegenheitsverstoß nicht in der sexuellen Ausrichtung als solcher zu erblicken sein soll, sondern lediglich in deren Vollzug[1432], ist entscheidend, wie der kirchliche Arbeitgeber von einem Vollzugsakt Kenntnis erlangt. Insbesondere aufgrund der Vorgaben des Gerichtshofs in EGMR Az.: 1620/03 „Schüth" lässt sich ableiten, dass jedenfalls der *unfreiwillig* offenbarte Vollzug der Homosexualität eine Kündigung zukünftig regelmäßig nicht mehr rechtfertigen kann. Bei der Auflösung des Spannungsverhältnisses zwischen weltlichen und kirchlichen Moralvorstellungen kommt auch homosexuellen Mitarbeitern ein Schutzinteresse vor unfreiwilliger Offenbarung des Vollzugs ihrer sexuellen Ausrichtung zu. Für homosexuelle Mitarbeiter kann nichts anderes gelten als für heterosexuelle Mitarbeiter, sodass eine Verpflichtung zu lebenslanger sexueller Enthaltsamkeit am Verhältnismäßigkeitsgrundsatz scheitert[1433]. Eine Ausnahme von diesem Grundsatz erscheint nur denkbar, wenn besonders schwerwiegende Umstände des Einzelfalls eine andere Bewertung rechtfertigen[1434]. Dies ergibt sich aus dem Grundsatz des EGMR, alle im konkreten Einzelfall maßgeblichen Aspekte in Rahmen einer Interessenabwägung abzubilden.[1435]

Berücksichtigt die Rechtsprechung zukünftig diese Aspekte, so werden sich die Entscheidungen in den Fällen (praktizierter) Homosexualität zukünftig

1430 Siehe zum Streitstand ausführlich S. 101ff.

1431 Siehe oben S. 234ff.

1432 Siehe zu dieser Differenzierung zwischen homosexueller Ausrichtung und Praxis oben S. 109ff.

1433 Vgl. EGMR NZA 2011, 279 (282) = EGMR, Urteil v. 23.09.2010, Az.: 1620/03 „Schüth", Rn. 69, JURIS.

1434 Vgl. Grabenwarter / Pabel, KuR 2011, 55 (62).

1435 Siehe dazu ausführlich S. 236ff.

ebenfalls grundsätzlich arbeitnehmerfreundlich entwickeln[1436]. Das Spannungsverhältnis zwischen weltlichen und kirchlichen Moralvorstellungen ist damit letztlich nach den gleichen Grundsätzen aufzulösen, wie dies bei der Fallgruppe von Verstößen gegen das kirchliche Eherecht der Fall ist. Daraus folgt jedoch auch, dass der Schutzumfang des Arbeitnehmers geringer ausfällt, wenn er *freiwillig* den Vollzug der Homosexualität preisgibt, da der Mitarbeiter in diesem Fall auf sein Geheimhaltungsinteresse verzichtet[1437]. Letztlich sollte aus diesem Grund auch eine *freiwillige* Offenbarung einzelner Vollzugsakte unterbleiben[1438].

Zu bedenken ist auch, dass einzelne homosexuelle Vollzugsakte für sich genommen keinen Dauertatbestand darstellen. Insoweit besteht ein Unterschied zu den Fällen kirchenrechtswidriger Wiederheirat, da es sich dabei stets um einen Dauertatbestand handelt. Auch die übrigen kündigungsrelevanten Sachverhalte haben regelmäßig einen Dauercharakter[1439]. Dass es sich bei den einzelnen Fällen des Vollzugs der Homosexualität nicht um Dauerzustände handelt, zeigt, dass diese Fallgruppe eine Sonderstellung einnimmt. Wenn sich mithin aus EGMR Az.: 425/03 „Obst" ergibt, dass der bloße fortgesetzte Ehebruch ohne Wiederheirat eine Kündigung dann rechtfertigen kann, wenn der Mitarbeiter in exponierter Position tätig ist[1440], kann hieraus nicht ohne Weiteres geschlossen werden, für homosexuelle Mitarbeiter mit besonderer Loyalitätsbindung würden zwangsläufig ähnlich strenge Maßstäbe gelten. Es fehlt jedenfalls am dauerhaften Charakter des Loyalitätsobliegenheitsverstoßes. Dieser Unterschied muss sich bei der Bewertung des Verstoßes niederschlagen. Daher kann bei unfreiwilliger Offenbarung auch bei herausgehobenen Mitarbeitern die auf diesen Loyalitätsobliegenheitsverstoß gestützte Kündigung im Regelfall nicht gerechtfertigt sein. Bei der Fallgruppe der (praktizierten) Homosexualität

---

1436 Ähnlich: JOUSSEN, RdA 2011, 173 (177).

1437 Siehe oben S. 253.

1438 Siehe oben S. 238.

1439 RÜFNER, in: LISTL / PIRSON, HdbStKirchR, Bd. II, § 66, S. 901 (915) stellt fest, dass das kündigungsrelevante Verhalten „sehr häufig" einen „Dauerzustand" darstellt.

1440 Siehe oben S. 173ff.

müssen also im Einzelfall stets besondere Umstände hinzutreten, damit das Glaubwürdigkeitsinteresse des Arbeitgebers überwiegt[1441].

3. Die Fallgruppe „kirchenfeindliches Verhalten / Kirchenaustritt"

Der Kirchenaustritt stellt einen schwerwiegenden Loyalitätsobliegenheitsverstoß dar. Da die Zugehörigkeit zur Dienstgemeinschaft durch den individuellen Arbeitsvertrag begründet wird, sind nach hier vertretener Ansicht alle Mitarbeiter Teil dieser kirchlichen Dienstgemeinschaft[1442]. Aus dieser Zugehörigkeit zur Dienstgemeinschaft folgt die Verpflichtung, dem kirchlichen Arbeitgeber ein Mindestmaß an inhaltlicher Zustimmung entgegen zu bringen[1443]. Das bedeutet, dass der Arbeitgeber jedenfalls das Unterlassen kirchenfeindlicher Akte erwarten kann[1444]. Ein Mitarbeiter, der aus der Kirche austritt, verweigert seinem kirchlichen Arbeitgeber jedoch dieses Mindestmaß an Übereinstimmung mit den Inhalten, die den kirchlichen Dienst prägen[1445]. Der Kirchenaustritt stellt damit einen „tendenzfeindlichen Akt" dar[1446]. Mithin handelt es sich beim Kirchenaustritt lediglich um einen Unterfall des kirchenfeindlichen Verhaltens[1447].

Damit gelten für die Beurteilung von Kirchenaustritt und sonstigem kirchenfeindlichen Verhalten die gleichen Grundsätze[1448]. Anders als bei Verstößen gegen das kirchliche Eherecht oder bei praktizierter Homosexualität hat der Arbeitnehmer im Fall des Kirchenaustritts oder des sonstigen kirchenfeind-

---

1441 Siehe oben S. 237ff.

1442 Siehe oben S. 31.

1443 Krüger, ZTR 1991, 11 (15).

1444 Dütz, NZA Beil. 1/1986, 11 (15); ders., NJW 1990, 2025 (2027f); Rüthers, in: Listl / Schlick, Deutsch-Französische Kolloquien Bd. VI, S. 3 (14).

1445 Vgl. BAGE 47, 292 (305); v. Campenhausen / Unruh, in: v. Mangoldt / Klein / Starck, Kommentar zum GG, Bd. 3: Art. 83 - 146, Art. 137 WRV, Rn. 108; Richardi, Arbeitsrecht in der Kirche, § 7, S. 129.

1446 Richardi, Arbeitsrecht in der Kirche, § 7, S. 129. Ähnlich auch: Buchner, ZfA 1979, 335 (348); Otto, AuR 1980, 289 (291ff).

1447 Darauf deutet auch Art. 3 IV GrO hin, wonach für den Kirchendienst ungeeignet ist, wer aus der Kirche ausgetreten ist *oder* sich kirchenfeindlich verhält.

1448 Vgl. auch Richardi, Arbeitsrecht in der Kirche, § 7, S. 126f.

lichen Verhaltens kein schutzwürdiges Geheimhaltungsinteresse gegenüber seinem Arbeitgeber[1449]. Der EGMR verdeutlicht in EGMR Az.: 18136/02 „Siebenhaar", dass er ebenfalls eine Differenzierung nach der Art des Loyalitätsobliegenheitsverstoßes vornimmt. In dem der Entscheidung zugrunde liegenden Sachverhalt trat die Arbeitnehmerin werbend für eine andere Religionsgesellschaft auf. Die Glaubenslehren dieser Religionsgesellschaft ließen sich nicht mit denen des Arbeitgebers vereinbaren[1450], sodass das Verhalten als kirchenfeindlich zu bewerten war.[1451] Zwar ist auch in solchen Fällen nach Ansicht des Gerichtshofs eine „eingehend[e] und umfassend[e]" Interessenabwägung vorzunehmen[1452]. Im Ergebnis fällt der Prüfumfang jedoch geringer aus als in den Judikaten EGMR Az.: 425/03 „Obst" und EGMR Az.: 1620/03 „Schüth". Denn der Gerichtshof prüft im Fall des kirchenfeindlichen Verhaltens nicht, wie weitgehend ein arbeitsvertraglicher Verzicht auf die durch Art. 9 EMRK geschützte Religionsfreiheit möglich ist. Vielmehr genügt es, das bloße Interesse des Arbeitnehmers am Erhalt seines Arbeitsplatzes in die Interessenabwägung einzustellen.[1453] „Das Bewusstsein des Arbeitnehmers für die begangene Loyalitätspflichtverletzung"[1454] wirkt sich damit im Fall des kirchenfeindlichen Verhaltens negativ auf den gewährten Schutzumfang aus. Im Ergebnis steht die Rechtsprechung des EGMR der Annahme, ein Kirchenaustritt bzw. kirchenfeindliches Verhalten sei einer Abstufung nicht zugänglich[1455], nicht entgegen. Ein solcher Loyalitätsobliegenheitsverstoß wird daher auch zukünftig grundsätzlich geeignet sein, unabhängig von der bekleideten Position des Mitarbeiters „an sich" einen

1449 Vgl. Richardi, Arbeitsrecht in der Kirche, § 7, S. 129.

1450 Vgl. EGMR NZA 2012, 199 (201) = EGMR, Urteil v. 03.02.2011, Az.: 18136/02 „Siebenhaar", Rn. 45, JURIS.

1451 Siehe oben S. 200.

1452 EGMR NZA 2012, 199 (201) = EGMR, Urteil v. 03.02.2011, Az.: 18136/02 „Siebenhaar", Rn. 45, JURIS.

1453 Vgl. EGMR NZA 2012, 199 (201) = EGMR, Urteil v. 03.02.2011, Az.: 18136/02 „Siebenhaar", Rn. 44f, JURIS.

1454 So wörtlich: Plum, NZA 2011, 1194 (1200).

1455 Siehe zu diesem Ansatz oben S. 37.

Kündigungsgrund darzustellen.[1456] Da der EGMR auch bei kirchenfeindlichem Verhalten eine „eingehend[e] und umfassend[e]“ Interessenabwägung vornimmt[1457], sind die Arbeitsgerichte jedoch zukünftig nicht davon entbunden, alle im Einzelfall relevanten Aspekte zu berücksichtigen. Diese wird bei einem solchen Loyalitätsobliegenheitsverstoß zwar regelmäßig zugunsten des Arbeitgebers ausfallen. Es sind aber Einzelfälle denkbar, bei denen im Ergebnis ausnahmsweise anders zu entscheiden ist. Als Musterbeispiel für einen solchen Einzelfall ist BAGE 45, 250 zu nennen. In diesem Fall war der Arbeitnehmer aus Verärgerung über eine zuvor ausgesprochene, sozial nicht gerechtfertigte Kündigung aus der Kirche ausgetreten[1458]. Mit dem Ausspruch einer solchen Kündigung verletzt der Arbeitgeber seinerseits Pflichten, die ihn aufgrund des Leitgedankens der Dienstgemeinschaft treffen[1459]. Es wäre unbillig, den Arbeitnehmer einseitig die Konsequenzen für einen beiderseits begangenen Loyalitätsobliegenheitsverstoß tragen zu lassen[1460]. Das BAG berücksichtigte diesen Umstand im Rahmen einer umfassenden Interessenabwägung[1461]. Die Besonderheiten des Einzelfalls führten schließlich dazu, dass der Kirchenaustritt die Kündigung nicht rechtfertigen konnte[1462].

Dieses Urteil des BAG entspricht damit bereits größtenteils der Rechtsprechungslinie des EGMR. In einem vergleichbaren Fall könnte jedoch zukünftig unberücksichtigt bleiben, dass der Arbeitgeber nur aufgrund eines Eintrags auf der Lohnsteuerkarte vom Kirchenaustritt Kenntnis erlangt hat[1463]. Die Judikatur des EGMR zeigt, dass in Fällen von Kirchenaustritten grundsätzlich kein schutzwürdiges Geheimhaltungsinteresse des Arbeitnehmers

1456 Im Ergebnis so auch: Joussen, RdA 2011, 173 (177).

1457 Vgl. EGMR NZA 2012, 199 (201) = EGMR, Urteil v. 03.02.2011, Az.: 18136/02 „Siebenhaar“, Rn. 45, JURIS.

1458 Vgl. BAGE 45, 250 (258).

1459 Siehe zur Bindung des Arbeitgebers an den Leitgedanken der Dienstgemeinschaft oben S. 31.

1460 Siehe oben S. 68.

1461 Siehe zum Inhalt dieser Interessenabwägung oben S. 67.

1462 Vgl. BAGE 45, 250 (257ff).

1463 Das BAG hatte diesen Umstand berücksichtigt. Vgl. BAGE 45, 250 (257f).

besteht[1464]. Insgesamt ist jedoch zu erwarten, dass sich die Rechtsprechung der Fachgerichte aufgrund der Vorgaben des EGMR wieder dieser Linie des BAG in BAGE 45, 250 annähern wird. Kirchenfeindliches Verhalten bzw. ein Kirchenaustritt wird auch zukünftig grundsätzlich eine Kündigung rechtfertigen, wenngleich in eng umgrenzten Einzelfällen aufgrund der stets erforderlichen Berücksichtigung aller Umstände des Einzelfalls ein anderes Ergebnis möglich ist. Eine solche einzelfallorientierte Betrachtung sorgt zudem dafür, dass kirchenfeindliches Verhalten nicht zu einem Kündigungsautomatismus führt. Der Gefahr, im kirchlichen Individualarbeitsrecht könnten absolute Kündigungsgründe geschaffen werden[1465], wird so wirksam begegnet. Solche sind dem Arbeitsrecht, mit Ausnahme von § 64 SeemG[1466], generell fremd[1467].

4. Die übrigen Fälle

Sachverhaltskonstellationen im Bereich des kirchlichen Arbeitsrechts, die sich nicht den oben genannten Fallgruppen zuordnen lassen, finden sich kaum in der Rechtsprechungshistorie des BAG. Dass sich die kündigungsrelevanten Loyalitätsobliegenheitsverstöße überwiegend einer überschaubaren Anzahl von Fallgruppen zuordnen lassen, ergibt sich bereits aus dem Inhalt des Selbstbestimmungsrechts im Zusammenspiel mit der Grenze des „für alle geltenden Gesetzes“ aus Art. 137 III WRV i.V.m. Art. 140 GG.

Das kündigungsschutzrechtliche Ultima-ratio-Prinzip gilt auch bei der Beurteilung der Kündigungen von Arbeitnehmern im Kirchendienst[1468]. Da die entsprechenden Normen des staatlichen Arbeitsrechts als „für alle geltende Gesetze“ i.S.v. Art. 137 III WRV i.V.m. Art. 140 GG das kirchliche Selbstbestimmungsrecht begrenzen[1469], gilt das Ultima-ratio-Prinzip auch bei der

---

1464 Siehe oben S. 201ff.

1465 BAGE 45, 250 (257).

1466 PREIS, in: ASCHEID / PREIS / SCHMIDT, Kündigungsrecht, Prinzipien zur Ausfüllung der Kündigungsgründe, Rn. 2f.

1467 LINCK, in: SCHAUB, Arbeitsrechts-Handbuch, § 127, Rn. 43 m.w.N.

1468 REUTER, DIETER, HK 1994, 194 (196).

1469 Siehe oben S. 219.

Beurteilung von Kündigungen von Arbeitnehmern im Kirchendienst[1470]. Die Kündigung ist demnach nur als letztes Instrument einzusetzen, wenn sich keine milderen Mittel (z.B. Abmahnung oder Änderungskündigung) anbieten, um zukünftige[1471] Vertragsstörungen seitens des Arbeitnehmers zu verhindern[1472]. Zwar können die Religionsgesellschaften gemäß der Rechtsprechung des Bundesverfassungsgerichts grundsätzlich selbst festlegen, welche Verhaltensweisen nach dem jeweiligen Selbstverständnis einen schweren, die Kündigung rechtfertigenden Loyalitätsobliegenheitsverstoß darstellen. Jedoch haben die Arbeitsgerichte sicherzustellen, dass nicht im Einzelfall überzogene Anforderungen an den einzelnen Mitarbeiter gestellt werden.[1473] Da geringfügige Vertragsstörungen vom Arbeitgeber allgemein hinzunehmen sind[1474], ist es auch kirchlichen Arbeitgebern nicht möglich, Mitarbeitern aufgrund bloß unerheblicher Verfehlungen im privaten Bereich zu kündigen. Es verwundert somit nicht, dass sich die kündigungsrelevanten Loyalitätsobliegenheitsverstöße mehrheitlich einer der lediglich drei oben genannten Fallgruppen zuordnen lassen.
Ein Ausnahmefall aus der Rechtsprechung des BAG, der sich keiner dieser Fallgruppen zuordnen lässt, stellt BAGE 74, 325 dar. Das BAG hatte über die außerordentliche Kündigung des Chefarztes einer gynäkologischen Abteilung in einem katholisch geprägten Krankenhaus zu entscheiden. Dem Chefarzt wurde gekündigt, weil dieser homologe Inseminationen durchge-

---

1470 MÜCKL, in: ISENSEE / KIRCHHOF, HdbStR, Bd. VII, § 159, Rn. 119.

1471 Aufgrund des Prognoseprinzips im Kündigungsschutzrecht ist die Kündigung zukunftsgerichtet und soll weitere Vertragsstörungen verhindern. Vgl. BUFALICA, in: DÄUBLER / HJORT / SCHUBERT / WOLMERATH, HK-Arb, § 1 KSchG, Rn. 47f m.w.N.

1472 BUFALICA, in: DÄUBLER / HJORT / SCHUBERT / WOLMERATH, HK-Arb, § 1 KSchG, Rn. 51ff; GRIEBELING, in: DÄUBLER / HJORT / SCHUBERT / WOLMERATH, HK-Arb, § 626 BGB, Rn. 77; LINCK, in: SCHAUB, Arbeitsrechts-Handbuch, § 127, Rn. 44; DERS., in: SCHAUB, Arbeitsrechts-Handbuch, § 130, Rn. 31; MÜLLER-GLÖGE, in: MÜLLER-GLÖGE / PREIS / SCHMIDT, Erfurter Kommentar, § 626 BGB, Rn. 25; OETKER, in: MÜLLER-GLÖGE / PREIS / SCHMIDT, Erfurter Kommentar, § 1 KSchG, Rn. 74ff, jeweils m.w.N.

1473 BVerfGE 70, 138 (168).

1474 OETKER, in: MÜLLER-GLÖGE / PREIS / SCHMIDT, Erfurter Kommentar, § 1 KSchG, Rn. 67.

führt hatte. Da selbst innerhalb der katholischen Kirche umstritten war, welche Methoden der künstlichen Befruchtung nach dem eigenen ethischen Selbstverständnis zulässig seien, hatte der Chefarzt mehrmals versucht, klärende Gespräche mit dem Arbeitgeber zu führen, um nur solche Behandlungsmethoden anzuwenden, die mit der katholischen Lehre im Einklang stehen. Dem Chefarzt wurde jedoch pauschal die Vornahme jeglicher künstlicher Befruchtungen untersagt.[1475] Nach Ansicht des BAG hätte der Chefarzt vor Aussprache einer Kündigung abgemahnt werden müssen, da dieser nicht aus kirchenfeindlicher Gesinnung heraus gehandelt hatte[1476].

Diese Einschätzung ist im Ergebnis zu begrüßen. Da der Chefarzt sich bemüht hatte, den ethischen Anforderungen der katholischen Kirche gerecht zu werden, kann sein Verhalten nicht als kirchenfeindlich eingestuft werden. Vielmehr hat er mit wiederholten Gesprächen versucht, die moralischen Positionen der katholischen Kirche zu ergründen und damit das seinerseits Mögliche getan, um sich kirchenfreundich verhalten zu können. Sieht man auch den Arbeitgeber als verpflichtet an, den Gedanken der Dienstgemeinschaft in der Praxis mit Leben zu füllen[1477] und den Mitarbeitern „Loyalitätshilfen" anzubieten[1478], ist der hier maßgebliche Obliegenheitsverstoß auf der Seite des kirchlichen Arbeitgebers zu erblicken. Denn letztlich scheiterte die Ausarbeitung einer dem kirchlichen Selbstverständnis gerecht werdenden Regelung zur Durchführung künstlicher Befruchtungen an der starren Haltung des Arbeitgebers, obwohl der Arbeitnehmer sich mehrfach um eine solche bemüht hatte[1479]. Es würde den Umständen des Falles nicht gerecht, wenn man das Verhalten des Arbeitnehmers als kirchenfeindlich einstufte, sodass dieses „an sich" einen Kündigungsgrund darstellen würde. Insoweit weist dieser Fall Parallelen zu BAGE 45, 250 auf[1480].

1475 Siehe zum Sachverhalt: BAGE 74, 325 (325ff).
1476 BAGE 74, 325 (340ff).
1477 Siehe oben S. 31.
1478 So Mummenhoff, NZA 1990, 585 (589).
1479 Vgl. BAGE 74, 325 (327ff).
1480 Siehe oben S. 259.

Auch angesichts der jüngsten Rechtsprechung des EGMR im Bereich des kirchlichen Individualarbeitsrecht dürfte diese Entscheidung nicht anders ausfallen. Der Gerichtshof prüft im Rahmen der Interessenabwägung, ob alle relevanten Aspekte des Einzelfalls berücksichtigt wurden[1481]. Hierbei ist auch „das Bewusstsein des Arbeitnehmers für die begangene Loyalitätspflichtverletzung“[1482] von Relevanz. Im Fall der außerordentlichen Kündigung des Chefarztes in BAGE 74, 325 verstößt jedenfalls auch der Arbeitgeber gegen seine aus dem Leitbegriff der Dienstgemeinschaft erwachsenden Pflichten[1483]. Insoweit ist auch das Bewusstsein des *Arbeitgebers* für den seinerseits zu vertretenden Verstoß bei der Prüfung der im Einzelfall einschlägigen Aspekte zu berücksichtigen. Die Rechtsprechung des EGMR unterstützt mithin die Möglichkeit, besondere Sachverhalte, die sich keiner der genannten Fallgruppen zuordnen lassen, im Einzelfall zu würdigen und die widerstreitenden Interessen angemessen auszugleichen.

1481 Siehe oben S. 209.

1482 Plum, NZA 2011, 1194 (1200).

1483 Siehe oben S. 262.

E. Zusammenfassung

Der EGMR hält wirksame Werkzeuge in der Hand, um mit seiner Rechtsprechung auf das Rechtssystem der Bundesrepublik Deutschland einwirken zu können. Art. 46 I EMRK verpflichtet die Vertragsparteien, und damit auch die Bundesrepublik Deutschland, endgültige Urteile des EGMR zu befolgen. Diese haben zwar keine kassatorische Wirkung, da es sich um Feststellungsurteile handelt. Der Gerichtshof hat aber die Möglichkeit, über die bloße Feststellung einer Konventionsverletzung hinaus, die zur Beendigung dieser Verletzung aus seiner Sicht erforderlichen Abhilfemaßnahmen zu benennen. Seit dem Jahr 2004 steht dem EGMR das noch weiterreichende Piloturteilsverfahren zur Verfügung. Dieses ermöglicht es, insbesondere strukturelle gesetzgeberische Probleme gezielt zu lösen. Dem verurteilten Mitgliedsstaat werden in diesem Verfahren im Urteilstenor verbindliche Maßnahmen aufgegeben, die zukünftige Verletzungen der EMRK verhindern sollen.[1484] Insgesamt verfolgt die EMRK das Ziel, praktisch wirksamen und nicht bloß theoretischen Grundrechtsschutz zu gewährleisten. Aufgrund dieser Ergebnisorientierung verfügen die ratifizierenden Staaten grundsätzlich über einen weit gesteckten Freiheitsrahmen bei der Herstellung konventionsgemäßer Zustände.[1485] Die EMRK beansprucht insbesondere keinen (Über-)Verfassungsrang[1486].

Es ist daher nicht zu beanstanden, dass die EMRK in der Bundesrepublik Deutschland in der Form von einfachem Bundesrecht Gültigkeit erlangt hat[1487]. Im Kollisionsfall mit sonstigem Bundesrecht werden die allgemeinen Regeln der Gesetzeskollision modifiziert, um der Konvention dennoch größtmögliche Geltung zu verschaffen[1488]. Das Bundesverfassungsgericht zieht die EMRK bzw. die Judikatur des EGMR vor dem Hintergrund der Völkerrechtsfreundlichkeit des Grundgesetzes darüber hinaus bei der

1484 Siehe oben S. 119ff.

1485 Siehe oben S. 116.

1486 Siehe oben S. 116.

1487 Siehe oben S. 129.

1488 Siehe dazu umfassend oben S. 130ff.

inhaltlichen Ausformung nationaler Grundrechte heran[1489]. Allerdings hat sich die deutsche Rechtsordnung nach Ansicht des Bundesverfassungsgerichts nicht vorbehaltlos gegenüber völkerrechtlichen Regelungen geöffnet. So seien Fallkonstellationen denkbar, die einer Beachtung der EMRK entgegen stünden[1490]. Dieser Verfassungsvorbehalt trifft in der Literatur auf Kritik[1491]. Nach hier vertretener Ansicht kann ein solcher Vorbehalt ebenfalls nicht durchgreifen, da dieser letztlich auf einfaches Recht durchschlagen könnte.[1492] Daher stellt Art. 46 I EMRK dem EGMR ein effektives Werkzeug bereit, um auf direktem Weg auf das Rechtssystem der Bundesrepublik Deutschland einwirken zu können[1493].

Über diese direkte Einwirkungsmöglichkeit hinaus gewinnt die EGMR-Rechtsprechung mittelbaren Einfluss durch die Judikatur des EuGH[1494]. Der EuGH begann bereits 1963, die Eigenständigkeit und den Vorrang des europäischen Gemeinschaftsrechts herauszuarbeiten. Im Laufe der Zeit wurde diese Vorrang-Rechtsprechung durch den EuGH gefestigt und ausgebaut. Im Ergebnis setzt sich das Gemeinschaftsrecht auch gegenüber entgegenstehendem Verfassungsrecht der Mitgliedsstaaten durch.[1495] Daneben hat der EuGH im Laufe der Zeit grundrechtliche Gewährleistungen auf europäischer Ebene entwickelt. Die durch die Rechtsprechung des EGMR fortentwickelte EMRK gewinnt hier zusätzliche Bedeutung. Der EuGH zieht die Konvention bei der Ausgestaltung unionaler Grundrechte heran. Anders als das Bundesverfassungsgericht sieht sich der EuGH ohne Vorbehalt an die Rechtsprechung des EGMR gebunden.[1496] Dieser Umstand erweist sich als gewichtig. Das Bundesverfassungsgericht geht inzwischen von einem effizienten Grundrechtsschutzniveau auf unionaler Ebene aus.

1489 Siehe oben S. 131.
1490 Siehe dazu umfassend oben S. 131ff.
1491 Siehe oben S. 133ff.
1492 Siehe oben S. 139ff.
1493 Siehe oben S. 169.
1494 Siehe oben S. 143.
1495 Siehe oben S. 146ff.
1496 Siehe oben S. 152ff.

Daher hat es seine Jurisdiktionskompetenz hinsichtlich der Grundrechte-Prüfung von Gemeinschaftsrechtsakten weitestgehend eingeschränkt und überlässt dem EuGH diesen Rechtsschutzauftrag.[1497] Somit besteht ein Kooperationsverhältnis zwischen EuGH und Bundesverfassungsgericht[1498]. Der Rechtsprechung des EGMR begegnet damit auf dem „Umweg“ über diejenige des EuGH keinem Verfassungsvorbehalt[1499].

Judikate des EGMR können damit sowohl aufgrund der unmittelbaren völkerrechtlichen Verpflichtung der Bundesrepublik Deutschland aus Art. 46 I EMRK, als auch auf indirektem Weg über die Rechtsprechung des EuGH effektiv auf das Rechtssystem der Bundesrepublik Deutschland einwirken. Insbesondere die jüngste Spruchpraxis des EuGH zum Diskriminierungsschutz[1500] stärkt diesen Einfluss zusätzlich[1501].

Die Voraussetzungen, um die Jahre 2010 und 2011 zu revolutionären Jahren für das kirchliche Individualarbeitsrecht in der Bundesrepublik Deutschland werden zu lassen, sind damit vorhanden. Jedoch sind die Vorgaben, die sich den Judikaten EGMR Az.: 425/03 „Obst“, EGMR Az.: 1620/03 „Schüth“ und EGMR Az.: 18136/02 „Siebenhaar“ in einer Gesamtschau entnehmen lassen, nicht von revolutionärer Reichweite[1502].

Sowohl das deutsche Arbeits- als auch das Verfassungsgerichtssystem sind nach Ansicht des EGMR geeignet, die im Einzelfall widerstreitenden konventionsrechtlichen geschützten Interessen zu einem Ausgleich zu bringen. Ein strukturelles Problem liegt nicht vor.[1503] Der Gerichtshof hebt zudem hervor, dass Religionsgesellschaften in einer pluralistischen

1497 Siehe oben S. 155ff.

1498 Siehe oben S. 156.

1499 Siehe oben S. 170.

1500 Siehe dazu oben ab S. 157.

1501 Siehe oben S. 173 und S. 237f.

1502 Vgl. auch: Fahrig / Stenslik, EuZA 2012, 184 (203); Reufels / Molle, KSzW 2012, 3 (5).

1503 Siehe oben S. 203.

Gesellschaft ein großzügiger Freiheitsrahmen zukommen muss. Vor diesem Hintergrund ist es auch nach Ansicht des EGMR möglich, Mitarbeitern religiöser Einrichtungen die Befolgung von Glaubenssätzen im privaten Bereich arbeitsvertraglich aufzugeben.[1504] Damit weist die jüngste Judikatur des EGMR teilweise Parallelen zur Rechtsprechung des Bundesverfassungsgerichts in BVerfGE 70, 138 auf[1505]. Gleichzeitig bedeutet dies, dass der weitestreichend denkbare Schritt, nämlich die vollständige Beseitigung der Besonderheiten im kirchlichen Individualarbeitsrecht, nicht durch den EGMR induziert wird. Von einem sturmreif geschossenen Kirchenarbeitsrecht[1506] kann folglich nicht gesprochen werden[1507]. Betrachtet man zusätzlich den Fortgang insbesondere der Rechtssache EGMR Az.: 1620/03 „Schüth", so zeigt sich ebenfalls, dass die Richtersprüche des EGMR keinen weitestgehenden Umbruch herbeiführen. Im Verfahren EGMR Az.: 1620/03 „Schüth" hatte der Gerichtshof, nachdem er zunächst nur die Konventionsverletzung an sich festgestellt hatte[1508], über die Höhe der Entschädigung zu befinden, die dem Beschwerdeführer gem. Art. 41 EMRK zusteht. Der EGMR war der Ansicht, dass eine Entschädigungszahlung in Höhe von 40.000,00 Euro zuzüglich Kostenerstattung angemessen sei[1509]. Damit ist er deutlich hinter den vom Beschwerdeführer geforderten ca. 678.000,00 Euro zurückgeblieben[1510] und hat folglich darauf verzichtet, seine Rechtsprechung mit einem Ausrufungszeichen zu versehen. In den Rechtssachen EGMR Az.: 425/03 „Obst" und EGMR Az.: 18136/02 „Siebenhaar" bestand für den Gerichtshof bereits deshalb keine vergleichbare

---

1504 Siehe oben S. 204.

1505 Siehe oben S. 179.

1506 Reuter, Wolf J., Der EGMR schießt das deutsche Kirchenarbeitsrecht sturmreif - Oder: Menschenrechte auch für Kirchenmitarbeiter, <http://www.reuter-arbeitsrecht.de/grundsatzliches/der-egmr-schiest-das-deutsche-kirchenarbeitsrecht-sturmreif-oder-menschenrechte-auch-fur-kirchenmitarbeiter.html>.

1507 Hammer, AuR 2011, 278 (278); Joussen, RdA 2011, 173 (175).

1508 Vgl. EGMR NZA 2011, 279 (282f) = EGMR, Urteil v. 23.09.2010, Az.: 1620/03 „Schüth", Rn. 76ff, JURIS.

1509 EGMR, Urteil v. 26.06.2012, Az.: 1620/03 „Schüth", Rn. 28, JURIS.

1510 EGMR, Urteil v. 26.06.2012, Az.: 1620/03 „Schüth", Rn. 8 u. 11, JURIS.

Gelegenheit, weil in diesen Fällen keine Verletzung der EMRK vorgelegen hat[1511]. Daher liegen die Voraussetzungen für eine Entschädigung gem. Art. 41 EMRK schon dem Grunde nach nicht vor. Die Rechtskraftwirkung von Art. 42 i.V.m. Art. 44 II EMRK schließt diese Verfahren endgültig ab[1512]. Nur angemerkt sei, dass der Beschwerdeführer des Falles EGMR Az.: 1620/03 „Schüth" auch letztinstanzlich vor dem BAG mit einer auf § 580 Nr. 8 ZPO gestützten Restitutionsklage[1513] ohne Erfolg blieb. Die Klage wurde vom BAG als unzulässig erachtet, da der Restitutionsgrund des § 580 Nr. 8 ZPO gem. § 35 EGZPO nur in solchen Fällen anwendbar sei, bei denen das *Ausgangsverfahren* (und nicht etwa das Verfahren vor dem EGMR) nach dem 31.12.2006 rechtskräftig abgeschlossen wurde[1514].

Im Unterschied zum Bundesverfassungsgericht überlässt es der EGMR den Religionsgesellschaften jedoch nicht, gänzlich allein über die Reichweite von Loyalitätsobliegenheiten zu entscheiden. Vielmehr nimmt der Gerichtshof eine Prüfung vor, ob die auferlegten Loyalitätsobliegenheiten im Einzelfall angemessen sind. Diese sind abzustufen. Der EGMR zielt auf eine volle gerichtliche Überprüfbarkeit der Abstufung von Loyalitätsobliegenheiten in Abhängigkeit von der Verkündungsnähe des Mitarbeiters ab.[1515] Darüber hinaus erkennt der Gerichtshof ein Geheimhaltungsinteresse des Mitarbeiters jedenfalls hinsichtlich solcher Verhaltensweisen an, die seine Privat- und Intimsphäre betreffen. Es ist somit auch zu berücksichtigen, auf welche Weise der Arbeitgeber von dem Loyalitätsobliegenheitsverstoß Kenntnis erlangt hat. Ein Geheimhaltungsinteresse besteht hingegen nicht, wenn sich der Mitarbeiter kirchenfeindlich verhält.[1516] Darüber hinaus sind die Folgen der Kündigung im Einzelfall (Arbeitsmarktchancen, Erfüllung von

1511 Siehe oben S. 178 und S. 199.

1512 Siehe dazu: Meyer-Ladewig, EMRK-Handkommentar, Art. 44, Rn. 1. Siehe zur Rechtskraft von EGMR-Urteilen auch oben S. 124.

1513 Siehe dazu oben S. 140.

1514 Vgl. Pressemitteilung Nr. 83/12 des Bundesarbeitsgerichts zu: BAG, Urteil vom 22.11.2012, Az.: 2 AZR 570/11.

1515 Siehe oben S. 207.

1516 Siehe oben S. 207f.

Unterhaltspflichten) jedenfalls dann zu berücksichtigen, wenn der Arbeitnehmer eine speziell auf den Kirchendienst zugeschnittene Ausbildung (z.B. als Kirchenmusiker, Diakon oder Prediger) genossen hat[1517].

Diese Rechtsprechung des EGMR bewirkt eine moderate Justierung der Stellschrauben des kirchlichen Individualarbeitsrechts in der Bundesrepublik Deutschland. Das kirchliche Dienstrecht im Rahmen privatrechtlich ausgestalteter Arbeitsverhältnisse ist zu den „eigenen Angelegenheiten" der Religionsgesellschaften i.S.v. Art. 137 III WRV i.V.m. Art. 140 GG zu zählen[1518]. Gleichzeitig beanspruchen die staatlichen Normen des Arbeitsrechts im Rahmen dieser Arbeitsverhältnisse Geltung als „für alle geltende Gesetze"[1519]. Zuletzt vermochte es die Rechtsprechung des Bundesverfassungsgerichts in BVerfGE 70, 138, die inhaltliche Reichweite des kirchlichen Selbstbestimmungsrechts aus Art. 137 III WRV i.V.m. Art. 140 GG für das kirchliche Arbeitsrecht entscheidend zu prägen[1520]. Die Religionsgesellschaften haben hiernach die Möglichkeit, kirchlichen Arbeitsverhältnissen das Leitbild einer Dienstgemeinschaft zugrunde zu legen[1521]. Sie können die Mitarbeiter daher auch im privaten Bereich zur grundsätzlichen Beachtung der eigenen Glaubenslehren verpflichten[1522].

Nach hier vertretener Ansicht werden alle Mitarbeiter vom Leitbild der Dienstgemeinschaft umfasst, da der Arbeitsvertrag mit dem kirchlichen Arbeitgeber auf freiwilliger Basis geschlossen wird. Infolgedessen kann von jedem dieser Beschäftigten ein Mindestmaß an inhaltlicher Übereinstimmung mit den religiösen Werten und Zielen des Arbeitgebers verlangt werden.[1523] Da auch der EGMR zugunsten der Religionsgesellschaften einen großzügigen Freiheitsraum formuliert, ändert sich aufgrund der

---

1517 Siehe oben S. 208.

1518 Siehe oben S. 25ff.

1519 Siehe zum Nachweis oben S. 50ff.

1520 Siehe oben S. 20ff.

1521 Siehe oben S. 26.

1522 Siehe oben S. 26.

1523 Siehe oben S. 32.

Judikatur des Gerichtshofs nichts an der Bindung aller Mitarbeiter in einer Dienstgemeinschaft. Die Rechtsprechungslinien von EGMR und Bundesverfassungsgericht befinden sich insoweit im Einklang.[1524] Insbesondere wirkt die EGMR-Rechtsprechung nicht auf eine Auslegung des Art. 137 III WRV i.V.m. Art. 140 GG hin, die lediglich den Kriterien des § 118 I BetrVG vergleichbar ist und damit auf einen bloßen Tendenzschutz abstellen würde[1525]. Die Reichweite der Loyalitätsobliegenheiten konnte nach der Rechtsprechung des Bundesverfassungsgerichts nur von den kirchlichen Arbeitgebern verbindlich festgelegt werden. Insbesondere konnten die Religionsgesellschaften allein über „Ob“ und „Wie“ einer Abstufung entscheiden. Diese extensive Interpretation des Selbstbestimmungsrechts trifft auf Kritik.[1526] Da in der arbeitsrechtlichen Praxis hier der Kollisionspunkt von kirchlichem Selbstbestimmungsrecht und staatlichem Kündigungsschutzrecht liegt[1527], verwundert es nicht, dass der EGMR hierauf Einfluss nimmt[1528].
Die vom Gerichtshofs angestrebte volle gerichtliche Überprüfbarkeit der Abstufung von Loyalitätsobliegenheiten in Abhängigkeit von der Verkündungsnähe des Mitarbeiters[1529] findet hier ihren Anknüpfungspunkt. Da nach hier vertretener Ansicht ein nationaler Verfassungsvorbehalt gegenüber Judikaten des EGMR nicht durchgreifen kann[1530], ist Art. 137 III WRV i.V.m. Art. 140 GG den Vorgaben des Gerichtshof zugänglich. Bereits im Anschluss an BVerfGE 70, 138 wurden Modifikationen des vom Bundesverfassungsgericht vertretenen Ansatzes diskutiert[1531]. Die Rechtsprechung des EGMR bewirkt hierbei einen zusätzlichen Impuls und verleiht der Erkenntnis, „daß von der Köchin einer Großküche nicht

1524 Siehe oben S. 215.
1525 Siehe oben S. 216.
1526 Siehe oben S. 34ff.
1527 Siehe oben S. 32ff.
1528 Siehe oben S. 217.
1529 Siehe oben S. 207.
1530 Siehe oben S. 140.
1531 Siehe oben S. 35ff.

die selben Obliegenheiten einzufordern sind wie von einer Pastorin"[1532] begrüßenswerten Nachdruck.

Die Normen des staatlichen Arbeitsrechts beanspruchen Geltung als „für alle geltende Gesetze" i.S.v. Art. 137 III WRV i.V.m. Art. 140 GG. Dass die §§ 1 KSchG und 626 BGB im Rahmen eines Kündigungsschutzprozesses von den Fachgerichten zu berücksichtigen sind, war bereits vor EGMR Az.: 425/03 „Obst", EGMR Az.: 1620/03 „Schüth" und EGMR Az.: 18136/02 „Siebenhaar" unbestritten[1533]. Die jüngste Judikatur des Gerichtshofs ändert hieran nichts[1534].

Die Rechtsprechung des EGMR hat auf einfachgesetzlicher Ebene zudem Auswirkungen auf kontrovers diskutierte Fragen im Rahmen des § 9 AGG.

Der Wortlaut von § 9 I AGG steht in der Kritik, da dieser möglicherweise über das von Art. 4 II RL 2000/78/EG zugelassene Maß hinaus ausgedehnt wurde und daher korrigierend eng auszulegen sein könnte. Der Judikatur des EGMR kommt in diesem Kontext eine klarstellende Funktion zu. Der Umstand, dass der Gerichtshof den Religionsgesellschaften einen weiten Freiheitsrahmen zubilligt und es daher möglich ist, sämtliche Mitarbeiter an das Leitbild einer Dienstgemeinschaft zu binden, lässt sich auch im Rahmen von § 9 I AGG fruchtbar machen. Gleichzeitig ist zu beachten, dass die Religionsgesellschaften nicht mehr letztverbindlich über eine Abstufung von Loyalitätsobliegenheiten befinden können. Übertragen auf die umstrittene Frage der Reichweite des § 9 I AGG bedeutet dies, dass die Religionsgesellschaften auch zukünftig frei entscheiden können, ob eine konfessionelle Bindung aller Mitarbeiter erforderlich ist. Der restriktiven Ansicht, es müsse neben einem konfessionell geprägten ebenfalls einen nicht solchermaßen geprägten Dienst geben, kann damit nicht gefolgt werden. Jedoch können die Religionsgesellschaften nicht abschließend über die

---

1532 So wörtlich bei: v. Campenhausen / de Wall, Staatskirchenrecht, § 21, S. 181.

1533 Siehe oben S. 50ff.

1534 Siehe oben S. 219f.

Rechtmäßigkeit einer Ungleichbehandlung wegen der Religion befinden. Hierbei ist ebenfalls anhand der Verkündungsnähe der zu bekleidenden Position eine objektiv überprüfbare Abstufung vorzunehmen.[1535]

Entscheidende Bedeutung kommt der Rechtsprechung des EGMR bei der Lösung des zentralen Problems von § 9 II AGG zu[1536]. Dieses lässt sich auf die Frage reduzieren, ob der Loyalitätsobliegenheitsverstoß in Form von homosexueller Praxis[1537] im Anbetracht von § 9 II AGG eine Kündigung rechtfertigen kann, da es sich zusätzlich auch um eine grundsätzlich unzulässige Diskriminierung des Mitarbeiters wegen seiner sexuellen Identität handelt[1538]. Die Loyalitätsbindung des Mitarbeiters reicht in diesen Fällen bis in dessen Intimsphäre. Diese ist als Konsequenz aus der EGMR-Rechtsprechung auch deshalb vor unfreiwilligen Eingriffen zu schützen, da die praktizierte Homosexualität keine kirchenfeindliche Handlung darstellt.[1539] Mithin können unfreiwillig offenbarte Vollzugsakte künftig grundsätzlich nicht mehr herangezogen werden, um eine Kündigung zu rechtfertigen[1540].

Letztlich wird sich auch die Spruchpraxis der Arbeitsgerichte verändern[1541]. Nachdem das BAG in einer frühen Rechtsprechungsphase zunächst tendenziell arbeitgeberfreundlich geurteilt hatte[1542], entwickelte sich die Judikatur zunehmend arbeitnehmerfreundlich[1543]. Erst in der

---

1535 Siehe oben S. 229ff.

1536 Siehe oben S. 234.

1537 Insbesondere die katholische Kirche unterscheidet zwischen homosexueller Ausrichtung und homosexueller Praxis, wobei nur in der praktizierten Homosexualität ein Loyalitätsobliegenheitsverstoß gesehen wird. Siehe oben S. 109ff.

1538 Die Auferlegung anderer Loyalitätsobliegenheiten beurteilt sich auch nach Inkrafttreten des AGG nicht anders als zuvor, da diese keinem pönalisierten Merkmal des AGG unterfallen.

1539 Siehe oben S. 235f.

1540 Siehe oben S. 236ff.

1541 Siehe oben S. 242.

1542 Siehe oben S. 54ff.

1543 Siehe oben S. 61ff.

Folge von BVerfGE 70, 138 schlug das Pendel der BAG-Rechtsprechung tendenziell wieder zugunsten des Arbeitgebers aus[1544]. Die Jahre 2010 und 2011 werden aufgrund des Einflusses des EGMR einen weiteren Zäsurpunkt bilden. Es lässt sich prognostizieren, dass sich die Rechtsprechung fortan wieder arbeitnehmerfreundlicher entwickeln und damit in eine neue Phase eintreten wird.

Da zukünftig anhand der Verkündungsnähe der Tätigkeit objektiv zu überprüfen ist, ob die auferlegten Loyalitätsobliegenheiten im Einzelfall angemessen sind, verbleibt es nicht bei der bloßen Subsumtion unter die vom kirchlichen Arbeitgeber formulierten Anforderungen. Nach der Rechtsprechung des Bundesverfassungsgerichts in BVerfGE 70, 138 war der Prüfauftrag der Fachgerichte solchermaßen begrenzt. Vielmehr werden die Arbeitsgerichte zukünftig bereits bei der Frage, ob „an sich" ein Kündigungsgrund vorliegt, eine Antwort darauf finden müssen, ob die Loyalitätsanforderungen zu weitgehend grundrechtlich geschützte Positionen des Arbeitnehmers beschneiden.[1545] Die Gefahr einer Marginalisierung der kirchlichen Interessen droht aufgrund der Judikatur des EGMR andererseits nicht, da dieser den Kirchen einen großzügigen Freiheitsrahmen zugesteht und insbesondere keinen bloßen Tendenzschutz anstrebt[1546]. Darüber hinaus wird der Interessenabwägung im Rahmen eines Kündigungsschutzprozesses wieder mehr Gewicht beigemessen werden. Eine zu oberflächliche Abwägung birgt das Risiko in sich, konventionsrechtlich geschützte Positionen der Parteien unzureichend und damit konventionswidrig abzubilden.[1547] Daher sollte sich diese zukünftig an den vom EGMR formulierten Kriterien[1548] orientieren[1549]. Insgesamt wird sich die arbeitsgerichtliche Spruchpraxis wieder derjenigen zur Zeit der arbeitnehmerfreundlichen Phase annähern[1550].

1544 Siehe oben S. 73ff.

1545 Siehe oben S. 244ff.

1546 Siehe oben S. 248ff.

1547 Siehe oben S. 243ff.

1548 Siehe oben S. 207ff.

1549 Siehe oben S. 222ff.

1550 Siehe oben S. 247f.

Eine Gesamtbetrachtung der kündigungsrelevanten Sachverhalte, über die das BAG im Laufe der Jahre zu entscheiden hatte, zeigt, dass die entscheidungserheblichen Loyalitätsobliegenheitsverstöße oftmals Parallelen aufweisen. Über die dargestellten, allgemeinen Auswirkungen auf die Rechtsprechungsentwicklung der Fachgerichte hinaus lassen sich daher Fallgruppen bilden.[1551]

In den Fällen von „Verstößen gegen kirchliches Eherecht" wird sich die Rechtsprechung der Arbeitsgerichte zukünftig ebenfalls wieder der Rechtsprechungslinie des BAG während der arbeitnehmerfreundlichen Phase vor BVerfGE 70, 138 annähern. Die Überprüfung der Angemessenheit von Loyalitätsobliegenheiten im Einzelfall muss dazu führen, dass der bloße Ehebruch von Mitarbeitern in nicht herausgehobenen Positionen eine Kündigung regelmäßig nicht bzw. nur in besonders gelagerten Fallkonstellationen rechtfertigen kann.[1552]

Ähnliches gilt für die Fallgruppe der „Homosexualität" bzw. des „homosexuellen Verhaltens". Anders als bei den Verstößen gegen die kirchliche Eheordnung handelt es sich hierbei jedoch nicht um Dauertatbestände, sondern um jeweils abgeschlossene Handlungen. Dieser Umstand muss sich bei der Bewertung entsprechender Loyalitätsobliegenheitsverstöße zugunsten des Arbeitnehmers auswirken. Außerdem zeigt die Judikatur des EGMR, dass die Privat- bzw. Intimsphäre des kirchlichen Mitarbeiters vor unfreiwilliger Offenbarung von kündigungsrelevanten Verstößen zu schützen ist. Um insoweit nicht den Schutz durch die EMRK zu verlieren, sollten kirchliche Arbeitnehmer einzelne Vollzugsakte nicht freiwillig gegenüber ihrem Arbeitgeber offenbaren. Im Ergebnis kann bei unfreiwilliger Offenlegung des homosexuellen Verhaltens eine darauf gestützte Kündigung auch bei Mitarbeitern in exponierter Funktion nicht gerechtfertigt sein. Im Rahmen dieser Fallgruppe müssen daher zukünftig stets besondere Umstände des Einzelfalls hinzutreten, um das Glaubwürdigkeitsinteresse des Arbeitgebers überwiegen zu lassen.[1553]

1551 Siehe oben S. 249.

1552 Siehe oben S. 253.

1553 Siehe oben S. 255.

Geringere Auswirkungen hat die Rechtsprechung des EGMR hingegen in solchen Fällen, in denen sich der kirchliche Mitarbeiter kirchenfeindlich verhält bzw. aus der Kirche austritt. Ein Arbeitnehmer, der sich solchermaßen verhält, verweigert regelmäßig die Mindestloyalität, die von jedem Mitglied der kirchlichen Dienstgemeinschaft erwartet werden kann. Da der EGMR ebenfalls eine Differenzierung nach der Art des Loyalitätsobliegenheitsverstoßes vornimmt, steht diese Rechtsprechung der Annahme, derartige Verstöße seien einer Abstufung nach Verkündungsnähe nicht zugänglich, auch zukünftig nicht entgegen. Zu bedenken ist lediglich, dass das Erfordernis einer umfassenden Interessenabwägung unter Einbeziehung aller im konkreten Fall relevanten Aspekte in besonders gelagerten Fällen zu einer abweichenden Beurteilung führen kann. So kann ein Kirchenaustritt im Einzelfall beispielsweise dann gerechtfertigt sein, wenn dieser bloß als Reaktion auf die Verletzung von Pflichten aus der Dienstgemeinschaft durch den Arbeitgeber erfolgt.[1554]

Damit liegt offen, welche Auswirkungen die jüngste Judikatur des EGMR auf das kirchliche Individualarbeitsrecht in der Bundesrepublik Deutschland hat. Wenngleich der Gerichtshof über wirksame Werkzeuge zur Einwirkung auf das nationale Rechtssystem verfügt, betätigt er die Stellschrauben in diesem Bereich nur moderat. Dies führt dazu, dass die Jahre 2010 und 2011 keinen vergleichbar revolutionären Charakter für das Verhältnis von Staat und Kirche aufweisen, wie es das Jahr 1119 tut. Dennoch ist das Gesamtergebnis zu begrüßen. Arbeitnehmer im Kirchendienst genießen zukünftig einen maßvoll erweiterten Rechtsschutzumfang. Dies bedeutet, anders gewendet, eine teilweise Zurückdrängung kirchlicher Arbeitgeber aus dem innersten Bereich des Privatlebens seiner Arbeitnehmer. Gleichzeitig verbleibt den Religionsgesellschaften ein großzügiger Freiheitsraum, sodass eine Profanierung kirchlicher Arbeitsverhältnisse verhindert wird. Zumindest das arbeitsrechtliche Fachpublikum wird seinen Blick von den Entwicklungen der Jahre 2010 und 2011 daher nicht mehr abwenden können.

1554 Siehe oben S. 258.

Schriften zum Staatskirchenrecht

Herausgegeben von Axel Frhr. von Campenhausen, Christoph Link und Jörg Winter

Band 1 Christoph Link: Staat und Kirche in der neueren deutschen Geschichte. Fünf Abhandlungen. 2000.

Band 2 Andreas Franitza: Der Allgemeine Hannoversche Klosterfonds und die Klosterkammer Hannover. Untersuchung zur rechtsgeschichtlichen Entwicklung. 2000.

Band 3 Reinald Willenberg: Rundfunk unter kirchlicher Trägerschaft. 2001.

Band 4 Martin Fischer: Kirchliche Beiträge im Fernsehen. Darstellung eines abgestuften Mitgestaltungsmodells kirchlicher Beteiligung im Fernsehen. 2001.

Band 5 Bernd Albrecht von Garmissen: Landwirtschaftliches Grundvermögen in kirchlicher Hand. Dargestellt am Beispiel der Evangelischen Kirche in Deutschland und unter besonderer Berücksichtigung der Evangelisch-Lutherischen Landeskirche Hannovers. 2001.

Band 6 Berend Lindner: Entstehung und Untergang von Körperschaften des öffentlichen Rechts. Unter besonderer Berücksichtigung der Religions- und Weltanschauungsgemeinschaften. 2002.

Band 7 Gesa Dirksen: Das deutsche Staatskirchenrecht - Freiheitsordnung oder Fehlentwicklung? 2003.

Band 8 Im Dienste der Sache. Liber amicorum für Joachim Gaertner. Herausgegeben von Ricarda Dill, Stephan Reimers, Christoph Thiele. 2003.

Band 9 Arnd Diringer: Scientology. Verbotsmöglichkeit einer verfassungsfeindlichen Bekenntnisgemeinschaft. 2003.

Band 10 Konstantin v. Notz: Lebensführungspflichten im evangelischen Kirchenrecht. 2003.

Band 11 Matthias Schwara: Die Heiliggeistkirche in Heidelberg im Wandel der Zeiten. Ein Beitrag zur Rechtsgeschichte Südwestdeutschlands. 2003.

Band 12 Axel Frhr. von Campenhausen (Hrsg.): Deutsches Staatskirchenrecht zwischen Grundgesetz und EU-Gemeinschaftsrecht. Symposion im Kirchenamt der Evangelischen Kirche in Deutschland am 25. und 26. April 2002 in Hannover. 2003.

Band 13 Thomas Bauer: Die GmbH als Rechtsform karitativer Einrichtungen der Kirche. 2003.

Band 14 Anne-Ruth Glawatz: Die Zuordnung privatrechtlich organisierter Diakonie zur evangelischen Kirche. Unter besonderer Berücksichtigung von unternehmerischen Umstrukturierungen in der Diakonie. 2003.

Band 15 Detlef Kehlen: Europäische Antidiskriminierung und kirchliches Selbstbestimmungsrecht. Zur Auslegung von Art. 13 EG und Art. 4 der Richtlinie 2000/78/EG. 2003.

Band 16 Andreas Grube: Der Sonntag und die kirchlichen Feiertage zwischen Gefährdung und Bewährung. Aspekte der feiertagsrechtlichen Entwicklung im 19. und 20. Jahrhundert. 2003.

Band 17 Burghard Winkel: Kirche und Vergaberecht. Der vergaberechtliche Status der evangelischen Landeskirchen in Deutschland. 2004.

Band 18 Suzanne Mann: Das Kopftuch der muslimischen Lehramtsanwärterin als Eignungsmangel im Beamtenrecht. 2004.

Band 19 Markus Ogorek: Geltung und Fortbestand der Verfassungsgarantie staatlichen Religionsunterrichts in den neuen Bundesländern. Ein Beitrag zur Lehre vom sogenannten Verfassungswandel. 2004.

Band 20 Steffen Rupp: Verwaltungsmodernisierung in der Kirche. Eine Untersuchung am Beispiel des Neuen Steuerungsmodells der Evangelischen Landeskirche in Baden. 2004.

Band 21 Gunter Barwig: Die Geltung der Grundrechte im kirchlichen Bereich. Eine Untersuchung zur Grundrechtsfähigkeit und Grundrechtsbindung der Religionsgemeinschaften. 2004.

Band 22 Andreas Kasper: Sozialsponsoring. Eine rechtliche Bewertung unter besonderer Berücksichtigung des Sponsorings kirchlicher Werke und Einrichtungen. 2004.

Band 23 Martin Rauhaus: Das kirchenrechtliche Gemeindeprinzip und seine Auswirkungen auf die kirchliche Verfassungsgestaltung. Dargestellt am Beispiel der Verfassung der evangelisch-reformierten Kirche. 2005.

Band 24 Heidi Reichegger: Die Auswirkungen der Richtlinie 2000/78/EG auf das kirchliche Arbeitsrecht unter Berücksichtigung von Gemeinschaftsgrundrechten als Auslegungsmaxime. 2005.

Band 25 Matthias Triebel: Das europäische Religionsrecht am Beispiel der arbeitsrechtlichen Anti-Diskriminierungsrichtlinie 2000/78/EG. 2005.

Band 26 René Seidel: Die Anerkennung der privaten Ersatzschule und ihre Auswirkungen auf das Privatschulverhältnis. 2005.

Band 27 Uta Kleine: Die Eingrenzung des Haftungsrisikos für den ehrenamtlichen Betreuer. 2005.

Band 28 Gerrit Nils Beermann: Hoheitsbetriebe von Kirchen und Religionsgemeinschaften. Eine körperschaftsteuerliche Untersuchung. 2005.

Band 29 Falko Tappen: Kirchliche Vermögensverwaltung am Beispiel des Ethischen Investments. 2005.

Band 30 Walter Fischedick: Die Zeugnisverweigerungsrechte von Geistlichen und kirchlichen Mitarbeitern. 2006.

Band 31 Myrian Dietrich: Islamischer Religionsunterricht. Rechtliche Perspektiven. 2006.

Band 32 Florian Herrmann: Die rechtliche Organisation international tätiger kirchlicher Hilfswerke. 2006.

Band 33 Joachim Gaertner / Erika Godel (Hrsg.): Religionsfreiheit und Frieden. Vom Augsburger Religionsfrieden zum europäischen Verfassungsvertrag. 2007.

Band 34 Volker Ochsenfahrt: Die staatskirchenrechtliche Stellung des Katholischen Bistums der Alt-Katholiken in Deutschland. 2007.

Band 35 Gustav Reingrabner: Um Glaube und Freiheit. Eine kleine Rechtsgeschichte der Evangelischen in Österreich und ihrer Kirche. 2007.

Band 36 Steffen Alexander Sommer: Teildienstverhältnisse bei Pfarrern in den Gliedkirchen der Evangelischen Kirche in Deutschland. Eine rechtliche Untersuchung. 2007.

Band 37 Arne Feickert: Rechtsfragen der kirchlichen Bestattung. Mitgliedschaftsanspruch und Totenfürsorgerecht dargestellt für die katholische Kirche und die evangelische Landeskirche in Baden. Nebst einem Anhang zum Verhältnis von Totenfürsorgerecht und Bestattungspflicht. 2007.

Band 38 Nina Coumont: Muslimische Schüler und Schülerinnen in der öffentlichen Schule. 2008.

Band 39 Christine Mertesdorf: Weltanschauungsgemeinschaften. Eine verfassungsrechtliche Betrachtung mit Darstellung einzelner Gemeinschaften. 2008.

Band 40 Tajan Tober: Ein neues *ius divinum*? Zur Theologie des Rechts der Bahá'í. 2008.

Band 41 Tamara Bloch: Die Stellungnahmen der römisch-katholischen Amtskirche zur Frage der Menschenrechte seit 1215. Eine historische Untersuchung unter besonderer Berücksichtigung der Gewährleistungen im CIC/1983. 2008.

Band 42 Axel Lehmann: Krankenhaus und EG-Beihilferecht. Die Vereinbarkeit des Krankenhausfinanzierungsrechts mit Art. 87 ff. EG-Vertrag. 2008.

Band 43 Claudia Maria Corlazzoli: Religionsunterricht von kleineren Religionsgemeinschaften an öffentlichen Schulen in Deutschland. 2009.

Band 44 Jens Neie: Bekenntnis, Bekenntnisstand und Bekenntnisbildung im evangelischen Kirchenrecht. 2009.

Band 45 Christian Schulze Pellengahr Freiherr von Freusberg-Steinhorst: Das Verbot der politischen Betätigung für Geistliche nach katholischem und evangelischem Kirchenrecht sowie im geltenden Staatskirchenrecht. Unter Berücksichtigung der Staaten- und Verfassungsgeschichte Deutschlands und Österreichs. 2009.

Band 46 Carolin Metzner: Johann Caspar Bluntschli. Leben, Zeitgeschehen und Kirchenpolitik. 1808–1881. 2009.

Band 47 Tajan Tober: Ein föderaler Weltrechtsstaat am Ausgang der Zeit? Staat und religiöse Ordnung in der Bahá'í-Theologie. 2009.

Band 48 Stephan Sünner: Staatsgesetz vor Religionsgebot? Eine Analyse mit Bezug zum englischen Recht und zur Rechtsprechung des EGMR. 2010.

Band 49 Kyrill Makoski: Kirchliche Krankenhäuser und staatliche Finanzierung. Geschichte, Ausgestaltung, verfassungsrechtliche Anforderungen. 2010.

Band 50 Philipp Lehmann: Marken-, Kennzeichen- und Namensrecht im Bereich der Religionsgemeinschaften. 2010.

Band 51 Flavia Hauschild: Die Christlichkeit der Schulen. Die Bayerische Schule und ihr Umgang mit Religion. 2010.

Band 52 Axel Frhr. von Campenhausen (Hrsg.): Tag der Arbeitsruhe und der seelischen Erhebung. Dokumentation zum Urteil des Bundesverfassungsgerichts zum Schutz der Sonntagsruhe. 2010.

Band 53 Heiko Feurer: Amtshaftung und Staatskirchenrecht. Zu Pflichten, Amt und Körperschaft in Art. 34 GG und Art. 137 WRV. 2010.

Band 54 Katharina Haupt: Verfassungsfragen zum muslimischen Kopftuch von Erzieherinnen in öffentlichen Kindergärten. 2010.

Band 55 Andreas Schoenauer: Die Kirchenklausel des § 9 AGG im Kontext des kirchlichen Dienst- und Arbeitsrechts. 2010.

Band 56 Maren Rosenkötter: Die Establishment Clause der U.S. Verfassung und staatliche Unterstützung religiöser Privatschulen. 2011.

Band 57 Sandra Könemann: Das Staatskirchenrecht in der wissenschaftlichen Diskussion der Weimarer Zeit. 2011.

Band 58 Danielle Gaukel: Vereinsbildungen im evangelischen Kirchenrecht. 2011.

Band 59 Nicole Grahm: Kommunale Kirchenbaulasten im Gebiet des ehemaligen Großherzogtums Baden. 2012.

Band 60 Julia Palm: Berechtigung und Aktualität des Böckenförde-Diktums. Eine Überprüfung vor dem Hintergrund der religiös-weltanschaulichen Neutralität des Staates. Möglichkeiten des Staates zur Pflege seiner Voraussetzungen durch Werterziehung in der öffentlichen Schule. 2013.

Band 61 Andreas Schneedorf: Die Auswirkungen der EGMR-Judikatur auf das kirchliche Individualarbeitsrecht in der Bundesrepublik Deutschland. 2014.

www.peterlang.com

For the avoidance of doubt, input of the whole or any part of this publication into any generative artificial intelligence model, chatbot, program, software or technology is expressly prohibited without the prior written consent of the publisher.